KB248415

달라이라마 성하의 친견

2006년 1월 남인도 아마라바티 칼라차크라 입문행사 중 한국 참가자들이 14대 달라이라마 성하를 친견하고 촬영한 기념사진이다.

본문 144쪽 "대승불교의 고향 남인도의 불교성지" 참조

숨첵전의 관세음보살상

13세기 초에 알치사원 2대 출팀외 선사가 건립한 숨첵전의 1층에 있는 거대한 관세음보살상이다. 점토로 조성된 조각상이며 하의에는 궁전을 포함하여 10개의 사원 전각이 매우 아름답게 장식되어 있다.

본문 45쪽 "라다크에 피어있는 불교예술의 꽃 알치사원" 참조

칼라차크라 만다라(Kalachakra Mandala)

이 만다라는 완전한 지혜로 건설된 신비적이고 성스러운 진리의 세계로 722 깨달은 존자들이 거주하는 궁전이다. 그의 맨 위층인 의(意)만다라에는 칼라차크라 본존을 포함하여 70분의 존자들이 거주하고, 그 아래층인 구(口)만다라에는 116 존자가 거주하며, 그 아래층인 신(身)만다라에는 536 존자가 거주한다. 방형의 3층 아래로는 원형의 지(地), 수(水), 화(火), 풍(風), 공(空)만다라의 5층으로 구성되어 있다.

본문 122쪽 "칼라차크라 탄뜨라, 티베트 불교의 정화" 참조

나라의 도다이지 대불전

백제와 신라에 뿌리를 둔 일본 나라(奈良)의 도다이지(東大寺) 대불전이다.

이 대불전은 세계 최대 목조건물이며, 그 안에 모신 높이 16.19m의 비로자나 부처님도 세계 최대 금동 불상이다. 도다이지는 신라의 심상(審祥) 스님의 화엄경 강의에 경도된 쇼무(聖武) 천황의 원력과 백제인 행기(行基) 스님의 무애행이 이룬 결과로서 백제인 왕경복이 황금 900냥을 시주하였고, 건설 총책임자는 고구려인 고려복신(高麗福信)이었으며, 건축가 신라인 저명부백세 그리고 조불사(造佛師) 백제인 국중공마려에 의하여 건립된 사원이다.

본문 60쪽 "백제와 신라에 뿌리를 둔 나라의 도다이지" 참조

순례의 여적과 선문화 禪文化

이준 지음

佛敎春秋社

책머리에

한 편의 글은 그 글의 주제에 대한 저자의 새로운 발견이며 창작이다. 그리고 그것은 또한 그의 삶을 통하여 연구하고 사색한 결정체라 할 수 있다. 이번에 이준 교수는 《순례의 여적과 선문화》란 이 저서를 내어 우리에게 새로운 깨우침을 주고 있다.

저자 이 교수와는 30년에 가까운 세월을 지내는 동안 나는 그의 성실한 인품과 진지한 학구열에 늘 찬사를 보내고 싶었다. 그는 한문 해독에 능하여 불경 이해에도 큰 도움이 되었으리라 생각한다. 그뿐만 아니라 한시(漢詩)로 자기 정서를 표현할 수 있는 능력을 가지고 있다. 더욱이 그는 아산(亞山) 김병호(金炳浩) 선생을 사사하여 수년에 걸쳐 주역(周易)을 수학하였다. 그 반연으로 남산골 한옥마을 한문서당에서 청운(淸雲) 김택춘(金宅春) 선생의 뒤를 이어 '주역전의대전(周易傳義大全)'을 강의하였다. 그는 40세가 되어 불교에 입문했는데 독실히 공부하여 불교 교수 협회에서 함께 공부하던 시절 원의범(元義範) 교수님이 그를 불교학자로 우대하였다. 그는 한국 교수 불자 연합회의 여러 직책을 역임하고 회장을 맡았으며 제1회 세계 교수 불자 대회에서 알찬 기조 연설을 하여 한국 불교의 위상을 높이기도 하였다.

이 책은 불교 유적지를 순례하여 그 의미를 찾아보고 각 지역의 수행 모습을 살펴보며 선승들의 행적을 더듬는 동시에 불교와 현대 과학과의 관계를 밝힌 주옥같은 글 27편을 4부로 나누어 싣고 있다.

그 내용을 대강 살펴보면 첫째, 순례한 경로이다. 티베트 카일라스 봉에서 출발하여 세계 8개국을 돌아 불교의 발상지에서 현재의 유적지까지 둘러보고 그 의미를 찾아보았다.

둘째, 수행 방법이다. 저자가 직접 참여한 것으로 달라이라마가 진행하는 칼라차크라 입문식, 카일라스 봉 언저리에서 불교도들이 행하는 도보 수행, 힌두교인들이 갠지스강에서 하는 물 수행 등을 서술하였다.

셋째, 선승들의 행적이다. 선사이면서 자연과학에도 큰 업적을 남긴 당나라의 일행 스님, 조동종의 2대조인 운거 도응 선사의 법맥을 이은 '해동 사무외 대사'로 일컬어졌던 형미 등 네 분 스님, 송에 유학하여 불인 요원 선사와 깊은 인연을 맺은 의천 대각국사의 사연 등 여섯 분의 옛 스님과 당대의 운제당 이영무 스님과 법정 스님의 생애와 업적을 살폈다.

넷째, 불교와 현대 과학과의 교감이다. 20세기에 들어와 불교에 대한 과학자들의 이해가 깊어져 개인적으로 불교를 높이 평한 과학자도 있으나 달라이라마와 여러 과학자가 다양한 주제로 토론을 벌이고 있다. 그 중에 하버드대학과 연관을 맺어 벤슨(Benson) 교수가 뚬-모 명상을 연구하였고, 그 밖에 '마음과 과학', '뇌과학과 불교', '신물리학과 우주론' 등 여러 주제로 진지하게 벌인 토론의 일부를 소개하고 있다. 이러한 토론을 통하여 서구의 과학자들은 티베트 불교의 통찰력을 빌려 현대 과학이 당면한 난제를 해결하려는 의도를 밝히고 있다. 앞으로 불교의 지혜와 과학의 실증적 연구가 서로 도와서 현대 과학의 새로운 지평이 열리는 것이 기대되는 대목이다.

　이 책을 통하여 불교에 대한 좀 더 깊은 이해와 아울러 불자들의 신심을 높이는 데에 큰 도움이 되기를 기원하며 두서없는 말로 이 책의 머리글을 대신하고자 한다.

2015년 6월 10일
고려대학교 명예교수 정재호 근지(謹識)

자서(自序)

이 책 《순례의 여적(餘滴)과 선문화(禪文化)》는 필자가 대학에서 정년 퇴임하기 4년 전인 1998년부터 지난해까지 16년간 주로 불교 잡지에 실린 글들 중 27편을 골라 엮은 것이다. 이 글들의 반정도는 출판사의 요청으로 집필되었고 나머지는 필자가 먼저 글을 써서 출판사에 요청하여 실었다. 이 책에 실린 글 중 반 이상은 불교 성지 또는 불교 유적지 순례와 관련된 내용이기는 하지만 순례를 통한 종교적 수행의 기록이나 신변잡기를 겸한 개인적인 기행문은 아니다. 순례 지역의 종교색이 짙을수록 눈에 보이지 않는 역사와 숨겨진 이야기가 서려 있다. 그렇게 드러나지 않는 역사나 이야기를 찾아내고자 하는 내용이 이 책의 많은 글의 주제를 이룬다. 그 역사와 이야기 속에는 지난 시대의 영광도 있으나 그에 못하지 않는 고뇌와 더 큰 아쉬움이 함께 담겨있어서 가슴을 아프게 할 때가 많다.

중국에서는 주로 불교 유적지를 찾았고, 인도에서는 불교 유적지는 물론 힌두교 사원과 무굴제국의 유적지도 방문하였다. 이들 역사 속에서 찬란하게 꽃피웠던 문화와 그들의 자부심을 살펴보고 음미한 흔적들을 글로 옮겼다. 그밖에 러시아나 하와이, 일본과 같은 나라는 학술회의 참가차 또는 업무 수행차 방문했을 때 머물던 지역의 불교 사원을 짬을 내어 찾아가서 그 사원들의 역사와 지난날의 영광과 고뇌를 살피고 남겨진 이야기들을 글로 옮겼다.

제1부 '순례의 여적'에는 9편의 글이 실려 있다.

맨 앞 두 편은 '천상(天上)의 성산(聖山)'으로 불리는 카일라스(Kailas) 봉과 '천상의 성수(聖水)'로 불리는 마나사로와르((Manasarovar) 호수에 대한 이야기이다. 카일라스 봉은 설산(雪山) 히말라야의 서쪽 티베트 땅에 있는 산으로, 불교·힌두교·자이나교 등의 종교에서 천상계와 이어진 우주의 중심축이라고 숭상하는, 이른바 수미산(須彌山)을 말하며, 마나사로와르 호수는 수미산의 만년설이 그 몸체를 타고 흘러내린 물을 가리킨다.

세 번째 글은 학술회의 참가차 상트페테르부르크 대학을 방문했을 때 찾아갔던 불교 사원 이야기이다. 러시아 정교회 외에는 하나의 개신교회나 천주교회의 설립도 허락지 않은 그 도시에 유일하게 제정 러시아 시대에 세워진 불교 사원이다. 이 사원의 설립 연원과, 물 한 방울 없는 사막 위에서 살아남은 한 송이 연꽃처럼 고난의 역경을 견뎌 온 과정과, 지금도 소생의 안간힘을 쏟고 있는 모습을 담았다.

네 번째 글은 '불교 예술의 현란한 꽃밭'으로 알려진 라다크(Ladakh)의 알치 사원을 북인도 순례 길에 방문하여 인도와 티베트의 예술이 만나 이룬 숨책전의 아름다움에 경도된 내용이다.

다섯 번째 글은 국제 학술회의 참석차 방문한 하와이 호놀룰루에 있는 티베트 불교 사원 까규 젝첸 링을 찾아가 미국 사회 속에서 펼쳐 온 티베트 불교의 활동과 역할의 일단을 알아본 내용이다.

여섯 번째 글은 도다이지(東大寺)와 우리나라의 관계를 살펴본 내용이다.

우리 정부의 인사들과 일본 문화를 탐방하는 기회에 일본 화엄종의 본산이면서 세계 최대의 금동 비로자나 불상을 모신 나라(奈良)의 도다이지를 방문하였다. 그 사원은 신라인 심상 스님이 일본에 처음으로 전한 화엄 불교에 감화된 쇼무(聖武) 천황에게서 사원 설립을 권유받은 백제인 행기 스님의 지도 아래, 백제인들의 대규모 시주와 백제·고구려 장인들의 참여로 건립된 것임을 이미 알고 있었다. 그런데 그 절의 설명문이나 안내 책자에는 그런 내용이 한 마디도 없어 서울로 돌아와 문헌과 자료를 다시 정리한 것이다.

일곱 번째 글은 몽골의 불교가 누린 영광과 겪은 고난이다. 필자가 다니는 법화정사에서 출판한 《몽골어 법화경》 1만 2천 권을 유목의 불교 나라 몽골에 가서 배포하며 알게 된 사실이다. 사회주의 러시아가 지배하기 전까지 수세기 동안 누렸던 평화롭고 찬란했던 몽골 불교의 영광과, 러시아가 지배하면서 1930년대부터 60여 년간 불교가 당한 것은, 지옥보다도 더 혹독한 고난의 길이었다.

여덟 번째 글은 신라인 원광 법사의 수행처였고 그의 부도탑이 있는 삼기산 금곡사지를 찾아간 이야기이다. 신라 진평왕 때 화랑도의 근본 교훈인 '세속오계'를 내려 준 원광법사와 삼기산의 인연, 그리고 현대에 이르기까지 이어 온 그 절의 인연이 녹아있다.

아홉 번째 글은 세계 선차(禪茶) 교류 대회에서 필자가 발표한 논문의 하나인, '가야 차(茶)의 전래 과정'이다. 필자가 인도와 중국을 순례하며 알게 된 사실의 집대성이다. 우리나라의 차(茶) 역사가 거의 2,000년에 이르고, 당시 허 왕후(許王后)가 가져온 차(茶)의 종자가 인도가 아닌 중국 쓰촨성(四川省)에서 왔을 것으로 추정하는 등 가야 차의 전래와 관련된 다양한 사연을 살펴보았다.

제2부 '인도와 티베트 불교'에는 5편의 글이 실려 있다. 필자는 1989년 초

한국 교수 불자 연합회의 인도 불교 유적지 순례에 동참하여 처음으로 인도를 갈 수 있었다. 그때 필자는 인도의 역사와 문화에 매료되어 그 후에 여섯 차례 더 인도를 방문하였다.

그러는 사이에 티베트 불교에도 또한 매료되어 달라이라마 성하가 주관하는 칼라차크라 입문 행사에 세 번이나 참가하였다. 앞의 세 편은 바로 세 번의 칼라차크라 입문 행사에 참가하고 쓴 글이다. 첫 번째 글은 2001년 1월 인도의 보드가야에서, 두 번째 글은 2002년 10월에 오스트리야의 그라츠(Graz)시에서, 세 번째 글은 2006년 1월에 남인도 안드라프라데시주의 아마라바티(Amaravati)에서 각각 열렸을 때 참가하고 쓴 글이다.

네 번째 글은 여신 강가(Goddess Ganga), 즉 갠지스 강의 물과 그 물을 통한 인도인의 물 수행에 관한 내용이다. 필자는 1989년 처음 인도에 갔을 때 인도인들의 갠지스 강에 대한 애착에 감복하여 갠지스 강을 한번 진지하게 고찰해 보리라고 마음먹었다. 그 뜻을 이루기 위하여 2000년 1월의 인도 순례 길에서는 주로 갠지스 강에서 본 물 수행을 집중적으로 조사하여 그 결과를 기술하였다.

다섯 번째 글은 인도인들이 전륜성왕(轉輪聖王)이라고 추앙하는 아쇼카(Ashoka) 대왕의 생애와 호법 대왕으로서의 업적이다. 마우리아(Maurya) 왕조의 아쇼카 왕은 무굴제국의 아크바르(Akbar) 대왕과 함께 인도인들이 위대한 군왕으로 자랑하는 분이다.

제3부 '선문화를 빛낸 잊을 수 없는 인물'에는 6편의 글이 실려 있다.

첫 번째 글은 스님이면서 불교와 도교의 학자이자 자연과학자로서 큰 업적을 남긴 일행(一行) 스님의 생애이다. 일행 스님이 만든 월력 "대연력(大衍曆)"을 일본에서는 100년간이나 관력(官曆)으로 사용하였고, 유럽에서는 일행 스님을 뉴턴과 동등하게 기술할 만큼 뛰어난 과학자로 추앙한다.

두 번째 글은 중국에 유학한 승려 해동 사무외 대사(海東四無畏大師)의 수행과 귀국 후 고려 초까지 활동한 내용이다. 중국 조동종의 2대조인 운거(雲居) 도응(道膺) 선사는 스스로의 법이 다 해동으로 넘어간다고 한탄하며 신라의 유학승(留學僧) 형미(逈微), 이엄(利嚴), 여엄(麗嚴), 경유(慶猷) 선사를 '해동 사무외 대사'라고 불렀다.

세 번째 글은 고려의 승통(僧統) 의천(義天) 대각국사와 불인요원(佛印了元) 선사의 만남과, 그 두 분 스님의 품격 및 풍도(風度)이다. 대각 국사가 송나라에 들어가 법을 찾아 순례하며 진강(鎭江)의 금산사와 항저우(杭州)에서의 발자취를 찾아보는 과정에서 불인요원 선사와의 인연이 시작된다.

필자는 나이 40이 다 되어 불교에 입문하였다. 봉선사 통신강원에 입교하고 월운(月雲) 스님의 강의 테이프를 들으며 불교 공부를 시작하였다. 그 뒤 필자가 재직하던 건국대학교에서, 어린 나이에 출가했다가 환속한바 있는 이영무 교수님을 만나면서 후배 불자 교수로서 깊은 인연을 맺게 되었다. 이영무 교수님의 부탁으로 1983년부터 필자는 건국대학교 불교 학생회 지도교수를 맡아 정년 퇴임할 때까지 19년간 소임을 다했다. 이 교수님은 1987년 정년 퇴임을 한 다음 태고종에 다시 출가하여 동방불교대학 학장을 시작으로 총무원장 등 중요한 직책을 역임하셨다. 1987년에는 뜻이 있는 불자 교수들을 모아서 '불교 교수 협회'를 설립하고 활동하기 시작하셨다. 그 불교 교수 협회에서는 이영무 스님과 동국대학교 명예교수인 원의범 교수님이 법사가 되어 이영무 스님은 원효 사상을, 원의범 교수님은 인도철학을 회원 교수들에게 매월 정기적으로 강의하셨다. 필자는 처음부터 총무와 교무를 담당하는 간사로 봉사했다. 그러던 중 이영무 스님은 1999년 4월 16일 뜻하지 않게 타계하셨다.

불교 교수 협회는 그 뒤에도 원의범 교수님 혼자서 월례 강의를 계속하시다가 2008년 말 연로한 교수님의 거동이 불편해지면서 21년 만에 폐강하게 되었다. 지금 회상해 보면 필자에게는 월운 스님과 이영무 스님과 원의범 교수님 이렇게 세 분이 불교의 스승이 된다.

이 책 제3부의 네 번째 글은 이영무 스님이 작고하신 후 필자가 스님과의 오랜 인연을 되돌아보며 생전의 행장기를 써서 격월간 〈불교춘추〉에 실은 글이다.

다섯 번째 글은 스님으로서 그리고 문필가로서 온 국민의 존경을 한 몸에 받았던 법정 스님이 2010년 3월 11일 작고하신 뒤 출판사의 요청으로 필자가 쓴 법정 스님의 행장기이다.

여섯 번째 글은 티베트 출신으로, 세계적인 명상 음악 작곡가이며 피리 연주가인 나왕 케촉을 월간 선문화사의 요청으로 필자가 인터뷰한 기사이다. 나왕이 2000년 4월 '2002 월드컵 조직위원회'의 정식 초청을 받고 '전통과 현대 예술제'에 참가하기 위하여 우리나라를 방문한 때였다.

제4부 '선문화 속의 과학'에는 7편의 글이 실려 있다.

첫 번째 글은 '기본 연기법'을 자연 과학자의 시각에서 고찰한 내용이다. 불교의 근본 교리인 '연기법'은 우주에 상존하는 자연의 기본법을 바탕으로 하고 있어서 불교 경전 곳곳에 자연과학적 원리와 부합하는 내용들이 담겨 있다.

두 번째 글은 자비를 동양과 서양이 어떻게 인식하는지 그 차이를 고찰한 내용이다. 1995년 10월에 1주일 동안 달라이라마 성하와 서구의 석학 과학자들 간에 "이타주의, 윤리 그리고 자비"라는 주제로 토론한 내용의 일부를 인용하였다.

세 번째 글은 불교에서 정식(情識)을 지닌 생물인 중생(衆生)의 범위가 어디까지인지 고찰한 내용이다. 1987년 10월 "마음의 과학"이란 주제로 달라이라마 성하와 서구의 석학 과학자들 간의 제1차 대화 과정에서 중생의 범위에 대한 논의가 있었다. 과학자들은 박테리아나 아메바도 분명히 중생이라고 주장하였고 달라이라마 성하는 병원체인 아메바의 박멸과 중생의 살생에 대하여 심각한 문제점이 있다고 하는 등 흥미로운 대화 내용을 다루었다.

네 번째 글은 티베트 불교 뚬-모 명상의 의학적 연구에 관한 내용이다. 이 명상 과정에서 명상자의 몸에 일어나는 현상이 영하의 저온 상태에서 인간의 체온 관리 체계에 대한 현대 의학적 개념과 완전히 배치(背馳)됨을 확인하였다. 이 뚬모 명상 연구는 달라이라마 성하의 도움으로 인도의 다람살라 소재 티베트 불교 공동체와 미국 하버드 의과대학이 공동으로 수행하였다. 그로 인해 스트레스로 유발되었거나 악화된 만성 장애의 치료가능성을 시사한 연구 내용이다.

다섯 번째 글은 한국의 범종, 고려 대장경판, 장경각 등 한국의 불교문화에 나타난 과학성을 필자가 밝힌 논문이다. 독일 함부르크 시가 1997년 9월을 한국의 달로 정하고 한국 문화에 대한 각종 행사를 치렀다. 이 행사의 하나로 한국 교수 불자 연합회가 주관한 '21세기 한국 불교의 역할' 이라는 주제의 학술 회의가 9월 17~18일 함부르크대학의 강당에서 열렸는데 거기서 필자가 이 논문을 발표하였다.

여섯 번째 글은 진화론과 기독교의 창조론자들이 들고나온 지적 설계론의 과학성에 대한 재판의 모든 과정을 기술한 내용이다. 21세기 과학 시대에 과학의 나라 미국에서 매스컴들이 '신과 과학의 대결' 이라는 제목으로 대서특필한 사건으로서 이 재판은 펜실베이니아 연방대법원에서 벌어졌다.

일곱 번째 글은 불교 사상과 현대 과학 간에 교감한 실상을 논의한 내용이다. 제1회 세계 교수 불자 대회 겸 제3회 한국 교수 불자 대회에서 필자가 기조 발제로 연설하였고 "국제 불교 사상과 문화 학회지"에 투고한 영어 논문의 우리말 번역문이다.

이 책에 실린 글들의 집필 인연과 간략한 중심 내용을 살피고 보니 이 책에 대한 작은 해제의 글이 된 듯싶다. 이 책에는 다른 데서 얻을 수 없는, 인도·티베트 그리고 중국과 한국에 대한 새로운 지식이 적잖게 녹아 있으니 관심 있는 독자들이 많이 읽어 주기를 바란다.

필자의 글들이 이렇게 단행본으로 출판되기까지 지대한 공헌을 한, 잊을 수 없는 분이 있다. 격월간 〈불교춘추〉의 발간을 시작으로 월간 〈선문화〉, 그리고 월간 〈차의 세계〉에 이르기까지 불교와 차(茶)의 잡지들을 발행하며, 세태에 영합하지 않고 정통성과 품위를 굳건하게 지키는 저명한 월간지로 성장시킨 최석환 사장이 바로 그분이다. 필자가 많은 글을 써서 발표하고 그중 일부를 골라서 이렇게 책을 내게 된 것은 처음부터 최석환 사장의 아낌없는 협조와 격려가 있었기 때문에 가능했다고 생각한다. 진심으로 감사하는 바이다.

또한 이 책의 서문인 '책머리에'를 써 주신 정재호 박사님께 깊은 감사를 드린다. 정재호 박사님은 고려대학교 교수로 재직하는 동안 고려대 민족문화 연구소장 등 여러 중요 직책을 역임한 국학자이시다. 필자와는 불자 교수로서 거의 30여 년을 교유하였으며 특히 불교 교수 협회에서는 처음부터 21년간을 매월 정기적으로 만나 함께 불교를 공부해 왔기 때문에 서로를 잘 아는 사이 이다.

아울러 이 책이 적지 않은 글을 담고 있는데 일일이 살피고 오류를 교정하고 사진을 삽입하는 등 편집을 담당해 준 선문화사 여러분께도 깊이 감사하는 바이다.

2015년 6월 15일
저자 이준 씀.

차 례

순례의 여적

천상으로 오르는 산 카일라스 봉

첩첩 고봉의 숲인 히말라야를 넘어 멀리 티베트의 서쪽 한 구석인 강디스 지방에 카일라스(Kailas)라 불리는 성스러운 산이 있다. 티베트의 창조 신화에 의하면 태초에 물이 있었다고 한다. 인간은 말할 것도 없고 신(神)이 존재하기도 전부터 원시의 바다가 이 땅을 덮고 있었다는 것이다. 그 물은 엄청난 기세의 바람이 우주의 대양을 허공으로부터 몰고 와서 파도를 이루었다고 한다. 우유 속에서 크림을 걷어 올리듯 파도가 땅을 굳혀 새로이 탄생한 세계의 단전(丹田), 즉 세상의 중심에 한 층 한 층 신의 산을 이루었다는 것이다. 그 산이 티베트어로 '얼음 고깔을 쓴 산'이라는 깡 띠제(Kang Tise), 또는 '존귀한 설산(雪山)'이라는 깡 린포체(Kang Rinpoche)이다. 티베트는 물론 인도, 네팔, 부탄, 시킴 등 히말라야를 둘러싸고 있는 여러 나라가 그 지역에서 일어난 모든 종교들이 우주의 축인 수미산(Mt. Meru)이라고 공통적으로 믿고 있는 이른바 카일라스 산(Mt. Kailas)이다. 카일라스란 이름은 힌두교에서 왔다. 성산(聖山) 깡 띠제는 티베트 땅에 있으면서도 카일라스란 이름으로 서방세계에

티베트인들이 '존귀한 설산'이라고 하고 우주의 중심축인 수미산이라고 알려진 카일라스 산

거의 알려져 있다. 힌두교의 고전 서사시인 《라마야나(Ramayana)》에 아래와
같은 구절이 있다.

이 세상에 히말라야 같은 산은 없다. 왜냐하면 그 속에 카일라스 봉과 마나
사로와르 호수가 있기 때문이다. 솟아오르는 태양 빛에 의해 아침 이슬이 사
라지듯 이 세상 어떤 죄악도 히말라야의 눈길 앞에선 다 사라지고 만다.

카일라스 봉은 대고원의 한 모퉁이에 더없는 아름다움을 지니고 우뚝 서 있
다. 산록은 고도 4,000m 이상의 고원으로 약간의 잡풀이 얇은 망사처럼 덮여
있을 뿐 나무 하나 없다. 밑에서 아무리 고개를 젖혀도 정상을 볼 수 없는 성스
러운 산 카일라스는 조금만 떨어져서 바라보면 단조로운 기념비 같은 모습이
다. 그러면서도 수정 같이 투명하도록 하얀 얼음의 고깔을 쓰고 있다. 마치 초
인간적 장인이나 아니면 신의 손으로 다듬어 만들어진 정교한 작품 같아서 한

온 몸을 완전히 던지는 전신투지로 카일라스 산을 순례하는 티베트 수행자

번 쳐다만 봐도 인간의 마음속에 감추어져 있는 종교성을 자아내게 하는 신비로운 산이다.

히말라야의 최고봉 에베레스트는 8,848m로 높지만 여러 등산가들이 등정을 하였고 앞으로도 새로운 등산가들이 끝없이 등정을 시도할 것이다. 반면 6,714m에 그치는 카일라스 봉은 산 밑 언저리까지는 순례가 가능하지만 감히 등정을 꿈 꿀 수 없는 성스러운 산이다. 그래서 카일라스 산은 힌두교와 자이나교 그리고 티베트 불교와 티베트 토속 종교인 뵌교(Bön)와 깊은 관련이 있고, 힌두교의 사원이나 불교의 탑파, 뵌교의 사원들이 카일라스 봉의 모습을 유추하여 조성되어 왔다.

카일라스 봉을 인도에서는 메루(Meru) 또는 스메루(Sumeru)라 하여 힌두교의 경전에 나타나는 수미산으로 여긴다. 불교의 경전에도 수미산이 많이 나오는데 힌두교의 우주론과 불교의 우주론이 다르기 때문에 힌두교에서 받드는 수미산과 불교의 수미산은 그 모습이나 의미가 다르다. 카일라스 산과 힌두교의 관계는 중인도 엘로라에 있는 카일라산타 사원의 벽에 조각되어 있다. 힌두교에서 카일라스 산은 하늘 세계이고 위대한 시바신의 왕국이라고 생각한다. 바로 이 산에 시바와 히말라야의 딸인 그의 배우자 파르바티가 살고 있으며 그들이 영원히 명상에 잠겨 있는 곳이다.

한편 카일라스 봉은 그 모습이 정력이 넘치는 남근과 같은 모습이다. 그래서 힌두교의 열성 신도들은 카일라스 봉을 힌두교의 시바파에서 숭상하는 남근상인 링가(Linga)로 여긴다. 또한 마나살로와르 호수는 카일라스와 짝을 이루는 요니(Yoni: 옥문(玉門))로 여긴다. 어떻든 카일라스 봉은 힌두교에서 말하는 수미산이고 우주의 중심축이며 인도의 대서사시 《라마야나》나 《마하바라타》에 나타난 바와 같이 하늘에 오르는 계단으로, 히말라야의 영광이라고 한다.

티베트 불교에서 카일라스 산은 호법신장인 뎀초그(Demchok)와 그의 배우자인 돌제 파모라와 관련이 있다. 뎀초그에 대해서는 깊이 연구된 바를 찾아볼 수 없으나 그 모습으로 봐서 밀교의 호법신으로 여겨져 기복의 대상이 되기도 하는데 이 산에 살고 있다고 생각한다. 뎀초그는 빨강, 파랑, 초록, 흰색의 네 가지 얼굴색을 하고 있고, 각 얼굴에 눈이 셋, 팔이 열둘 있으며 그 열두 손에는 금강저, 단도 등 각각의 상징적 지물을 들고 있는 장엄한 모습으로 무시무시하다. 티베트 불교 사원에서 뎀초그 탱화를 흔히 볼 수 있다. 그런 호법신장이 있는 곳에는 부처가 있기 마련이다. 이 성스러운 산에는 부처님과 부처님을 수행하는 500명의 보살이 살고 있는데, 모든 중생이 성불할 때까지 자신의 성불을 미루고 중생 제도를 위하여 수행하고 있다고 한다.

한편 근세에 들어 카일라스 산이 불교와 관련하여 매우 중요시 된 것은 불교계의 위대한 스승이며 시인인 밀라레파(Milalepa)가 카일라스 산을 차지하기 위해 티베트의 토속 신앙인 뵌교의 성직자 나로본충(Naro Bonchung)과 생사를 건 싸움을 했다는 전설이 있기 때문이다. 밀라레파는 11세기 말엽부터 12세기 초까지 살며 티베트 불교의 까르마 까규파의 성자 마르파(Marpa)의 제자로 《십만송(十萬頌)》이라는 게송집(偈頌集)을 남긴 큰 스승으로 유명하다. 때문에 티베트의 불교 스님이나 신도들은 일생에 한 번은 카일라스 산을 순례하기를 원한다.

티베트에는 7세기경 불교가 전해지기 이전의 토속 신앙인 뵌교(Bön)가 있다. 뵌교는 원시적인 정령 숭배와 주술을 위주로 하는 신앙이다. 뵌교에서는

불교인의 카일라스 산 순례는 등정이 아닌 오직 깨달음을 위한 종교적 수행이다.

초기부터 산을 중요한 힘의 원천으로 생각하였다. 산은 하늘과 땅을 연결해 주는 우주적이고 신성한 존재로서 특정 지역에 신령성이 있다고 믿는다. 때문에 티베트어로 띠세(Tise)라 부르는 카일라스 산은 뵌교에서 영혼의 산으로 믿고 있으며 순례를 하기 위해 찾는다.

또한 자이나교에서도·카일라스 산은 아스타파다라고 부르며 자이나교 제1대 성자인 리쇠바가 해탈을 얻은 곳이라고 하여 순례하는 성지의 하나이다. 그러나 역사적으로는 석가모니 부처님 재세 시에 살았던 마하비라가 실제적인 자이나교를 개창한 교주로 알려져 있다. 한편, 마하비라의 스승이며 제23대 성자로 알려진 발스와 한 분만 실제 인물이고 그 앞에 스물둘의 성자는 전설적인 인물이라고 하는 설도 있다.

이와 같이 히말라야 주위의 나라들에서는 거의 모든 종교가 카일라스 산을 성산으로 여기고 나름대로 그들 종교 안에서 깨달음이나 구원을 얻기 위하여 이 산을 순례한다. 카일라스 산의 순례는 단지 등정하는 것만을 의미하지 않는다. 따가운 햇볕 때문에 얼굴과 팔은 화상을 입으면서 그림자에 가린 다리는 동상에 시달리는 감내하기 어려운 길을 오직 신앙심으로 그 언저리의 일주(一周: kora)를 도는 것이다. 불교와 힌두교에서는 시계바늘 방향으로 돌고 티베트의 뵌교에서는 시계바늘 반대 방향으로 돈다. 카일라스 산을 순례하는 데는 외순환로와 내순환로가 있다. 정식으로 일주하는 거리가 50km 정도인 외순환로를 열일곱 바퀴 돌고 내순환로에 진입해야 제대로 된 순례를 할 수 있으며 종교적 소원도 이룰 수 있다고 한다. 보통 남자가 걸어서 외순환로를 열일곱 바퀴 도는 데는 50일 정도가 걸린다. 그 다음에야 내순환로를 따라 사람이 닿을 수 있는 최고의 중턱까지 오를 수 있다. 내순환로는 약 300m 높이에 있는데 걸어서 10시간 남짓 걸린다. 많은 티베트의 불교 수행자들은 몸을 완전히 던지는 전신투지(全身投地)로 한 걸음씩 나아가기 때문에 외순환로를 한 바퀴 도는 데에 10일이 걸리고 내순환로를 돌아오는 데에 수일이 걸린다고 한다.

월간 〈禪文化〉 통권 10호(2001. 5.)

천상(天上)의 물 마나사로와르 호수

지상에서 가장 높은 곳에 위치한
마나사로와르 호수

성산(聖山) 카일라스와 짝을 이루며 남동쪽으로 8 mile 거리에 있는 마나사로와르 호수(Lake Manasarovar)는 카일라스 산의 하얀 눈이 녹아 흘러 해발 4,550m의 고지에 형성된 거대한 호수이다. 이 호수의 물은 지구상에서 가장 높은 곳에 위치한 담수 덩어리이다. 지상에 공급되는 새로운 물의 대부분은 비와 눈으로 주어진다. 이 비와 눈은 모두 공중에서 형성된 구름이 변하여 내리기 때문에 하늘에서 내려오지만 허공에서 떨어지는 물로 천상의 물은 아니다. 그러나 이 마나사로와르 호수의 물은 하늘 세계와 연결된 우주의 중심축인 수미산을 타고 흘러내린 물이기 때문에 천상의 물인 것이다.

티베트에 전해지는 석가모니 부처님의 탄생 설화에 의하면 호명보살(護命菩薩)이 도솔천에서 카일라스 산을 통하여 지상으로 내려왔다고 한다. 또한 마야부인은 여섯 개의 상아가 있는 흰 코끼리가 옆구리로 들어오는 태몽을 꾸기 이전, 호법신장에 이끌려 성스러운 호수에서 목욕을 하고 인간으로서 몸과 마음을 정결하게 했는데, 그 호수가 바로 마나사로와르 호수라는 것이다. 카일라스 산은 도솔천에 닿아 있고 도솔천의 성스러운 물이 흘러내려 마나사로와르 호수를 이루었으며, 이 산과 호수의 영역이 지상에 불교가 시작된 곳이기 때문에 최고의 성지로 경배하고 온 몸을 던져 순례하는 것이라고 생각한다. 티베트 사람들은 이 호수를 '견줄 수 없는 최상의 호수' 라는 뜻의 초 마팜(Tso Mapham) 또는 '존귀한 호수' 라는 의미의 초 린포체(Tso Linpoche)라 부른다. 깡 띠제(카일라스 산)와 초 마팜(마나사로와르 호수)은 우연히 맺어진 짝이 아니다. 신령스러운 산과 신령스러운 호수의 만남이며 티베트 토속 종교인 뵌교(Bön)의 성자들이 살았던 성스러운 곳이었다.

보편적으로 마나사로와르라고 쓰고 있는 이 호수의 이름은 힌두교의 전설에 따라 붙여진 것이다. 그들의 전설에 의하면 이 호수가 브라흐마(Brahma) 신의 마음(범어로 manas) 속에서 창조되었기 때문에 '마음의 호수' 라는 뜻의 마나사로와르가 되었다고 한다. 힌두교의 성전 《라마야나》에 이 호수에 대하여 아래와 같이 기록되어 있다.

마나사로와르의 흙이 어떤 사람의 몸에 닿거나 또는 어떤 사람이 이 호수에서 목욕을 하면, 그 사람은 반드시 브라흐마 신의 낙원에서 태어나게 된다. 더욱이 그 물을 마시는 사람은 시바(Shiva)신의 하늘 세계에 태어나며 100생의 죄업을 소멸하게 된다. 비록 축생일지라도 마나사로와르의 이름을 한 번 들으면 브라흐마 신의 낙원에 태어나게 된다. 그 호수의 물은 진주를 깔아 놓은 것 같이 아름답다.

　힌두교에서 수미산은 높이 84,000league(약 40만km)의 상상의 산으로 그 정상이 스와르가(Swarga)라는 하늘 세계에 닿아 있다고 믿는다. 수미산은 힌두교 신들이 거처하는 상상의 산이지만 인도인들은 티베트에 있는 카일라스 산이 우주적 산 즉 세계의 중심축을 이루고 천상계와 연결해 주는 산으로 생각하고 있다. 인도의 종교 사학자 엘리아데(Mircea Eliade)는 "카일라스 산은 지상과 천상을 이어주는 중심축이므로 지상에서 가장 높고, 그 주위를 감싸고 있는 영토 또한 지상에서 가장 높은 위치에 있다"고 하였다. 이와 같이 인도인들은 높은 위치에 고여 있는 마나사로와르 호수가 천상의 물이라고 믿는다. 또한 그 곳을 순례하고 그 물에 목욕하면 천상의 낙원에 태어날 뿐만 아니라 100생의 죄업을 소멸한다고 굳게 믿기 때문에 수많은 인도인의 순례의 발길이 끊이지 않는다.

　한편 힌두교의 시바파에서는 마나사로와르 호수를 요니(Yoni)로, 카일라스 산을 링가(Linga)로 보고 있다. 인도를 순례 하거나 여행하는 사람들이 힌두교 사원에 가면 흔히 우리의 눈에 남근 상으로 보이는 링가를 볼 수 있다. 그런데 그것을 자세히 보면 링가는 항상 물이 돌아 흘러내리는 요니, 즉 옥문(玉門)과 결합하여 세워져 있음을 볼 수 있다. 인도인들에게 링가와 요니는 무엇을 상징하느냐고 물어보면 링가는 시바신을 상징하며 요니는 창조의 원동력으로 생식력의 여신(Godess of Shakti)인 시바신의 배우자를 상징한다고 한다. 베다(Veda)나 바가바드기타(Bhagavad Gita)와 같은 인도 종교의 원전에도 링가와 요니는 항상 결합해 있는 음양합일상(陰陽合一像)으로 존재하며 이는 실상의 내재적 불이성(nonduality of immanent reality)이며 초자연적 잠재력(transcendental potentiality)을 나타내고 있는 것이라고 한다. 힌두교에서는 카일라스 산과 마나사로와르 호수가 있는 이 지역을 링가와 요니의 합일상인

티베트인들이 '견줄 수 없는 최상의 호수'로 숭배하는 마나사로와르의 아름다운 모습

최고의 종교적 성지로 생각한다. 따라서 인도의 힌두교인들은 생명의 원동력이나 초자연적 잠재력의 힘을 받아 시바신의 구원을 받고자 멀고 험한 길임에도 순례를 그치지 않는다. 이와 같이 카일라스 산과 마나사로와르 호수 지역은 최고의 성지로 여겨지기 때문에 티베트와 인도는 물론 히말라야 주위의 시킴, 부탄, 네팔 등지에서도 계속해서 순례자의 물결이 밀려온다.

이곳을 찾는 순례자들은 힌두교, 자이나교, 불교 그리고 히말라야 지역의 토속 신앙 신자가 주종을 이룬다. 그들 중 가장 진지하고 경건하며 아름다운 순례자는 티베트 불교 신자이다.

이 호수 주변에는 불교 사원들과 함께 곳곳에 탑(Chorten)이 있으며 불교 경문이나 진언을 인쇄한 깃발을 만국기처럼 매달아 늘어놓은 룽타와 타르초가 있는데, 티베트 불교 순례자들은 그런 곳에 이르면 호수를 향하여 티베트 불교의 큰절인 전신투지(全身投地)를 한다. 최소한 세 번을 하는데 신심이 깊은 순례자는 수십 번씩 절을 하고 떠나는 경우도 있다. 그들은 걸으면서도 마니콜로(摩尼車)를 쉬지 않고 돌리고 육자진언을 외우며 이 마나사로와르 호수 코라(kora: 一周)를 돌며 순례를 계속한다.

여기서 전신투지에 대하여 잠시 이야기 하고자 한다. 흔히 한국 불자들은 티베트 불교의 큰절 즉 온몸을 던지는 절을 오체투지(五體投地)라고 잘못 알고 있다. 오체투지는 이마와 두 손 그리고 두 무릎을 바닥에 붙이고 절을 하는 한국 불교의 큰절을 말하며, 온몸을 바닥에 던지는 티베트 불교의 큰절은 전신투지 또는 전체투지(全體投地)라고 하며 영어로 full body prostration 또는 팔체투지(八體投地)에 해당하는

이 호수에서 목욕하는 힌두교 사두, 그는 내생에 신이된다고 확신하고 있었다.

eight-limb prostration이라고 표현하여 오체투지와 구분한다.

중국의 쓰촨성에 사는 어느 티베트 불자는 20대 중반에 집을 떠나 전신투지로 순례길에 나서서 이 마나사로와르 호수와 카일라스 언저리에 도착하고 보니 30여 년이 흘러 50대 후반이 되었다고 한다. 말하자면 그 불자는 한 평생을 한 번의 순례에 바친 것이다. 그 신심과 순례 자세가 얼마나 경건한가를 짐작하고도 남음이 있다.

월간 〈禪文化〉 통권 13호(2001. 8.)

상트페테르부르크의
유일한 불교 사원, 그 고난의 80년

    필자는 상트페테르부르크(구 레닌그라드)에서 그 도시에 단 하나 있는 불교 사원인 쿤쩨초이네이 닷산(Kuntsechoinei Datsan)를 찾아갔었다. 학술회의 및 연구 협의차 상트페테르부르크 대학에 갔다가 그 도시에 불교 사원이 하나 있다는 말을 듣고 꼭 한번 방문하고자 벼른 끝에 소원이 이루어졌던 것이다. 찾아가기 전에 여러 가지 의문점을 떠올리며 좋은 상상도 많이 하였지만, 스님을 만나고 난 후 나는 그 절이 마치 따가운 태양이 내리쬐어 물 한 방울 없는 사막 위에 핀 한 송이 연꽃처럼 생각되었다.

    먼저 상트페테르부르크 대학 러시아어과의 따냐 교수와 그 지방 역사와 지리에 정통한 그의 어머니 리에나 여사의 안내를 받아 메트로(지하철)를 타고 초르니야지카에 갔다. 그곳의 날씨가 원래 그렇다고는 하지만 바실레오스트롭스카야에서 메트로를 탈 때만 해도 청명했는데 초르니야지카의 지하에서 밖으로 나와 보니 소나기가 세차게 내리고 있었다. 우장도 없이 트람바예(전차)를 기다리다가 속살까지 젖어 오는 비바람에 더는 견딜 수 없어 리에나 여사의 교섭으로 교통경찰관 차를 얻어 타고 절까지 가게 되었다. 우리는 경찰관에게 사례하고 절 옆에 내렸다. 안으로 들어간 나는 법당에서 부처님께 삼배를 하고 '곤척(Gonchok)'이란 법명을 가진 스님을 만나 이야기를 나누었다. 다음날 혼자 그 절을 다시 방문하여 절에 관한 여러 가지 이야기를 자세히 듣게 되었다.

유네스코 세계문화유산에 등재되어 있는 상트페테르부르크는 아름다운 도시이다. 제정 러시아 페터 대제(1세)의 강한 의지에 의해 유럽식 항구 도시로 건설되어 1703년 5월 16일부로 수도가 되면서 상트페테르부르크로 불리게 되었다. 그 뒤 1914년에는 페트로그라드로, 사회주의 혁명이 불어온 1924년에는 레닌그라드로 바뀌었다가 1991년 사회주의 해체와 더불어 다시 상트페테르부르크가 되었다. 북쪽의 베니스라고도 불리는 이 아름다운 도시의 북편 발쇠야 넵카 강변에 비교적 한적하며 그림처럼 아름다운 지역인 스타라야 데레브냐(옛 마을 이란 뜻)가 위치해 있고 그곳에 절이 있었다. 절은 서울의 구룡사나 삼선사처럼 하나의 건물로 되어 있으며 불교적 아름다움을 갖춘 장엄한 4층 건물로 되어 있었다. 절의 이름인 쿤쩨초이네이 닷산은 티베트 말로 '모든 중생에게 자비를 베푸시는 불타의 성스러운 가르침의 근원지'란 의미라고 한다. 절에는 다섯 스님과 두 거사가 있었다. 그들은 티베트, 몽골, 러시아 불교의 근원지인 부리야티아 지방에서 왔으며 우리와 비슷하게 순수한 동양 사람의 얼굴을 하고 있었다. 상트페테르부르크는 발트해(Baltic Sea)를 경계로 핀란드와 마주보고 있는 유럽의 도시이다. 형언할 수 없이 희고 아름다운 소위 백계 러시아인들이 주로 거주하는 곳인데, 불교 사원과 함께 우리와 비슷한 황색의 동양인 스님들을 보니 특유의 친근감을 느낄 수 있었다.

쿤쩨초이네이 닷산 사원 전경

설립 연원

부처님의 말씀과 같이 인연이란 진실로 저버릴 수 없는 것인가 보다. 이 절이 세워진 1915년 당시 제정 러시아는 개신교와 로마 천주교도 범접하지 못하는 기독교 러시아 정교(Russian Orthodox) 국가였다. 그래서 당시 제정 러시아의 수도인 이 도시에는 600여 곳 이상의 정교 사원만이 있었다 한다. 그런 중에 다른 종교 사원으로서는 유일한 불교 사원이 세워지게 된 데는 한 라마 스님의 큰 원력에 얽힌 인연 이야기가 있다. 이 이야기의 주인공이 다름 아닌 라마승 아그완 돌지에브(Agvan Doljev) 스님이다.

돌지에브 스님(1853~1938)은 바이칼호 남쪽의 부리야티아에서 태어나 일찍이 티베트에 갔으며 두 번째 티베트 행에서 수도 라아사 근교의 드레퐁 사원 부설 고망철학대학에서 불교 철학을 전공하여 오늘날의 박사 학위에 해당하는 라람파 학위를 받았다. 그는 탁월한 능력과 기개로 제13대 달라이라마이신 느가왕 롭상 툽덴 갸쵸(1876~1933) 성하의 스승으로 천거되어 어린 달라이라마를 가르쳤으며 뒤에는 정치적 고문으로서 또는 친구로서 지냈다.

1989년 돌지에브 스님은 변증법 교수로서 더 잘 알려지게 되었는데 13대 달라이라마의 사절로서 보기에도 어마어마한 러시아 제국의 수도 상트페테르부르크에 오게 되었다. 대영제국의 힘이 동양에까지 미쳐 여러 나라의 통치권을 위협하므로, 티베트는 러시아 제국의 보호를 받아 영국의 위협을 배제하고자 그를 보낸 것이다. 어느 날 그는 네바 강 둑길을 걸으며 이 아름다운 풍광 속에 불교 사원을 건립하고 싶다는 생각이 불현듯 떠올랐다고 한다. 이 생각은 그곳에 살거나 머물고 있는 불교 신자들의 염원과도 일치하였다. 처음에 그는 러시아 정부의 관계자들에게 단독으로 요청해 보았으나, 러시아의 수도에 이교도 사원을 건립하는 것은 어림도 없는 일이었다. 그러나 그는 거기서 굽히지 않고 암중모색을 하고 있었던 것이다.

13대 달라이라마의 전권대사인 그는 두 번째 상트페테르부르크 방문 당시 뜻하지 않게 러시아의 수도에서 제법 명성을 얻게 되었다. 덕분에 에스퍼 우크톰스키 왕자의 도움으로 니콜라이 2세 황제를 여러 차례 알현할 수 있었고, 콘스탄틴 콘스탄티노비치 태공을 비롯한 러시아 정부의 영향력 있는 인사들과 교유하게 되었으나 티베트가 러시아로부터 전면 지원을 받으려는 외교에는 성공을 거두지 못하였다. 그러나 돌지에브 스님의 외교적 노력은 러시아와 티베트 양국 간에 정치적 반향을 일으켜 두 나라 간의 친선에 크게 공헌하게 되었다. 이로써 스님의 염원인 불교 사원 건립의 근거가 마련된 것이다.

돌지에브 스님은 러시아 정부에 다각적으로 교섭하는 한편 티베트를 오가며 달라이라마로부터 재정적 지원을 약속 받았다. 달라이라마도 그곳에 불교 사원을 세우는 것을 열망하고 있었다고 한다. 뿐만 아니라 스님은 러시아 내

13대 달라이라마의 스승이고 이 사원을 직접 건립한 아그완 돌지에브 스님

부에서도 후원자를 찾고자 노력하여 기대보다 많은 성과를 거두었는데 한 예로 그 도시에 살고 있던 영국인 에드워드 챔플리 경을 들 수 있다. 돌지에브 스님이 사원을 건립하기 위하여 대지를 구입하고 러시아 정부에 여러 번 청원함으로써 1909년 공사가 시작되었다. 이 사원의 건설에는 특별히 건설위원회가 구성되었는데 그 위원으로 러시아의 불교 학자이며 학술원 회원이 세 명, 황태자 에스퍼 우크톰스키, 설계자인 건축가 바라놉스키, 화가 한 명, 동양학자 두 명 그리고 돌지에브 스님이 포함되어 있었다.

1913년은 로마노프 왕조 수립 300주년이 되는 해였다. 당시 외부는 완성되었지만 내장은 하지 않은 상태인 불교 사원에서 왕조 수립 300주년 기념 축하 법회가 열렸다. 절이 완성되어 문을 열기까지는 못 속의 백련(白蓮) 한 그루를 사막 한 가운데로 옮겨 심는 것과 같이 형언할 수 없는 어려움을 겪어야 했다. 재정적인 부분에서는 티베트의 달라이라마 13세와 돌지에브 스님이 전체의 2/3 정도를 보시하고 나머지는 바이칼호 인근에 위치한 부리아티아와 칼미키아 지방의 사원에서 모금으로 충당할 수 있었지만, 가장 큰 문제는 기독교 정교 국가에 이교도 사원을 건립함으로 발생하는 종교적 갈등이었다.

돌지에브 스님은 이 사원에 최소한 주지 1명, 스님 10명, 학인 스님 10명, 그리고 우바새 및 우바이들 약간 명씩 있도록 하고, 본당 외에 강원(講院)을 세우고 별도로 요사체를 지어 부리아티아나 칼미키아 지방에서 불교를 공부하러

오는 학인들이 기거할 수 있도록 하였다. 그러나 그것은 시작부터 저항을 받았다. 특히 상트페테르부르크에 불교 사원이 건립된다는 소식이 퍼지자 기독교 정교계의 요로에서 반대 의견이 표출되고, 러시아 정부의 외국 종교 관리국에서 건설위원회에 공사 중지 공문을 보내왔다. 거기에는 어불성설인 이유가 여럿 포함되어 있었다. 돌지에브 스님이 계속해서 러시아 정부와 외교적 교섭을 함으로 내무성에서 중재에 나섰으나 결국 사원 건설위원회에서 건축의 규모를 축소하여 강원이나 요사체 같은 부대시설을 배제하고 단 하나의 본당 건물만 짓도록 하여 계획을 변경할 수밖에 없었다. 그 후에도 불교 사원 건립에 계속적인 박해가 가해졌다. 외국 종교 관리국의 훼방은 여전히 이어졌고 그것은 '검은 일백(Black Hundred)' 이라는 광신자 단체를 자극하여 반불교 운동을 일으키게 하였다. 편협한 정교 성직자들은 성스러운 러시아에 이교도의 침입이라고 주장하며, "일백오십만 기독교 신자를 가진 러시아의 수도에 암흑의 세력인 반기독교의 시대가 오다니, 이것은 구세주에 반대하는 늙은 뱀인 용의 봉기가 아니고 무엇인가"라고 외치는 등 그러한 내용의 책자를 돌리며 불교 사원 건립을 반대하고 나섰다. 정교 측의 압력은 외국 종교 관리국을 위협하였다. '사원 건립을 중지하지 않으면 폭파하겠다' 또는 '돌지에브 일당을 살해하겠다' 고 협박하며 저주의 주문과 독초를 보내기도 하였다. 특히 불교도에 적대적이었던 '짧은 고해의 당' 이란 단체가 상트페테르부르크의 교외에 본부를 두고 활동하기도 하였다.

그러나 돌지에브 스님은 말로 다할 수 없는 고난 속에서도 뚝심으로 밀고 나가 1915년에 사원을 거의 완성하게 되었는데, 그 마지막 단계에서도 많은 인내와 자제력 그리고 용기가 필요했다. 마무리 작업은 여러 반대에 부딪혀 진척되지 않았다. 러시아 정부의 내무성은 건물 전면에 불교의 성스러운 상징물(예: 법륜) 조성을 금하였다. 상징물은 다분히 시위적 성격이 있어서 인근의 정교 교회 신자들을 자극할 우려가 있다는 것이다. 내무성이 인정했던 불교적 장식물이 도착했을 때도 가이슬러란 시청 관리가 나와 그것의 일부를 사원 전면에 장식하는 것은 불가하다고 강력히 지시하였다. 그러나 돌지에브 스님과 건설위원회에서는 그러한 압력에 굴하지 않고 사원 전면에 녹야원의 초전법륜을 상징하는 법륜과 사슴의 조각을 조성했고, 주랑에도 연꽃과 보리수 및 '옴' 자를 넣어 독특하고 아름다운 문양으로 장식하였다. 지붕에는 간지라를 올려놓았는데, 간지라는 티베트 말로 '가득한 보물'이라는 의미이며 거기에는 관세음보살 육자대명왕진언(六字大明王眞言)이 새겨져 있다고 한다. 또한 내부에는 칼라차크라 탱화 등으로 장엄한 모습이었다. 이렇게 하여 닷산 쿤쩨초이네이 사원은 아그완 돌지에브 스님의 원력에 힘입어 아름다운 모습으로 건립되었다.

정식 준공 법회는 1915년 8월 10일에 있었으며 러시아 정부 최고위 귀빈들, 샴(현재의 타이랜드)의 라마왕 4세 바치로부다의 대표 사절, 몽골 대사 등이 참석하였고 아그완 돌지에브 스님이 개원 법어를 하였으며 그 외 몽골이나 티베트에서 온 라마 스님들이 축하 법어를 하였다.

그 당시 상트페테르부르크에는 이미 수백 명의 불교 신자가 있었다. 그들은 불교가 오랜 기간 뿌리 내린 부리야티아와 칼미키아 지방에서 온 공예가와 상인, 그리고 상트페테르부르크대학에 재학 중인 유학생이 주축을 이루고 있었다. 또한 코사크부대 파견대의 사병 일부가 불교 신자였으며 부리야티아와 칼미키아 지방에서 업무 차 방문하는 스님(라마)들도 제법 되었다고 한다. 한편 당시 중국, 일본 및 샴에서 그곳을 방문하는 불자들도 적지 않았다고 한다. 이들은 그동안 불교 사원이 없었기 때문에 호텔, 가정, 또는 대사관에서 몇 사람씩 모여 불교인의 종교 의식을 가져왔는데 불교 사원이 건립되어 그들에게는 더 할 수 없는 기쁨과 자부심을 갖게 되었다.

법란과 러시아 불교의 암흑기

　그와 같은 불교인들의 기쁨과 자부심은 오래 가지 못하였다. 쿤쩨초이네이 닷산 사원이 개원한지 2년여 만인 1917년에 러시아에 혁명의 물결로 러시아 제국의 마지막 황제인 니콜라이 2세와 그 가족들이 황궁으로부터 축출되고 소위 '10월 혁명'으로 알려진 러시아 사회주의 혁명이 일어난 것이다. 러시아는 점차 혼란의 도가니에 빠져들어 사회주의 이념에 따라 종교는 그 본연의 기능을 상실하기 시작했다. 러시아의 문헌에도 혁명 후의 불교 사원에 대하여 '사원의 강탈'이란 표현으로 나타나 있다.

　1919년 초 인민 전쟁 중, 공공교육인민위원회의 박물관과에서는 범국가적인 '예술 및 교육'에 관한 일련의 전시회 계획을 들고 나왔다. 그중 하나가 페트로그라드에서 불교 전시회를 여는 것이었다. 그런 명목으로 과학원 종신 서기인 올덴불그가 이 사원을 철저하게 조사하였다. 그 당시 '붉은 신문(일간지)'에 실린 기사에 따르면 '최근 수년 전에 세워진 스따라야 데레부냐의 불교 사원을 조사한 바, 역사적 또는 예술적 관점에서 가치 있는 뛰어난 예술품이 다수 확인되었다'고 실려 있다. 전시물은 그 뒤 러시아 박물관의 소유가 되었으며, 불교 사원은 그 자체가 하나의 독특한 박물관으로서, 불교 전시는 그 시절의 사회 정서에 의한 예외적 문화로서 도시 시민들에게 생활의 일부가 되었다.

　스님들은 굶주림에 견디지 못하여 페트로그라드를 떠나야 했고 쿤쩨초이네이 닷산 사원에는 절을 돌볼 사람이 아무도 없게 되었다. 돌지에브 스님의 요구로 절을 돌보기 위하여 스트첼밧스키 교수가 그 바로 옆에 위치한 돌지에브 스님의 집으로 이사하였다. 그러나 1919년 가을 지역 파견대를 지휘하는 붉은 군대의 사령관에게 그 집을 빼앗기고 말았다. 스트첼밧스키 교수가 그곳에 있을 때까지만 해도 사원은 손상되지 않았다. 그러나 얼마 뒤 붉은 군대가 점령

큰 법당에 모셔진 불상

하면서 사원은 황폐화 되고 말았다. 실제로 그 절의 모든 장식물과 가치 있는 물건들은 모두 약탈되었다. 그 중에는 금 불상, 청동 및 동제 공양구, 은제 식기류, 중국제 비단으로 만든 장막, 장식용 명주와 모피 그리고 탁자와 기타 가구류 등이 들어 있다. 대형 불상은 고의적으로 훼손하여 목을 자르고 가슴에 구멍을 내어 복장물을 탈취하였다. 수백 권의 동서양 서책을 파괴하고 시장에 팔아 휴지나 담배를 마는 헌종이로 사용하였다. 돌지에브 스님의 개인 소장품이었던 러시아, 영국, 중국 및 티베트 간의 관계와 관련된 외교문서 및 자료들도 흔적 없이 사라지고 말았다.

이 사건으로 붉은 군대 군인 7명이 처벌을 받았지만 손상된 사원이 복구되거나 보상되지는 않았다. 돌지에브 스님은 티베트에서 뒤늦게 이 소식을 접하고 급거 페트로그라드로 달려와 인민위원회 측에 항의 서한을 보냈다. 1920년 10월 1일자 서한에서 그는 페트로그라드의 불교 사원뿐 아니라 달라이라마가 후원하고 있는 모든 불교 사원에 대한 훼손과 신성모독은 소비에트 러시아와 동방 불교 국가들 간에 부정적 충격을 주고 정상적 관계를 저해할 것이라고 기술하였다. 그 뒤 인민위원회는 제정 러시아 시절의 내무성 업무를 관장하게 되었고, 돌지에브 스님은 러시아연방 내에서 티베트의 대표 사절로 인정받아 외교적 특권을 가지고 활동하게 되었다. 그러나 러시아 안에서 불교의 종교적 행사를 회복할 수는 없었다.

1924년에는 돌지에브 스님이 몽골 시민이 되었고, 비교적 친 러시아 국가인 몽골 정부의 학술위원회 소속으로 사원을 넘겼다. 절의 이름을 '생활동양어연구원'으로 하여 이곳에서 몽골과 부리야티아, 칼미키아, 탄누–투바, 티베트 등의 젊은 학생들에게 기본 러시아어를 교육하였고 이곳에서 기거하며 교육받은 학생들이 그 지역의 전문대학이나 전문기술학교에 가서 선진 직업교육을 받도록 하였다. 그것은 불교 국가들의 경제발전을 도모하려는 돌지에브 스님의 의지를 펴 보인 것이다.

그러면서 그는 마치 사막에 옮겨 심은 한 그루 백련을 살려보려고 힘껏 노력하였으나 세차게 불어 닥치는 모래바람으로 견딜 수 없는 지경에 이르렀다. 1933년 12월 열반에 든 달라이라마 13세를 위한 법회를 끝으로 그는 더 이상 이 절에서 종교 활동을 할 수 없게 되었다. 그로부터 1년 반 뒤인 1935년 5월 레닌그라드의 불교 사원 스님들에 대한 검거 선풍이 불어 닥쳤다. 스님들 대부분은 '사회적 위험 요소'란 죄명으로 3년 내지 5년의 가혹한 중노동 형을 선고 받았다. 그해 8월에는 돌지에브 스님의 가장 가까운 후원자였던 놀보에브씨마저 레닌그라드에서 이유 없이 운명함에따라 스님도 더 이상 희망을 가질 수 없었다.

1937년 1월 돌지에브 스님은 두갈 짐비에브 스님과 같이 레닌그라드를 떠나 그의 고향인 부리야티아로 돌아갔는데 그곳에서 검거되어 결국 형무소 의무실에서 숨지고 말았다. 그해 쿤쩨초이네이 닷산 사원에 은거하던 나머지 스님들도 모두 체포되어 날조된 죄목으로 형벌을 받았다. 그 후 사원은 황폐해진 채 남아 있다가 1938년 3월 레닌그라드 시의 재산으로 전환되었고, 4월에는 사원 자체가 시의 소유가 되면서 유물의 일부가 넵스키 거리에 있는 카잔 정교 사원에 세워진 반종교 박물관으로 옮겨졌다. 그때 전하는 이야기로 큰 불상을 소가 끄는 수레에 싣고 옮기는데, 수레에서 불상이 떨어져 박살이 나자, 넵카강 건너 옐라긴 섬의 공원 안에 있는 못 속에 묻었다는 것이다. 1938

년 6월 시는 절 건물을 주택건설노동자연맹에 임대하였고, 제2차 대전이 발발하자 군사통신소로 사용되었는데 항공기 레이더 감시까지 했다고 한다. 레닌그라드가 300일 동안 독일군에 포위되었을 때, 이 통신소가 외부와 연락하는 유일한 통로가 되었다고 전한다.

전쟁이 종식된 뒤에도 1960년까지 냉전 시대에 외국 방송의 전파방해를 위하여 이곳의 통신소는 그대로 사용되었다. 그 후 러시아의 동양학자들이 불교 사원의 잘못된 사용에 대하여 정부 측에 합당한 사용을 요구하고, 여러 명의 학술원 회원들도 건의함에 따라 사원은 몽골의 종교 및 문화 박물관이 되었다. 그러나 박물관이란 이름과는 달리 그곳을 통하여 몽골, 티베트 등의 막대한 자료와 문서들을 수집하고 소장하게 되었으며 결국 이 박물관은 러시아 국립 학술원 레닌그라드 분소가 되어 모든 자료들이 학술원으로 이관되었다. 그 후 다시 아세아민족연구소가 들어오게 되었으며 일부는 시립 동물연구소의 실험실로 개조되어 지하에서 아프리카의 코끼리를 해부하는 실험도 행해졌다고 한다. 당시는 러시아 정교의 교회들도 종교 행사는 할 수 없었으며 정교 교회 역시 창고나 사무실로 사용되기도 하였으나 불교 사원에 했던 것과 같은 가혹한 강탈은 없었다고 한다.

1980년대 해빙의 물결이 소비에트 연방에 불어오면서 불교계에도 밝은 전망이 보이기 시작하자 불자들이 사원 회복을 위하여 은밀히 노력하기 시작했다. 결정적 계기가 된 것은 1986년 9월 여전히 동물연구소의 실험실로 사용되고 있던 불교 사원에 당시 러시아를 방문 중이던 티베트의 달라이라마 14세, 텐진 갸초 성하가 방문한 것이다. 그로부터 2년 뒤, 달라이라마 성하는 그의 특사인 바쿨라 린포체를 라다크에서 레닌그라드로 보내어 그 지역 불자들과 접촉하게 하였다. 그 뒤 재차 러시아를 오가며 러시아 정부에 청원함으로써 국무회의 종교위원회에서 스타라야 데레브냐의 역사적 불교 사원의 복원을 허락한다는 승인을 얻어냈다. 1990년 말 레닌그라드의 불자 단체가 텐진 켓선 스님을 사원의 주지로 초청하여 절 재건에 나섰고 오늘에 이르렀다.

소생의 안간힘과 앞날의 기대

한그루의 백련(白蓮)으로 사막에 옮겨진 쿤쩨초이네이 닷산 사원은 곧 불어 닥친 사회주의 탱크의 쇠바퀴 아래서 완전히 죽은 줄로 알았으나 반세기가 지난 후 되살아나기 시작했다. 부처님의 인과법과 종교의 저력이란 참으로 위대한 것임을 새삼스레 느끼게 한다.

절의 외부는 그 모진 악몽에 할퀸 상처를 치유하고자 전면에 패널을 세우고 수리가 한창이며 여기 저기 손 볼 곳이 많은 듯하였지만, 부처님의 처소인 법당 내부는 옛 모습을 거의 복원하여 엄숙하면서도 아름다운 모습이었다. 또한 그곳에 주석하는 스님들의 원력이 대단하다. 스님들은 그 절이 유럽-아세아 불교센터로서 유럽을 향한 포교의 전진기지가 될 것이라고 한다. 현재는 사막에 피어난 한 송이 연꽃이지만 앞으로는 그 사막을 연못으로, 더 나아가 연의 바다로 만들고자 하는 것이다. 스님들이 원하는 바대로 쿤쩨초이네이 닷산 사원에 부처님의 큰 가피가 내리어 연꽃의 동산이 되기를 기원하며 이 글을 마친다.

격월간 〈佛敎春秋〉 통권 7호(1997. 8.)

라다크에 피어 있는 불교예술의 꽃 알치 사원

히말라야의 한 언저리 카길(Kargil)에서 라다크(Ladakh) 레흐(Reh)로 가려면 중간에 해발 4091m의 화투라(Fatu La) 고개를 넘는다. 거기서 한참을 내려가면 10세기 말 날란다대학의 마지막 학장이자 후에 티베트 불교 까규파의 종조(宗祖)가 된 나로파(Naropa) 선사가 토굴 수행을 하여 도를 이뤘다는 라마유르(Lamayuru) 사원이 있다. 거기에서 좀 더 내려와 인더스강을 따라 거의 두 시간쯤 왔을 때 강 건너 멀리 알치(Alchi) 마을이 눈에 들어왔다. 알치는 레흐에서 직선으로 70km 거리에 있는 작은 마을로 아름다운 건축과 벽화로 이름난 천년 고찰인 알치 사원이 있는 곳이다.

알치 사원의 연원

10세기 후반 서 티베트의 통치자 예쉐스오드(Ye-shes 'Od)왕은 퇴락하여 저속화한 밀교 의식에 젖어있는 그 지역 불교에 새로운 바람을 불어넣기 위하여, 21명의 젊고 영리한 스님을 포함한 일단의 승려들이 오염되지 않은 건전한 불교를 배우도록 장기간 인도 카쉬미르 지방에 파견하였다. 인도에 장기간 체류했던 대부분의 스님들은 그곳의 기후에 적응하지 못하여 생명을 잃었고 불과 몇 명만이 살아 돌아오게 되었다. 그중 린첸 상포(Rinchen Zangpo, 958~1025) 스님은 중요한 종교 서적을 다수 수집하여 들여왔을 뿐 아니라 카쉬미르 지방의 유명한 장인(예술가) 32명을 동반하여 돌아왔다. 그는 들여온 서적 중 많은 양을 티베트어로 번역하여 출간하였고, 함께 온 장인들의 손을 빌려 라다크 지방에 108개의 불교 사원을 건립한 전설적 거인 스님으로 알려져 있다. 건물 외형이나 내부 벽화 등이 미학적으로 매우 뛰어난 전각인 숨첵(Sumtsek)전이 있는 알치 사원(Archi Monastery)도 108개 사원 중 하나로 추정하고 있다. 그러나 108이란 숫자는 불교의 법수(法數)이기도 하고 인도에서는 단순히 '많다'는 의미로 쓰이기도 하기 때문에 108개의 사원을 건립했다는 것은 상당히 과장된 것이라는 주장도 있다. 그가 조성했음이 분명한 것은 서 티베트의 톨링(Tholing) 사원과 나코(Nako) 사원, 라다크의 니아르마(Nyarma) 사원, 숨다(Sumda) 사원 그리고 스피티(Spiti)의 타보(Tabo) 사원을 들 수 있다. 한편 그가 알치 사원을 건립하였다는 것에 관해서는 명확한 증거가 없기 때문에 전설로 치부할 수밖에 없다. 라다크의 리키르(Likir) 사원과 스피툭(Spituk) 사원은 다른 창건주에 의해 세워진 것이 분명하다. 그러나 이와 같은 사원의 조성은 말할

숨첵전 앞에서 알치 사원 원주 스님과 함께

알치 사원 전경

것도 없고 서 티베트의 불교 발전에 기여한 것은 인도의 아티사(Atisa) 선사를 모셔 온 소위 제2의 포교가 있기 이전에 큰 불사를 한 선각자들이라고 하여도 과언이 아니다.

알치 마을과 알치 사원에 관하여 실제로 알려진 것은 거의 없다. '알치' 라는 이름이 무엇을 의미하는지도 모른다. 이는 티베트어가 아니며 티베트가 지배하기 이전의 다르드(Dardic) 언어일 것이라고 짐작하고 있다. 사원 벽화에 기록된 명문을 종합해 볼 때 귀족 출신의 두 선사가 창립자로 추정되고 있다. 두 선사 중 연장자인 칼덴 쉐라브(Kalden Sherab)는 매우 부유한 집 자제로 알치의 남쪽 산 넘어 숨다(Sumda) 마을 출신이다. 그는 당시 라다크의 유일한 니아르마 사원에 출가하여 린첸 상포에게서 교육을 받았다. 그 뒤 알치로 와서 인더스 강에 다리를 놓고 근방의 바위 벼랑에 요새를 조성하였으며 사원을 세우고 전각 하나를 건립하였다. 그는 전각을 장엄(莊嚴)하였는데 그것이 알치에서 가장 오래되어 오늘날까지 잔존하는 두캉(Dukhang)전이다. 이로 보아 알치 사원과 린첸 상포 스님이 전연 무관한 것은 아니라고 볼 수도 있다. 칼덴 쉐라브가 아티사의 제자인 돔퇸(Domtoen, 1004~1064) 스님과 동시대 인이라는 주장도 있으나 그가 생존했던 시기와 활동을 정확히 추정할 만한 자료는 없다. 그러나 알치의 3층 전각인 숨첵(Sumtsek)전의 벽화에 기록된 내용으로 보아 대탑(Great Stupa)과 숨첵전을 건립한 제2대 선사인 출팀외(Tshulthim Oe) 스님보다는 좀 더 앞서 살았던 것으로 추정하고 있다. 더욱이 두캉전의 벽화들이 대탑이나 숨첵전의 그것에 비하여 약간 앞선 양식의 특징을 지니고 있는 사실로 보아서도 칼덴 쉐라브 선사가 출팀외 선사에 비하여 한두 세대 앞서 살았을 것으로 보고 있다.

서 티베트 제2포교의 주인공 아티사 선사의 제자인 돔퇸의 문중에서 이른바 티베트 불교 까담파(Kadampa)가 탄생되었는데 까담파는 아티사 스님이 세운 엄격한 계율, 정교한 종교 의식, 공손한 신들의 위력 그리고 학문을 강조하면서 발전하여 14세기 후반에 쫑가파(Tsongkhpa) 스님에 의해서 겔룩파(Gelugpa)로 이어진다. 한편 12세기에는 까규파(Kagyupa)가 세력을 얻고 있었는데 특히 까규파의 한 지류인 드리궁파(Drigungpa)가 저변을 장악하게 되었다. 당시에 서 티베트의 세 나라 즉 현재의 라다크인 마르율(Maryul)과 구게(Guge) 및 푸랑(Purang)의 왕도 드리궁파를 존중하였다. 이 드리궁파가 알치 사원의 꽃이라고 할 수 있는 숨첵전과 깊은 관련이 있다. 숨첵전이 세워지고 장엄된 것은 당시 마르율(현 라다크)의 고스그루브 왕이 드리궁파 수행스님들을 카일라스산으로 3번째 파견한 시기인 1215년경으로 추정하고 있다. 숨첵전 3층의 벽화 속에 기록된 헌정문에서 이것의 실마리를 찾을 수 있고 거기에 나타난 선사 계보가 드리궁파의 계보와 관련이 있다고 한다. 숨첵전을 건립하고 장엄한 알치의 제2대 선사 출팀외 스님은 당시 드리궁파의 대표였던 지그텐 곤포(Jigten Gonpo) 선사의 제자로 추정하고 있다.

알치 사원에는 그 뒤 새 전각 신전(新殿: New Temple)이 세워졌는데 구조

적으로 간단하고, 벽화도 도상학적 또는 양식적 면에서 두캉전이나 숨첵전과
는 다르다. 이전의 전각에는 없는 남녀합일상(yab-yum)과 같은 밀교 신들의
그림이 나타난다. 도형의 표현 방법과 회화의 배색 등으로 보아 13세기 중앙
티베트의 탕카(Thankhas)와 같은 맥락을 이룬다. 상당히 미숙한 그림 솜씨인
것으로 미루어 13세기 당시 그 지방의 무명 화가들에 의해 그려진 것으로 추
정되나 불행히도 그 전각에 대한 기록은 찾아볼 수 없다고 한다. 알치 사원은
13세기에 겔룩파가 까담파를 흡수하면서 인더스강 건너의 겔룩파 소속 리키
르(Likir) 사원에 예속되어 오늘날까지도 입장료를 포함한 모든 행정을 리키
르 사원이 관장하고 있다. 그러나 700여 년 동안 리키르 사원의 그늘 아래 소
외되었음을 보았을 때 전각이나 벽화들의 보존이 비교적 잘 된 편이라고 한
다.

인도와 티베트 예술이 만나 이룬 꽃 같은 숨첵전

알치 사원은 그 전각 배치가 서 티베트 초기의 다른 사원들과는 다르다. 대
칭적 배치가 아닌 중심축과 가지 축을 따라 일련의 상징적 나열로 이루어져
있는 것이다. 사원 내부에는 종교적 성역과 함께 세속적 건물이 몇 채 섞여 있
기 때문에 사원으로서의 독창적 구성이 어렵고, 더욱이 인더스강이 휘감고 지
나간 충적층(沖積層) 분지의 지형적 특성 때문에 만다라와 같은 부처님 세계
의 전각 배치는 어려웠으리라고 본다. 설법전인 두캉전이 가장 오래된 전각으
로 서쪽 끝에 있고 그 옆에 작은 전각인 역경각과 문수전이 있으며, 그 좌측에
3층의 숨첵전이 있다. 다시 10m쯤 좌측에 13세기에 건립되어 지금은 서고로
사용하는 신전(新殿)이 있다. 그 뒤 작은 건물이 몇 채 추가되었는데 사원의 전
체적인 구성으로 볼 때 그것은 사족을 붙인 것이라고 생각된다. 숨첵전 앞에
두기의 작은 탑이 있으며 사원 입구에는 대탑이 자리하고 있다. 알치 사원이

숨첵전 2층의 카쉬밀 양식 삼각형 감실안의 아촉불

세계적인 문화유산으로 이름을 높이고 있는 것은 아름다운 건축과 벽화들로 이루어진 숨첵전이 있기 때문이다.

‘숨첵(Sumtsek)’ 은 ‘3층 (three tiered)’ 을 의미한다. 이 전각 벽화의 명문 속에 건립자인 출팀외 선사가 “이 보석의 기둥(this Pile of Jewels)을 세웠다”고 말했다는 기록이 있다. 숨첵전은 독특한 3층 건물인데 그것은 티베트 양식과 카쉬미르 양식의 매력을 혼합한 작품이기 때문이라고 한다. 찰흙과 돌을 사용한 벽의 구조와 기본적인 건축 형태는 분명 티베트의 토속 건축 양식을 따른 것이라고 하지만 정면과 내부 인테리어에 사용한 목재 구조는 거의 완벽한 카쉬미르 양식이라고 한다. 그것은 당시 카쉬미르 출신 목수와 노무자를 고용했기 때문으로 추정하고 있다.

앞문에 들어서면 문 위에 검푸른 몸의 호법신장인 대흑신(大黑神: Mahakala)상이 크게 자리하고, 그 주위에 1063위의 작은 아촉불을 모신 벽화가 있다. 좌측 벽에는 중앙 감실에 점토로 조성하여 아름답게 장엄한 관세음보살상을 모시고 벽면에는 840위의 작은 아미타부처님상의 벽화가 있으며 감실 안 벽면에도 아름다운 불화들과 불상이 조성되어 있다. 아미타 부처님은 참으로 아름답게 장엄했는데 특히 그의 하의(dhoti: 인도 남자용 통바지)에 사원, 왕궁, 따라보살전, 문수전, 대웅전과 같은 불교의 전각과 시바신전, 비쉬누신전 등의 힌두교 신전을 포함한 19종의 주제가 정교하고 아름답게 그려져 있다. 우측 벽의 감실에는 문수보살상이 모셔져 있고 벽면에는 840위의 문수

숨첵전 안의 아름다운 사수(四手) 관세음보살상

보살상이 그려져 있다. 후면 감실에는 미륵보살상이 모셔져 있고 벽면에는 712위의 아촉불상이 그려져 있다. 후벽 감실의 미륵보살상이나 우측 벽 감실의 문수보살상도 좌측 벽, 감실의 관세음 보살상과 같이 아름답게 장엄하였다. 미륵보살의 하의에는 부처님 생애를 나타낸 그림이 매우 자세하게 그려져 있는데 다소 퇴색하였고, 문수보살의 하의에는 85명의 대수행자들의 수행상이 그려져 있는데 그 안에서 앞서 언급한 드리궁파의 계보를 엿볼 수 있다고 한다.

사원의 2층과 3층은 올라갈 수 없었으나 그 곳의 벽과 천장에 여러 종의 만다라와 아름다운 벽화들이 있음을 일 층에서도 올려다볼 수 있었다. 순례 일정이 여유롭지 못해 잠시 머물다 떠나야 하는 아쉬움과 건물과 벽화의 가축이 제때 되지 않아 점점 허물어져 가는 것에 대한 안타까움에 가슴이 아팠다. 전각 내부는 조명이 어둡고 사진 촬영도 금지되어 있기 때문에 여기에 실린 사진 중 일부는 그곳에서 구입한 사진엽서와 자료집에서 옮긴 것임을 밝혀 둔다.

월간 〈禪文化〉 통권 23호(2002. 8.)

하와이에 티베트 불교의
바람을 일으킨 까규 젝첸 링

2002년 10월 오스트리아의 그라즈에서 개최된 티베트 불교 칼라차크라 입문 행사에 참가했을 때 '이제 불교가 서양으로 넘어가는구나' 하는 느낌을 깊게 받았다.

티베트 법왕 달라이라마 성하가 주도하는 그 행사에는 그해 1만 명 정도의 유럽인이 참가했다. 달라이라마 성하와 티베트 불교의 대선사들이 주도하는 7일간의 강의는 중관 철학을 기반으로 한 상당히 깊은 불교 교리를 내포하고 있는데 서양인 참가자들이 매우 잘 알아듣고 환희에 젖는 것을 보고 참으로 놀랐다.

참가자인 대부분의 여인들 중에는 가정주부가 많았는데 그들에게 불교와의 인연을 물으니 거의가 '라마(Lama)'의 가르침을 받았다고 하는 것이었다. 라마는 티베트 불교의 스님을 이르는 말이다.

서양 사회에서 불교가 잘 받아들여지고 그 이해도가 높은 것에 대하여 그 원인을 곰곰이 생각해 볼 때 서구인의 전통에 깊이 뿌리내린 서양 철학과 논리적인 사고방식에 그 원인이 있지 않나 생각되었다. 그들은 사고방식이 논리적이기 때문에 종래의 절대주의적 종교에 비하여 훨씬 논리적이고 합리적인 불교를 접하게 되자 쉽게 받아들이게 되었으리라고 생각한다. 물론 서구 사회에 퍼져 있는 티베트 라마들이 불교의 자비와 지혜에 대하여 체계적이고 합리적으로 가르친 점도 중요한 요인이라고 생각한다. 지난 20여 년 동안 유럽, 미국, 캐나다, 오스트리아 등 범세계적으로 수많은 티베트 불교 사원이 세워졌고 그곳에 티베트 라마들이 상주하고 있다. 달라이라마 성하가 "우리는 티베트를 잃었지만 세계를 얻었다"고 한 말에 상당히 깊은 의미가 있다고 생각된다.

지난 7월 23일부터 28일까지 하와이 호놀룰루에서 개최된 국제학술회의에 참석하면서 잠시 짬을 내어 현지 티베트 불교 사원인 까규 젝첸 링을 방문하였다. 이 역시 29년 전 티베트 불교 까규파의 덕 높은 라마인 환생자 깔루란 뜻의 깔루 린포체(Kalu Rinpoche)에 의해 하와이 호놀룰루에 세워진 사원이다.

까규 젝첸 링(Kagyu Thegchen Ling)

까규파의 전통을 잇는 사원인 까규 젝첸 링은 전통적인 선(禪)을 강조한다. 1974년에 대선사 깔루 린포체에 의해 설립되었다. 1976년 12월 1일 그의 제자인 라마 까르마 린첸(Lama Karma Rinchen)이 이곳에 부임하여 큰 원력을 가지고 포교에 힘써 오늘에 이르고 있다. 까르마 린첸 스님은 호놀룰루뿐만 아니라 마우이 섬에도 선원을 설립하였다. 두 섬의 선원이 활성화되면서 신도들이 늘어나자 두 곳을 혼자 감당하기 힘겨워 스승인 깔루 린포체에게 스님 한 분을 더 보내줄 것을 요청하였다.

스승은 1982년에 라마 텐진(Lama Tenzin)을 보냈고 린첸 스님은 그에게 마우이 분원을 관장하도록 하여 현재 마우이 섬은 라마 텐진이 전담하고 있다. 까르마 린첸 스님은 1992년에 호놀룰루의 카우아이에 새로운 분원을 설립하고 본 절과 분원 양쪽 모두를 혼자서 관장하고 있다. 근년에 들어서 혼자 감당하기 힘들 만큼 업무량이 늘어나자 1999년 그의 사제(師弟) 중 젊은 템파 겔첸 스님(Lama Tempa Gyeltshen)에게 법회와 경전 강의를 담당하게 하고 있다.

까규 젝첸 링은 호놀룰루시의 동남쪽에 위치한 누우아누 계곡(Nuuanu Valley)에 위치해 있으며 외관상 단조로운 가건물처럼 보였다. 그러나 내부에 석가모니 부처님을 주불로 모시고, 주위에 작은 불보살 조상들을 모셨으며, 그 위와 양 옆에 티베트 경전이 자리하여 전형적인 티베트 법당 양식으로 아름답게 꾸며져 있었다. 벽면에는 탕카와 만다라로, 천정에는 번(幡)을 늘여 장엄하였다. 법당 한쪽에는 참선할 때 사용하는 둥근 방석이 100여 개 쌓여 있는 것으로 보아 선방 참여도를 짐작할 수 있었다.

이 절에서는 매월 정기적으로 따라보살 법회, 약사여래 법회, 아미타불 법회를 열고 있으며 매월 구루 린포체(파드마삼브하바)와 밀라레파의 어록을 공부한다. 그리고 매주 일요일 아침에는 자비심을 기르는 기도 정진을 하고 있고, 화요일 저녁에는 정규 참선 정진을 한다. 그 외 티베트의 큰스님이 미국을 방문할 때는 초청하여 특별 법회를 열기도 하며, 마하무드라 비디오(Mahamudra video)와 같은 티베트 불교 수행에 대한 영상물을 통한 수련도 한다. 근래에는 매월 라마 템파 겔첸이 '7단계 마음 수련법'을 지도하고 있다. 사원에서는 계간으로 회보 〈The Empty Mirror〉를 발행하는데 까규 젝첸 링과 인연을 맺은 바 있는 1,500여 명에게 배포된다고 한다. 법회나 참선에 참여하는 인원은 얼마나 되느냐고 물으니 매회 50명 정도라고 하였다.

깔루 린포체(Kalu Rinpoche)

"당신은 환상과 사물의 외모에 끄달려 살고 있습니다. 세상에는 실상(reality)이 있습니다. 당신이 바로 실상입니다. 당신이 실상임을 깨달을 때 당신 자신이 무(無: nothing)란 것을 알게 될 것입니다. 당신이 무란 것은 바로 당신이 만능(everything)이란 것입니다."

깔루 린포체의 어록에 있는 게송이다. 깔루 린포체는 티베트 불교 까규파의 대선사(大禪師)이고, 1989년 열반에 들 때까지 샹파 까규(Shangpa Kagyu)의 대표 대선사이었다. 샹파 까규는 티베트 불교 까규 계보의 2대 원류 중 하나로 9세기에 대선사 큥포 니얄조르(Kyungpo Nyaljor, 978~1079)에 의해 창립되었다. 큥포 선사는 당시 티베트에서 주류를 이룬 뵌교와 족첸(Dzogchen)의 수행법에 만족할 수 없었다. 네팔로 건너와 아차리아 수마티(Acharya Sumati) 선사로부터 법을 전수 받고 인도 전역을 돌며 150여 명의 최고의 스승을 찾아가 실제적 수행법을 배웠을 뿐만 아니라 천계의 다키니(Dakini)로부터 계시를 통해 법을 받았다. 그리고는 티베트로 돌아와 다키니의 예시에 따라 중앙 티베트의 예루 샹(Yeru Shang) 지역에 샹숑(Shang-Shong) 사원을 설립하니 그것이 샹파 까규의 시초이다. 그 후 샹파 까규는 기라성 같은 대선사를 줄지어 배출하였고 그것은 금세기 최고의 선승 중 한 명인 깔루 린포체까지 이어졌다.

깔루 린포체는 1905년 동 티베트 캄의 트레스뵈 강치 라우와에서 태어나 13세에 타이 시투파(Tai Situpa) 예하가 주석하고 있던 팔풍 사원(Palpung Gompa)으로 출가하였다. 16세에 3년 결사 용맹정진 안거에 들어갔고 25세까지 그 같은 3년 결사 안거를 세 번 성만하였다. 그 후 모든 세속과 인연을 끊고 토굴에 들어가 12년 동안 원형적 수행자의 길을 닦았다. 타이 시투파 11세 예

하의 요청으로 그는 팔풍 사원에 돌아
와 안거 원장으로 종사하였다. 1955년
그는 까르마파 대표인 16대 걀와 까르
마파성하(HH. the 16th Gyalwa
Karmapa)로부터 티베트를 떠나 티베
트 국민들을 망명시킬 준비를 하라는
당부를 받고 1957년 부탄으로 갔고 그
곳의 장첩 췔링 사원(Jangchub
Choeling Monastery)의 선원장이 되
었으며 부탄 왕실의 지도 법사가 되었
다. 1966년 인도로 간 그는 소나다
(Sonada)에 삼드룹 달제이링(Samdr
up Darjayling) 사원을 설립하였다.

서방에 100개 이상의 티베트 불교사원을 세운
깔루 린포체 스님

  깔루 린포체는 1971년에 처음 서방세계에 발을 디뎠는데 그때부터 서방 여
러 나라에 티베트 사원과 안거 센터를 다수 설립하였다. 현재 깔루 린포체가
설립한 사원은 하와이의 젝첸 링을 포함하여 유럽과 캐나다 등 세계 여러 나
라에 100여 곳이 있으며, 안거 센터는 20여 곳이 넘는다. 그는 자상하여 불자
들이 다가가기 편하고 높은 지혜와 자비심으로 가르치기 때문에 인종과 국가
를 초월한 신도들로부터 매우 존경 받는 스승이었다. 깔루 린포체는 1989년에
열반에 들었고 그의 환생자 양시 깔루 린포체(Yangsi Kalu Rinpoche)가
1990년 9월 17일에 태어났다. 양시 깔루 린포체는 전통적인 방법으로 검증되
었고 14대 달라이라마 성하와 타이 시투파 예하가 깔루 린포체의 환생자임을
인가하였다. 그는 현재 인도의 미리크(Mirik)에서 대선사 보카르 린포체
(Bokar Rinpoche)의 지도하에 열심히 공부하고 있다.

라마 까르마 린첸(Rama Karma Rinchen)

까르마 린첸 스님은 1931년 4월 5일 동 티베트의 독립 왕국인 트뢰첸의 한 고산 마을의 부유한 농가에서 태어났다. 그는 7세 되던 해 근방의 슈밤 사원(Shubam Gompa)에서 공부를 시작하였다. 슈밤 사원은 팔풍 사원의 제8대 타이 시투파 환생자(8th Tai Situpa, head tulk of Palpung Gompa)가 18세 기에 건립한 유서 깊은 까르마 까규파 사원이다. 11세 되던 해 팔풍 사원에서 수행을 시작하였고 16세에 삼년 정진 안거에 참가하여 전통적 수행을 마침으로써 '라마'의 칭호를 받았다. 25명의 안거 수행자 중 나이는 가장 어리지만 가장 모범적인 수행과 빼어난 성취를 인정받았다. 당시 깔루 린포체가 안거 선원장이었는데 이후 깔루 린포체를 필생의 스승으로 모시게 되었다.

20세인 까르마 린첸 스님은 당시 까규파의 수장인 16대 걀와 까르마파 성하가 주석하는 출푸 사원(Tsurphu Monastery)으로 옮겨 가 집약적인 참선과 논리학 공부를 하였고 겔룩파의 드레풍(Drepung) 사원에 가서 교리경시대회에 참가하기도 하였다. 스승의 권유에 따라 스님은 1959년 인도로 망명하게 되었는데, 그 때가 바로 14대 달라이라마 성하가 인도로 망명하기 2주 전이었다. 스님은 1961년부터 1964년까지 3년간 티베트 망명정부에서 근무하였고, 1966년에 소네다로 와서 스승 깔루 린포체가 사원을 건립하는 일을 도왔다.

1976년 깔루 린포체와 16대 걀와 까르마파 성하 사이에 세계 포교 계획이 합의 되어 1차로 12명의 라마를 선정하여 유럽과 미주 지역에 파견하게 되었는데 그에 따라 스님은 하와이에 오게 되었다. 스님이 호놀룰루에 도착했을 때 그 의 짐 속에는 불상 2위와 한 벌의 내의가 전부였다고 한다. 스님의 노력이 성과를 거두어 현재 라마 텐진이 관장하는 마우이 분원이 성황을 이루고, 호놀룰루의 본원과 카우아이 분원(Kauai Dharma Center) 역시 성황을 이루

까규 제첸링의 주지 까르마 린첸 스님

어 1999년부터는 사제인 템파 곌첸(Lama Tempa Gyeltshen) 스님이 돕고 있다.

템파 곌첸 스님은 1966년 부탄 태생으로 3세에 고아가 되어 스님과 수행자의 도움을 받으며 자라다가 9세에 토카리 사원에 출가하였고 16세에 요드라 사원으로 옮겨 가 요드라 환생자의 가르침을 받았는데 사원 건축과 단청 기술을 함께 습득하였다. 우연한 기회에 깔루 린포체에 대한 이야기를 듣고 감화되어 21세 되는 1986년에 홀로 부탄을 떠나 인도의 소네다로 와서 깔루 린포체의 문하에 입문하였다. 1991년부터 3년, 1995년부터 3년 이렇게 2번의 3년 정진 안거를 성만하고 일생 동안 모든 중생을 성실하게 돕겠다는 원력을 세워 이를 수행하고 있다고 한다.

까르마 린첸 스님과 템파 곌첸 스님은 늘어나는 신도에 비해 사원이 협소하기 때문에 좀 더 크고 넓은 법당을 조성하려는 꿈을 가지고 있다. 그래서 새로운 법당을 설계 하고 모형을 만들면서 그 꿈이 이루어지도록 매일 기도하고 있다고 한다. 어서 그 꿈이 이루어져 하와이 군도에 티베트 불교의 바람이 더욱 강하게 불기를 기원하며 글을 마친다.

월간 〈禪文化〉 통권 38호(2003. 9.)

백제와 신라에 뿌리를 둔
나라(奈良)의 도다이지(東大寺)

도다이지의 금당인 대불전, 세계 최대 목조건물이다.

  2007년 4월 21일 일본 나라(奈良)에 있는 도다이지(東大寺)를 잠시 들러 볼 기회가 있었다. 도다이지는 일본 화엄종의 총본산으로 1250여 년 전 신라인 심상(審祥) 스님이 일본에 처음으로 화엄 불교의 씨앗을 뿌린 곳이다. 백제인 행기(行基) 스님이 화엄경에 깊이 경도된 쇼무(聖武) 천황의 설득과 후원으로 금당(金堂)인 대불전(大佛殿)과 그 안에 대불인 비로자나불을 조성함으로써 도다이지가 창건되어 오늘에 이른 것이다. 이곳에는 특히 원효(元曉) 대사가 지은 《보살계본지범요기(菩薩戒本持犯要記)》가 보관되어 있어서 우리나라와 매우 인연이 깊은 사원이다.

  그러나 그 경내의 설명문이나 안내 책자 등에는 신라나 백제 스님들과의 그 같은 인연에 관하여 한마디도 없다. 그것이 우리에게는 일본인이 그들의 열등감을 덮고 그들 나름의 자존심을 내세우려는 것인 듯 보였다. 도다이지는 큰 가람이기 때문에 제대로 보려면 며칠 걸려야 하겠지만 시간이 한정되어 있기 때문에 대불전을 중심으로 돌아본 바를 설명하면서 도다이지와 우리나라와의 관계에 대하여 살펴보고자 한다.

남대문을 들어가며

  도다이지에 들어가면 맨 먼저 만나는 것이 정문인 남대문이다. 도다이지는 경내에 사슴을 방목한다. 남대문 앞에 가장 많은데 순례객에게 접근하여 무엇인가 먹을 것을 원하는 눈빛을 넌지시 보낸다. 남대문은 우리나라 사찰로 치면 사천왕문과 비슷한데 절 문 하나가 금당 못지않은 큰 전각 같았다. 가까이 가 보니 2층 정면에 편액이 걸렸는데 '대화엄사(大華嚴寺)'로 되어 있다. 그것을 보는 순간 우리를 안내하던 분이 이상히 여기며 전에는 없던 편액이라고 하였다. 그래서 숙소로 돌아와 인터넷에서 도다이지의 웹사이트나 기타 일본 관광 안내 사이트에 실린 도다이지 남대문의 사진들을 살펴보았으나 어느 곳에도 편액이 걸린 사진은 없었다. 그뿐만 아니라 거기서 팔고 있는 도다이지 안내 책자들의 남대문 사진에도 편액은 걸려 있지 않았다. 일본 불교 사찰들은 기복적(祈福的) 요소가 매우 많은데 도다이지도 예외는 아니었다. 그러나 그 안에서도 화엄 본찰의 근본을 찾으려는 보이지 않는 노력을 하고 있다는 생각이 들었다. 남대문은 8세기에 지어졌는데 헤이안시대(平安時代, 794~1185)에 큰 바람으로 쓰러졌고 12세기 말엽에 다시 지어진 건물이다. 높이 25.46m이고 바닥에서 지붕까지 18개의 기둥으로 이루어진 다섯 칸 삼호(五間三戸)의 이중문(二重門)으로 일본 최대의 산문(山門)이라고 한다. 문 안 양쪽에는 13세기 초에 조성된 8.4m 높이의 금강역사 목조상이 있다.

대불전과 비로자나대불

도다이지의 금당인 대불전은 8세기에 창건되었는데 1180년과 1567년의 병화(兵火)로 두 번 소실되고 현재의 건물은 에도시대(江戸時代, 1603~1868)에 건립된 것이다. 이 건물은 병화로 소실되기 이전까지 11칸이었으나 에도시대에 중건되면서 당시 어려운 재정 형편으로 7칸 규모로 축소 조성하여 1709년에 낙성되었다고 한다. 원래 규모의 40%로 축소되었지만 아직까지 전 세계 최대의 목조건물이라고 한다.

대불전 안에는 세계 최대 금동 불상인 높이 16.19m의 비로자나 부처님이 모셔져있다. 청정법신 비로자나불은 연화장세계의 본존불로서 대불이 조성된 8세기 중엽에 이미 이곳이 화엄종의 중심 사찰이었음을 알 수 있다. 이와 같이 비로자나 불상이 여기에

대불전 안의 주불인 16m 높이의 비로자나대불

조성된 데에는 신라의 심상 스님의 화엄경 강의, 화엄경에 경도된 쇼무천황의 원력과 행기 스님의 무애행이 이룬 결과인 바 이 내용은 잠시 뒤로 미루고, 대불과 그 뒤쪽의 모습 그리고 대불전 주위의 다른 전각에 대하여 조금 설명하기로 한다.

대불은 그 좌대의 높이가 3.05m, 앉은 몸체의 키가 14.98m, 얼굴의 길이가 5.33m, 손바닥 길이가 3.1m, 귀의 길이가 2.54m 코의 높이가 50cm로 매우 장엄한 모습이었다. 749년에 완성하여 3년쯤 뒤인 752년에 점안하였는데 그 후 등 부위가 손상되고 9세기 중반 대지진으로 머리 부분이 손상되기도 하였으며 두 번의 화재로 부분적인 손상이 있었으나, 중국의 주조전문가(鑄造專門家)를 초청해 그때마다 수리하여 원형을 잘 보존하고 있다고 한다. 대불전 안의 뒤편에는 허공장보살과 여의륜보살이 조성되어 있고 광목천왕과 다문천왕이 있으며 또한 원래의 대불전 축소 모형이 조성되어 있었다. 오른쪽 한편에는 16나한 중 한 사람인 빈두로(Pindola) 존자상이 모셔져 있는데 방문객에게 매우 인기가 있었다. 그것은 일본에서는 자기 몸의 어느 부위가 아플 때 빈두로 존자의 같은 부위를 환자가 손으로 문지르면 치유된다는 속설이 전해오기 때문이다.

도다이지 경내에는 많은 전각이 있는데 그중 법화당(法華堂), 개산당(開山堂), 이월당(二月堂) 등이 중요하다. 법화당에는 본존으로 불공견색관음(不空索觀音)과 주위에 16존상이, 개산당에는 쇼무천황과 행기 스님 그리고 도다이지 초대 주지인 백제인 양변 스님의 존상이 모셔져 있다. 이월당은 도다이지 창건 전 양변 스님이 수행하였던 암자인 금종사(金鐘寺)가 있던 자리로 양변 스님의 제자 실충(實忠) 스님이 새로 크게 지었으며, 신자들이 십일면관세음보살 앞에서 그들의 생활 속에서 삼독(三毒)을 범한 내용을 참회하는 행사인 수니에(修二會)가 행해지는 전각이다. 대불전 바로 앞에 매우 아름다운 팔각등롱(八角燈籠)이 있다. 이 등롱은 도다이지 창건 당시 조성된 유물로서 몇 번

대불의 오른쪽 한편에 있는 빈드로 존자 상

의 병화에도 파손되지 않고 현재까지 잘 보존되었다고 한다. 무엇보다도 불집(火舍)이 큰 것이 특징인데 불집 주위 네 면에 문이 있고 다른 네 면에 악기를 연주하는 음성 보살과 구름 속을 달리는 사자상 등이 섬세하고 아름답게 부조되어 있다.

심상(審祥) 스님의 화엄경 강의

1997년 3월 26일 도다이지 주지실에서는 '원효(元曉)와 도다이지의 관계'에 대한 학술 간담회가 열리었다. 이 자리에는 대한불교원효종 종정 법홍(法弘) 스님, 도다이지 주지 무네야(宗屋弘齋) 스님 그리고 일본원효학습회 사무국장 시게마쓰(茂松性典) 스님이 참석하고 한국의 계간지 〈불교춘추〉 발행인 최석환씨가 진행을 맡았다. 그 자리에서 도다이지 주지 무네야 스님은 다음과 같은 주장을 하였다.

"도다이지는 원효의 제자인 심상 스님이 법화당에서 화엄경을 강의한 역사적인 성지이지요. 특히 저희는 어렸을 때부터 심상 스님에 대한 이야기를 많이 들었습니다. 도다이지는 심상 스님뿐만 아니라 행기 스님과도 관계가 매우 깊습니다."

"도다이지는 원효의 고향이나 다름없습니다. 고산사(高山寺)의 〈화엄연기회소(華嚴緣起會所)〉를 두루마리로 그린 명해상인(明海上人)이 바로 도다이지 출신입니다. 명해상인은 가마꾸라(鎌倉)시대의 스님으로 원효의 사상에 매료되어 46세가 되던 해에 원효의 보살계본을 강의하고 그 뒤 〈화엄연기회소〉를 그려 원효와 의상의 행적을 담았지요."

"도다이지는 명해상인뿐만 아니라 도다이지 대불 불사를 주도한 백제 스님으로 제2의 원효라 하는 행기 스님과도 밀접한 관계가 있습니다."

"도다이지는 의상계였던 심상이 이국땅에서 원효의 삶을 만난 뒤부터 원효화엄으로 사상을 바꾸고 원효의 신라화엄을 이곳의 법화당에서 설파했습니다. 그러므로 도다이지에는 신라의 화엄사상이 흐르고 있습니다."

"원효의 화엄사상은 국경을 초월한 사상입니다. 원효의 사상은 중국의 사상도 아니고 일본의 사상도 아닌 해동의 사상, 즉 원효만의 독특한 사상입니다. 일본에서는 원효를 부처님과 동격인 명신(明神)으로 받들고 있습니다."

학술 간담회에서 원효 대사가 찬술한 《보살계본지범요기(菩薩戒本持犯要記)》가 도다이지에 소장되어 있음을 확인하고 취재하였으며 명해상인이 보살계본을 강의할 때 그 책을 사용하였을 것으로 추정하였다. 도다이지의 공식 웹사이트에 나타난 화엄경 강독 내용을 요약하면 아래와 같다.

"화엄경 강의는 천평 12년(740) 뒤에 도다이지 초대 별당(別堂: 부속 암자를 포함한 도다이지 총주지)이 된 금종사(金鍾寺)의 양변(良弁) 스님이 주재하여 일본 최초로 '대방광불화엄경' 강독이 시작되었다. 신라에서 화엄경을 공부한 대안사(大安寺)의 심상(審祥) 스님을 강사로 초대하여 불타발타라역본 《육십화엄(六十華嚴)》을 교재로 강의가 진행되었다. 주석서로는 현수법장대사의 《탐현기(探玄記)》가 쓰였다. 1년에 20권씩 강의하여 3년 뒤인 천평 14년(742)에 제1회 강설을 종강하게 되었다."

이 내용으로 보면 양변 스님이나 심상 스님이 일본 스님인 듯 보이나 양변 스님(689~773)은 백제인 의연(義淵) 스님 문하에서 승려가 되었고 춘일산(春日山) 기슭(지금의 도다이지 이월당 자리)에 금종사(金鍾寺)를 짓고 수행하였으며 행기 스님과 함께 도다이지 창건에 전력을 기울이고 도다이지의 초대 별당이 된 백세인 큰스님이나. 앞의 인용문에서 무네야 스님이 수상한 바와 같이 심상 스님은 신라 의상(義湘) 문하에서 화엄학을 수학하고 나라의 대안사에 초청된 신라의 학자 스님으로, 일본에 와서는 원효화엄으로 사상을 바꾼 큰스님이다. 이런 내용은 일본 고대 불교 전기서인 《신라학생대안사심상대덕기(新羅學生大安寺審祥大德記)》에 잘 나타나 있다고 한다.

쇼무천황의 도다이지 창건과 행기 스님

심상 스님의 화엄경 강의에 경도되어 화엄불교의 열성적 신도가 된 쇼무천황(724~749 재위)은 행기 스님에게 비로자나 대불을 조성하는 데 협조해 달라고 간청하였다. 당시 행기 스님은 일본 전국에 헤아릴 수 없이 많은 신도를 두고 생불과 같은 존경을 받았다고 한다. 그는 일본의 아스카 문화를 꽃피운 백제인 왕인 박사의 후손으로 불문에 출가하여 나라지방을 시작으로 전국 각

왼쪽) 도다이지 초대 별당(말사를 포함한 총주지) 백제인 양변(良弁) 스님
오른쪽) 도다이지 창건을 직접 지도한 백제인 행기(行基) 스님

지를 돌며 포교에 앞장선 포교승이었다. 더욱이 빈민구제와 농촌 생활개선 등 실질적인 중생제도에 진력함으로써 제자가 늘어나고 신도가 구름떼같이 모여 들어 그의 설법을 경청하였다고 한다. 그 업적이 점차 높이 평가되어 쇼무천 황의 존경을 받는 스님이 되었다. 행기 스님은 쇼무천황의 간청을 받아들여 대불 조성을 직접 지도하였다.

비로자나 대불을 조성할 당시 일본 인구의 반에 해당하는 250만 명이 직간 접적으로 참여하였는데, 황금 900량을 시주한 사람은 백제인 백제왕경복이 며, 조불사(造佛師)는 백제인 국중공마려(國中公麻呂)이다. 대불을 모신 목조 전각 '대불전'을 세운 건축가는 신라인 저명부백세(猪名部百世)로 추정된다. 그 당시 도다이지 건설 총책임자는 고구려 출신 조궁경(造宮卿) 고려복신(高麗福信)이었다. 이러한 사실은 752년에 행기 스님이 작성한 《조사재목지식기(造寺材木知識記)》에 기록되어 있다.

　　대불과 대불전의 조성이 원만히 진행됨에 따라 쇼무천황은 행기 스님을 일본 최초의 대승정(大僧正)으로 왕실에 모셨고, 행기 스님 앞에서 삭발하고 출가하여 792년 그의 장녀(고켄 여왕)에게 왕위를 양위하였다.

참고문헌

1)《동대사(東大寺)》, 동대사 발행, 2002.

2) '해외에서 만난 원효사상', 〈불교춘추(佛敎春秋)〉 7호(1997. 4.), pp.38~42.

3) '800년 만에 햇빛 본 원효의《보살계본지범요기》', 〈불교춘추〉 8호 (1997. 8.), pp.22~25.

4) 홍윤기의 역사기행 '나라땅 도다이지와 비로자나대불' 〈세계일보〉 2007. 4. 25.

5) 홍윤기,《행기 큰스님》, 자유문학사, 1996.

6) www.todaiji.or.jp

월간 〈禪文化〉 통권 82호(2007. 5.)

유목의 나라 몽골의 불교, 그 영광과 고난

간단사 유감

하얀 구름이 두둥실 떠있는
몽골의 하늘은 높고도 푸르구나
말들이 뛰고 양들이 노니는
저 초원과 어우러지니
여기를 봐도 저기를 봐도
아름다운 한 폭의 그림과 같다

유서 깊은 대가람 간단사에 들어서며
순례자는 가슴이 메어 눈물이 절로 난다

그 하늘 아래 펼쳐진 부처님의 큰 도량인데

척박한 초원도곤 어찌 이리 을씨년스러운가

지난날 좋은 시절
이념의 군홧발이 짓밟기 이전에는
수십 채의 전각에 일만 명 스님들이 수행할 때
전신투지(全身投地)로 코라(탑돌이)를 하였고
마니콜로를 돌리고 또 돌리는
불자들로 넘쳐났다고 하는데

외롭게 우뚝 선 관음전 하나만 그럴싸하고
마치 전쟁 뒤의 폐허처럼 쓸쓸하구나.

몽골 제일의 가람이었던 간단사(Gandan Techinlen Monastery)를 들어서며 느낀 바의 일단을 적어 보았다. 1920년대부터 1990년대 초까지 사실상 사회주의 소련이 몽골인민공화국을 지배했던 시절 몽골의 불교는 완전히 소멸되었다. 그런 중에 불교가 있는 것처럼 전시용 허수아비로 명맥이 유지되어 홀로 남아 있었던 간단사의 모습이다. 또한 이것이 몽골 불교의 현주소이기도 하다.

이와 같이 완전히 숨을 거두었다가 다시 소생의 몸부림을 시작한 몽골 불교를 돕기 위하여 대한불교 조계종 법화정사(주지: 도림(道林) 스님)가 나섰다. 몽골어 법화경 12,000권을 출판하여 싣고 가서 2005년 7월 1일부터 6일까지 배포하며 몽골 불교 회복을 기원하는 다양한 행사를 치르고 순례하였다.

필자도 순례단의 일원으로 참여하여 몽골 불교계를 돌아보고 우리에게 잘 알려지지 않은 몽골의 불교를 소개하고자 한다. 먼저 멀리 기원전부터 이루어진 불교와의 접촉, 16세기 알탄칸과 티베트 불교와의 인연에서부터 20세기 초

간단사 관음전을 참배하러 들어가는 법화정사 순례단

까지 이룬 불교 황금기를 소개하고, 이어서 그 이후 사회주의 치하의 불교 암흑기의 고난과 지난 10여 년 전부터 계속되고 있는 재활의 몸부림을 소개하고자 한다.

유목민의 나라 몽골

여기서 몽골(Mongolia)은 이른바 외몽골을 말하며 북으로는 시베리아로부터 남으로는 중국과 접하고 있는 나라로 국토 면적이 한반도의 일곱 배 정도인 156만㎢이고 인구는 279만 명이다(2005년 5월 현재). '몽골'이란 이름은 칭기즈칸(Chinggis Khan)이 태어난 작은 유목민 부족의 이름에서 비롯되었다. 칭기즈칸의 아들 오고데이칸(Ogodei Khan)은 중국의 금나라를 정복하였고 손자 쿠빌라이칸(Khubilai Khan)은 1279년 원(元) 제국을 수립하였다. 원

왕조는 1368년에 망하였다. 그러나 그 후로도 몽골족은 그들의 원래의 고향인 초원 지대에서 유목 생활을 하며 부족 간 권력다툼을 하였다.

1630년대 중반 만주족에 정복되어 청(淸)나라의 일부가 되었으며 1912년에 청나라가 몰락하자 몽골의 군주는 러시아의 지원을 받아 중국으로부터 몽골의 독립을 이뤄냈다. 그러나 1917년 재정러시아가 무너지며 다시 중국의 지배를 받게 되었고 이즈음 러시아 내전을 틈타서 벨로루시가 몽골을 침략하였다. 몽골에서는 독립 영웅 스쿠바타르가 모스크바 볼셰비키 정부의 지원을 받아 군대를 조직하고 러시아 적군(赤軍)과 함께 벨로루시군과 중국군을 몰아냈다. 이렇게 하여 1924년 11월 26일 몽골인민공화국이 선포되어 소련의 실질적인 지배가 시작되었다. 이로 인해 몽골 불교는 필설로 다할 수 없는 암흑기가 시작되었고 1991년까지 거의 소멸되었었다.

칭기즈칸 이전 몽골 불교의 부침

몽골 땅에서 불교가 보편화되기 이전에 몽골인의 신앙 대상은 티베트의 뵌(Bön)교와 유사한 보에(Boe)라는 토속 샤먼(Shaman)이었다. 이들은 인간과 선신(善神), 또는 인간과 악령(惡靈) 간의 중계자로 유목민의 길흉화복과 질병 치료에 중요한 역할을 하는 매우 영향력 있는 계층의 사람들이었다. 몽골의 학자며 고승들이 티베트어로 남긴 기록에 의하면 몽골인이 불교를 처음 접한 것은 기원전 3세기경 중앙아시아를 경유하여 인도와 중국을 왕래한 비단무역상들을 통해서라고 되어 있으나 증거를 찾을 길은 없다. 또한 티베트어로 쓰인 몽골의 역사책에는 '고대 몽골족인 훈(Huns or Hsiung-nu(흉노))족은 숭배의 대상으로 황금 불상을 모셨다' 고 되어 있다. 훈족에 이어 2~4세기에 오늘날의 내몽골을 지배한 선비(Hsien-pi)족의 모용수(Mujung)는 고구려에 불교를 전파한 전진의 부견에게 총애를 받은 인물인데 후에 후연(後燕)의 초대

법당에서 불경을 독송하는 사미승들

황제가 되어 불교를 장려하는 칙령을 내렸다.

4~6세기 현재 외몽골 지역에 존재했던 주잔(Jujan)국은 불교를 국교로 하였다는 역사적 기록이 있다. 주잔국이 망하고 6~8세기에 몽골에는 투르크(Turkish)국이 들어서 타보(Tabo)왕이 불교 사원을 건립하고 불경을 발간하였다고 되어 있다. 타보왕이 서거한 뒤 불교는 근 200년간 쇠퇴하였다. 그러나 그곳에 기탄(Kitan)국이 들어서고 9~11세기에 불교가 다시 일어났다. 몽골 역사 문헌에 의하면 기탄국은 불교 국가로 기록되어 있다. 동몽골의 케룰렌 바라에는 기탄국 시절의 불탑과 불상의 잔해들이 발견되고 있다. 그때부터 13세기 초 칭기즈칸이 몽골제국을 선포할 때까지 불교에 관한 특별한 기록은 없다.

13~14세기 몽골의 불교

17세기에 몽골의 학자인 곰보잡(Gombozav)이 남긴 기록에 의하면 칭기즈칸이 가장 신임한 왕사(王師)는 기탄국 출신 불교학자 이였다고 하였다. 칭기즈칸의 아들 오고데이칸은 수도 카라코룸 (Kara Khorum) 시내에 불교 사원과 탑을 건립하였다. 당시 카라코룸을 방문한 프랑스의 왕 루이 9세(재위 1226~1270)가 보낸 사절이며 기독교 선교사인 루브룩(Rubruck)은 '대 사원 안에 많은 스님이 두 줄로 앉아 불경을 독송하고 있었다'고 기록하였다.

칭기즈칸의 손자인 쿠빌라이칸은 원 왕조를 세우고, 대 칸(Great Khan)에 올라 강력한 힘을 가졌는데 불교의 발전

1996년에 다시 조성하여 모신 간단사 관음전의 26m 높이 관세음보살상(Janraisag)

을 위하여 열정적으로 지원하였다. 1260년 티베트 불교 사꺄(Sakya)파의 수장인 팍스파 라마(Phags-pa lama)를 초청하여 국사로 모셨다. 팍스파 라마는 칸의 옆에 수년 동안 머물며 몽골 귀족사회에 불교를 전하는 데에 매우 중요한 역할을 하였다. 산스크리트 문자를 기반으로 한 몽골문자를 만들어 산스크리트어, 티베트어 및 위구르어로 된 불경을 몽골어로 번역하였다. 특히 그는 불경을 대량으로 인쇄할 수 있는 목판인쇄법을 발명하여 불경의 광범위한 보급에 크게 기여하였다. 쿠빌라이칸은 불교를 발전시키기 위하여 불교 사원의 재산과 대지를 보호하고 그 사회 속에서 승려의 역할과 위상을 규정하고

명확히 하는 칙령을 내렸다. 이와 같은 불교에 대한 배려에 답하여 팍스파 라마는 몽골의 칸들과 원 왕조의 대 칸을 법륜을 굴리는 전륜왕(轉輪王)으로 명명하였다.

1380년 명(明)나라가 몽골의 수도 카라코룸을 점령함으로써 150년간 유지된 불교 사원들이 모두 파괴되었다. 14세기 말부터 16세기 중반까지 몽골의 불교는 거의 쇠퇴하였고 반면에 샤머니즘(shamanism)이 다시 일어나 유목민 사회의 영적 지주로서 자리를 차지하게 되었다. 이것은 원 왕조의 불교는 거의 몽골의 지배층과 귀족층에 한정되었고, 그 이상 일반 대중에게 파고들어 그들의 신앙으로서 자리를 잡지는 못했음을 의미하는 것이다.

몽골 불교의 황금기

15세기 초 티베트에서는 쫑가파(Tzonkhapa)에 의해서 새로운 불교 종파인 겔룩파(Gelugpa), 일명 황모파(黃帽派)가 창립되었다. 14~17세기에 티베트에서는 귀족들 간에 정치적 종교적 계파 간 갈등이 극심하였다. 주로 황모파, 홍모파(紅帽派) 및 까르마파 간의 갈등이 깊어지면서 각각 남, 중앙 및 서 몽골의 위정자들에게 군사 및 정치적 지원을 구하게 되었다. 그 결과 몽골은 다른 종파들을 제압하고 황모파의 정치적 지배를 보장해 주었다. 이것이 티베트에서 겔룩파가 오늘날까지 지배종파가 된 근거가 되며, 또한 몽골에서 황모파가 주류 불교로 발전할 수 있는 기반이 된 것이다.

황모파를 티베트의 지배 계파로 보장하게 된 첫 사건은 다음과 같다. 1578년 몽골의 알탄 칸(Altan Khan)이 티베트의 정치 지도자인 겔룩파의 수장 소남 갸초(Sonam Gyatso)를 내몽골로 초대하였다. 그가 몽골에 도착하자 알탄 칸은 그의 학식과 지혜에 감복하여 그에게 '지금강(持金剛) 달라이 라마(Vajradara Dalai Lama)' 란 칭호를 주었다. 'Dalai' 란 티베트어 Gyatso와 동의어로 '바다'란 의미이고 'Lama'는 '스승'을 뜻한다. 이렇게 하여 소남 갸초는 제3대 달라이 라마가 되었다. 이 배려에 답하여 그는 대중의 불교수행 참여를 지원하고 승가의 역할과 종교적 사회적 권리를 강화하는 법령인 '십성교법(十聖教法: Law of Ten Noble Teachings)'이라는 종교적 포고를 발령하였다. 제3대 달라이 라마의 방문이 있은 후 반세기 이내에 실제적으로 몽골의 상부계층이 완전히 불교에 귀의하였다.

그 후 중앙몽골의 압타이 세인 칸(Abtai Sain Khan)도 제3대 달라이 라마를 초청하여 몽골에서 가장 큰 사원의 하나인 엘덴주(Erdene-Zhu) 사원을 건립하고 불교의 포교를 강력히 추진하였으며 샤머니즘의 대중적 의식이나 행사를 금지하는 포고령을 내렸다. 이와 같은 샤머니즘의 불법화로 재가불교신자들의 인구가 급격히 증가했을 뿐만 아니라 비구와 비구니스님의 수도 증가하였다.

제3대 달라이 라마가 입적하고 그의 환생자가 알탄 칸의 조카로 태어났음이 확인되었다. 그가 몽골인으로서 1603년 티베트 불교 제4대 달라이 라마가 된 욘텐 갸쵸(Yonten Gyatso)이다. 그러나 그는 법왕의 자리에 오래 있지 못하고 1616년 티베트 수도 라사에서 젊은 나이에 입적하였다. 몽골에서 환생에 의해 종교적 수장이 된 예는 또 있다. 17세기에 매우 강성했던 중앙 몽골의 지배자인 투쉬이트 칸(Tusheet Khan)의 아들로 1635년에 태어난 자나자발(Zanazabar)은 석가모니 부처님 재세 시 살았던 500 성인 중 한 보살의 16번째 환생자로 공식 선언되었으며 이 일은 곧바로 제5대 달라이 라마인 아그완롭상 갸초(Agwan-Lobsang Gyatso)가 확인해 주었다.

자나자발은 몽골 불교의 수장이 되었으며 몽골에서 종교 및 정치적 통일 체제를 구축하는 데에 크게 기여하였다. 몽골에도 티베트의 달라이 라마 계보처럼 그 사회 속에서 생불(生佛)로 추앙되고 종교와 정치를 총괄하는 법왕의 계보가 있으니 그것이 젭춘담바 후툭투(Jebtsun-damba Khutugtu: 최상의 환생자)이다. 자나자발이 제1대 젭춘담바 후툭투이며 같은 의미의 '보그도 게겐(Bogdo Gegen)'으로 불리기도 한다. 보그도 게겐은 뒤에 국가의 종교와 정치를 총괄하는 왕의 자리를 차지하면서 '보그도 칸(Bogdo Khan)'으로 불리게 되었다. 몽골이 공산화되기 직전까지 몽골을 통치한 왕은 젭춘담바 보그도 칸 8세였다.

17세기에 몽골 불교를 이끌어가는 라마들은 유목민의 정신·사회생활에 자리 잡은 샤머니즘을 불교적 사상과 윤리 속으로 흡수하기 위하여, 불교의식 속에 샤먼적 요소를 포함한 새로운 불교의식을 조성하여 샤먼들을 불교에 귀의시켰다. 그래서 몽골 불교에는 샤먼적 요소와 토착민의 신화적 요소가 편입되어 있지만 이것이 불교가 전 국민의 마음속에 자리 잡은 또 다른 원인이 되기도 하였다. 이렇게 하여 몽골에서는 불교가 널리 흩어져 사는 유목민들을 정신적으로 연결하여 주고 몽골의 사상 통일을 촉진하였다. 더욱이 불교가 전파되면서 늑대의 자손이라고 자부하던 몽골인의 마음을 진정시키고 순화하여 덜 호전적인 국가로 만들었다고 한다. 몽골에서 불교의 보편화는 중국의 민족동화(民族同化) 압력 속에서 그 영향을 감소시키는 보조적 역할을 하기도 하였다.

1710년대 말에 칸주르(Kanjur: 佛敎經典) 108권이 번역 출판되었고, 1740년대 초에는 탄주르(Tanjur: 佛敎論書) 220권이 번역되어 목판본으로 출판되었다. 그 후 20세기 초까지 몽골의 학자들(거의가 라마들)에 의해 저술된 불교서적은 수백 종에 달한다. 그 대부분은 불교경전과 인도 및 티베트 학자들의 저술에 대한 주석서로 불교철학, 역사, 의학이 대부분이고 문학, 예술, 문화, 천문학 등도 포함되어 불교가 사회적 계몽에도 중요한 역할을 하였다.

17세기 중엽에는 100여 곳에 불교사찰이 존재했는데 1920년대 몽골인민공화국이 탄생하기 전까지 843개의 대단위 불교 사원(Major Buddhist Center)이 있었고 작은 군소 사찰들도 3,000여 곳이었다고 러시아 정치고문단이 추산하였다. 18세기 말 자료에 의하면 당시 불교 승려의 수가 15,000여 명이었는데 20세기 초에는 11만여 명으로 전체 남자 인구의 3분의 1에 이르렀다고 한다. 몽골 불교는 앞에서도 이야기한 바와 같이 티베트 불교 겔룩파의 한 갈래로서 그때까지 청정비구 종단이었다. 티베트 불교에서 성자로 인정되는 환생자(Linpoche)가 18세기 중엽에는 인도, 티베트 및 몽골에 50여 명이 있었는데 19세기 중엽에는 120명에 이르렀고 20세기

정부청사 앞 광장에 세워진 몽골의 독립영웅 스쿠바타르 장군 동상

초에는 현재의 몽골에만 150여 명이 있었다고 한다. 국가 전 재산의 20% 정도가 불교 사원에 속했다고 한다. 몽골은 이처럼 불교가 발전하여 오랫동안 황금기를 이루어 왔다.

초원의 푸른 하늘에 먹구름이 퍼지고

몽골은 1900년대 초까지 200년 이상 청(淸)나라(몽골인들은 '만주국(Manchu)'이라고 표현함) 즉 중국의 식민지로서 여러 가지로 압박을 받아 왔다. 티베트인으로 태어나 몽골의 제8대 젭춘담바 후툭투(Jebtsundamba-Khutugtu: 몽골의 법왕 환생자)로 인정되어 다섯 살 되던 해에 몽골로 온 보그도 칸(Bogdo Khan, 1870~1924)은 그간 중국의 지배 속에서 숨 죽이고 있던 중 1911년 북경에서 지명한 총독을 검거하도록 명령하고 중국에 대항하여 몽골의 독립을 선언하였다. 아울러 그 자신이 몽골의 칸(Kahn of Mongolia)이라고 선포하였다. 평소에 그를 온순한 학자적 성품을 지닌 종교인으로 생각해 왔던 중국 당국은 충격을 받고 반란을 중단하라고 강력히 경고하였다. 그

러나 그는 그해 12월 칭기스칸 때부터 이어온 전통의식에 의해 칸으로 정식 취임하고 러시아의 지원 아래 계속 남으로 진격하여 1913년에는 남쪽 국경에서 중국군을 물리치고 내몽골로 진격해 들어갔다.

이 틈을 타서 러시아는 북경 주재 러시아 대사를 시켜 중국과 협상을 시도하여 내몽골은 중국의 지배하에 두되 외몽골은 러시아의 지배하의 자치국으로 한다는 내용의 두 나라간 상호 협정서에 조인하게 된다. 이렇게 하여 외몽골 초원의 푸른 하늘에는 러시아의 검은 구름이 가늘게 한 가닥씩 떠밀려 오기 시작하였는데, 그 가벼운 구름이 10여 년 뒤부터 먹구름으로 변하여 온 초원을 다 뒤덮을 줄은 당시로서는 누구도 알 수 없었다.

중국이 지배한 200여 년 동안 몽골은 식민지로서 그들의 학정에 시달렸지만 불교는 계속 번창하여 불교로서는 황금기를 이루었다. 그것은 몽골 불교가 제1부에서 논의한 바와 같이 티베트 불교 겔룩파 계열이고 청나라 조정 역시 같은 티베트 불교를 숭상하여 종교 활동에는 제약받지 않았기 때문이다. 더욱이 국민의 불만 분출이 종교적 수행으로 순화되면서 비구 스님이 전체 남자 인구의 3분의 1에 이르렀다. 그리고 사찰도 오늘날 우리나라의 총림에 해당될 만큼의 대규모로 건립된 곳이 7백 수십여 개였다. 그 사원 안에는 각종 교육기관이 있어서 불교학, 철학, 의학, 천문학, 예술, 그리고 수학 등을 교육하였으니 전체 국민이 불교 속에서 생활하며 생활 자체가 곧 수행이 되었다. 몽골 사회에서는 오랫동안 불교 승려가 영향력 있는 위치를 차지해 왔다. 그들은 경제적으로 풍족하였고 사상적으로 존경받았으며 정치적인 힘도 가지고 있었다. 그래서 당시 군주제에서 중요한 국가 직위는 고위 라마(Lama)들이 차지하고 있었다. 1921년 공산주의자들에 의한 혁명에도 많은 라마들이 그들의 신앙을 보호받으며 국토와 국가를 중국으로부터 지키겠다는 목적으로 시민들의 혁명 투쟁에 참여하고 있었다.

그런 과정에서 보그도 칸도 소련공산군과 협력하여 중국을 몰아내고 비록 외몽골만이긴 하지만 독립을 가져다 준 몽골인민혁명당에게 종교의 자율권을 보장받는 조건으로 정치권력을 이양하였다. 몽골인민혁명당을 조직해서 이끌고 독립을 완수한 민족의 영웅 수쿠바타르(Skhubaatar)는 보그도 칸에게 우호적이었는데 1923년에 저격당하였고, 뜻하지 않게 그 이듬해에 보그도 칸도 입적하면서 몽골의 초원은 완전히 먹구름으로 뒤덮이기 시작하였다. 당시 러시아의 앞잡이로서 실권을 장악하고 있던 초이발산(Choibalsan)은 보그도 칸의 환생자를 찾는 것을 엄중히 금했다.

몽골의 불교계에 몰아닥친 아비규환

몽골이 독립된 후 모스크바의 국제공산당기구(Comintern) 본부는 스쿠바타르를 위시한 몽골의 독립투사들을 초청하여 의식화를 시도한 바 있었다. 그러나 혁명가이기 이전에 심오한 불법을 신봉해 온 그들에게 공산주의 사상이 잘 먹혀들지 않았다. 그때 소련 측에서는 몽골에서는 불교를 말살하지 않고는 인민혁명을 완수할 수 없다고 판단하고 불교 말살 정책을 용의주도하게 준비하게 된다. 소련은 새로운 문물을 적극적으로 지원해 주면서 이를 기회로 정치 지도층 내부의 분열을 획책하고 빈곤하고 무지한 하층민들에게 특혜를 베푸는 방법으로 청소년들을 포섭하여 공산주의자로 세뇌하는 정책을 계속하였다.

이렇게 주도면밀하게 10여 년을 준비하여 소련은 마침내 1936년에 불교 말살의 칼을 빼어들었다. 그해 여름 몽골에서 매우 큰 불교의식의 하나인 '참의식(Tsam Ritual)'을 거행하기 위하여 많은 린포체(환생 라마)와 겝쉬(박사 라마) 그리고 그 밖의 큰스님들과 많은 대중이 운집한 가운데 보그도 칸 입적 후 몽골 불교의 대표 라마인 용존캄포 린포체가 기관원들에게 체포되어 끌려갔다. 죄명이 일본군의 첩자라는 것이었다. 스승을 부처님과 똑같이 받드는 몽골 불교의 특성으로 볼 때 거기 모인 대중들이 받은 충격은 필설로 다할 수 없었을 것이다. 그런데 이것은 사실상 시작에 불과했다. 이미 스탈린이 초이발산에게 불교를 철저하게 말살하라는 비밀지령을 내린 상황이었다.

그들은 소련 감독관과 고문관들의 조언을 받으며 그동안 사회적 및 정치적 영향력에 따라 사원을 분류하고 조사하였다. 또한 라마를 대상으로 그들의 정신적 지도력과 소속된 사원의 재정 상태에 따라 분류하였다. 더욱 철저하게 조사한 결과에 따라 라마들 개개인의 재산, 수입, 지출 그리고 활동하는 지역 범위 등에 따른 긴 명부를 작성하였다. 그 자료를 이용하여 10만 명 이상의 모든 라마를 1급, 2급, 3급으로 분류하였다. 1급은 린포체를 포함한 밀교와 현교, 그리고 논서에 달통한 대학자들이고, 2급은 겝쉬와 승원의 전 과정을 마친 공부가 익은 라마들이며, 3급은 강원의 학인이나 새로 입문한 사미들이었다. 이렇게 당에서 준비한 치밀한 계획에 의해 갑자기 동시 다발적으로 전국 각지의 사찰을 덮쳤기 때문에 사원 측에서는 예측조차 할 수 없었다. 모든 승려를 검거하고 사원들을 파괴하기에 이르렀던 것이다. 수백 년 동안 몽골 국민의 정신적 귀의처이었고 많은 스님이 청정하게 수행해 온 모든 불교 사원은 일시에 아비규환의 장으로 변해버린 것이다. 그래서 몽골에서는 1936년을 '누명(陋名)의 해'라고 부른다고 한다.

1급으로 분류된 라마들은 모두 살해되었다. 변절자로 구성된 첩자들을 시켜 샅샅이 찾아내어 살해하였다. 그렇게 하여 죽은 고승들이 3만여 명으로 알려져 있는데 그 속에서 극적으로 겨우 살아남은 스님들 말로는 죽은 라마의 수가 그보다 훨씬 많을 것으로 생각하고 있었다. 스님들을 5~6명에서 20여 명씩 군용 트럭에 싣고 가서 구덩이를 파게 한 다음 뒷머리를 총으로 쏘아서 구덩이에 떨어지게 하고는 묻었다. 스님들을 반동, 반란, 모반, 간첩 행위 등의 말도 안 되는 죄명을 씌워 처단했다고 한다.

2급으로 분류된 라마 1만 7천여 명이 시베리아 강제노동수용소로 보내졌고, 나머지는 최소 10년 형을 받고 국내의 토목공사장이나 광산 등의 노동 현장으로 보내져, 극심한 고통을 받았다. 몽골의 라마들은 겔룩파 승려들이기 때문에 계율을 생명보다 중하게 여겼다. 그래서 감독관들은 불교 말살 정책의 일환으로 갖가지 방법으로 파계를 강요하였다. 뜻대로 되지 않으면 온갖 조롱과 악담을 퍼붓고 불이익을 주었다. 라마들이 출소한 뒤에는 그들을 결혼시키는 것이 당의 막중한 과업이 되었다. 일정 기간 안에 결혼하지 않으면 다시 수용소로 보내는 등 온갖 압박을 가하고 여성 당원들을 특수 교육하여 승려들이 파계하도록 공작하였다고 한다. 그들의 공작에 걸려들면 자포자기하게 되고 전에 승려였던 사람은 당의 손이 닿지 않는 오지에서 숨어살지 않는 한 독신으로 살아갈 수 없는 사회가 되었다. 이렇게 하여 원래는 청정비구 종단인 몽골 불교가 오늘날 대처불교처럼 된 것이다. 한편 시베리아로 끌려간 라마들은 그곳에서 과로와 굶주림에 시달리다가 대부분 사망하였다고 한다.

3급으로 분류된 학인 스님들은 대부분 군대로 보내졌고 어린 사미들은 공장으로 보내졌다. 1990년대 들어 몽골이 민주화된 후 이미 노경에 든 이들의 많은 수가 승려로 복귀하여 몽골 불교를 부활하는 데 상당히 중요한 역할을 하고 있다.

소련은 승려를 모두 잡아들이고는 사원을 철저히 파괴하기 시작하였다. 몽골의 불교 사원은 부유하고 그 구성이 화려하며, 수백 년 동안 축적된 보물급 문화유산이 많기로 널리 알려져 있었다. 1939년 8월 소련의 종교국 보고서에 의하면 1937년에 수백만 권의 경전, 논서 그리고 기록물 등을 소각하였고, 767개의 등록된 대형 사원 중 724개의 사원을 파괴하였으며 312개의 강원과 도서관이 있는 중형 사원, 그리고 2천 개 이상의 소형 사찰을 완전히 파괴하였다고 한다. 그리고 1939년까지 종교적 목적으로 건립된 5천 5백 채의 건물 중 반 이상이 완전히 파괴되었다고 한다. 일부 큰 건물들은 장엄을 모두 지우고 페인트를 칠하거나 합판을 붙여 단청이나 벽화를 가린 다음 군용 막사로, 군용 마구간이나 창고로 그리고 러시아 관리들의 숙소 등으로 사용하였다. 이렇게 하여 공산당의 불교 말살 정책은 완전히 성공하여 1939년부터는 공식적으로 몽골에 한 명의 승려도 불자도 없는 그리고 단 한 군데의 사찰도 존재하지 않는 불교 암흑기가 시작되었다.

이런 과정에서 몰수한 사찰 재산은 금과 은 그리고 보석류로 된 매우 귀중한 품목만도 대략 3톤 트럭 1천 여섯 대분이며 이들의 대부분이 소련으로 실려 갔다고 되어 있다. 러시아의 기록 문서에 의하면 무게 70톤에 이르는 간단사의 20m 높이 금도금 청동 관음상도 소련으로 실어가 대포 탄환을 제조하는 데에 사용했다고 한다. 수송허가 기록의 또 다른 문서에는 1939년 1년 동안만도 트럭 1,566대 분의 불상과 불구 등 사찰 몰수품이 소련으로 실려 갔다고 되어있다. 대략 6만 점 이상의 불교 유물이 소련으로 실려가 귀중한 품목은 박물관으로 가고 나머지는 무기를 제조하는 데에 사용되었다. 현재 러시아의 박물관들이 소장하고 있는 몽골의 보물급 미술품들은 다 그때 가져간 것들이다. 1941년에 몽골의 불교 유물로부터 추출한 금 30.9톤과 은 60톤을 소련 국립은행이 접수했다고 보고되어 있다.

몽골의 불교 암흑기와 때를 같이하여 일반 사회에도 스탈린 노선에 부정적인 생각을 가진 모든 정치인이나 지성인들을 반동이라는 각종 죄명을 씌워 숙청하거나 암살하였다. 일제시대 우리가 겪은 창씨개명이나 언어탄압과 유사하게 몽골인의 성명에는 조상 대대로 사용한 성씨를 버리고 본인의 이름 뒤에 부친의 이름을 쓰는 러시아식 체계로 바꾸게 했으며 언어도 몽골의 고유한 문자를 버리고 러시아의 키릴문자를 쓰도록 하였다.

폐허의 자갈밭에 다시 살아난 한 그루 소나무

간단사가 다시 문을 열게 된 것은 참으로 놀라운 인연에서 비롯되었다.

1944년 여름에 미국 대통령 프랭클린 루스벨트(Franklin Roosevelt)가 부통령 핸리 웰리스(Henry Wallace)로 하여금 소련, 중국, 내몽골 및 외몽골을 순방하도록 하였다. 순방의 주목적은 미국 정부가 중국의 국민당을 지원하는 데에 있었으나 그들은 불교 국가인 몽골의 대표 사원을 방문하겠다는 요청을 하였다. 스탈린은 이미 수개월 전에 그 정보를 입수하고 초이발산을 모스크바로 불러서 은밀히 준비하게 했다. 특히 혁명적 성향의 믿을 만한 라마를 시켜 불교 사원을 열고 시민들로 하여금 참배하도록 명령하였다. 러시아의 '대부'인 칼리닌(Kalinin)으로 하여금 초이발산에게 소련에서는 어떻게 기독교 교회를 이용해 왔는가 하는 실제적 방법을 교육하도록 하였다. 그 결과 초이발산은 몽골 내무부를 위하여 일하고 있는 두 라마인 에르덴에필 스님과 곰보두 스님에게 과제를 주어 간단사를 다시 열도록 하였다. 이렇게 하여 그때까지 소련군 막사와 군용 마구간으로 사용하던 간단사 건물을 개조하고 위의 두 라마와 다섯 분의 라마를 다시 모셔 와 간단사가 문을 열게 되었다. 그 일곱 라마 중에서 내몽골로 도망하여 끝까지 파계하지 않았던 오르쏘 스님 한 분 외에는 이미 모두 대처승이었다. 그해 7월 2일 웰리스 부통령은 울란바토르에 도착하였다. 소련 측에서는 이미 며칠 전에 그 도시에 살고 있던 1천 5백여 명의 소련 관리들을 모두 도시 밖으로 소개(疏開)하여 러시아 인이 보이지 않게 하였다. 웰리스는 초이발산을 직접 만났고 간단사를 방문하여 불교의식도 참관케 하였다. 미국 사절단은 귀국하여 몽골에는 사원이 다 파괴되었고 스님들이 없다고 들었는데 소수이지만 신자들이 참여한 법회를 보면서 특별히 보여 준 것이 아닌가 하고 의심했다고 하였다. 그러나 내몽골에 비하여 외몽골은 확실히 많이 발전한 인상을 받았다고 보고하였다.

간단사는 스탈린과 칼리닌이 지시한 대로 외국 귀빈이나 관광객에게 보여주기 위한 전시용 사원으로 유일하게 계속하여 남아 있게 되었다. 그러나 승복을 입은 네 명의 당원들의 철저한 감시 속에 그들의 허락이 없이는 아무것도 할 수 없었다. 스님들이 출퇴근을 하면서 절 밖으로는 승복을 입고 나갈 수 없을 뿐만 아니라 조석예불은 물론 어떤 불교 의식도 공산당의 필요에 의해 지시할 때만 행해졌다.

그러다가 다시 한 번 간단사가 확장되고 발전할 수 있는 기회가 찾아왔다. 외국의 매스컴에서 몽골의 종교 탄압을 비난하는 보도가 잦아지자 당은 몽골에 종교의 자유가 보장되고 있다는 것을 알리기 위하여 1969년에 '아시아 불교대회'를 간단사에서 개최하겠다고 선포한 것이다. 나이 든 스님들만 있는 것이 이상하다고 느껴 승가대학 학생의 자격으로 부리아티아(Buryatia)에서 온 지원자들을 포함하여 30명의 젊은 스님들을 선발하였다. 이것이 계기가 되어 1970년에 간단승가대학이 정식으로 설립되어 유지되면서 현재까지 이어지고 있다. 간단승가대학에서는 1991년 독립이 될 때까지 2백여 명의 스님이 배출되어 그 젊은 승려들이 현재 몽골 불교를 다시 일으키는 데에 큰 역할을 하고 있다. 그들은 몽골 전역으로 흩어져 나가 옛 사찰들을 복원하는 데에 최선을 다하고 있는 것이다. 마치 폐허 속에서 어렵게 싹을 내민 한 그루의 소나무가 역경을 이기고 자라서 새로운 시절이 오니, 가지를 뻗고 그 솔씨가 날아 몽골 전역 여기저기에 떨어져 다시 옛날 같은 솔밭을 이루려고 안간힘을 쏟고 있는 것과 같다.

불교 부활을 향한 몸부림

1989년 소련에서부터 사회주의 해빙 무드가 일기 시작하며 몽골에도 민주화혁명이 시작되었다. 그 결과 1990년 8월 자유선거에 의해 다당제 정부가 탄생하였다. 공산주의자들이 절대다수였지만 몽골도 서서히 시장경제체제를 향하여 움직이기 시작하였다. 그리고 종교의 자유도 회복되어 불교가 다시 일어나기 시작하였다.

한국인으로 1994년에 몽골에 와서 현재 몽골 불교미술대학 부학장으로 재직하면서 몽골의 불교미술을 복원하는 데 한 축을 담당하고 있는 김선정 선생은 몽골에서 불교가 다시 살아나는 모습을 보고 다음과 같은 소감을 밝혔다.

"그 불에 타서 죽어버린 것 같던 불교가 검게 탄 고목에 다시 잎이 피듯 살아나는 것을 보면 제불보살님들의 서원이 참으로 장대함을 깊이 느낄 수 있다."

김선정 선생은 홍익대를 졸업하고 인간문화재 만봉 스님 문하에서 탱화를 배웠고 그 후 인도에 와서 티베트 불교미술을 공부하면서 몽골의 불교미술에 매료되어 몽골까지 오게 되었다고 하였다.

1990년 몽골이 민주체제로 전환될 때까지 근 70년간 간단사 밖에서는 불교를 찾아볼 수 없었다. 그래서 공산주의 시절에 자란 2~3세대의 젊은 층은 전통 종교나 문화에 대하여 접할 수 있는 기회가 전혀 없었다. 그러나 문화의 독립이 이루어지자 뚜렷한 변화가 일기 시작하여 몽골인의 사회생활 속에 불교가 다시 중요한 역할을 하게 되었다.

이제 대부분 몽골 국민의 마음속에 불교를 향한 신심이 소생한 듯 하며 정부도 이를 인정하게 되었다고 한다. 그 한 예로 1937년에 파괴되어 소련으로 실려 간 20m 높이의 간단사 청동 관음상의 자리에 민주주의와 독립의 상징으로 26m 높이의 금도금 청동 관세음보살상(Janraisag)을 온전히 국민 성금으로만 조성하여 1996년에 다시 모신 것이다. 2000년의 통계에 따르면 157곳의 불교 사원이 다시 세워지고, 1990년 민주화가 이루어질 당시 2백여 명이던 스님의 수효가 현재는 3천 명 이상으로 늘어났다고 한다. 물론 사원이라고 해도 소규모의 것이 많다. 스님들의 사정도 어렵기는 마찬가지이다. 훌륭한 라마들은 살해되었거나 혹 살아남은 분들도 거의 입적하였기 때문에 법난 당시 학인이나 사미였던 분들이 이제 노스님의 자리로 돌아오고 새로 입문하는 사미들이 대부분이기 때문에 찾아오는 신도들을 위하여 필요한 의식도 제대로 치러주기 어려운 절도 많다고 한다. 그래도 신도들은 계속 절을 찾아오고 스님이 되기를 원하는 젊은이도 많으나 불가의 재정이 열악하고 교육시설도 태부족이기 때문에 젊은 스님들을 대상으로 하는 효과적 교육이나 신도들을 위한 효율적 봉사를 하는 데에는 매우 불충분한 상태이다.

반세기가 훨씬 넘게 종교를 마약으로 생각하는 사회주의 체제 속에서 그들의 의식화 교육을 받으며 살았고, 불교 말살을 합리화하기 위하여 불교와 승려를 부도덕하게 보며 멸시의 대상으로 인식시켜 왔기 때문에 몽골 불교가 원래의 모습으로 환원하는 데에는 많은 문제가 남아 있다. 또한 서구 기독교 국가들과 한국과 같이 기독교가 극성스러운 나라의 기독교 단체들이 몽골은 종교 백지의 국가가 되었다고 생각하여 잘하면 기독교왕국을 건설할 수 있다는 희망을 가지고 몰려들어 저돌적으로 경제적 지원 공세와 불교를 폄하 비방하는 방법으로 파고들고 있는 것도 하나의 큰 문제이다. 한국만 하여도 개신교 목사들 7백여 명이 몽골에서 선교활동을 하고 있다고 한다. 몽골인들에게 기독교 신심이 생겨서라기보다는 우선 경제적인 도움을 받고자 접근하고 있으나 세월이 가면 그들의 치밀한 세뇌전략에 따라 기독교 인구가 늘어나기 마련일 것이다. 오히려 몽골 불교계는 몽골 국민의 전통과 몽골인의 양식을 믿고 크게 우려하지 않는 듯한 인상을 받았다. 1998년의 통계에 의하면 불교가 전 인구의 96%이고 이슬람, 샤머니즘 그리고 기독교를 합하여 4%인데 기독교는 1%로 나타나 있다. 그런 상태로 몽골에서 불교가 제자리를 지킬 수 있다면 얼마나 다행스러운 일인가? 금번 법화정사의 몽골어 《법화경》 불사도 몽골의 불교 중흥에 크게 기여할 수 있기를 기대하며 이 글을 맺는다.

월간 〈禪文化〉 통권 61~62호(2005. 8. 9.)

원광 법사의 수행처였던 삼기산을 찾아서

삼기산 가는 길

원광 스님의 발자취를 더듬어 보고자 삼기산을 찾았다. 그러나 그곳에는 '삼기산(三岐山)'이란 이름은 없었고 2만5천분지일 지도에도 '금곡산(金谷山)'이란 이름으로 나와 있을 따름이었다. 경주에서 버스를 타고 안강읍까지 와서 택시 운전사에게 원광 스님의 부도(浮圖)가 있는 '금곡사'로 가기를 원했더니 그는 그곳을 잘 아는지 두말 않고 타라고 하였다. 차가 옥산리를 지나 왼쪽으로 돌아드니 멀리 산봉우리가 나타났는데 그것이 금곡산이라고 하였다. 우리가 탄 택시가 두류리의 평지말 부락을 지나니 시골 우마차 길 같은 비포장도로가 나왔다. 기사는 그 길을 따라 작은 저수지가 있는 화산골을 지나고 무릉산 모퉁이를 돌아 조금씩 거슬러 올라가 금곡산과 무릉산 자락이 얼크러진 곳인 세 계곡의 물길이 한곳에 모이는 어름의 외딴집 앞에 일행을 내려 주었다. 거기서부터는 걸어서 20여 분 올라가야 된다는 것이었다. 마침 그 집 주

원광 스님이 주석한 금곡사가 있는 삼기산 전경

인 노인이 우리를 안내해 주었다. 알고 보니 그 노인은 금곡사(金谷寺) 주지 스님의 부친이신 손일호 옹이었고 그 집은 금곡사의 사택이라고 하였다.

절에 가는 길은 산길치고는 비교적 잘 닦아 놓았지만 그래도 지프차나 되어야 겨우 빠져나갈 수 있는 거친 길이었다. 한참을 오르고 내리고 골짜기를 돌고 돌아 금곡산 중턱에 있는 금곡사까지 가면서 나는 야릇한 기운을 느낄 수 있었다. 언제인가 인도에 갔을 때 우탈프라데시 주에서 히말라야가 가까이 보이는 히마찰프라데시 주로 들어서며 그 대지에서 느꼈던 것과 같다고나 할까? 무엇인가 말로 설명할 수 없는 신령스러운 기운이 나의 몸속으로 스며드는 듯하였다.

금곡사에 이르러 사방을 둘러보니 절을 중심으로 산봉우리가 둥글게 둘러서 있고 그 봉우리 뒤로 또 한 겹의 산봉우리가 둘러 있어서 금곡사는 마치 연꽃 속의 꽃술 자리에 놓여 있는 듯하였다. 그러니까 우리가 걸어온 길이 연꽃의 꽃잎 사이를 돌아서 꽃술까지 찾아든 것이다.

《삼국유사》에서 일연 스님은 '원광이 80세로 입적하니 그 때가 정관 연간이며, 그 부도가 삼기산 금곡사(金谷寺 – 지금 안강(安康)의 서남쪽 계곡이며 명활성(明活城)의 서쪽이다)에 있다’고 명시하였다. 그 내용으로 보아 현재의 금곡산이 삼기산임이 분명하고 경주시 문화재 자료 제97호로 지정된 원광 법사 부도탑이 모셔져 있는 이곳이 당시의 금곡사지임이 분명한 듯 하다.

이 산을 ‘삼기산’이라고 불렀던 것은 이곳이 세 계곡의 물이 합쳐지는 지형이므로 그 산세에 따라 붙여진 이름일 것이라고 한다. 일연 스님이 《삼국유사》를 저술할 때만 해도 이미 ‘삼기산’이란 이름은 쓰지 않았기 때문에 이곳을 당시 안강의 서남쪽 골짜기이고 명활성의 서쪽이라고 부기한 것으로 보인다. 한편 이 산이 ‘금곡산’이라고 불리게 된 것은 이 산골짜기에서 금이 났기 때문이라고 한다. 또한 이 산을 ‘비장산(臂長山)’이라고 부르기도 하는데 그것은 금곡산에서 무릉산으로 이어지는 힘찬 능선의 모습이 마치 젊은이의 긴 팔뚝과 같다는 데서 부르게 된 이름이라고 촌로(村老)들은 말하는 것이었다. 《삼국유사》에도 ‘삼기산’을 ‘비장산’이라고 부르게 된 연유가 나타나 있는데, 그것은 3천 년 묵은 여우가 신술(神術)로 원광 스님에게 보여준 여우의 큰 팔뚝에서 비롯되었다는 것이다. 나의 생각으로는 여우는 앞다리는 있어도 팔은 없으며 설령 여우의 앞다리를 팔이라고 하더라도 여우의 앞다리는 빈약하기 때문에 비장이란 마땅하지 않고 그곳 촌로들의 주장이 훨씬 합리적이라고 생각되었다.

금곡사에는 작지만 조촐한 법당이 있고 그 옆에 요사가 있으며, 법당 앞 10여 미터 되는 곳에 복원된 탑이 서 있는데 그것이 원광 법사의 부도탑이었다. 원탑의 파손된 조각들을 기술적으로 새로운 돌에 접합하여 원형대로 복원하였다는데, 크기가 상당히 커 부도라기보다는 아름다운 석탑과 같다. 탑신의 네 면에 감실이 있고 감실 안에는 부분적으로 마손되었으나 아름다운 부처님이 깊게 양각되어 있었다. 탑 옆에 세워진 경주시 문화재관리과의 안내판에 의하면 우리나라 최초의 부도라고 되어 있다. 《삼국유사》에 의하면 원광 법사

가 입적하였을 때 모든 우의(羽儀)와
장구(葬具)를 나라에서 내리고 국왕
의 장례와 똑같이 하였다고 되어 있
는데 이런 것들을 종합해 볼 때 처음
이라서 부도의 일정한 형태가 없었
고, 국왕과 똑같이 장례를 모신다고
하여도 출가사문인 원광 법사에게 큰
능을 쓸 수 없기 때문에 탑의 형태로
부도를 모신 것이 아닌가 생각된다.

우리가 금곡사에 도착했을 때 주지
인 청운(淸雲) 스님이 출타 중이어서
그곳에서 기다리기로 하였다.

삼기산의 여우

운문사 조사전에 봉안된 원광 법사 진영

원광이 출가하여 불법을 공부하다가 30세 되던 해에 조용히 도를 닦고 싶
어 혼자서 삼기산에 들어와 토굴을 짓고 수행하고 있었다. 그렇게 4년이 지났
을 때 한 비구가 그곳에 와서 멀지 않은 곳에 따로 절을 짓고 수행하기 시작하
였다. 그런데 그 비구는 성품이 억세고 사나우며 주술(呪術)로 수행을 하기를
좋아하였다. 그렇게 2년이 지난 어느 날 밤 원광이 경전을 독송하고 있는데 홀
연히 신의 목소리가 법사의 이름을 부르더니 다음과 같이 말하는 것이었다.

"훌륭하고 훌륭합니다, 세상에 수행하는 사람은 많으나 법사처럼 여법(如
法)하게 수행하는 사람은 찾기 어렵습니다. 지금 이웃에 있는 비구는 주술을
즐겨 닦으나 아무 소득도 없이 소리만 시끄럽게 질러대어 타인이 정진하는 것
조차 방해하고 있으니 그가 거주하는 곳을 지날 때마다 늘 미운 생각이 일어

납니다. 이러다가는 나도 모르게 머지않아 죄를 지을 듯싶으니, 법사께서는
나를 위하여 그 비구에게 부디 다른 곳으로 옮겨 달라고 일러 주시오.”

다음날 원광은 그 비구를 찾아가 그 말을 전했다.

“어젯밤에 내가 한 신의 말을 들었는데 스님은 다른 곳으로 옮기는 게 좋겠
소. 그렇지 않으면 어떤 재앙이 있을지도 모르오.”

그러나 그 비구는 말을 듣지 않고 말했다.

“지극한 수행자도 마귀에게 현혹됩니까? 법사는 여우귀신 따위가 지껄이는
말에 뭘 그리 마음을 쓰시오?”

그날 밤 다시 그 신이 와서 말하였다.

“나의 말을 전하니 그 비구가 뭐라고 합디까?”

법사는 그대로 말했다가 신령이 노할까 걱정이 되어 말을 얼버무렸다.

“아직 말을 못 했는데, 말하면 어찌 듣지 않겠습니까?”

“내가 이미 그의 말을 다 들었는데 법사는 어찌 말을 달리 하시오? 이제는
내가 하는 일을 보기만 하시오.”

그렇게 말하고 신은 이내 가 버렸다.

그날 밤중에 마치 벼락 치는 큰 소리가 났다. 날이 밝자 원광이 그 비구가
살던 곳으로 달려가 보았더니 산이 무너져 그 비구가 살던 곳이 완전히 묻혀
버렸다.

신은 다시 와서 원광에게 물었다.

“법사가 보시기에 어떻습니까?”

“매우 놀랍고 두렵습니다.”

신이 다시 말하였다.

“나의 나이가 이미 3천 살에 가까워 신비한 술법이 더할 수 없습니다. 이런
것쯤이야 작은 일이니 놀랄 게 없습니다. 더욱이 장래의 일도 모르는 것이 없
고 천하의 일도 통달하지 않은 것이 없습니다. 지금 생각해 보니 법사께서 이

곳에만 머무신다면 자리(自利)의 행은 이루시겠으나 이타(利他)의 공덕은 못 얻을 것입니다. 이생에 높은 이름을 드날리지 못하면, 미래에 수승한 과위(果位)를 얻지 못할 것입니다. 왜 중국에 가서 불법을 구하여 이 나라의 미혹한 중생들을 제도하려 하지 않으십니까?"

원광이 대답하였다.

"중국에 가서 도를 배우는 것은 제가 본래 소원하는 바입니다. 그러나 바다와 육지가 멀리 막혀 있어서 스스로 갈 수 없을 따름입니다."

이에 신은 중국에 다녀오는 방법을 상세하게 설명해 주었다. 이렇게 하여 원광은 중국에 가서 11년간을 수행하여 중국에서도 존경 받는 대덕 스님이 되어 신라로 돌아오게 되었다. 그는 중국 길을 열어 준 신에게 감사드리기 위하여 삼기산을 다시 찾았다. 밤이 되자 기대했던 대로 신이 찾아와 그의 이름을 부르는 것이었다.

"바다와 육지의 먼 길을 잘 다녀오셨습니까?"

"신의 큰 은혜로 잘 다녀왔습니다."

원광이 신에게 청하였다.

"신의 참 모습을 한번 볼 수 있겠습니까?"

"법사께서 나의 모습을 보시고자 한다면, 내일 아침 동쪽 하늘 끝을 한번 쳐다보시오."

다음날 아침 동쪽 하늘을 쳐다보니 커다란 팔뚝 하나가 구름을 뚫고 하늘 끝에 닿아 있었다. 그날 밤 신이 다시 찾아와서 묻는 것이었다.

"법사는 나의 팔을 보았습니까?"

"보았는데 매우 기이하였습니다."

그로부터 이 산을 '비장산(臂長山)' 이라 부르게 되었다고 한다.

신은 다시 말하였다.

"제가 비록 이만한 몸을 가지고 있지만 덧없는 세월의 해(害)는 면할 수 없습니다. 얼마 뒤 고개 위에 내 몸을 버릴 것이니 법사께서는 오셔서 멀리 떠나는 나의 영혼을 전송해 주시기 바랍니다.”

그 신이 가르쳐 준 날에 고개에 가보니 늙은 여우 한 마리가 칠같이 검은 몸으로 숨도 못 쉬고 신음하다가 이내 죽는 것이었다.

이상이 《삼국유사》의 원광서학전에 인용된 ‘고본 수이전(古本 殊異傳)’ 의 내용이다. 불경에 여우가 나오는 것은 미사색부율(彌沙塞部律: 五分律) 제3분에서 데바다타가 교단 가운데 분파를 지으려고 도당을 모을 때 세존께서 제자들에게 말씀하신 이야기 속에 있다. 군략(軍略)을 어깨 너머로 조금 배운 한 여우가 맹수의 왕이 되어 기고만장한 가운데 가이왕의 공주를 아내로 삼겠다고 그 나라에 쳐들어왔었다. 그 때 한 대신이 있어 지혜롭게 대항하였기 때문에 맹수들이 제물에 혼비백산하여 흩어졌다는 이야기이다. 세존께서는 “그 때의 가이왕은 나이고 지혜로운 대신은 사리불이며 맹수들의 왕인 여우가 바로 데바다타였다”고 말씀 하셨다.

여우에 대한 이야기로는 소위 화두의 하나로 쓰이는 ‘백장야호(百丈野狐)’ 즉 불락불매(不落不昧) 공안의 근원이 되는 백장회해(百丈懷海) 선사에 얽힌 이야기가 있다. 그 이야기는 너무도 유명하기 때문에 여기서 되풀이하지는 않겠다. 백장산의 회해 선사와 그곳에서 500생 여우의 몸을 받은 여우의 이야기, 삼기산의 원광 법사와 3천 년 묵은 여우의 이야기는 전말에 유사성이 있는 점과 그 이야기가 실려 있는 ‘고본 수이전’ 이 거의 기이한 설화적 전기들을 모아 놓은 책인 점으로 미루어 원광 법사의 이 이야기는 신라에 중국의 선불교가 들어온 뒤 설화적으로 각색된 이야기일지도 모른다.

금곡산의 호랑이

우리가 금곡사에서 두어 시간을 기다린 뒤에야 주지이신 청운 스님이 돌아

왔다. 금곡산 골짜기에 어둠의 그림자기 가볍게 밀려오기 시작할 즈음 우리는 요사의 마루에 앉아 스님을 기다리고 있었는데, 절 아래서 자동차 서는 소리가 들리더니 나의 눈에는 호랑이 한 마리가 절로 들어오는 것이 보였다. 얼굴의 모습이나 몸을 흔드는 모습이 마치 호랑이 같았는데 가까이 오는 것을 보니 호랑이 상호를 한 스님이었다. 우리는 그 스님이 주지 스님임을 바로 알 수 있었으며, 인사를 나눈 다음 방에 들어가 이 절의 내력에 대하여 듣게 되었다.

새로 복원한 원광 법사 부도. 파손된 조각들을 기술적으로 접합, 복원했다.

금곡사는 원광 법사의 부도탑이 모셔진 신라 때부터 내려오는 도량인데 천년 역사의 성쇠 속에서 퇴락할 대로 퇴락하고 더욱이 6.25 전쟁 중에 완전히 소실되었다고 한다. 오늘의 이 절이 있게 된 것은 지금부터 30여 년 전인 1960년대 후반에 불심이 깊은 청운 스님의 조모 오법흥화(吳法興華) 보살이 어떤 연유인지 이곳에 들어와 토굴 같은 절을 이루고 기도로 수행하기 시작한 데서 비롯되었다고 한다. 이 절에서는 법흥화 보살을 창건주(創建主)라고 부르는데 그 분이 처음 들어왔을 때만 해도 앞 골짜기에서 호랑이가 울면 저 산 밑에서 다른 호랑이가 화답을 하였고, 밤에 허공단에서 기도를 하고 있으면 호랑이가 단 위쪽 언덕까지 와서 내려다보곤 하였다고 한다. 청운 스님도 어린 시절 할머니를 따라 이 산에 왔을 때 호랑이 우는 소리를 들었다고 한다.

1980년 초에 스님이 군위에서 크게 화상을 입고 의식불명이 되어 그 근방에 갈 수 있는 병원은 모조리 찾아갔으나 모두 속수무책이었고, 끝내 대구의 파티마병원까지 갔다. 그러나 병원 측에서는 가망이 없으니 집으로 데리고 가라고 하는 상태였다고 한다. 그 때 금곡사에서 기도 정진하고 있던 법흥화 보살이 무엇인가 마음이 이상하여 집에 왔다가 그 말을 듣고 파티마병원까지 찾아와서 거의 전신 화상으로 의식불명인 손자를 보고는 두말없이 금곡사로 돌아갔다고 한다. 환자는 더 이상 병원에 있을 필요가 없다고 하여 의식이 없는 상태로 집에 옮겨 와 숨을 거둘 시간만을 초조하게 기다리고 있는데, 1주일쯤 뒤 법흥화 보살에게서 소식이 왔다. 이제 살려 놓으니 빨리 병원으로 데리고 가라는 것이었다. 그 전갈을 받고 환자를 병원으로 옮기는데 기적이 일어난 것이다. 옮기는 도중에 환자는 의식이 돌아오기 시작하였고 병원에서도 기적적인 일이라고 하며, 전과는 달리 거절하지 않고 받아 주어 치료를 받게 되었고 곧 회복되었다고 한다. 물론 큰 화상이었던 만큼 그 흉터는 지금도 크게 남아 있어 스님의 모습이 더욱 호랑이의 상호를 하게 된 듯하다.

그 뒤 스님은 금곡사에 들어와 예불시간 외에 하루 다섯 번씩 시간을 정하고 한 번에 2시간 이상 관음정근으로 수행하고 지냈다고 한다. 그래서 스님은 일을 할 때나, 다른 사람과 대화를 나눌 때나, 밥을 먹을 때나, 잠을 잘 때나 관세음보살이라는 글자가 머리에서 떠나지 않았고 지금도 그렇다고 한다. 그렇게 지냈는데 10년 전 법흥화 보살이 스님에게 이 절을 잘 보살피라는 부탁을 남기고 입적하였다. 창건주요 조모인 법흥화 보살이 입적한 뒤 스님은 마음속에 좋은 스승을 정성껏 모시고 법당을 지어 절을 잘 이루어 보겠다는 서원을 세우고 늘 그렇게 되기를 기도해 왔는데, 그것이 여의치 않았다고 한다. 스승이 될 스님을 여러분 모셔 왔지만 모두 한 달도 안 되어 짐을 싸기 때문에 절은 늘 거기에서 더 나아가지 못하고 있었다. 모신 스님들이 그렇게 빨리 떠나가는 것은 금곡산 터가 너무 거세기 때문이라고 말한다. 모셨던 스님들이 시험에 떨어져 이겨 내지를 못하고 짐을 싼다는 것이다. 다시 말하면 기도승들이 꿈으로 받거나 영으로 받은 문답을 이겨 내지 못하고 고뇌하다가 떠났다고 하였다. 그래서 한때 3년 동안 스님의 부친이신 손일호 거사가 주지처럼 일하기도 하였다고 한다.

청운 스님은 그 뒤에도 항상 이곳에 좋은 법당을 건립하고 훌륭한 스승을 만나 불법을 제대로 공부하고 싶다는 마음으로 기도해 왔는데, 그 기도가 지극해서인지 3년 전 스승을 만나는 소원을 이루게 되었다. 미타종 교육원장이셨던 월정(月淨) 스님과 인연이 맺어진 것이다.

지리산에서 신도들과 같이 기도 수행을 하고 있던 월정 스님이 "월성군 강서면 사옹리에 있는 원광 법사 부도를 친견하라"는 현몽(現夢)을 하였다고 한다. 월정 스님이 경주에 와서 강서면을 찾으니 그것은 안강읍의 옛 지명이라 아는 이가 없으므로 경주시 문화재 관리과에 찾아가 원광 법사 부도가 있는 곳을 문의하여 지금의 금곡산 즉 안강읍 두류 1리라는 것을 알고 찾아오게 되었다는 것이다. 월정 스님은 원광 법사의 부도만을 생각하였고 그 곳에 절이 있으리라는 것은 생각도 못했다고 한다. 청운 스님이 월정 스님을 처음 만났을 때 속성이 손씨라고 하자 월정 스님은 전에 꾸었던 꿈을 회상하며 다시 한 번 놀랐다고 한다. 청운 스님은 그 때 월정 스님이 처음 만나는 분 같지 않았고 마치 할머니나 할아버지의 품속에 든 것처럼 포근함을 느꼈으며 이 스님을 스승으로 모시고 싶다는 마음이 절로 우러났다고 한다. 그 뒤 월정 스님이 금곡사를 수차례 방문하였고, 청운 스님이 월정 스님에게 수계하여 지금의 '청운(淸雲)'이란 법명도 받았다고 한다. 스님은 틈나는 대로 1주일씩 스승의 곁에 가서 불법을 공부하여 왔고 지금도 공부를 계속하고 있다고 한다.

청운 스님은 그 뒤 손수 안강읍에서 자재를 날라다가 아담한 법당을 세웠고 지금은 금곡사가 영험한 기도 도량으로 알려지면서 험한 길이지만 신도들이 포항이나 울산에서까지 찾아들기 때문에 금곡사가 점차 발전하고 있다고 하였다. 수행 중에 어떤 불가사의한 체험을 한 것이 있으면 말해 달라고 하니 스님은 관음정근을 지극하게 하는 도중 꿈에 안강읍과 울산의 물난리를 미리 본 일도 있고, 법당을 지을 때 허리를 다쳐서 돌아누울 수도 없었는데 법당을 빨리 지어야 한다는 마음으로 자신도 모르게 일어나다 보니 언제 그랬냐는 듯이 털고 일어난 일 등 수없이 많지만 그런 것은 함부로 이야기하는 것이 아니라고 말을 아꼈다. 그리고 스님은 오히려 원광 법사의 수행 도량이었던 만큼 원광 법사의 정신을 계승하여 금곡사를 훌륭한 도량으로 조성하고 싶다는 포부를 말하였다.

돌아오는 길에 삼기산의 여우와 금곡산의 호랑이에 대하여 곰곰이 생각하며 나도 모르게 설화 속으로 빠져 들어가 혹 청운 스님이 금곡산 호랑이가 아닐까 하는 생각에 이르러서는 나 홀로 마음속으로 웃어 보기도 하였다. 청운 스님이 호랑이일 수는 없으리라. 그러나 청운 스님은 숙세에 금곡산 금곡사에서 수행을 한 사문이었고 월정 스님은 그 시절에도 청운 스님의 스승이었으며, 그런 깊은 인연이 전란으로 퇴폐해진 이 도량을 복원하고자 다시 그곳에 인연을 맺게 되었을 가능성은 있을 것이다. 부디 청운 스님의 원력으로 금곡사가 크게 발전하기를 빌어 본다. 나무 관세음보살.

격월간 〈佛敎春秋〉 통권 12호(1998. 7.)

가야 차(茶)의 전래에 대한 소고

우리나라에서는 차를 마시는 생활이 언제부터 시작되었을까?

이 질문에는 아직도 풀리지 않은 문제점이 많다. 일반적으로 신라 흥덕왕 때부터 차를 마시는 생활이 시작되었을 것으로 믿고 있는 사람이 많다. 그것은 아마 《삼국사기(三國史記)》[1]의 신라 42대 흥덕왕(興德王) 3년(828)에 대한 기록인 "이 때 사신으로 (당나라에) 갔다가 돌아오는 대렴(大廉)이 차 종자(種子)를 가져왔으므로 왕은 지리산(地理山: 금일의 智異山)에 심게 하였다"란 내용에 의해 그때를 우리나라 차의 기원으로 알고 있는 듯하나, 이 기록에 바로 이어 "차 마시는 풍속은 이미 선덕왕(宣德王)(재위 631~646) 때부터였는데 이 때에 이르러서 성하였다"고 되어 있으니 《삼국사기》에도 대렴이 차 종자를 가져오기 200여 년 전부터 신라인들은 차를 마셔 온 것으로 되어 있다.

유건집 교수는 그의 《한국차문화사》[2]에서 19세기 말 이능화(李能和)의 《조선불교통사(朝鮮佛敎通史)》에 "김해 백월산에 죽로차가 있는데, 수로왕비 허씨가 인도에서 가지고 온 차 종자라고 전한다[金海白月山有 竹露茶 世傳首露

王妃許氏 自印度持來之茶種云]"라고 하였다. 이와 같이 가락국 초에 죽로차 종자가 들어와 김해지방에 심어졌고 그때부터 차를 마시기 시작했다면 우리나라의 음차 역사는 거의 2,000년에 이른다.

한편 전라남도 영광지방에서는 백제 침류왕 원년(384)에 인도의 승려 마라난타가 바다를 건너 그곳에 이르러 불갑사 등의 불교 사원을 창건하고 차나무를 심었다는 전설이 있다고 한다. 그 스님이 불교를 전파하고 차를 심은 호남지역이 차나무가 자라기에 적합한 기후와 풍토를 가지고 있기 때문에, 오늘날 전라남도에는 다도면(茶道面), 다죽면(茶竹面), 다촌(茶村), 다전(茶田) 등 다(茶)자가 들어있는 지역이나 마을이 많은 것도 우연이 아닐 것이라 추측하기도 한다.

그러나 《해동고승전》[3]에는 "백제 침류왕 원년(384) 9월에 '마라난타'가 진나라에서 들어오니 왕은 교외에까지 나가 그를 맞이하였으며, 궁중에 모시고 공손히 받들어 공양하면서 그의 설법을 들었다. ─ 중략 ─ 2년 봄, 한산(지금의 경기도)에 절을 창건하고 승려 10명을 출가시키니 왕이 법사를 존경했기 때문이다"라고 되어 있으니 마라난타가 차나무를 심었다는 것을 문헌적으로 찾아보기는 어렵다.

소설가이며 주한인도대사인 빠르따사라띠(Nagesh Rao Parthasarathi) 씨가 2,000년 전 인도의 코살라국 공주와 가야국의 수로왕 간에 이루어진 혼인의 전말을 그린 소설 《비단황후》[4]를 우리말로 출판하였다. 그 소설에 의하면 코살라국의 파드마센왕의 슈리라뜨나 공주가 수로왕과 혼인을 하기 위하여 가야국으로 올 때 동행한 큰오빠인 요가난드 스님의 요청으로 차나무 몇 그루를 배 위의 진풍탑(鎭風塔) 주위에 심어서 싣고 왔다고 되어 있다.

이상과 같이 차가 우리나라에 들어온 데 대한 주장이 다양한 만큼 그 시기도 다 다르다. 그중에서 가야국의 수로왕비(首露王妃) 허씨(許氏)가 태조 7년(48)에 차와 차 종자를 가지고 왔다면 우리나라에 최초로 차가 들어온 것이 지금으로부터 2,000여 년 전의 일이 되므로 우리나라 음차 역사를 추정하는 데 매우 중요한 근거가 된다고 생각한다.

수로왕비 허씨 즉 허황옥의 도래에 대하여는 원로 고고인류학자인 김병모 교수가 오랫동안 추적하여 《허황옥 루트》[5]라는 책을 냈다. 이 책에 의하면 허황옥은 기록대로 인도의 아유타국 출신이나, 그가 자라온 고향은 중국의 보주(普州: 오늘날 쓰촨성 안악현)로 가락국으로 올 때는 인도 - 윈난 - 쓰촨 - 우한에 이르는 기나긴 여로를 거쳐 우한에서 1년을 지내고 서기 48년에 대항해를 거쳐 가야국에 왔다고 주장하였다. 이것은 김병모 교수가 현지를 탐방하며 고고인류학적 및 역사적 추적과 조사의 결과 얻은 결론일 것이다. 허황옥이 가지고 왔다는 차가 인도의 차인지 아니면 중국의 차인지 알 수는 없다. 그래서 본고에서는 허황옥과 관련된 자료와 중국, 인도, 영국 및 우리나라 차문화의 발전을 비교 검토함으로써 그가 가져왔다는 차 종자가 어떤 차인가를 고찰하고자 한다.

아유타국과 보주

일연(一然) 스님이 지은 《삼국유사》[6]의 〈가락국기〉에 의하면 허황옥이 처음 수로왕을 가까이 만났을 때 "저는 아유타국(阿喩陀國) 공주인데 성은 허씨(許氏)요, 이름은 황옥(黃玉)이요, 나이는 16세입니다. 본국에 있을 때 5월에 부왕과 모후께서 저에게 이르시되 '우리가 어제 꿈에 똑같이 하늘의 상제를 뵈었는데, 상제가 이르기를 가락국의 임금인 수로는 하늘에서 내려 보내서 임금 자리에 앉힌 사람으로 신성한 사람이다. 새로 나라를 세우느라 아직 배필을 정하지 못했으니 그대들이 꼭 공주를 보내서 짝을 이루게 하라'고 말을 마치자 하늘로 올라갔다"고 자기의 신상과 가락국에 오게 된 동기를 이야기 하였다. 한편 김해의 허왕후 능비(陵碑)에는 '가락국수로왕비 보주태후허씨능(駕

洛國首露王妃 普州太后許氏陵'으로 되어 있다.

이상 허황옥에 대하여 서술된 내용에는 '아유타국'과 '보주' 그리고 '공주'와 '태후' 등 그냥 보기에는 서로 다른 의미를 지니는 모호한 내용을 담고 있다. 중국 당나라의 현장 스님(622~664)이 불경을 구하기 위해 서역(西域)에 다녀와서 쓴 《대당서역기(大唐西域記)》[7]에 아유타국이 등장한다. 아유타국의 둘레는 5천여 리이고, 큰 도성의 둘레는 20여 리이며 곡식이 풍성하고 꽃과 열매가 번성한 지역으로 묘사되어 있다. 절은 1백여 곳, 승려는 3천여 명이 있는데 대승과 소승을 함께 공부하고 익힌다고 기록했다. 이 기록대로라면 아유타국은 인도에 있는 나라다. 또한 김병모 교수가 김해의 신어산(神魚山) 은하사(銀河寺)의 대웅전 수미단 전면에 2조의 쌍어문(雙魚紋)이 부조되어 있고 그 절 취운루(翠雲樓) 중수기(重修記) 현판에 다음과 같은 내용이 있음을 발견하였다.[5]

"세상에 전해지기를 가락국 왕비 허황옥[許后]은 천축국(天竺國: 인도)에서 온 사람이다. 그 사람의 오라버니인 장유화상(長遊和尙)이 서림사(西林寺: 은하사의 옛 이름)를 창건하였다."

이상의 《대당서역기》와 '취운루 중수기'를 유추해 보면 허황옥이 수로왕에게 말한 아유타국은 인도의 어느 나라로 짐작할 수 있다.

한편 김병모 교수는 《중국고금지명대사전》에서 보주가 쓰촨성 안악현의 옛 이름으로 주(周)나라 때부터 송(宋)나라 때까지의 명칭이란 것을 확인하고 1991년과 2003년 두 번에 걸쳐 쓰촨성 안악현 옛 보주 지방을 방문하여 그 지방이 보주허씨의 집성현(集成縣)임을 확인하고 보주허씨 족장들을 만났으며, 그 종산을 방문하고 쓰촨성 서운향의 보주허씨 사당 대문에 선명하게 새겨진 쌍어문을 발견하기도 하였다. 또한 보주허씨 집성촌 뒷산의 암벽에 음각된

'신정(神井)'의 유래를 밝히는 명문(銘文)에서 "동한 초에 허황옥이라는 소녀가 있어 용모가 수려하고 지략이 뛰어 났다"는 설명을 발견하기도 하였다. 그 명문 속에 허황옥이 가야로 갔다는 이야기는 없으나 당시 그런 이름의 소녀가 있었다는 것은 매우 의미 있는 일이라고 생각한다. 김병모 교수는 옛 보주 지방을 고고인류학자의 전문가적 안목으로 조사하고 고찰하여 허황옥은 인도의 아유타국 왕가 출신으로 공주였으며 그가 자란 고향은 보주로 생각하였고, 가락국에 올 때는 중국 우한에 이르러 1년을 지내고 서기 48년에 가락국을 향한 항해를 시작한 것으로 결론을 내렸다.

아유타국과 아요디아

김병모(金秉模) 교수가 위와 같은 결론을 얻을 수 있었든 것은 김해 지방 가야의 유적에 남아 있는 쌍어문이 연이은 등대(燈臺)가 되어 주었기 때문이다. 그 등대를 따라 30년간 허황옥을 찾는 연구의 항해를 계속함으로써 《삼국유사》에 나타나 있는 아유타국이 현재 인도 우타르 프라데쉬(Uttar Pradesh)주 아요디아(Ayodhya)이고, 중국 쓰촨성 보주가 허황옥의 고향이며, 그곳에서 성장하여 가야로 온 것을 밝힐 수 있었다고 생각한다. 그런데 왜 허황옥은 수로왕을 처음 만났을 때 아유타국의 공주라고 하였을까? 아마 그것은 역사적으로 불가피하게 아유타국 왕족의 일단이 중국의 쓰촨성 보주로 이주하여 허씨족을 이루고 살았지만 가슴에는 아유타국 왕족의 자부심이 있었기 때문일 것이며 그가 자라온 고향은 보주이기 때문에 그의 능비에 '보주태후허씨능'으로 표시한 것으로 생각된다.

영국이 피지(Fiji)섬을 점령하여 식민지로 만든 다음 1879년 영국 정부가 피지에 사탕수수농장을 건설하면서 그들의 식민지 중의 하나인 인도의 우타르 프라데쉬주와 비하르주에서 노동자 6만 5천여 명을 동원하여 강제로 피지섬에 이주시켰다. 현재는 130여 년 동안 그 후손이 크게 늘어나 피지공화국 전체 인구의 47%에 달하는 44만 명에 이르고 사탕수수 농장의 생산량이 국가 전체 GDP의 3분의 1을 차지한다. 그러나 지금도 그들은 힌두교를 믿고, 자기들끼리는 인도 말만 사용하고 인도 음식을 그대로 먹으며 인도 의상을 그대로 입고, 지금도 그들에게 어느 나라 사람이냐고 물으면 거의 다 인도 사람이라고 당당히 대답하는 등 인도인으로서 자부심이 크다고 한다. 허황옥이 가야로 올 당시 보주의 허씨들은 아유타국의 왕족이었으니 오늘날 피지공화국의 인도인보다도 인도인으로서 자부심이 더욱 강했을 것이라 생각한다.

쌍어문은 우타르 프라데쉬주의 주문장(U. P. Government Logo)이다. 그래서 우타르 프라데쉬주에서는 어디를 가나 쌍어문을 흔히 볼 수 있다. 필자가 그곳에 갔을 때 우리를 안내한 크샤트리야 카스트 출신인 가이드 굽타 씨에게 쌍어문의 의미를 문의해 본 바 쌍어문은 갠지스와 인더스 두 강을 상징한다는 대답을 들을 수 있었다.

그렇다면 아요디아는 어떤 곳인가? 아요디아는 인도인들에게는 바라나시와 더불어 힌두교 7대 성지 중의 하나이다. 바라나시가 시바(Shiva)신의 성도(聖都)인 것처럼 아요디아는 비슈누(Vishnu)신의 성도이다. 인도의 2대 서사시의 하나인 《라마야나(Ramayana)》[8]에는 도입부부터 아요디아가 등장한다. 아요디아는 태양족 왕조(Surya Vamsa: Solar Dynasty)의 수도로 비슈누신의 일곱 번째 화신(7th incarnation[avatar] of Vishnu)인 성신(聖神) 라마(Lord Ram)가 태어나 상주하고 있다고 믿는 도시이다. 또한 부처님 재세시(在世時)에 코살라국의 파세나디(Pasenadi: 바사닉(波斯匿))왕이 불교에 귀의하여 부처님에게 많은 가르침을 받았고 부처님과 여러모로 깊은 관계를 맺고 있었기 때문에 그 이름이 《아함경》에는 물론 《수능엄경》 등의 불경에 많이 등장하는 코살라국의 수도이었다.

아요디아에는 '쌍어문', '활', '연꽃 봉우리', '불탑' 문양 등이 사원들은 물론 큰 건물에는 흔하게 보이는데, 그것들은 김해의 김수로왕 릉(陵)의 정문이나 부속 건물들의 단청에서도 볼 수 있는 문양이어서 아요디아와 가락국이 분명히 관계가 있음을 알 수 있게 한다.

필자가 지난 2000년 1월 인도 불교 순례길에서 기원정사 순례를 마치고 하룻밤을 아요디아에 머문 적이 있다. 아침에 조금 일직 나와 호텔 로비에서 출발을 기다리고 있는데 앞에는 용모가 준수하고 풍채가 좋으며 품위 있는 비단 도-티(dhoti: 인도 전통 남자 옷)를 입고 있는 필시 높은 카스트에 속하는 것으로 보이는 노인이 신문을 보고 있었다. 그런데 내가 바로 볼 수 있는 그 신문의 뒷면에 관복과 관모를 착용한 김종필 씨와 인도인 남녀가 함께 마이크 앞에 서있는 사진이 있었다. 조금 다가가 보니 영어로 쓰인 그 기사의 제목은 '아요디아는 신화가 끝나기를 기다린다' 는 것이었고 인도인은 아요디아의 미슈라(Mishra) 왕과 왕비이었다. 너무 반가워 그 분에게 내가 양해를 구하고 잠간 읽어본 즉 김해에서 열린 '김수로왕 탄신 기념행사' 에 초대된 미슈라왕 내외가 김해김씨인 한국의 김종필 국무총리와 함께 연단에서 인사말을 하는 장면의 사진이었다. 그 기사의 주요 사항은 당시 한국에는 김대중 대통령, 김종필 총리, 김봉호 정부 부대변인 등이 김해김씨라는 것 그리고 600만 인구를 차지하는 한국의 유명한 가문이라는 것을 소개하고 김해시가 아요디아 지역의 개발을 위해 인도화 2억 루피 상당을 제공한다는 내용이었다.

그 노인과의 대화에서 한 가지 잊을 수 없는 것이 있다. 필자가 지금으로부터 약 2,000년 전에 인도의 공주가 한국 가야국에 와서 수로왕과 혼인했다고 설명한 즉 그는 수로왕이 아니고 수리야 왕(King Surya)이라고 하는 것이었다. 그는 수리야는 태양이란 뜻으로 그곳에는 태양족(Surya clan)이 있어서 고대부터 수리야 왕조(Surya dynasty)가 오랫동안 그 지역을 다스렸다는 것이다. 그래서 나는 우리가 이야기 하는 수로왕이 수리야 왕이고 그는 인도 사람이냐고 물으니 그 노인은 지체하지 않고 "물론(sure)"이라고 하였다. 그런 대화를 나누고 있는데 우리 팀 여행가이드가 달려와 지금 차가 나 한 사람 때문에 떠나지 못하고 있으니 빨리 승차하라는 것이었다. 나는 그 분과 미소로 간단한 인사를 나누고 떠나왔다. 그 때만 하여도 나는 전자재료공학을 전공하는 공과대학 교수로써 일반 불자(佛子) 중 한 사람이었기에 그런 일에 크게 관심을 갖지 않았다. 우리나라의 역사학자나 인류학자들도 이미 그런 정도는 잘 알고 있는 일이 아니겠는가 하고 생각하였다. 그러나 지금 와서 가야차의 전래에 대하여 고찰하며 생각해 보니 그 때 그분의 이름이나 연락처라도 메모해 두었더라면 그분으로부터 수로왕에 대한 새로운 자료를 얻을 수도 있었지 않을까 하여 크게 후회스럽다.

그 노인의 말 대로 김수로왕은 진실로 수리야 왕이고 태양족의 인도인이었는가? 그래서 허황옥이 처음 가까이 수로왕을 만나 자신의 신상과 가야에 오게 된 내력을 이야기 했을 때 왕은 미리 알고 있었다고 대답하고 통역이 없이 자연스럽게 대화를 하였던 것인가? 또한 지금도 아요디아에서는 많이 볼 수 있는 풍차 모양의 '태양 문양'이 가락국 시조 왕릉 중건 기념비에 새겨져 있는 것인가?[9] 그렇다면 수로왕은 수리야 왕조의 이끄슈와꾸(Ikshuvaku) 왕가의 후손이고 허황옥은 다른 왕가의 공주로 집안 간에 약속된 혼인이었는가? 우리는 알 수 없다. 다만 관심이 있는 인류학자나 역사학자가 밝혀 볼 만한 일이 아닌가 싶다.

소설가 최인호 씨는 2008년 3월 7일 KBS에서 방영한 그의 역사추적 다큐멘터리 '제4제국 가야'에서 김해 대성동 고분군의 발굴품인 동복(銅鍑), 호형대구(虎形帶具), 청동 솥 등 가운데 동복에 주목하였다. 그는 끊임없이 초원을 질주하는 기마민족의 생활도구이자 제사에 사용하는 제기(祭器)이고 왕권을 상징하는 물품인 동복의 원류를 찾아 내몽골의 오르도스 평원과 중국의 동북부 지방을 답사함으로써 가야의 김수로왕은 기마민족의 후예이고 그가 가야로 내려온 곳은 우리민족의 고향인 부여국이라고 확신하였다.

소설가 최인호 씨의 가야에 대한 역사추적 중에서 서울대 유전자이식연구소장 서정선 교수와 김종일 교수팀은 대성동 고분에 순장된 고인골(古人骨)의 유전자를 검사한 부분이 있다. 그 결과에 의하면 캠브리지 표준 서열의 전체 7개중 6개가 M7 즉 남방계로서 타밀계 인도인의 유전자와 거의 일치하는 결과를 얻었다고 하였다. 쉽게 이야기 하면 가야인의 유전자 속에 인도인의 유전자가 들어 있다는 결론이었다.

그렇다면 가야인의 피 속에 인도인의 피가 흐르고 있다는 것이다. 그 피는 허황옥 한 사람에서 이어진 인도인의 피 일가? 아니면 김수로왕과 허황옥 그리고 김수로왕을 추종하여 그곳에 이르러 가야국을 개국한 집단의 피 속에 인도인의 피가 이미 들어있었던 것은 아닌가 알 수 없다.

그런 의문에 또 하나의 혼란을 주는 것은 일명 보옥선사인 장유화상의 행장에도 들어 있다. 칠불암(七佛庵) 현판기(懸板記)에 "…서역(西域) 월지국(月氏國) 보옥(寶玉) 선사가 매씨(妹氏 : 허왕후)를 데리고 바다를 건너왔다.… 보옥선사는 칠왕자(七王子)를 데리고 방장산(方丈山: 지리산)에 들어가 운상원(雲上院)을 짓고 좌선성도(坐禪成道)하다.… 가락기원(駕洛紀元)62년(103) 계묘(癸卯)에 칠불암(七佛庵)을 창건하다.…"[10]는 기술이 있으니 허황옥의 큰 오라버니 장유화상 즉 보옥 선사는 월지국에 있다가 누이를 데리고 가야로 왔다는 이야기다. 허왕후는 처음 수로왕을 만나 아유타국 공주라고 하였고 그의 능비에는 '보주태후 허씨' 라고 되어 있으며 그를 데리고 온 큰 오라버니 장유화상은 월지국의 보옥 선사라니 그들의 상호관계 간에 혼란함이 나타나 있다.

허왕후의 후손인 허명철 씨는 그의 저서 《가야불교의 고찰》[11]에서 허황옥은 원래 신농(神農) 씨의 후예인 중국 춘추전국시대 허국(許國) 왕족의 후예로 허국이 멸망한 후 월지국 국민이 되었을 것으로 보았다. 월지국은 기원전 4세기 후반에 출현한 유목민 국가로 3세기 말 흉노에게 쫓기고 기원전 139년 말경에 다시 오손(烏孫)에게 밀려 인도 북부까지 흘러와서 기원전 70년경에는 샤까

(Shaka)왕조를 멸망시킴으로써 그 자리에 그들의 왕족이나 장군을 파견하여 이른바 월지오왕국(月氏五王國)을 두어 다스렸다는 것이다. 이들 5왕국은 점차 독립과 분열을 꾀하다가 마침내 서기 25년경 월지국 지배하에 있던 왕국의 하나인 쿠샤나(Kushana)족의 쿠주라 카드피세스가 다른 4국을 통합 지배하게 되고 6년 후에는 서북인도를 공략하기에 이른다. 쿠샤나왕조가 아유타국을 멸망시키고 신왕조를 세울 때 허국 왕족의 후예로서 월지국의 귀족이 된 허씨가 아유타국 신왕조의 왕족이 되었으며 허황옥은 그 신왕조의 공주였을 것으로 허명철 씨는 보았다. 그래서 허황옥은 인도에서 직접 왔으며 가락국기에 나타나 있는 허황옥이 가지고 온 '중국 물품'은 중국과의 교역으로 수입한 것이거나 아니면 가야로 오는 도중에 중국에 기착하여 준비한 것으로 보았다. 허명철 씨의 주장은 《삼국유사》와 《한서(漢書)》를 참조하여 유추한 것으로 보인다.

한편 사사끼의 《인도불교사》[12]에는 서력기원전 1세기 무렵은 인도에서 중국으로 불교가 전파되던 시기이다. 이 시기 박트리아(Bactria), 파르티아(Parthia), 스키타이(Scythy), 샤까, 쿠샤나의 침입과 통치가 계속되었다. 이 가운데 옥서스강에서 갠지스강에 이르는 가장 넓고 강성한 세력을 형성하고 있던 왕조는 쿠샤나 제국이라고 하였다. 또한 나까무라 하지메의 《불타의 세계》[13]에는 AD 25년 쿠샤나 족은 다른 월지 부족을 지배했다고 되어 있다. 쿠샤나 제국은 한(漢)나라와 로마 사이의 실크로드 무역을 통해 국가 재정을 튼튼히 하였고 중앙아시아의 많은 금광을 확보하면서 당시 인도는 동서교역의 중심지가 되어있었다.

이상과 같은 월지국과 쿠샤나 왕조 그리고 아유타 왕조와 기원 1세기경 인도의 역사에 대하여 살펴볼 때 주종관계의 차이는 있으나 쿠샤나 제국과 월지국이 깊이 결속되어 있었음은 확실한 듯하다. 그렇다면 당시 김수로왕도 수리야 왕족의 장군으로서 월지국에 있다가 가야로 왔고 월지국에 있을 때 수로왕과 장유화상 집안 간에 허황옥과 혼약이 정하여 있었든 것은 아닐까하고 짐작해 볼 수도 있다. 그러나 그것은 알 수 없는 일이다. 우리는 지금까지 허황옥은 의심 없이 인도에서 건너온 아유타국의 공주로 믿고 있으면서 그 연원을 확인하고자 노력해 온 데 반해 김수로왕에 대하여는 하늘에서 내려온 금합 속에 든 황금빛 알에서 태어났다는 신화 같은 이야기를 그대로 믿고 의심하지 않고 있었다. 그러나 허명철 씨는 수로왕이 즉위 2년에 정궁을 정하기 위한 언급 속에 불교의 전문용어인 '십육나한(十六羅漢)'이라든지 '나찰여(羅刹女)'가 나오고 있는 것으로 보아 수로왕이 처음부터 이미 불교를 잘 알고 있었을 듯하다고 하였다. 이런 점들을 고려해 볼 때 최인호 씨의 역사 추적도 일리가 있다고 생각하나 인류학자나 역사학자들이 전문적인 안목과 연구방법으로 김수로왕에 대하여도 그 근본을 탐구해 볼 필요가 있다고 생각한다.

나아가 가야(Gaya)는 현재 인도 비하르(Bihar)주 주도이면서 가야지구(Gaya District)의 명칭이기도 하다. 그 명칭은 서사시 《라마야나(Ramayana)》에서 비슈누 신과 관련이 있고, 힌두교와 불교의 성도(聖都)로서 매우 유서 깊은 지역이기 때문에 가야와 수리야 왕가의 관계, 나아가 수로왕이 창업한 가야왕국(伽倻王國)과의 관계에 관해서도 전문적인 연구가 필요하다고 생각한다.

인도의 차와 그 연원

《삼국유사》의 〈가락국기〉에서 허황옥은 자기를 아유타국 공주라고 말하였고, 《조선불교통사》에도 허황옥이 인도에서 올 때 차나무 종자를 가지고 와서 김해 백월산의 대밭에 심었고 거기서 얻은 차를 '죽로차(竹露茶)'라 하였다는 전설이 있다고 전한다. 기술한 대로 가야차가 인도에서 왔다고 알고 있고 우리나라 차의 역사를 서술한 책들이나 논문에도 대체로 그렇게 기록되어있다.

류건집 교수는 《한국차문화사》[2]에서 《화엄경》의 게송 중 '광명한 차 장엄하니 온갖 묘한 차 모두 모아서[又放光明茶莊嚴 種種妙茶集爲帳] 시방의 여러 곳에 고루 나눠 모든 죽은 영혼에 공양하니[普散十方諸國土 供養一切靈駕衆]'라고 차(茶)가 들어 있는 게송을 인용하여 인도에서는 차가 음료이면서 일찍부터 종교의식에 제물로 많이 쓰였다고 하였다. 그러나 실제로 인도에서 차의 역사는 그렇게 오래되지 않다고 생각한다. 인도에서 차의 연원에 대하여는 인도인 자이완트 폴(E. Jaiwant Paul)이 쓴 《차 이야기(The Story of Tea)》[14]에 아래와 같이 매우 자세하게 나타나 있다.

인도에서 차 재배 가능성은 영국의 유명한 박물학자인 조셉 방크스(Joseph Banks) 경이 1778년 식민지 인도에서 차의 재배 계획을 수립하고 그것은 영국에 매우 중요한 사업이 될 것이라고 영국 정부에 보고한 데서 시작된다. 그는 그 보고서에서 차는 북위 26도와 30도 사이에서 잘 자라니 부탄(Bhutan)과 서벵골주의 쿠치 비하르(Cooch Behar) 지방에 대단위 다원을 조성할 수 있다는 강력한 주장을 하였다. 그러나 그 당시만 하여도 동인도회사가 중국차의 무역을 독점하여 전매하고 있어서 영국정부가 그로부터 막대한 수입을 올리고 있었기 때문에 그 후 45년간은 별다른 움직임이 없었다. 그러나 방크스 경의 주장에 대해 크게 관심을 갖게 된 사람은 탐험가이며 무역업자인 로버트 브루스(Robert Bruce)라는 사람이었다. 그는 아쌈 사람 마니람 디반(Maniram Divan)의 도움을 받아 차나무를 찾기 시작한다. 마니람 디반은 차나무 그림을 보고 그런 나무가 그곳 정글에도 야생하고 있다고 하였다. 그리하여 그의 안내로 브루스는 정글을 탐사하고 오지의 싱포(Singhpo)족 정착촌에서 이미 오랫동안 차나무가 자생하고 있었던 것을 확인하였다. 로버트 브루스는 그의 동생 씨. 에이. 브루스(C. A. Bruce)를 참여시켜 싱포족에게서 얻어온 차나무를 재배하게 하였고 그 나무를 칼카타의 식물학 연구기관에 보내어 확인하게 되었다. 그 기관에서는 처음에 종자와 꽃이 없기 때문에 명확히 말할 수는 없으나 중국차와 같은 과(科)의 식물인 것은 확실한데 같은 종(種)은 아닌 것 같다고 하였다. 그러나 뒤에 같은 종이라는 것이 확인되었다. 이렇게 하여 아쌈종 차나무(Camellia sinensis var. assamica)가 탄생하였다. 그 때가 1823년이다. 흔히 아쌈종 차나무는 탐험가 브루스 형제가 버마의 오지에서 발견했다고 알려져 있는데 그것은 그 당시 싱포족이 살던 곳이 아쌈 정글의 오지로 버마의 영토에 속하는 인도와의 접경지대이었기 때문으로 보인다.

한편 1834년 동인도회사의 중국차 전매기간이 만료되면서 영국 정부가 동인도회사에 중국차 무역을 철폐했다. 그러자 동인도회사는 인도에서 차의 생산을 심각하게 고려하게 되었고 당시 인도 총독 윌리암 벤팅크(William Bentinck) 경이 시의적절하게 차위원회(The Tea Committee)를 구성하였다. 이 위원회에서 고오돈(G. J. Gordon)이란 사람을 중국에 파견하여 차나무와 종자를 구해 오도록 했으나 중국 측에서는 외국인의 다원 접근을 철저하게 막고 있었고, 비밀을 지켰기 때문에 비공식적인 방법으로 겨우 차 종자를 약간 구해 보내왔다. 그 씨앗을 아쌈 땅에 심었으나 얼마 지나지 않아 모두 병들어 죽고 말았다. 중국의 차나무는 인도의 토양과 기후에 적합하지 않았던 것이다. 그러는 사이에도 브루스 형제는 탐사를 계속하여 아쌈의 브라흐마푸트라에도 120여개의 작은 차나무 군락지가 있는 것을 확인하였다.

동인도회사도 이들 토종 차나무에 관심을 가지게 되었는데 문제는 찻잎을 가공하여 영국의 공판장에 내어 놓을 수 있도록 차를 만드는 것이었다. 그래서 로버트 포춘(Robert Fortune)이란 영국인을 중국 상인으로 위장시켜 중국의 다원에 투입하여 어느 정도 정보를 얻기도 하였다. 인도에서 처음 만들어진 홍차는 싱포족에게서 들여다 재배한 찻잎으로 중국 기술자를 고용하여 만들어졌다. 이렇게 하여 만들어진 차 12상자를 차 위원회가 1839년에 처음으로 런던으로 보내서 경매에 부쳤던 것이다. 그 중 4상자는 불합격이 되고 8상자는 적격 판정을 받아 시판에 들어갔는데 차 브로커들은 "좀 탄내가 나고 거슬리는 냄새도 나지만 중국차에 대항할 만하다"고 평하였다. 그와 같은 평가에는 영국인의 자존심도 들어 있었다고 하며 그것이 이른바 인도차의 시원이었다.

그 후로 1838년에 설립된 아쌈차회사(The Assam Tea Co.)가 처음에는 적자로 고전을 면치 못하다가 1840년 씨. 에이. 브루스를 영입하여 점차 발전하게 되었다. 그래서 1853년에는 184,3톤, 1870년에는 6,700톤으로 그리고 1885년에는 3만 5,274톤을 생산하였고 그 중 거의 97%에 이르는 34,172톤을 수출하기에 이른다. 차의 생산은 아쌈 지방에서 다질링(Darjeeling), 닐기리(Nilgiri) 그리고 깡그라(Kangra) 지방 등으로 퍼져나가 인도가 영국으로부터 독립하는 1947년에는 차의 생산량이 28만 1,090톤에 이르렀다. 오늘날 인도는 세계 최대의 홍차 생산국으로 연간 생산량이 대체로 87만 톤에 이르고 이는 범세계적 차 생산량의 3분의 1에 해당한다. 한편 인도인들의 차 마시는 양은 영국으로부터 독립된 4년 뒤인 1951년 당시 8만 470톤으로 전체 생산량의 30% 정도였던 것이 1991년에는 57만 3,200톤으로 전체 생산량의 75%에 이르렀고 현재도 전체 생산량의 75% 수준을 유지하고 있다.

이상과 같이 인도에서 차의 역사를 살펴볼 때 허황옥이 가락국에 이르렀던 기원 1세기경에는 인도에 그들 나름의 다른 음료는 있었을지 모르나 카멜리아 씨넨시스(Camellia sinensis)계 찻잎으로 만들어진 소위 차는 없었던 것으로 사료된다.

앞에서 언급한 류건집 교수의 《한국차문화사》[2] 중 《화엄경》 속의 차에 대한 게송을 좀 더 자세히 살펴보기 위하여 필자가 《80권 화엄경》[15] 중의 중송(重頌: Geya)을 다 조사해 보았는데, 현수품(賢首品 第十二)에 류건집 교수가 인용한 것과 꼭 같은 형식의 게송이 있으나 다(茶)자가 들어갈 자리에 화(華), 향(香), 말향(抹香), 의(衣), 보(寶), 연(蓮), 영(瓔)자가 들어가 있고 영가중(靈駕衆) 자리에는 대덕존(大德尊)이 들어가 있어서 "또 광명을 놓아 꽃으로 장엄하니 갖가지 꽃이 모여 휘장이 되는지라/ 널리 시방의 모든 국토에 흩어서 일체 큰 덕 높은 이께 공양하나니라[又放光明華莊嚴, 種種妙華集爲帳, 普散十方諸國土, 供養一切大德尊]"는 형식의 구절이 꽃(華)에서 영락(瓔)까지 일곱 번 반복되는 게송이었다. 필자는 실차난타(實叉難陀)가 번역한 《80권 화엄경》을 조사했으나 《화엄경》은 번역자에 따라서 다르며 60권 본, 40권 본 등 판본도 다양하고 경 자체가 원체 방대하기 때문에 중송이 아니고 어느 서술적 본문 속에 숨겨진 고기송(孤起頌: Gatha)으로 들어 있는지는 알 수 없다. 그러나 화엄경을 크게 유통시킨 용수보살이 기원후 3세기경에 생존한 분이니 그 당시 인도에는 차가 없었으므로 차가 그렇게 보편적으로 사용 되었으리라는 근거는 찾을 수 없다. 아마 범어를 한역(漢譯)하면서 번역할 당시 중국의 불교 의례에 준하여 차(茶)자가 들어갔을 가능성은 있다고 사료된다.

소설가이며 주한 인도대사였든 빠르따사라띠(N. Parthasarathi)씨는 한국어로 출간된 그의 저서인 소설 《비단황후》[4]에서 코살라국 파드마센왕의 공주 슈리라뜨나가 가야국의 수로왕과 혼인을 하기 위하여 가야국으로 올 때 그의 큰 오빠 요가난드 스님의 요청에 의해 배 위의 진풍탑(鎭風塔) 옆 한 구석에 차나무 몇 구루를 심고 두 개의 돛대에는 붉은 대형 돛을 올리고 뱃머리에는 쌍어문을 장식하고 마하말라푸람 항을 출발하였다. 황금섬 스와르나드위파에 들러 족장의 환대를 받고 우의를 다지기도 하고, 가끔 바다에서 폭풍을 만나기도 하였으며, 믈라카 해협에서는 해적을 만나 20여 명의 궁수들의 목이 잘려 나가는 변을 당하고 끝내 공주가 나서서 해적들과 결투를 벌여 제압하였고, 어느 섬에서는 대대적으로 환영하고 크게 환대하던 족장이 무력으로 공주를 부인 삼겠다고 하여 결국 요가난드 스님과 결투를 함으로써 위기를 모면하기도 하는 등 다양한 어려움을 극복하고 수십일 동안 항해를 계속하여 가야국의 포구에 도착하였다. 그렇게 하여 인도의 차나무가 김해 땅에 옮겨진 것으로 되어 있다.

필자는 월간 〈차의 세계〉의 발행인 최석환 씨와 같이 2007년 7월 25일에 주한인도대사관 접견실에서 빠르따사라띠 대사를 인터뷰한 바 있다. 《비단황후》를 쓰게 된 배경을 문의해 본 바 그는 한국에 부임한 뒤 아유타국 공주 허황옥이 가야국의 수로왕과 혼인한 것을 알게 되었고 그가 인도를 떠나 가야로 온 신행길에 대하여 흥미를 느꼈다고 한다. 그래서 영역판 《삼국유사》를 완독하고 관계있는 곳들을 답사하여 자료를 수집하였으며 소설가의 상상력으로 쓰게 되었다고 하였다.

필자가 "인도에서 차의 역사는 19세기 중반에 처음 시작되었다고 문헌에 나와 있는데 허황옥이 가야에 올 당시 인도에 차가 있었으며 배위에 차나무를 심어서 싣고 왔다는 것에 대한 근거가 있느냐"고 문의하였다. 대사는 지금부터 2,000여 년 전의 일인데 어느 누가 그때 일을 정확히 알겠느냐고 하였다. 다만 차는 불교와 깊은 관계가 있고 한국 내의 문헌에 허황옥이 아유타국에서 차를 가지고 왔다고 되어 있으니 그렇게 썼다는 것이었다. 대사와 인터뷰를 마치고 나오며 그가 허황옥이 차나무를 배 위에 심어서 가지고 왔다고 서술한 것은 《조선불교통사》에 나와 있는 전설에서 얻은 상상력의 이상도 이하도 아니라고 나는 생각하였다.

중국 쓰촨의 차문화와 가야차

왕링(Wang Ling)이 지은 《Chinese Tea Culture(중국의 차문화)》[16]에 의하면 기원전 2970년경에 염제 신농(神農)씨가 찻잎의 효과를 밝힌 후 처음에는 궁중이나 특수층에서 의약으로 사용하였는데 주왕조(周王朝: 1112~B.C.771) 때에 귀족들은 물론 일반 백성들까지 차를 의약용과 더불어 음료용으로도 사용하기에 이른다. 예를 들면 쓰촨(四川)성 주민들은 황제에게 바치는 공물에 차를 꼭 포함하였다. 지금부터 3,000여 년 전 주(周)나라의 법전에 기록된 바에 의하면 국가적 제사의식에는 차를 사용하도록 되어 있었다. 그러던 것이 한(漢)나라(B.C.206~A.D.220) 때에 와서는 차가 보편적으로 재배되었고 음료로서 다양한 용도가 확립되었다.

기원전 59년에 왕바오란 사람이 기록한 '한 어린 노비와의 계약'이란 문서가 전하고 있어서 그 문서와 관련된 매우 흥미로운 이야기 또한 기록으로 전해오고 있다. 서한(西漢)시대 한때 쓰촨지방에 왕지연이란 사람이 있었는데 그는 공직에 나가는 시험을 보기 위하여 성도(成都)에 왔다. 그는 전에 가까웠던 친구의 미망인 양휘라는 여인이 살고 있는 집에서 머물게 되었다. 양휘는 왕지연을 존경하였기 때문에 그를 매우 따뜻하게 대접하고 그녀의 어린 노비인 비안 랴오로 하여금 차를 사다가 우려서 드리라는 등 왕지연을 위한 여러 가지 시중을 들게 하였다. 그러나 어린 비안 랴오는 그의 여주인 양휘의 그런 짓이 못마땅하여 바로 돌아가신 남자 주인의 묘소로 달려가 눈물을 흘리며 하소연하였다.

"착한 주인님, 주인님은 제가 아주 어렸을 때부터 노비로 받아주시어 집안 일을 보살피도록 하셨지요. 그러나 주인님은 제가 주인님 부인의 애인(愛人) 시중까지 들라고는 하지 않으셨지 않습니까?"

이 일을 알게 된 양휘와 왕지연은 매우 화가 났다. 그러나 왕지연은 비안 랴오에게 1만 5,000전(錢)을 주며 그를 자기의 노비로 삼겠다고 제안하였는데, 비안 랴오도 그리 반대하지 않았다. 그래서 왕지연은 비안 랴오의 하루 업무가 명시된 계약서인 소위 '한 어린 노비와의 계약서(A Contract with a Child Servant)'를 작성하였다. 그 계약서 안에는 "비안 랴오는 매일 우양 시장에 가서 차를 구입 해다가 주의 깊게 잘 우려서 왕지연에게 바치고, 다기를 조심스럽게 씻어서 잘 보관해야 한다"는 조항이 들어 있었다. 차를 주의 깊게 잘 우려야 된다는 점으로 보아 왕지연이 차의 맛을 잘 알고 있었음을 알 수 있다. 그 시절 왕지연과 같은 지식인들 즉 선비들은 대체로 차를 즐겼다고 한다.[16]

이 이야기는 중국의 차 역사에 매우 중요하게 고려되는 것의 하나로 허황옥이 기원 48년에 가야로 왔으니 그 때로부터 98년 전 바로 그가 살았던 보주가 소속된 쓰촨성의 성도에서 있었던 일이다. 그리고 지식인들은 대체로 차를 애용했다고 하니 보주의 허씨는 아유타국의 왕족이었으므로 중국으로 이주하여서도 귀족적인 생활을 하였을 것이기 때문에 필시 차를 즐겼을 것으로 생각된다.

월간 〈차의 세계〉 최석환 발행인은 2005년 2월 김병모 교수와 대담한 기사인 〈허황옥의 차가 四川省을 거쳐 金海로 들어왔다〉[17]는 글에 다음과 같은 대목이 있다.

"허황옥이 김해로 들어올 때 배에 실은 결혼 예물인 중국 물건[漢肆雜物]이 무엇인지에 대해 별 관심이 없던 차에, 지난 9월 쓰촨 아안에서 개최된 국제 차문화절 행사 중 쓰촨성 아안시 손전 부시장이 본지와의 단독 인터뷰에서 허황옥이 김해로 들어갈 때 차를 가져갔다는 선언을 해 허황옥 연구에 새로운 전기가 마련되었습니다."

아안시 손전 부시장이 어떤 근거로 그런 이야기를 했는지는 모르겠으나 허황옥이 보주에서 왔으니 그 당시의 쓰촨성 풍습에 비추어 볼 때 충분히 가능성이 있는 이야기일 수 있다고 생각한 듯하다. 한편 국내에서는 가야 지방의 차에 관심이 있는 차인과 학자에 의해 백월산이 가야차의 시배지일 것이라는 확신이 깊어져 가고 있다. 창원전문대 김철수 교수는 2005년 8월에 백월산으로부터 7.2km 떨어진 곳에 있는 신라 때 구산선문의 하나였든 봉림사 터에서 찻잎이 16~18cm 크기인 대엽종 차나무를 발견하였다.[18] 대엽종 차나무는 중국에서는 윈난성과 쓰촨성에서 생장하고 인도에서는 19세기 중반에 아쌈(Assam) 지방에서 처음 발견되어 인도의 모든 차 재배지와 스리랑카에까지 퍼져나간 종자이다. 허황옥이 쓰촨성 보주에서 가야로 왔다면 그가 가지고 온 차 종자는 틀림없이 대엽종일 것이다.

김철수 교수는 대엽의 인도종 차나무로 알고 있는데 백월산으로부터 반경 20km 이내의 지역에 야생화 된 차나무가 퍼져 있어서 봉림사지는 물론 불모산 성주사 그리고 김해와 함안의 여항산 등지에서도 자생 대엽종 차나무가 발견된다고 하였다. 또한 남해 금산의 보리암 주변에 야생 차나무가 자생하고 있는데, 이 차나무는 가야시대 장유화상이 심었다고 전해오고 있단다.[18] 이와 같이 가야차의 실체가 점점 자연스러우면서도 설득력 있게 드러나고 있다.

월간 〈차의 세계〉 최석환 발행인은 1999년 10월 17일 중국 안휘성 구화산 노호동(老虎洞) 정상 가까이의 바위 사이에서 고목이 된 차나무를 발견하였다. 그는 구화산지(九華山誌)[19]에 '금지차는 바로 김지장(金地藏)이 서역(신라)에서 가지고 왔으며 줄기 속이 빈 통처럼 되어있다[金地茶 卽地藏自西域(新羅)携來 令傳梗空筒者是]'라고 적혀 있는 점을 주목하고 김지장 즉 신라의 왕자로 태어나 구화산에서 도를 이루어 지장보살로 추앙받고 있는 김교각(金敎覺, 696~794) 스님이 수행한 처소의 근처에 차나무가 있으리라는 믿음을 가지고 그가 단독으로 주의 깊게 취재하던 중 김지장 스님의 첫 수행처인 노호동의 바위 암벽 사이에서 차나무를 발견했다. 당시 구화산 방장이었던 인덕 스님에게 이 사실을 고하자 스님은 "이것은 위대한 발굴"이라고 극찬하면서 "교각 스님의 고향에서 온 사람이 지장 스님의 고차수(古茶樹)를 발굴한 것은 너무나 기쁜 일"이라고 말했다고 한다.[20]

특히 노호동에는 김지장의 법력에 감화된 산신이 샘물을 솟아나게 했다는 전설이 전해지고 있으니 김교각 스님이 그 샘물로 차를 우려 마셨을 것으로 생각된다. 최석환 씨가 발견한 금지차 고차수는 높이가 230cm에 이르고 나무 줄기는 속이 비어 대나무와 같았고, 그 둥치가 성인남자 팔뚝보다 굵으며 차 잎의 길이는 평균 11.5cm라고 한다. 전문가가 평가한 그 차나무의 수명은 대체로 500~1,000년으로 보았다고 한다. 대엽차종으로는 잎의 크기가 조금 작은 듯도 하나 정상 가까이 있는 암벽 사이의 척박한 토양과 기후에도 돌보는 사람 없이 수백 년 동안 견디며 생명을 유지해 왔으니 생장 조건 등을 고려할 때 찻잎의 크기가 약간 작기는 하나 대엽종으로 보였다고 한다.

이 차나무가 《구화산지》에 나타나 있는 바와 같이 김지장이 신라에서 가지고 온 금지차일 것으로 사료되므로 김해 지방에서 발견되는 대엽종 차나무와 같은 종류로 기원 1세기에 허황옥이 보주에서 가지고 온 차씨로부터 비롯된 가야차와 동종일 것으로 생각된다. 수로왕의 17대 손인 갱세급간(賡世級干)이 661년 조정의 명을 받고 가락국의 시조 묘에 제사할 때 차를 올린 기록이 있다.[6] 김교각 스님이 중국으로 건너간 시기가 그때로부터 대체로 50여 년 후이니 그 당시 신라 불가(佛家)에서도 차를 마시는 것이 다반사였을 것으로 여겨진다. 김교각 스님도 수행 시 얻는 차의 효능을 잘 알기 때문에 신라에서 몸소 차 종자를 가지고 중국으로 갔을 것으로 생각된다.

맺는 글

지금까지 가야차의 전래에 대하여 아유타국과 보주, 아유타국과 아요디아, 인도의 차와 그 연원, 중국 쓰촨의 차문화와 가야차 그리고 중국 구화산의 금지차 등에 대하여 다각도로 고찰해 보았다. 결과적으로 가야차는 기원 1세기에 허왕옥이 쓰촨성 보주에서 가야로 올 때 쓰촨지방의 대엽종 차의 종자를 가지고 와서 가야지방에 심었음이 거의 확실하다고 생각한다. 2,000여 년 전의 일이니 누구도 정확히 알 수는 없겠지만 이상에서 논의한 다양한 관점으로 고찰해 볼 때 그 가야차가 우리나라 차문화의 효시가 되어 김해지방을 중심으로 퍼져 나가서 뒤에 신라에서도 주로 애용하게 되었을 것으로 사료되며, 중국에서 지장보살로 추앙받는 김교각 스님이 중국으로 갈 때도 그 차나무 종자를 가지고 가서 구화산의 금지차가 되었으리라고 생각한다. 물론 우리나라는 지리적으로나 역사적으로 중국과 부단히 문물을 교류해 왔으므로 가야차가 들어온 뒤에도 대렴 등 다른 여러 경로를 따라 소엽종 차 종자도 들어와 오늘날 전라도와 경상도에 다양한 야생 다원이 있으나 가야차가 가장 먼저 전래되어 우리나라의 차문화 형성에 크게 기여했으리라고 확신하는 바이다.

참고 및 인용문헌

1) 김부식, 《삼국사기》(이재호 역), 한국자유교양추진회, 1993, p.211.

2) 류건집, 《한국차문화사》 상권, 이른아침, 2007.

3) 《해동고승전》(장휘옥 옮김), 민족사(1991), p.150.

4) N. 빠르따사라띠(N. Parthasarathi), 《비단황후》(김양식 옮김), 여백, 2007.

5) 김병모, 《허황옥 루트》, 역사의 아침, 2008.

6) 석일연, 《삼국유사》권2 〈가락국기〉(권상노 역, 한정섭 주해), 삼원사 (1996), p.186.

7) 현장 법사, 《대당서역기》(권덕주 옮김), 우리출판사, 1990, p.147.

8) 발미키, 《라마야나》(주해신 옮김), 민족사, 1993.

9) 김래킹, '가야의 흔적을 찾아서〈제17탄〉아유타국은 과연 어디인가' http://blog.naver.com/gamrae007/100054429926

10) Kumhea Kim 〈장유화상과 칠왕자기록〉 http://www.kimheakim.com.ne.kr/, 2006.

11) 허명철 《가야불교의 고찰》, 종교문화사, 1987, pp.92~99.

12) 사사끼, 《인도불교사》(권오민 역), 경서원, 1985.

13) 나가무라하지메, '불타의 세계' (김지견 역), 김영사, 1984, p.558.

14) E. Jaiwant Paul, 《The Story of Tea》, Roli Books(India), 2001.

15) 무비 편찬, 《화엄경》 권2 p.382, 권11 p.158, 민족사, 1994.

16) Wang Ling, 《Chinese Tea Culture》, Foreign Languages Press(China), 2000.

17) 최석환, 〈허황옥의 차가 四川省을 거쳐 金海로 들어왔다〉, 월간 〈차의 세계〉(2005. 3.).

18) 김철수, 〈가야차 시배지 백월산!〉, 월간 〈차의 세계〉(2005. 9.), p.64.

19) 《九華山誌》, 四大名山志, (中華民國 67年)), p.358.

20) 최석환, 〈김지장 고차수 노호동에 자란다〉, 월간 〈차의 세계〉 (2005. 9.), p.42.

월간 〈茶의 세계〉 통권 129, 132, 133호(2012. 9, 12/ 2013. 1.)

제 2 장

인도와 티베트불교

칼라차크라 탄트라, 티베트 불교의 정화(精華)

칼라차크라 입문 행사장 정문

2001년 1월 21일부터 12일간 인도의 보드가야에서 티베트 불교 법왕이신 달라이라마 성하가 주관하는 칼라차크라 입문(Kalachakra Initiation) 행사가 있어서 참가하게 되었다. 칼라차크라 입문 행사는 처음 3일간 달라이라마 성하가 또그메 상포 스님의 '보살의 37가지 수행법'을 강의하여 참가 대중의 보리심과 덕성을 고양시키고, 그러는 동안에 다섯 색상의 모래로 칼라차크라 만다라(Kalachakra Mandala)를 조성하며, 이어서 정해진 5일간의 칼라차크라 입문

행사장으로 들어가기 위해 줄 선 티베트 스님들

과정을 거쳐서 입문 의식을 치르고 그간 완성한 칼라차크라 만다라를 친견하는 내용으로 되어 있었다. 그런데 이번에는 달라이라마 성하의 건강에 문제가 있어서 다른 린포체가 첫날 '쫑가파 스님의 깨달음의 길'에 대하여, 다음날은 까말라쉴라 스님의 '중근기자의 수행차제'에 대하여, 그 다음날 또그메 상포 스님의 '보살의 37가지 수행법'을 하루에 다 강의하였다.

3일이 지난 1월 24일 아침 일찍 달라이라마 성하가 행사장에 오시어 건강상의 이유로 이번 입문 행사는 취소하고 뒤에 보드가야에서 다시 칼라차크라 입문 의식을 갖겠다고 하였다. 멀리 티베트로부터 또는 인도의 각지에서 그리고 세계 각국에서 모여든 참가자들이 인도 측 추산으로 30여 만 명에 이르는데, 그들은 매우 애석하게 생각하면서도 불평은 커녕 성하께서 몸이 아픈 것을 안타깝게 생각하고 그때부터 달라이라마 성하의 건강과 장수를 비는 기도를 시작하였다. 장수불공은 밤을 새워 몇 일간 계속되었다. 칼라차크라 입문이 취소된 대신 간덴사원 큰스님에 의해 장수 입문이라고도 하는 백색 따라 입문(White Tara Initiation)' 의식을 받고, 만다라를 친견하는 것으로 아쉽지만 이번 행사를 모두 마쳤다.

칼라차크라 탄트라의 연원

칼라차크라 탄트라(Kalachakra Tantra)는 하나의 불교 명상수행 체계로서 보살승(Bodhisattva Vehicle)의 대표적 가르침들 중 최고의 요가 탄트라(Yoga Tantra)의 하나이다. 전설에 의하면 세존 재세시 샴발라(Shambhala)국의 왕 수짠드라(Suchandra)의 요청에 의하여 오늘날 남인도의 안드라 프라데쉬(Andhra Pradesh)주 아마르바티 근처에 있던 한 탑인 '단야카타카'에서 부처님이 직접 수짠드라 왕에게 전수한 것으로 전한다. 그래서 수짠드라 왕은 이 칼라차크라의 가르침을 샴발라국의 국민들에게 널리 전파하였다. 샴발라국은 칼라차크라 탄트라를 수행한 높은 정신적 근기와 까르마(Karma)를 가진 인간들이 거주하는 나라로 칼라차크라 경전과 주석서들에 상세하게 설명되어 있다. 이 가르침이 인도에서는 10세기 중반까지도 전연 전해지지 않았다고 한다.

인도에서 불교 교육의 중심을 이루고 수많은 불교 사상가들을 배출한 나란다대학은 불교의 거의 모든 학파적 흔적을 가지고 있으며, 고고학적 연구의 결과 4세기 이후에는 다양한 밀교 수행의 증거들이 발견된다. 대승(Mahayana), 진언승(Mantrayana), 금강승(Vajrayana) 그리고 10세기에 이르러 칼라차크라승(Kalachakrayana) 등이 나란다에서 꽃피운 밀교의 전통에 대한 증거이다. 나란다대학 박물관의 입구에 있는 불상의 좌대에 금강저 하나만 선명하게 조각되어 있는 것 등 밀교의 흔적을 지금도 곳곳에서 찾을 수 있다.

칼라차크라 탄트라는 960년대에 샴발라국으로부터 가르침이 인도에 전수

되어 뒷날 티베트에 와서 티베트 불교 까규파의 시조가 된 나로파(Naropa) 스님이 나란다대학의 학장으로 있을 때인 나란다의 마지막 시기에 완성된 수행 체계라고 알려져 있다. 칼라차크라는 그의 탁월성이 인식되면서 갠지스 평원을 지나 급격히 퍼져나가 카쉬미르를 통하여 그로부터 60년쯤 뒤에는 티베트에 전해지게 되었다. 그때 칼라차크라는 조사(祖師)들에 의해 북부 버마, 말레이 반도 그리고 인도니지어에도 전해졌으나 그곳들에서는 14세기경에 완전히 사라졌다고 한다.

한편 11세기에 이르러 인도에서 불교는 이미 소수 종교로서 점차 위축되어 갔고, 12세기에 이슬람이 침입하여 인도 전역을 휩쓸며 이슬람 특유의 배타적 종교 정책 때문에 인도에서는 불교가 서서히 사라지게 된다. 그러나 지리적으로 천혜의 요새와 같은 티베트에서는 인도에서 이식된 불교가 오염되지 않고 꽃피웠고 그 전통이 오늘에까지 이어지고 있다.

칼라차크라 탄트라

대승불교는 크게 경(Sutra)의 내용을 공부하고 수행하여 구경각을 얻는 가르침인 현교(顯敎)와 비밀스런 가르침(Tantra)의 수행으로 깨달음을 얻어가는 밀교(密敎)로 나누는데, 이 밀교는 금강승(Vajra vehicle) 또는 진언승(Mantra vehicle)이라고도 한다. 현교는 역사적 부처이신 석가모니여래가 그의 제자들에게 설한 사성제와 팔정도를 포함한 일반 대중이 이해할 수 있는 교설에 속한다. 한편 밀교는 비밀스런 가르침으로 부처가 여러 가지 명상하는 신격으로 현현하여 밀(密: Tantras)을 지닌 탁월한 능력의 수행자로 하여금 받을 만한 자격이 있는 제자들에게만 전수하도록 하는 것이다. 그럼에도 불구하고 칼라차크라는 부처님이 수짠드라 왕에게 전수한 이후 수짠드라 왕에 의해 전파되면서 다른 무상요가(Anuttara Yoga)들과는 달리 공개적으로 입문식이 주어져 왔기 때문에 의례 축제의 형태로 오늘에까지 발전해 왔다.

칼라차크라 입문식은 전통적으로 그 행사가 개최되는 국가나 대륙에는 전쟁과 같은 사악한 기운이 소멸되고 개인 또는 지역에 관용과 화합 그리고 행운을 가져다준다는 믿음이 있어서 항상 '세계평화를 위한' 이란 서두가 붙는다. 2002년에는 10월 11일부터 23일까지 오스트리아의 그라즈(Graz)시에서 역시 '세계평화를 위한 칼라차크라 입문식' 행사가 있을 예정이다.

칼라차크라에 관한 매우 중요한 주석서인 《비말라쁘라브하》의 범어본에 나타난 바에 의하면 칼라차크라의 '칼' 은 '인과성', '라' 는 '해체', '차' 는 '변화하는 마음' 그리고 '크라' 는 '연쇄과정' 을 뜻하는데, 그래서 '칼라' 는 '잠재되어 있는 근본적 원인의 해체' 로서 '시간' 을 나타내고, '차크라' 는 '세계의 변화과정에 대한 앎의 원리' 로서 '바퀴' 를 나타낸다. 그래서 칼라차크라는 시간의 바퀴를 뜻하는 것으로 중국어권에서는 시륜(時輪)으로 표현한다. 다시 말하면 칼라차크라는 시간의 순환을 나타낸다.

칼라차크라는 3가지 순환을 포함하는데 그것은 외계순환(external cycle), 내계순환(internal cycle) 그리고 선택순환(alternative cycle)이다. 외계순환과 내계순환은 우리가 느끼는 시간의 흐름과 관련된 것이지만, 선택순환은 그 용어가 영어의 직역이라 꼭 적합한 표현이라고 할 수는 없으나 외계순환과 내계순환으로부터 해탈하기 위한 수행 과정과 관련된 것이다.

외계순환과 내계순환의 체계는 서양철학의 대우주와 소우주의 체계와 유사한 것으로 이는 우주나 인간의 몸이나 하나의 원자나 우리들 생활 속의 경험들 등 일체 만상이 동일한 원리에 의해서 운행된다는 것을 의미한다. 선택순환의 수행도 동일한 체계를 따르지만 우리들로 하여금 위의 두 순환의 소용돌이를 효과적으로 극복하도록 하는 과정이라고 말할 수 있다. 이와 같은 수행과정의 하나가 무상요가 탄트라(anuttarayoga tantra)의 독특한 수행법인 것이다.

외계순환은 우리가 살고 있는 우주의 순환 운행으로 거기에는 천체의 운행, 점성학, 미래의 예칙 등 외부세계에 대한 분석적 사실을 통하여 과학적 접근 가능성을 제시한다. 내계순환은 유정(有情), 특히 인간의 내적 구성과 활동에 대한 이해를 통하여 정화(精華)의 원리를 얻고자 하는 것으로 발생학, 생리학, 심리학 등과 인간의 정신심리학적 기능체계, 감각기관, 기(氣)의 흐름, 수행적 정수(精水)의 흐름의 경로와 과정 등을 제시하여 티베트 불교 의학의 근간이 되고 있다.

선택순환 과정은 본격적 수행 과정으로 완전에 이르기 위해서 먼저 거친 오대 즉 조악(粗惡)한 지수화풍공(地水火風空)으로 이루어진 우리의 몸을 정화하고, 수행에 나가기 위한 힘을 얻는 입문 과정을 한다. 입문을 함으로써 힘을 얻어 이른 바 본격적 수행 단계인 생기차제(生起次第: Generation stage)와 구경차제(究竟次第: Completion stage)의 수행에 의해 금강불괴지신(金剛不壞之身)을 이루는 수행 과정이다. 이 두 수행차제는 입문을 한 수행자만이 행해야 되고 논의해야 되므로 여기서 필자가 논의할 수는 없다.

한편 칼라차크라의 '칼라', 즉 시간은 '변화하지 않는 행복의 상태'를 나타내는데, 이것은 자비의 속성으로 방편(方便)을 뜻하며, '차크라' 즉 회전하는 바퀴는 공(空)의 속성으로 지혜를 뜻한다. 그래서 칼라차크라는 지혜와 방편 그리고 공성과 보리심[慈悲]의 절대적 합일 상태를 보이는 것이다.

칼라차크라 탕카(Thanka: 幀畵)의 주제인 칼라차크라 본존과 그의 배우자의 합일상을 그림에서 볼 수 있다. 여기서 칼라차크라 본존은 방편을 상징하고 그의 배우자 비쉬바마타는 지혜를 상징한다. 그래서 이 남녀의 합일상은 방편과 지혜의 합일상인 것이다. 이 탕카 속에는 앞에서 이야기한 외계순환, 내계순환 그리고 선택순환을 상징적으로 모두 포함하고 있다. 본존의 4얼굴과 그 색상, 두 다리 및 24개의 팔과 그들의 색상 그리고 손들에 들려 있는 각각의 지물, 의상과 장식물 하나하나가 모두 깊은 의미를 지니고 있어서 내계,

외계 및 선택 칼라차크라가 가지는 깊은 철학을 상징적으로 나타내고 있다고
한다.

세간에서는 이러한 칼라차크라의 깊은 의미를 모르고 남녀의 합일상이라는
겉모습만으로 미루어 저속한 불화로 생각하거나 또는 칼라차크라 입문이 마
치 특유한 색정의 마법세계에 들어가거나 또는 그 방향의 초능력을 얻는 길인
것처럼 잘못 알고 있는 사람들이 더러 있으나 칼라차크라는 어디까지나 실상
적 불교의 가르침에 의한 최상의 종교적 수행체계인 것이다. 저속하고 환상적
인 생각을 하는 사람은 환상적인 망상에 사로잡혀 끝없이 방황하게 되고, 건
전한 생각을 하는 수행자는 실상적 깨달음을 얻어 구경각을 증득할 수 있는
것이다.

칼라차크라 만다라(Mandala)

칼라차크라 입문 의식은 오색의 가는 모래로 칼라차크라 만다라를 짓는 것
으로부터 시작하여 최후에 그 만다라를 쓸어 모아서 강물에 띄우는 것으로 끝
을 맺는다. 입문 의식은 한자권에서 흔히 관정(灌頂)이라고 하는데, 티베트어
의 근본 의미는 힘(Power) 또는 더 정확하게는, 힘을 받음(Empowerment)’ 이
라고 한다.

금강수(Vajrapani) 보살의 화신인 샴발라국의 수짠드라왕은 석가모니 부처
님으로부터 입문식과 가르침을 받은 후 샴발라국으로 돌아가서 3차원 만다라
를 지어 그의 백성들에게 칼라차크라 탄트라를 전수하였다.

탄트라에서 만다라는 신비하고 성스러운 하나의 세계이다. 만다라는 완전
한 지혜로 건설된 깨달은 자들의 거처이기에 무명으로 인하여 혼란한 이 세계
와는 달리 진리가 그대로 물 흐르듯 바르게 행해지는 세계이다. 칼라차크라
만다라는 칼라차크라 제존(諸尊)들이 거주하는 거대한 동심원 구조의 궁전이

라고 할 수 있다.

불교 탄트라에는 수많은 만다라 전통이 있는데, 일반적으로 수행에 수반되며, 원(圓), 방(方), 각(角) 등의 다양한 형태로 묘사된다. 칼라차크라 만다라, 즉 칼라차크라 궁전은 오층으로 된 다섯 개의 방(方)으로 되어 각각 서로 접해 있는데, 밖에서부터 신(身) 만다라, 구(口) 만다라, 의(意) 만다라, 지혜 만다라, 지복(至福) 만다라이다. 지혜와 지복 만다라는 의 만다라의 확장한 형태이다.

칼라차크라 만다라에는 722존(尊)이 거주한다. 칼라차크라 본존(本尊)은 푸른 금강저로 표현되고, 대부분의 제존들은 적절한 색의 점들로 나타낸다. 또 몇몇은 범어 종자음으로 표현된다. 의 만다라에는 칼라차크라 본존과 그의 배우자 비쉬와마타를 포함한 70존이 거주하고, 구 만다라에는 116존, 그리고 신 만다라에는 모두 536존이 거주한다. 이 모든 칼라차크라의 만다라와 존상들을 이해하기 위해서는 칼라차크라의 우주관, 점성학, 발생학, 심리학적 이해뿐만 아니라 불교의 전반적인 교학 체계를 모두 거쳐야 한다. 다른 만다라와는 달리, 외계와 내계 그리고 구경차제의 상징적 함축성을 모두 담고 있는 칼라차크라 만다라는 수승한 금강의 깨달음의 길 전반을 묘사하고 있는 방편들이라고 할 수 있다.

아직 입문도 하지 않은 초심자가 겁 없이 칼라차크라 탄트라에 대하여 글을 올려 큰 업을 짓는 마음이다. 하지만 국내에서는 칼라차크라 수행체계에 대하여 너무 알려져 있지 않고, 또한 오해를 하고 있는 불자들도 더러 보았기 때문에 티베트 불교의 정화라고 할 수 있는 이 수행체계를 간략하게 소개하였으나 아직 앎이 미천하여 송구스럽게 생각하는 바이다.

티베트인들의 칼라차크라 입문을 위한 준비 사항을 살펴보니 수십만 번의 전신투지 즉 온몸을 던지는 경배(敬拜)로 절을 하고 끊임없이 일백음절의 금강유정(金剛有情: Vajrasattva) 진언(眞言)을 암송해야 하며, 또한 필수적으로 깨달음의 길인 람림(lamrim) 수행을 해야 하는 것으로 되어 있다.

돌이켜 보면 필자는 아무 준비한 것이 없이 무모하게 입문하고자 인도에 갔던 것이다. 입문 의식이 취소된 것은 필자를 위해서는 어쩌면 매우 다행스러운 일이 아닌가 싶기도 하다. 그러나 칼라차크라에 대한 많은 것을 배우게 되었고, 특히 우리를 칼라차크라 법회에 안내하고 칼라차크라 탄트라에 대해 많은 가르침을 준 달라이라마 성하의 제자이며 칼라차크라 수행자인 최로덴에게 깊은 감사를 드린다. 이 글의 여러 부분은 최로덴이 우리 몇 사람을 위하여 특별히 저술한 《칼라차크라 입문》 책에서 인용한 것임을 밝혀두는 바이다. 우리나라에서도 칼라차크라 탄트라에 대한 관심이 높아지기를 바란다.

월간 〈禪文化〉 통권 20호(2002. 3.)

세계평화를 위한 칼라차크라 - 2002

2002년 칼라차크라 입문 행사가 오스트리아(Austria) 스타이리아(Styria) 주 그라즈(Graz)시에서 10월 11일부터 22일까지 열렸다. 회향식을 갖는 10월 22일 아침 8시부터 시작되는 '장수관정(長壽灌頂)' 행사에 참석하기 위하여 일찍 서둘러서 전차를 타고 갔는데, 1만여 명이 모이는 행사인지라 그 방향으로 가는 전철에는 발 들여놓을 틈이 없었다. 몸이 불편한 노인에게 자리를 내어 주고 한 정거장 전에서 내려 걷기로 하였다.

그런데 몇 걸음 가다가 회관 쪽을 향하여 고개를 들었을 때 참으로 황홀한 광경을 목격하였다. 30여 m의 넓은 폭 무지개가 회관 지붕 위 맑은 하늘에 거의 수직으로 하늘 복판을 향하여 끝없이 높이 솟아 있는 것이다. 그것을 보는 사람들은 예외 없이 탄성을 질렀다. 모든 행사가 끝나고 회향식에서 고별사를 한 그라즈시의 스팅글 시장도 "오늘 아침 그라즈시 상공에 아름다운 무지개가 높이 떴는데, 이번 입문 행사 덕분에 그라즈시 상공에 상서로운 기운이 하늘 가득히 넘치는 듯하였습니다"고 말하였다.

필자는 2001년 1월 인도의 보드가야에서 못 다한 나의 뜻을 이루기 위하여 한국에서는 유일하게 혼자 행사에 참가하여 전 과정을 이수하였다. 더욱이 이번에는 월간 〈선문화〉의 기자로서 참가하여 전체 100명에게만 주어지는 출입기자증(Press Card)도 발급받아 수행에 지장이 되지 않는 범위에서 취재활동을 하였다. 그래서 여기에 간략하게 그 경과를 보고하고자 한다.

세계평화를 위한 칼라차크라 행사의 내력

칼라차크라 본존의 입상

이 행사는 이 지구상에 평화와 자비와 관용의 힘을 고양시키기 위하여 티베트 망명정부 수반이고 티베트 불교 법왕인 14대 달라이라마 성하에 의해 근년에 매년 행해져 왔다. 티베트 역으로 2001년 행사는 인도의 보드가야에서 열려 30만여 명이 세계 각국에서 모였으나 달라이라마 성하의 건강 때문에 행사가 제대로 진행되지 못했다. 그러나 그때 보드가야에는 달라이라마 성하의 신변에 문제가 발생하여 인도 정부에서 달라이라마 성하를 뭄바이에 있는 병원에 유치하고 대중 앞에 나가는 것을 허락하지 않아서 행사가 무산되었다는 소문이 돌고 있었다. 보드가야 행사가 27회로 표방되었으나 그와 같이 무산되었기 때문에 이번 그라즈 행사가 공식적으로 '제27회 세계평화를 위한 칼라차크라 입문 행사' 이었다.

칼라차크라 입문 행사는 달라이라마 성하가 인도로 망명하기 전 1954년 5월과 1956년 4월에 라싸의 노블링카 사원에서 2회 개최하였고, 망명 후 1970년 3월에 인도의 다람살라를 시작으로 다시 칼라차크라 입문 행사가 열리기 시작하였다. 그간 인도에서 17회, 미국에서는 위스콘신 주 메디슨(1981. 7.)과 로스앤젤레스(1989. 7.) 그리고 인디아나주 블루밍턴(1999. 8.), 이렇게 3회, 유럽에서는 스위스의 취리히(1985. 6.) 그리고 스페인의 바르셀로나(1994. 12.)에 이어 이번이 세 번째이다. 그 외에 몽골의 울란바토르(1995. 8.)와 오스트레일리아의 시드니(1996. 6.)에서 개최되었고 2003년 1월에는 다시 인도의 보드가야에서 있을 예정이며, 2004년에는 캐나다의 토론토시의 초청으로 토론토에서 열릴 예정이다.

달라이라마 성하는 1995년 그라즈시의 초청으로 이 시를 처음 방문하여 강연을 하였고, 그 때 시내 중심가에 'She Drup Ling(지식과 체험의 주처(住處))' 라는 불교센터를 개원하였다. 그리고 1998년에는 사회문화 또는 종교 간의 대화와 화합에 욕구가 큰 이 시의 스팅글(Alfred Stingl) 현 시장이 초청하여 달라이라마 성하는 두 번째로 그라즈시를 방문하게 되었다. 그 때 성하는 중심가에 있는 시민공원에 '평화의 탑(Peace Stupa)' 을 준공하고 '관세음보살 관정 행사' 도 가졌다. 그 행사가 끝나고 스팅글 시장은 그라즈시에서 칼라차크라 입문 행사를 개최하도록 허락해 줄 것을 정식으로 요청하였다. 성하는 매우 놀랐다고 한다. 바로 회답하지 않고 인도로 돌아와 한동안 숙고한 끝에 2002년 10월에 개최하기를 허락한다고 통고하여 행사가 이루어지게 되었다. 이 행사는 불교단체가 아닌 시 당국이 요청하여 성사된 최초의 칼라차크라 입문 행사이다. 그라즈시는 1만여 명이 들어갈 수 있는 회의장과 기타 부대시설을 모자람 없이 갖춘 새로운 시민회관을 건립하고 처음부터 끝까지 모든 것을 적극적으로 지원하였다. 그라즈시는 2000년대 들어 처음 갖는 '세계평화를 위한 칼라차크라 입문 행사'가 그곳에서 개최된 것에 대하여 강한 자부심을 갖고 있었다.

칼라차크라 입문 행사

'칼라차크라 입문(Kalachakra Initiation)'이란 용어는 영어의 대역으로 '입문(Initiation: 入門)'을 한자권에서는 '관정(灌頂)'으로 표현하기 때문에 흔히 '칼라차크라 관정'이라고 쓰기도 한다. 티베트 원어의 뜻을 그대로 표현하면 '칼라차크라 여력(Empowerment: 與力)'으로 칼라차크라 만다라의 지존(至尊)인 칼라차크라 본존(本尊)이 입문자들에게 힘을 불어넣어 주는 행사이다. 그러므로 참가 대중의 입장에서는 칼라차크라 본존으로부터 힘을 받으니 득력(得力)의 행사가 되는 것이다.

한편 '칼라차크라'란 범어로 '시간의 바퀴[時輪]'란 뜻을 가지는데 그것은 매우 미세한 우주 세계의 순환으로부터 삼라만상의 내·외적인 순환을 포함한 온 법계의 거대한 운행을 뜻하는 것이다. 칼라차크라 만다라는 칼라차크라 본존을 포함한 다섯 선정불과 완전한 지혜로 깨달은 722존위가 거처하는 궁전으로서 그곳은 진리가 물 흐르듯 행해지는 진여(眞如)의 세계이다. 입문 행사에서는 먼저 그 궁전이 들어설 대지를 다지고 정화한 다음 만다라를 조성하여 칼라차크라 본존과 더불어 722존위를 모두 그 궁전에 모시는 행사를 7일

동안 진행한다.

한편 모인 대중들의 신(身), 구(口), 의(意)의 업(業)을 정화하고 덕성을 높임과 아울러 입문을 위한 법(法)의 근기를 높이기 위하여 만다라가 조성되는 7일 동안 교육을 하는 것이다. 이 모든 것을 달라이라마 성하가 도사(導師)로서 직접 주관하였고, 티베트 불교 주요 5개 종파의 대표 선사들이 보조로 매일 돌아가면서 티베트 불교의 주요 교리를 강의하였다.

칼라차크라 만다라가 완성되고 본존과 더불어 722존위가 모셔지면 다음날 하루는 만다라에 다양한 춤 공양을 하고 그 다음날부터 3일간은 내내 입문 행사가 진행된다. 입문 행사를 마친 다음날엔 장수 관정과 장수 축원을 하며 참가한 전 대중이 순서적으로 만다라를 친견한 다음 만다라 해체를 하는 것으로 모든 행사가 끝나게 된다.

마음의 만다라 의례

이 입문 행사는 불교의 엄숙한 의례로 시작하여 의례로 끝난다고 하여도 과언이 아니다. 처음 3일간은 점심 공양 1시간을 빼고 아침 7시부터 오후 5시까지 의례가 계속 되었다. 의례(Sadhana)는 달라이라마 성하의 주도 아래 다

금강저와 요령을 들고 집전하는 성하

람살라의 남걀사원 의례팀이 진행하는데 진중함과 일사분란함을 볼 수 있었

다. 첫날은 성하가 만다라옥 안에 앉아 공성(空性)에 기반한 반야부 8,000송을 독송하며 만다라가 조성되고 입문 행사가 진행될 토지를 다지고 정화(淨化)하는 행사를 한 다음 호법륜(護法輪)을 조성하여 장애가 될 사기(邪氣)를 몰아내는 의례를 행하였다. 의례는 경전과 게송 그리고 진언을 계속 독송하며 수인(手印)을 하기도 하고 요령과 금강저를 흔들고, 성하가 다마루(Damaru: 작은 북)를 흔들 때는 옆에서 크고 작은 나팔들을 불어 주기도 하는 등 음성 공양이 계속되었다.

둘째 날부터는 성하와 의례팀이 만다라옥을 향하고 앉아서 의례를 계속한다. 그러는 사이에 만다라옥 안에서는 만다라 조성팀이 바닥에 기본적인 윤곽의 선을 긋고 본존이 주석할 중앙 부분부터 오색 모래로 만다라를 조성해 나간다. 셋째 날까지는 종일 의례를 계속하고 넷째 날부터 입문이 끝나는 열흘째 되는 날까지는 아침 7시부터 12시까지 오전에만 정규 의례가 진행되었다. 7일째 되는 날 오후에는 만다라에 춤 공양이 있었다. 이것도 중요한 의례 중 하나로 만다라가 모셔진 단상은 진여의 세계로 거기서는 오방모와 특수 의상을 갖춰 입은 남걀사원 스님들이 금강무(金剛舞)를 추어 만다라에 공양한다. 한편 중생 세계인 단 아래에서는 티베트의 각종 민속춤과 그라즈고등학교 학생들의 단체 사교춤을 공양하는 행사가 이루어져서 행사장이 축제의 자리가 되었다. 춤 공양이 끝났을 때 티베트인들은 향수에 젖어 행사장 밖에서 오랫동안 북 장단에 맞추어 티베트 노래를 부르고 민속춤을 추었는데, 그 애절한 가락과 모습에서 나라 잃은 사람들의 고통이 묻어 나와 보는 이의 가슴을 아프게 하였다.

만다라의 조성

칼라차크라 입문 행사는 칼라차크라 만다라를 조성하여 본존과 다섯 선정

만다라가 완성된 뒤 장엄한 만다라 옥

불을 포함한 722존위를 모실 뿐만 아니라 입문자들의 덕성과 법의 근기를 높여서 입문을 받을 수 있는 자격을 가지도록 하는 것이 7일 동안의 준비 과정이다. 그래서 모든 의례는 마음의 만다라 의례(The Sadhana of the Mandala of the Mind)로 진행되는 동안 만다라옥 안에서는 계속하여 만다라가 조성된다. 만다라는 5색 모래로 만다라옥 내부의 4m² 평면 위에 1차원적으로 조성되지만 마음으로는 넓은 대지 위에 5층 건물로 722존위가 넉넉하게 주석할 수 있을 뿐만 아니라 많은 대중을 불러들여 본존께서 입문자들에게 가피를 내릴 수 있는 큰 궁전을 건축하는 상징적인 작업인 것이다. 석가모니 부처님으로부터 전수받아 처음 칼라차크라 입문 행사를 갖은 샴발라국 수짠드라 왕은 실제로 5층 만다라 건물을 지었다고 전한다. 이 만다라가 완성되면, 인도하는 스승인 달라이라마 성하는 자격이 있는 입문자들을 만다라 안으로 인도하여 본존으로부터 가피를 받도록 하는 행사라고 할 수 있다. 만다라는 첫날 터를 다지고 정화한 다음 제2일부터 5일간 조성하여 완성하고 제7일에는 춤 공양과 꽃 공양, 보병 공양 등 여러 가지 공양을 드리고 그 다음날부터 입문 행사에 들어가게 된다.

입문 행사

입문을 받기 위하여 참가자들은 행사 제2일부터 제7일까지 매일 저녁 7시부터 2시간 동안 티베트 불교 각 종파의 대표인 큰 선사들의 기초 교리 강의를 들었다. 그리고 제4일부터 3일간은 매일 오후 1시부터 5시 정도까지 달라이라마 성하의 교리 강의를 들었다. 이 과정에서는 까말라 쉴라 선사의 '수행의 중간차제', 또그메 쌍포 선사의 '보살의 37수행법' 그리고 아티샤 선사의 '보리도등론'을 강의하였다. 강의 내용이 용수의 중론을 위시하여 나란다 13 선사의 주장을 때때로 인용하는 등, 그 심도가 깊어서 필자는 상당히 어려움을 느꼈다. 반면 유럽의 불자들은 고개를 끄덕이며 재빨리 필기 하더니 환희에 찬 얼굴로 이해된다는 듯 눈짓하는 것을 보고 불교가 서양으로 넘어가고 있는 것을 실감하기도 하였다.

입문 행사는 3일간 진행되는데 그 첫날은 입문 준비 행사이고 다음 2일간은 정식 입문 과정이라고 할 수 있다. 이 행사는 지극히 종교적 과정이므로 여기서 언급하지 않겠다. 필자는 기자로 활동했으나 입문 행사와 장수 관정이 있은 4일간은 입문에만 집중하기 위하여 사진기도 휴대하지 않고 기자석이나 보도행사에 참가하지 않았다.

입문식에 앞서 달라이라마 성하가 뼈 있는 농담을 하여 모두 크게 웃기도 하였다. 성하의 말인즉 "여기 모인 대중 중에는 나보다 법이 높은 사람이 많다"는 것이다. 그것은 이런 행사를 하는 것은 대중들에게 법을 널리 전하려는 목적이 더 큰데, 법을 공부할 때는 나타나지 않고 입문 행사에는 이렇게 입추의 여지없이 모이니 그런 것이 아니겠느냐는 말이었다. 준비기간 동안에는 빈

자리가 더러 있어서 보도기관에 따라서는 8,000명으로 보도하기도 했는데 입문 행사 때에는 행사장이 가득 차서 1만 명이 넘는 것으로 보였다. 유럽인들 중에는 입문 행사에만 참석한 사람들이 상당히 많은 듯하였다. 그것은 깊은 교리 공부 보다는 입문을 함으로써 복을 받으려는 욕망이 크기 때문일 것이라고 생각된다.

달라이라마 성하

이번 행사를 통하여 필자는 14대 달라이라마 성하의 바른 모습을 가까이서 지켜볼 수 있었다. 그것은 언론을 통하여 세상에 전해지는 내용이 때때로 참모습과는 다를 수 있기 때문이다. 10월 11일 달라이라마 성하는 그라즈시에 도착하여 기자회견을 가졌다. 필자는 기자로써 그 자리에 참석하였다. 성하가 기자들의 질문을 받기에 앞서 발표한 인사말을 요약하면 아래와 같다.

"지난 한 세기를 돌이켜 볼 때, 우리의 세계는 고통스러운 경험과 사건들이 많았음에도 불구하고 좋은 방향으로 진행되어 왔습니다. 물질문명 분야는 매우 두드러지게 발전하였고 계속 성취되어 왔는데, 그것은 좋은 일이라고 생각합니다. 그럼에도 불구하고 인간의 자비심, 참회, 관용, 서로의 보살핌, 서로의 나눔과 지구환경의 보호 그리고 인간의 내면적 가치들이 여전히 물질문명의 발달 이상으로 더 요구되고 있습니다. 이와 같은 인간의 내면적 가치들이 이 세계를 더욱 평화롭고, 더욱 호의적이고, 더욱 행복한 사회로 변화시킬 수 있는 매우 중요한 인자들이 될 것입니다. 우리 모두 더 행복하고, 더 평화롭고, 더 자비로운 세계를 만들기 위하여 노력합시다. 그런 의미에서 인간의 내면 가치를 고양시키는 칼라차크라 입문 행사가 평화와 자비의 세계로 나아가도록 화합의 분위기를 조성하는 데 기여할 것으로 믿습니다."

　이어 기자들의 질문이 있었는데 그중에는 정치적 질문도 있었다. 한 기자는 부시 미국 대통령을 언급하며 이라크와의 관계에 대한 유도적 질문을 적극적으로 했는데, 성하는 "지극히 불교적 관점에서 전쟁은 먼 뒷날까지 계속될 폭력의 씨앗을 짓는 일이 될 것"이라는 내용의 답을 했다. 나의 견해로 그 답변에는 전연 정치적 의도가 없었는데 다음날 보도매체들에는 성하의 모든 발언이나 다른 대화의 내용은 언급 없이 이라크와의 문제만을 부각하여 '평화를 위한 메시지'니, '부시에 경고'니 하는 극히 정치적 보도가 나오는 것이었다.

　그 다음날 이번 행사의 공식 인터넷 사이트를 열었을 때 큰 글씨로 '달라이라마 성하의 말씀은 자비심의 발로이지 정치적인 발언이 아니다'는 문구가 보이기도 하였다. 필자도 기자로 참가했으나 성하의 자비심이 기자들에 의해 정치적인 발언으로 왜곡되는 것을 보고 가슴 아팠다. 그런 관계 때문인지 회향식을 마친 뒤 슈로스버그에서 스팅글 시장과 고별만찬이 시작되기 직전에 있었던 기자회견은 프레스 센터에도 게시하지 않고 불교 관계 기자 일부만 참석한 가운데 간단히 마쳤다.

　달라이라마 성하는 과연 금강신(金剛身)을 지닌 성자로 보였다. 성하는 매일 아침 7시부터 경전과 게송 그리고 진언을 굵고 우렁찬 목소리로 독송하고, 때때로 수인을 짓기도 하고, 금강저와 요령을 흔들고, 다마루를 흔들며 하루에 9시간씩 꼬박 의례를 주도한다. 강의나 입문 행사가 있는 날도 오전에 5시간 의례를 주도하고 오후 1시부터 4시간을 꼼짝 않고 앉아서 강의를 계속하는데 그 목소리가 조금도 달라지지 않는 것이었다. 성하가 우리나라 나이로 67세인데 11일 동안 매일 9시간 이상을 이렇게 활동하는 것을 보고 감탄하지 않을 수 없었다. 그라즈대학에서 인권상을 받는 날도 30분 전까지 의례를 주도하고 부랴부랴 대학으로 달려가는 것이었다.

기타 문화행사

이번 행사기간 중에는 여러 가지 다양한 문화행사와 티베트의 실상을 알리는 전시회 등이 열렸다. 여기서 다 언급할 수는 없고 달라이라마 성하와 관련된 중요한 것 셋만 들어 본다.

10월 14일 오후 4시에 그라즈 대학 칼 푸란젠스 기념관에서 달라이라마 성하는 그라즈 대학의 최고상인 '인권상(Human Right Prize)'을 수상하였다. 이 상은 억압 받는 사람들의 인권 신장을 위하여 몸 바친 이에게 주어지는 상이다. 그간 엘 살바도르의 존 소르비노 교수(1992), 유태인 문서기록보관소장 시몬 비센탈(1994) 그리고 보즈니아 헤르제코비나의 조바노비치 외 2분(1997)에게 시상된 바 있고 달라이라마 성하가 4번째로 수상하게 되었다. 이 시상식에는 다른 대학 총장들, 오스트리아 정부의 장관들, 주 의회 의장 등 많은 귀빈들이 참석한 가운데 세 학장이 2번씩 돌아가며 30분 이상 낭독된 공적서는 매우 인상적이었다. 성하는 지극히 겸손한 자세로 본인이 인권 향상을 위하여 하고 있는 일에 대한 격려로 믿는다는 요지의 답사를 하였다.

10월 15일 오후 성하의 강의가 끝난 뒤 행사장에서는 5시부터 진리의 빛 상 시상식이 있었다. 진리의 빛 상은 티베트를 위한 국제운동본부(ICT)가 제정하여 티베트와 티베트인을 올바르게 인식하게 하는데 크게 공헌한 개인에게 주는 상이다. 1994년 〈뉴욕타

만다라를 해체하는 성하

만다라에 티베트 민속춤 공양

임스)의 로젠탈 기자를 시작으로 1995년에 리차드 기어 등 2인이 받았다. 지금까지 6회의 시상식이 있었고, 이번 2002년에는 제7회로 독일의 녹색당 공동창립자인 페트라 켈리(Petra Kelly)여사와 한 때 어린 달라이라마 성하의 가정교사이자 소설 《티베트에서 7년》의 주인공이며 저자인 하인리히 하러(Heinlich Harrer)가 받게 되었다. 이번 시상은 달라이라마 성하가 칼라차크라 행사 중 이곳에 있기 때문에 직접 시상하였다. 성하는 시상한 다음 양손으로 하러씨의 볼을 문지르고 치기 어린 웃음을 웃어댔는데 그곳에 참석한 티베트 사람들이 말하기를 아마 어린 시절 스승과의 추억을 회상하는 행동인 듯 보인다고 하였다.

10월 18일 오후 3시 30분 슈로스버그에서 달라이라마 성하를 모신 가운데 5대 종교의 대표들이 '평화를 위한 종교간 토론회의'를 열었다. 이 자리에는 불교 대표로 텐진 다르게 박사(Geshe Tenzin Dhargye) 스님, 힌두교 대표로 아마라난다 스님(Swami Amarananda), 이스람 대표로 유섭 이스람(Yusuf Islam), 유대교 대표로 아이센버그 박사(Dr. P. C. Eisenberg) 그리고 개신교 대표로 에어할드 부세크 박사(Dr. Erhard Busek)가 참여하였다. 이 토론회의는 5시까지 계속되었으며 결과적으로 현재 지구상에 일어나는 분쟁과 폭력과 갈등은 종교의 책임이 크다는 것에 동의하고, 세계를 평화로 이끄는 길은 종교 간의 화합이라는 데 뜻을 같이하였다.

맺는 말

이번 12일 간의 '제27회 세계평화를 위한 칼라차크라 입문 행사'에 참가하여 기자로서 취재도 하면서 칼라차크라 본존으로부터 영적인 힘을 받았으리라고 생각한다. 더욱이 제14대 달라이라마 성하를 가까이서 바라보며 받은 감명은 필자의 일생일대에 잊을 수 없는 영광스러운 기회였다고 생각한다. 이 행사에 참가한 모든 분들에게 영광이 있길 바라고 그라즈시와 스타이리아주에도 번영과 발전과 배전의 평화가 이루어지기를 염원하며 글을 마친다.

월간 〈禪文化〉 통권 28호(2002. 11.)

대승불교의 고향 남인도의 불교성지
아마라바티와 나가르주나콘다

Kalachakra-2006 행사를 축하하기 위하여 시내 곳곳에 걸어 놓은 현수막

2006년 1월 5일부터 16일까지 남인도 안드라 프라데쉬(Andhra Pradesh) 주 아마라바티(Amaravati)에서 티베트 불교의 대표인 제14대 달라이라마 성하가 주관하는 제30회 칼라차크라 입문 행사(Kalachkra-2006)가 열렸다. 필

자는 그 입문 행사에 참가하여 석가모니 부처님이 최초로 샴발라국의 수짠드
라왕에게 칼라차크라 탄트라를 전수했다고 전해지는 그 도시에서 2주를 지내
며 그곳에 남아 있는 불교 유적들을 돌아보았다. 또한 같은 안드라프라데쉬주
에 있으며 '대승불교의 아버지' 라고 칭송되는 용수(龍樹)보살이 활동한 나가
르주나콘다(Nagarjunakonda)를 돌아볼 수 있는 기회가 있었다.

티베트 불교는 공(空) 사상을 근본 교리로 하는데 그 정점에 용수
(Nagarjuna)의 중관사상이 있다. 달라이라마 성하는 2006년도 칼라차크라
입문 행사를 아마라바티에서 열게 된 것도 용수 보살이 활동한 대승불교의 본
고장이기 때문이라고 하였다. 4일간의 칼라차크라 입문 행사에 들어가기 전,
성하는 입문을 위한 근기를 높이기 위하여 대중에게 3일간 예비교육을 하였
다. 그 동안 29회까지는 주로 또그메 상포(Thogmed Zangpo)의 '보살의 37
수행법' 과 까말라쉴라(Acharya Kamalashila)의 '수행의 중간차제' 또는 아
티샤(Lama Atisha)의 '보리도등론' 을 강의하였는데 이번에는 3일간 계속하
여 용수 보살의 '중도의 근본 지혜' 만을 강의하였다. 그것은 이번 입문 행사가
대승불교의 본고장인 이 지역과 깊은 관계가 있음을 보여준 것이다. 그런 의
미에서 먼저 아마라바티의 불교 유적을 소개하고 나아가 나가르주나콘다를
살펴보고자 한다.

부처님과 단야카타카 지역의 인연

아마라바티는 유서 깊은 불교성지로서 크리슈나강 제방가에 있는 작은 도
시이며 인도 예술사에 중요한 위치를 차지하고 있다. 아마라바티는 군투르
(Guntur)현 소속의 한 도시로서 다라니코타(Dharanikota)와 접하고 있다. 아
마라바티와 다라니코타는 원래 단야카타카(Dhanyakataka) 지역에 속해 있
었다. 기원후 2세기경 단야카타카는 스타바하나스(Stavahanas) 왕조의 후기

수도이기도 하였다. 티베트에 전하는 칼라차크라 문헌에 의하면 석가모니 부처님은 보드가야에서 성도하신 바로 다음 해에 금강수(Vajrapani) 보살의 화신이며 샴발라(Shambhala)국의 왕인 수짠드라(Suchandra)의 요청으로 이곳 단야카타카의 탑 안에서 칼라차크라 입문식을 거행하고 수짠드라왕에게 탄트라(Tantra: 密法)를 전수하였다. 수짠드라왕은 샴발라국으로 돌아가 3차원의 입체만다라를 조성하고 그의 백성들에게 칼라차크라 탄트라를 전수하였으며 그 가르침을 정리한 《칼라차크라 근본 탄트라》란 저서를 남겼다고 한다.

이 점에 대하여 '석가모니 부처님이 실제로 남인도의 아마라바티까지 오셨을까' 하는 의문이 남는다. 왜냐하면 부처님의 생애를 서술한 여러 문헌에 나타나 있는 바로는 부처님은 일생동안 북인도의 비하르(Bihar)주와 우탈푸라데쉬(Uttar Pradesh)주 밖을 나가지 않은 것으로 되어 있기 때문이다. 이 점에 대하여 필자는 지난 2005년 10월 남인도 나그푸르(Nagpur)에서 국제참여불교총회(INEB)에 참가하여 달라이라마 성하를 알현했을 때 "석가모니 부처님께서 물리적으로 아마라바티까지 오셨습니까? 아니면 영적으로 나투신 것입니까?" 하고 직접 여쭈어 보았다. 이에 성하는 "부처님께서 북인도를 떠나지 않은 것이 사실이다. 아마 부처님께서 신통력으로 아마라바티에 나투셨을 것이다"라고 답한 바가 있다.

이번에 칼라차크라 입문 행사에 참가하면서 이와 관련한 티베트의 자료에서 칼라차크라 탄트라의 연원을 확인할 수 있었다. 석가모니 부처님이 보드가야에서 성도하시고 그 다음 해 3월에 왕사성 근처 영취산에서 하나의 비구로 가장하여 반야바라밀경을 설하셨는데, 그와 동시에 남인도의 단야카타카에도 나투시어 칼라차크라 행사를 주관하였다는 것이다. 거대한 탑(Stupa) 안에 칼라차크라 만다라가 솟아났고 만다라의 중앙에 부처님이 칼라차크라 본존(principal diety Kalachakra)으로 화현하여 칼라차크라 탄트라를 가르쳤다고 한다. 그 거대한 탑과 만다라는 무지갯빛으로 조성되었다고 한다. 그와 같이 무지개 탑과 만다라가 솟아났고 부처님이 칼라차크라 본존으로 나투시어 밀교의 가르침을 전한 곳이 바로 단야카타카라고 되어 있다. 오늘날의 모든 학자, 고고학 전문가 그리고 불교의 수행자들은 단야카타카가 바로 현재의 아마라바티 지역이라는 것에 공감한다고 한다.

아마라바티의 불교유적

아마라바티는 앞서 이야기한 바와 같이 밀불교(密佛敎)와 관계가 깊은 지역으로, 대정사(大精舍: Maha-Chaitya)와 남인도 최대의 불탑이 있었으며, 아쇼카 대왕의 석주가 있었던 곳이다. 아마라바티의 대탑은 인도에서 불교의 성쇠와 맥을 같이하여 그 역사가 기원전 3세기의 마우리야(Mauryan) 왕조 시대부터 14세기까지 근 1천 년에 이어졌다. 다시 말하면 이 지역의 불교는 이 지역에 존재했던 왕조의 흥망에 따라 변화하였으며 크게는 남인도의 3분의 1을 차지하는 오늘날의 안드라 프라데쉬주, 즉 그 당시의 안드라데샤(Andhradesha) 지역의 종교 변천과 관계가 깊다.

1796년에 이 지역 대지주의 한 사람이 아마라바티의 오래된 힌두교 사원인 아마레쉬바라 사원(Amareshvara temple) 근처로 이사를 왔다. 그를 따라서 많은 사람들이 그곳으로 와서 자기들이 살 집을 지으면서 벽돌이나 석판 등을 구하다가 탑의 기단부로 보이는 돌무덤들을 발견하였단다. 더욱 정교한 조각 부분이 드러나면서 1797년에는 영국군 소속 콜린 맥켄지(Colin Mackenzie) 대령이 관심을 가지고 접근하게 되었다. 그 뒤 많은 영국 관리들이 조각품을 수집하느라 다녀갔고 급기야 1845년에는 그 지역을 정식으로 탐사하게 되었다. 그 후로 대규모의 개발과 조사가 1877년, 1881년 그리고 1908~1909년에 이루어졌다. 그 결과 거기에서 발굴된 유물들은 지역 고고학 박물관, 마드라스에 있는 인도 국립박물관 그리고 영국 런던의 대영제국 박물관(British

Museum)으로 옮겨졌다. 아마라바티 박물관에도 일부 보존되어 있으나 이 지방 주민들의 말로는 그때는 영국의 식민지 시절이었기 때문에 좋은 예술품들은 주로 영국으로 가져갔다고 한다.

그와 같은 유적지 발굴과 조사의 결과로 아마라바티의 대사원과 대탑의 조성 시기 및 변천 과정이 어느 정도 밝혀지게 되었다. 기원전 2세기 마우리아왕조시 인도의 전륜성왕으로 일컬어지는 아쇼카 대왕이 이 탑을 조성했다고 한다. 그것은 그곳에서 발견된 아쇼카 석주 등에 있는 명문으로 확인되었다. 당시 그 지역은 주민들의 학식이 대체로 높았고 사회조직도 유기적으로 잘 형성되었다고 한다. 처음 조성된 탑은 간단한 문양이 새겨진 대리석 빗장(crossbar)과 둘레 그리고 장식하지 않은 돔형 탑이었다. 그러던 것이 수 세기를 지나며 주기적으로 수리 및 증창 되면서 여러 가지 형태의 새로운 요소가 부가되었다고 한다. 이곳의 아쇼카 대왕 석주는 다른 지역의 석주들이 사암(Sandstone: 砂巖)인 데 비하여 유독 규암(Quartzite: 硅巖)으로 되어 있다. 그것은 그 근방에서 규암이 산출되었기 때문에 그 재료를 사용했을 것으로 생각된다. 아쇼카 대왕의 석주도 중요한 부분은 다른 박물관으로 옮겨졌고 일부 작은 조각만 그곳 박물관에 전시되고 있었다.

그 후 이 지역의 불교가 가장 흥성했던 시절은 샤타바하나(Shatavahana) 왕조 때이다. 대체로 기원후 2세기에서 3세기 사이로 당시에는 이 지역 즉 단야카타카가 그 왕조의 수도였던 시절이다. 그 기간에는 남인도와 다른 지역의 많은 부유한 상인들이 큰 돈을 보시하여 매우 정교한 조각으로 장식한 큰 탑과 사원의 건물들이 조성되었다. 그런 사실이 탑의 명문에 나타나 있다. 또한 당시의 유품들과 명문의 내용은 그 시기가 대승불교의 전성기였음을 보여 주고 있다.

기원후 3세기 이후에는 고고학적으로 새로운 변화가 없었고 기존의 탑이나 사원을 유지하는 것이 고작이었다고 한다. 국민들의 불교에 대한 관심도 그때부터 기울기 시작하였다. 7세기경에 그곳을 방문한 중국의 현장 법사는 《대당서역기》에서 그곳을 방문하였을 때 탑이나 사원이 많이 낡았고 그 지역에 힌두교가 부활하여 왕성하게 일어나고 있었으나, 그런데도 20여 개의 불교사원에 1천여 명의 스님들이 입주하여 수행하고 있었는데 모두 대중부에 속하는 사원들이었다고 기술하였다.

1344년 스리랑카의 한 스님이 그곳에서 돌아와 아마라바티는 아직도 중요한 지역으로 남아 있으며 그가 어떻게 그 탑을 수리하려고 노력했는지를 기술한 바 있다. 또한 사라져 가는 인도 불교이지만 외국의 불자들이 계속 찾아오고 있다고 전하였다. 그가 작성한 그 자료는 스리랑카의 캔디(Kandy)에 보관되어 있는데 그것이 아마라바티의 불교유적에 대한 마지막 자료이고 그 후에는 1797년 영국군 콜린 매켄지 대령이 관심을 갖게 되기까지 망각의 지대로 사라져 있었다.

현재의 아마라바티

현재 아마라바티는 길 하나 사이로 다라니코타와 접해 있어서 경계가 없으며 이 지역 두 도시의 경계선 부근에 대사원의 유적지가 있다. 특히 이번 칼라차크라-2006 행사를 계기로 그 유적지를 복원할 계획을 하고 있다고 한다. 또한 이번 행사를 위하여 칼

아마라바티 박물관에서 축소 복원된 대탑

라차크라 행사장 바로 앞에 대형 불상을 조성하고 있었다. 원래는 행사 전에 점안을 마치려고 계획했지만 공사 진척이 늦어져 행사가 끝날 때까지 얽어 놓은 패널 속에서 마무리 작업을 하고 있었다. 이 불상은 이른바 '선정불(Dhyana Buddha)'로 그 높이가 30m인 대불이며 기단 내부는 하나의 대사원(Maha Chaitya)으로 조성되어 있다.

아마라바티 대탑은 안드라 프라데쉬 주에서 가장 큰 탑으로, 박물관에서 축소 복원한 모형의 사진에서 볼 수 있는 바와 같이 산치 대탑과 유사한 아름다운 탑이다. 본래 크기는 하부의 직경이 49.3m이고 중앙의 높이가 55m에 이른다. 그 탑이 조성되었던 기단부는 사진에서 볼 수 있는 바와 같이 대사원의 중심에 있으며 그 주위로는 탑돌이를 할 수 있는 길이 만들어져 있다.

그 외에 아마라바티에 남아 있는 불교의 유적은 지역 박물관 전시실에 전시된 불상, 돔을 장식한 부조판, 둘레의 울타리 부분, 본생담이나 부처님의 생애의 일부가 담긴 테라코타, 옛날 동전, 신석기시대의 연장들 등 소품 유적들이 전시되어 있다. 대부분이 아마라바티와 다라니코타 부근에서 발굴된 것이라고 하는데 밀교의 고장답게 조각품 속에 금강저 등 밀교적 상징물을 발견할 수 있었다. 그들 중 훌륭한 예술품들은 영국으로 옮겨졌고 일부는 인도 국립박물관에 전시되고 있어서 정작 본 고장에는 비교적 질이 낮은 유물들만 남아 있다고 하였다.

오늘날 아마라바티 시민들의 주 종교는 역시 힌두교이다. 그러나 남인도의 특성대로 기독교인들도 상당히 많이 있어서 1월 초인데도 큰 길 위에는 성탄절을 축하하는 별 모양의 크리스마스 등(燈)이 아직도 남아 있었다. 아무쪼록 대탑이 복원되고 새로 건립된 선정불과 더불어 탑과 불상이 아마라바티 시민들을 굽어보면서 그들에게 자비를 베풀어 주어 천 년 전 불교가 융성했던 시대와 같이 그들의 마음속에 불교가 다시 싹트고 자랄 수 있기를 기원해 본다.

나가르주나사가르

아마라바티로부터 남쪽으로 약 100km쯤 떨어진 곳에 '나가르주나사가르 (Nagarjunasagar)' 라는 인공 호수가 있다. 이 호수는 크리슈나 강(Krishna river)의 중류에 1960년대에 만든 것인데 규모는 폭 15km, 길이 50km에 이르러 세계 3대 인공 다목적 댐의 하나로 꼽힌다. 이 호수는 현재 안드라 프라데쉬주 뿐만 아니라 인도가 국가적으로 자랑하는 관광지로서 세계 각지에서 온 관광객들로 붐빈다.

관광객들이 찾는 이유는 두말할 것 없이 이곳에 대승불교의 발상지인 나가르주나콘다(Nagarjunakonda)가 있기 때문이다. 높이 124m, 길이 1km인 거대한 석조 나가르주나사가르 댐(dam)도 큰 자랑거리이다. 그들은 이 댐을 '인도의 현대공학이 성취한 자연에 대한 인간 승리의 상징' 이라고 하였다. 용수 보살이 설립했다는 불교대학의 유적도 손꼽을 만하다. 에치포탈라 폭포 (Ethipothala waterfalls)와 라지브 간디 야생동물 보호구역(Rajiv Gandhi Wild Life Sanctuary)도 빼놓을 수 없다. '나가르주나' (Nagarjuna)는 주지하다시피 대승불교의 시조인 '용수 보살' 의 본명이다. 지금도 '용수 호수 (sagar)', '용수 언덕(konda)' 과 같이 용수의 이름이 붙어 남아 있는데 이는

나가르주나사가르 댐, 높이 124m에 길이 1km의 거대한 제방이다.

마치 바다와 같이 넓은 나가르주나사가르 호수, 앞에 있는 것은 보트이다.

이 지역이 불교의 성자인 용수의 출생지이자 대승불교의 산실이므로 '용수' 즉 '나가르주나'는 이곳 사람들의 자부심을 드러낸 것으로 볼 수 있다.

나가르주나사가르 댐에서 4km쯤 떨어진 호수 안의 한 섬에 나가르주나콘다가 조성되어 있다. 달라이라마 성하가 칼라차크라 행사를 시작하기 전에 용수 보살에게 고유(告由)한다는 뜻으로 방문한 곳이기도 하다. 필자도 예비교육에 들어가기 전에 하루의 말미를 내어 이곳에 다녀왔다. 이 글에서는 용수 보살에 대하여 간략히 살펴본 다음 나가르주나콘다의 연원과 지금의 모습을 소개하고자 한다.

용수 보살

인도는 현재 힌두교 국가이다. 그러면서도 불교의 성자인 용수라는 존재가 인도인들의 내면에 자부심으로 자리 잡고 있음을 엿볼 수 있다. '국제참여불교총회(INEB)'가 2005년 10월 11일부터 1주일간 인도의 마하리스트라주 나그푸르에서 열려 필자도 한국 대표단의 한 사람으로 참가했다. 우리를 안내한 니틴(Nitin)이란 청년의 말에 따르면 그 지방 사람들은 그곳이 용수의 고향이므로 도시 이름이 '나그푸르(Nagpur: 나가르주나의 성(城))'이란 뜻이고, 그 도시를 휘감고 흐르는 강의 이름도 '나그 리버(Nag river: 나가르주나의 강(江))'이란 뜻이며, 그 도시의 교외에는 '나가르주나 사원'이 있다고 하였다. 필자가 방문하였을 때 나가르주나 사원은 일본인의 보시로 중수되어 현재는 스리랑카 스님이 주석하는 상좌부 불교 사원으로서 용수 보살과 직접 관계가 있는 흔적은 찾을 수 없었다.

이번에 나가르주나콘다를 방문하고는 용수가 생존했던 서력기원 2~3세기에 비자야푸리(Vijayapuri)였던 이곳이 용수가 활동했던 지역임을 비로소 확신할 수 있었다. 나가르주나콘다를 관리하는 인도인들은 나그푸르 사람들의 그와 같은 주장은 어디까지나 아전인수 격인 주장이라고 하였다. 예컨대 인도에는 나가(Naga: 뱀 또는 용) 신앙이 있어서 '나가(Naga)'나 '나그(Nag)'가 붙는 지명이 많다는 것이다. 이와 같이 아전인수 격으로 주장하는 것은 용수의 생애에 대한 정확한 자료가 없기 때문에 대덕 용수를 자신들의 편으로 끌어들이려는 것으로 여겨진다.

서력기원 150~250년에 생존했던 용수는 서천(西天) 제14대 조사(祖師)이며 특히 공종(空宗)의 시조로서, 대승불교를 연구하여 그 기초를 확립하고 대승사상을 크게 선양한 중관파(中觀派)의 개조(開祖)요, 팔종(八宗)의 조사로 알려져 있다. 그의 생애에 대하여는 《용수보살전(龍樹菩薩傳)》(구마라지바 번역)과 《부법장인연전(付法藏因緣傳)》(길가야(吉迦夜: Kinkara)와 담요(曇曜) 공역)이 있다. 두 자료는 동일한 내용으로 범어본이나 티베트어본은 없고 한어본(漢語本)만 남아 있다. 그 내용은 대략 아래와 같다.

용수는 남인도 바라문 가문의 출신으로 어려서부터 매우 총명하여 어린 나이에 4베다, 천문, 지리 등 당시의 모든 학문에 거의 통달하여 그의 이름이 널리 알려졌다고 한다. 청년기에 접어들며 인생의 즐거움이 정욕을 만족시키는 데에 있다고 생각하고 두 사람의 벗과 함께 주색에 몸을 맡겼다. 은신술도 익힌 세 사람은 왕궁을 드나들며 궁중 도서관에 있는 모든 책들을 읽었다. 또한 궁녀들과 애욕에 탐닉하다가 발각되어 두 벗은 그 자리에서 살해되고 용수만이 가까스로 죽음을 면할 수 있었다고 한다. 그때 용수는 욕락(慾樂)이야말로 고통의 근원이 된다는 것을 깨닫고 불법에 심취하게 되었다. 가비마라(迦毘摩羅)에게 출가하여 석 달간의 정진으로 소승삼장(小乘三藏)을 통달하였으나 만족하지 못하고 설산지방으로 갔다. 설산을 헤매던 그는 산중의 어느 탑 앞에서 늙은 비구를 만나 대승경전을 전수받았다. 여기서 커다란 진리를 깨달았지만 만족할 수 없다고 여긴 용수는 다시 경전을 찾아다녔다. 그러던 끝에

나가르주나콘다 고고학 박물관

대룡(大龍) 보살의 도움으로 바닷속 용궁(龍宮)에 들어갔다. 거기서 심오한 경전과 한량없는 묘한 법을 전수받아 깊이 연구하여 90일 만에 통달하고 무생이인(無生二忍)을 구족하였다고 한다.

이상과 같은 '용수 보살전'은 믿기 어려운 대목이 적잖아서 학계에서는 신빙성이 떨어지는 문헌으로 보고 있다. 용수가 아르주나(Arjuna) 나무[樹] 아래서 태어났고 용신(龍神: Naga)인 대룡(Maha Naga)의 인도(引導)로 도(道)를 이루었다는 점에서 '나가르주나(Nagarjuna: 龍樹)'라고 불리게 되었다고 하니 그의 이름은 용궁과 관계가 있는 듯하다. 그러나 인도의 용 신앙이 특히 남인도에서 크게 신봉되었으므로 그와 관계가 있을 것으로 보는 견해도 있다.

용수가 남인도에서 태어나 이곳 나가르주나콘다가 있는 비자야푸리 지역에서 활동하였으며 이 지역을 다스린 왕조와 깊은 관계가 있었음은 사실인 듯하다. 용수가 왕에게 보낸 편지 모음인 《용수 보살 권계왕송(龍樹菩薩勸誡王頌: Suhrllekha)》에 의하면 용수는 기원후 수세기 동안 남인도를 지배했던 스타바하나(Stavahana) 왕조의 국왕과 친교를 맺고 있었음을 알 수 있다. 또한 그

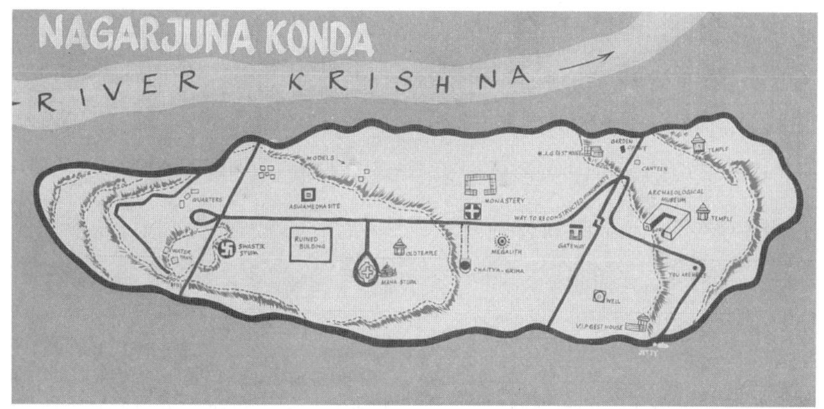

입구에 세워진 나가르주나콘다 안내지도이다. 크리슈나 강은 수몰되기 전의 모습을 표시한 것이다.

의 다른 저서인 《보행왕정론(寶行王正論: Ratnavali)》은 용수가 스타바하나국의 왕에게 정치의 도리를 설한 내용으로 대승불교의 사회정치관을 엿볼 수 있는 귀중한 자료라고 한다. 당시는 소승불교가 주류를 이루던 풍토였는데도 중론송(中論頌), 공칠십론(空七十論), 십이문론(十二門論), 대지도론(大智度論) 등 용수의 저술 활동이 왕성하였음을 미루어 볼 때 그의 역동적 활약으로 대승불교가 크게 흥기하였음은 분명한 듯하다. 이 밖에도 현장의 《대당서역기》 권10에 현장이 남인도를 순례하며 보고 들은 단편적인 내용이 실려 있다.

나가르주나 콘다

1920년 2월 21일 안드라학교(Andhra School)의 한 교사가 군투르 지역의 팔나드 탈루크(Palnad Taluk of Guntur Dist) 마을 사람들의 안내를 받아 크리슈나 강가의 정글 속에 들어갔다가 깊은 계곡에서 잊혀져 있던 옛 유적지를 찾아내고 명문(銘文)이 새겨진 석주도 발견하였다. 그 일은 지방신문에 발표되고 정부 관리들에게도 알려졌으나 수년간 학계의 관심을 끌지는 못하였다.

그 후 사라스와티(Shri Rangaswami Saraswati)는 그곳에서 벽돌로 조성된 토루(土壘: mound) 여러 개를 발견하였다. 또한 고대 인도-아리안 언어인 프라크리트(Prakrit)어와 산스크리트어로 된 명문을 탁본하였는데 그 내용은 2~3세기에 만들어진 것으로 보고하였다. 이 소식이 널리 퍼져나가 1926년 7월에 폰디체리(Pondicherry) 대학의 드브류일(G. Jouveau Dubreuil) 교수가 간단히 탐사하고 조각품들을 떼어 왔는데 그것들이 서구 학계에 관심을 불러일으키게 되었다.

드브류일 교수가 그곳을 탐사한 지 수 개월 후 인도 고고학 조사국(우리나라의 문화재 관리국에 해당)의 수장인 롱허스트(Longhurst)의 부관 쿠라이쉬(Kuraishi)가 국가 차원에서 전면적으로 탐사할 가치가 있는지를 확인하기 위하여 조사하고 그 지역이 매우 중요한 대단위 불교 유적지임을 보고하였다. 그 결과 롱허스트가 전면적으로 탐사하도록 지시함에 따라 1927년부터 1931년까지 탐사가 진행되어 여러 곳의 불교 사원과 많은 조각품들을 발굴하였다. 이리하여 이곳이 바로 1,700년 전에 불교의 교육과 수행의 중심지였던 나가르주나콘다임이 밝혀지게 되었다. 이 조사 결과는 〈인도 고고학 논문집〉 제54호에 보고되었다. 1938년에 라마찬드란(Ramachandran)이 다시 탐사하여 새로운 유적들을 발굴하고 그 결과를 〈인도 고고학 논문집〉 제71호에 보고하였다. 위의 두 보고서는 나가르주나콘다에 관한 연구의 기반이 되었다.

1950년대에 안드라 프라데쉬 지역에는 극심한 가뭄이 들어 인명 손실이 컸다. 그때까지만 해도 우기에는 홍수에 시달리고 건기에는 가뭄에 시달려 이 지방 주민들은 생업에 막대한 지장을 받았으며 전력 사정도 매우 열악하여 고통을 받아 왔다. 인도 정부는 두 난제를 동시에 해결하고자 크리슈나강 중류인 이 지역에 대단위 관개시설과 수력발전을 동시에 할 수 있는 다목적 댐인 나가르주나사가르 댐을 건설하기로 결정한다. 그러자면 나가르주나콘다는 완전히 수몰될 수밖에 없었다. 그래서 나가르주나콘다의 역사적 중요성을 잘 알고 있는 인도 정부는 안드라 프라데쉬 주민들의 생존권과 역사적 문화재의 중요성 간의 균형을 취하기 위하여 나가르주나콘다의 문화재들이 수몰되기 전에 이를 보존하기 위한 특수 계획을 수립하게 되었다.

그 계획의 일환으로 수브라만얌(R. Subrahmanyam) 박사의 감독 하에 1954년부터 1960년까지 정밀 탐사를 하여 나가르주나콘다 지역에 널린 구석기 시대부터 후기 중세까지의 유물들을 발굴하였다. 그 결과 나가르주나콘다의 불교 문화재에 대한 새로운 사실이 많이 알려졌으며 특히 발견된 명문(銘文) 속에서 중요한 문화재들의 조성된 연원과 연대가 확인되었다. 예를 들면 시주자 명문 속에 스타바하나 왕국의 비자야 스타카르니(Vijaya Stakarni, 201~207 AD) 왕이 포함되어 있었는데 이 왕이 바로 고대 도시 비자야푸리(Vijayapuri)를 세운 사람이다. 그 지역에 불교 사원과 더불어 힌두교 사원이 있었던 사실도 드러났다.

그 발굴을 토대로 나가르주나콘다 골짜기의 수몰에 대비하여 수몰 뒤에 섬으로 남을 인근의 산언덕 위에 원래의 나가르주나콘다를 그대로 재현하여 유적을 배치하는 계획이 수립되었다. 그 계획에 따라 대단위 구조물에 대하여는 각각 축소 모형으로 조성하고 아홉 개의 중요한 구조물에 대하여는 원형을 그대로 이동하여 복원하였다. 당시 네루(Jawaharlal Nehru) 수상의 요청에 따라 새로이 요새화된 나가르주나콘다에는 박물관을 건립하여 조각품 등 중요한 출토품을 보존하도록 하였다. 그 후 원래의 나가르주나콘다는 완전히 수몰되었고 근방의 산언덕 위에 조성된 현재의 나가르주나콘다는 안내 지도에 나타나 있는 바와 같이 나가르주나사가르 호수 위에 하나의 섬으로서 원래의 모습과 같이 여기저기에 유적 조형물들이 조성되어 있다. 지도 위의 크리슈나강은 수몰되기 전에 있었던 강의 위치를 나타내고 있다.

현재 나가르주나콘다에는 고대 도시의 성곽들을 재현해 놓았고 대사원 모습으로 건립된 고고학 박물관과 더불어 석주림(石柱林: Pillared Pavillion),

사원의 유적지에 남아 있는 불상, 티베트불교 순례자들이 카닥을 많이 봉헌하고 있다.

크고 작은 정사(Chaitya and Mahachaitya), 대사원(Vihara), 소탑(Stupa) 및 대탑(Mahastupa) 등이 있다. 또한 선사시대에 말을 죽여 신에게 제사 지낸 장소(Horse sacrifice point), 선사시대의 고인돌과 유사한 무덤(Megalith), 만자탑(卍字塔: Swastika stupa), 시바 사원(Shiva temple), 계단식 목욕장(Bathing Ghat) 등 참으로 많은 유적이 있는데 그중에서도 용수 보살이 생존했던 2~3세기 즈음의 유적이 가장 많았다. 고고학 박물관에는 그 지역에서 출토된 석기시대의 농기구류, 창 등 무기류, 그리고 불상들과 사원의 벽이나 탑의 벽, 또는 난순(欄楯)을 장식한 부조석판(Carved stone slabs)이 다량 전시되어 있다. 이들 석판에 조각된 내용은 대부분 부처님의 생애와 관련된 것들이다. 이 박물관에서 가장 중요한 유물은 탑에서 나온 부처님의 작은 치아 사리와 귀고리이다.

결언

지금까지 대승불교의 고향인 남인도 안드라프라데쉬 주의 아마라바티와 나가르주나콘다 두 곳의 역사와 불교유적에 대하여 살펴보았다. 7세기경 현장 법사는 아마라바티 지역을 방문하고 그곳에 있는 20여 불교 사원이 모두 대중부에 속하는 사원이라고 《대당서역기》에 기술하였다. 아마라바티와 나가르주나콘다는 용수가 생존했던 스타바하나 왕조나 익스와쿠스 왕조에 속했던 도시였으므로 동일한 불교 권역으로 생각된다. 나가르주나콘다에서 출토된 유적의 명문들에도 그 지역의 사원들이 대중부에 속하는 것으로 밝혔다고 한다. 팔리(Pali) 삼장을 소이경전으로 하는 상좌부에서는 '대중부'를 '안드라카(Andharaka)'로 기록하고 일컫는다는 점을 보아도 당시 광의의 안드라국(Andharadesha)의 불교는 대중부 불교였고 그 속에서 용수에 의해 대승불교가 태어나고 성장하여 중국을 거쳐 우리나라에까지 왔으니 한국 불교와 무관하지 않다고 생각한다. 용수 보살에게 감사하는 마음으로 이 글을 마친다.

월간 〈禪文化〉 통권 67~68호(2006. 2, 3.)

여신(女神) 강가와 인도인의 물 수행

힌두교의 성도(聖都) 바라나시(Varanasi)의 새벽은 매우 부산하다. 갠지스(Ganges)강가의 가하트(Gaht: 계단 모양의 강변)로 향하는 모든 길은 어둠 속에서도 인파로 가득하다. 모두 가하트를 향하여 손에 주전자와 작은 보퉁이 하나씩을 들고 사람들의 물결을 따라 바삐 가는 것이다. 노인들, 중년 남녀들, 그리고 어른들의 손에 이끌려 가는 어린이들이 갠지스 강물에 목욕을 하려는 것이다. 이와 같이 어둠을 헤치고 갠지스강에서 목욕을 하는 것은 인도 사람들 즉 힌두교 신자들의 오랜 전통과 생활 속에 깊이 뿌리박힌 종교적인 물 수행이다.

필자는 1989년 1월에 처음 바라나시를 방문하여 새벽에 갠지스강에 가보았으며 2000년 1월 바라나시를 재방문했을 때에도 인도인들이 새벽에 목욕 수행하는 장면을 보러 가하트에 갔었다. 상당히 쌀쌀한 1월의 새벽이라 우리는 두터운 코트를 입고도 한기를 느끼는데 그들은 가벼운 겉옷을 입고 왔다. 남자는 팬티만을 입고 여자는 가벼운 사리를 입은 채 물속에 들어가 지평선 위

로 머리를 내미는 태양을 보며
합장을 하고 세 번씩 반절을 한
다음 물속에 머리까지 완전히
담그기를 세 번씩 하는 것이다.
인도인들은 추위에 약하다고
알려져 있는데 그렇게 차가운
물속에서 덜덜 떨면서도 머리
까지 몸을 담그는 것을 보면서

강가의 물수행

종교의 힘이 얼마나 대단한가를 알 수 있었다.

인도인들이 그와 같이 갠지스의 강물에 몸을 담그는 것은 몸을 씻는 목욕을 하는 것이 아니다. 그것은 갠지스의 물 즉 여신 강가(Ganga)의 품에 잠시 안겨 그 신의 위신력으로 세속에서 지은 죄를 씻어내고 마음속의 모든 소원을 이루며 나아가 해탈(Moksha)을 얻고자 하는 종교적 행위인 것이다. 갠지스 강물이 그와 같이 신비로운 힘을 지닌 성수(聖水)라고 생각하는 것은 힌두교의 신화에 기인한다. 그래서 우리는 갠지스강의 신화적 연원을 살펴 볼 필요가 있다.

인도인의 물과 더불어 하는 종교적 수행은 네 개의 도시 즉 하르드왈, 알라하바드, 나식 그리고 우제인에서 열리는 목욕축제인 '쿰브하 멜라(Kumbha Mela)'에서 절정을 이룬다. 이 네 도시 외에도 강에 연한 모든 도시에서는 매년 목욕축제인 '상감 멜라(Sangam Mela)'가 열리고 있다. 그들은 그와 같은 물 수행을 함으로써 내생에는 더 좋은 카스트에 태어나고 나아가 끝내는 해탈을 얻고자 하는 것이다. 이 글에서는 이와 같은 인도인들의 물 수행과 관련하여, 신화 속의 강가(Ganga), 수미산(Mt. Meru), 실제의 갠지스강 그리고 목욕축제 등을 살펴보고자 한다.

강가의 신화적 연원

강가는 히마완(Himavan: 히말라야의 신)과 여신 메나(Mena) 사이의 장녀이고 자애로운 여신이다. 수미산(Mt. Meru) 정상에 있는 브라흐마(Brahma: 창조의 신)의 도시를 세 번 감돌아 흐르는 성스러운 하늘나라의 강이었다. 강가(Ganga)는 오늘날 힌두교에서 가장 많이 섬기는 시바(Shiva: 파괴의 신)의 배우자인 여신 파르바티(Parvati)의 친언니이기도 하다. 강가는 여러 신들과 혼인을 하였고 아요디아(Ayodhya)의 왕 사가라(Sagara)의 고손자인 브하기라타(Bhagiratha)의 노력으로 지상에 내려올 때까지 천상에서 살았다.

사가라 왕은 본시 태양의 자손이었으나 늦게까지 아들이 없어서 마음이 답답하였다. 그래서 현자 아우르와(Aurva)를 섬기게 되었는데 현자가 약속하기를 사가라의 왕비 중 하나는 하나의 아들을 갖게 하고 다른 왕비는 6만 명의 아들을 갖게 해주겠다고 하였다. 그 뒤 왕비 케시니(Kesini)는 아들 하나를 낳았는데 이름을 아사만자스(Asamanjas)라 불렀다. 그의 다른 왕비 카샤파(Kasyapa)가 호리병 모양의 큰 박을 낳았는데 그 박을 탔더니 그 속에서 6만명의 아들이 탄생하였다.

사가라는 한 때 인드라(Indra: 신들의 왕: 불교의 제석천왕)를 폐위시키고 그의 우주적 지배권을 확보하기 위하여 말(馬)을 제물로 바치기로 결심하였다. 그러나 인드라는 그것을 미리 알고 악마로 변장한 다음 그 말을 슬쩍 끌어다가 땅 속의 지옥에 감추어 버렸다. 그래서 사가라는 6만 명의 그의 아들들에게 그 말을 찾아오도록 명령하였다. 그 아들들은 지구의 표면을 여기저기 파헤치고 다녔으나 말이 보이지 않았다. 그래서 지구의 중심으로 파들어 가기로 하고 한 사람이 1 리그(1 league: 약 3mile)씩 6만 리그를 파고들어 갔으나 말은 보이지 않았다. 그래서 그들은 다시 이 지구의 바닥까지 파 들어가니 거기에 파탈라(Patala: 명부, 지옥)가 있고 코끼리들이 노닐고 있는 것을 발견하였다. 그들이 파탈라 안을 여기 저기 헤맸더니 한 동굴 속에 현자 카필라(Kapila)와 그의 수행처가 있고, 그 옆 풀밭에 그들이 찾는 말이 매어져 있는 것이었다.

왕자들은 말 도둑이 현자인 척 가장한 것으로 여기고 화가 나서 모두 무기를 빼들고 카필라에게 달려들었다. 이에 현자 카필라는 그의 명상을 방해했을 뿐만 아니라 마음속에 자기를 말 도둑으로 여기고 있음을 알고, 화가 나서 눈을 들어 그들을 쏘아보자 그의 눈에서 거센 불길이 뻗치며 사가라의 왕자 6만 명을 순식간에 모두 태워 재로 만들어 버렸다. 오늘날 지구의 표면에 많은 분화구가 있는 것은 그 6만 명 왕자들이 말을 찾고자 여기저기를 파헤쳤기 때문이라고 한다.

사가라는 아들 아사만자스의 아들이며 자기의 손자인 안수만(Ansuman)을 지하로 내려 보내 6만 명의 왕자를 찾아오도록 하였다. 안수만은 파탈라로 내려가 공손한 자세로 카필라를 만나서 그 왕자들에 대한 일을 아느냐고 조심스럽게 물었다. 카필라는 안수만이 적의(敵意) 없이 예의 바른 것을 보고 그간에 일어난 일을 자세히 설명해 주었다. 그러자 안수만은 왕자들의 몸이 타서 변한 잿더미를 바라보며 슬피 울었다. 이것을 보고 카필라는 안수만에게 그들을 살려내기 위해서는 천상에 있는 강가의 성스러운 물을 지상으로 끌어와 파탈라에 있는 재(灰)를 씻어 주어야 한다고 일러주고 제물로 바칠 말을 내어 주었다. 사가라는 그 말을 바로 재물로 바쳤다.

그 뒤 사가라는 3만 년 동안 그 땅을 지배했지만 강가를 하늘로부터 끌어내리는 데는 성공하지 못했다. 사가라가 죽은 뒤 아사만자스가 왕이 되었고 그 뒤 그의 아들 안수만이, 다시 안수만의 아들 딜리파(Dilipa)가 순차적으로 왕위를 이었다. 안수만과 딜리파도 강가를 지상으로 끌어오려고 무진 애를 썼으나 뜻을 이루지 못했다. 딜리파가 죽은 뒤 아들 브하기라타(Bhagiratha)가 왕이 되었는데 그도 할아버지와 아버지의 소원을 이루기 위해 산속에서 열심히 고행과 명상을 함으로써 브라흐마(Brahma)를 만나 강가에게 지상으로 내려 가도록 명령해 달라고 간청하였다. 브라흐마는 강가가 하늘나라를 떠나기 싫어하기 때문에 내려온다고 하여도 매우 난폭하게 떨어질 것이므로 위험하다고 하였다. 다만 시바를 섬기면 강가의 거친 성격을 진정시킬 수 있을 것이라고 하였다. 그래서 브하기라타는 시바를 섬기고 강가의 난폭성을 잠재워 달라고 간청하였다. 시바도 그의 요청을 받아들여 강가로 하여금 얼크러진 시바의 머리 위에 내려와 카일라스산(Mt. Kailas)위에 떨어지도록 하였다. 강가는 시바의 머릿결 속을 지나며 그 힘을 잃고 그 위력을 잠재운 채 카일라스산에 내려와 일곱 갈래의 물길로 흐르게 되었다. 그 성스러운 물줄기의 하나가 우리가 잘 아는 강가 즉 갠지스강이다.

이와 같이 지상에 내려온 강가는 브하기라타의 수레를 따라 지상을 흘러가는데 현자 자흐누(Jahnu)의 정원을 지나게 되었다. 현자는 갑자기 홍수 같은 물결이 밀려오자 화가 치밀어 강가의 물을 모두 마셔버렸다. 놀란 브하기라타는 자흐누 현자에게 큰 예를 드리고 앞으로 현자를 열심히 섬길 것이니 강가가 다시 흐를 수 있게 해 달라고 간청하였다. 그래서 현자는 자신의 두 귀를 통하여 물을 쏟아내니 강가는 다시 흐르게 되었고, 지표의 6만 개 분화구에 물을 채우고 넘쳐흘러서 바다를 이루게 하였다. 드디어 강가는 파탈라까지 스며들어 사가라의 6만 명 아들들의 유해인 재를 적셔 씻어 주었다. 그래서 씻김을 받은 사가라의 아들들은 청정한 몸으로 회생하여 스와르가(Swarga: Indra의 하늘 세계)로 올라가게 되었다.

강가는 하늘로부터 흘러와서 지상을 흘러 바다로 들어가며 또한 파탈라까지 이르니 강가는 하늘, 땅 그리고 명부의 3세계의 물(water of three world)이라고 말한다. 또한 강가는 여신으로써 한 때 비쉬누(Vishnu: 보존의 신)와 혼인 했으나 비쉬누가 하나의 아내로 족하다고 시바에게 주어 시바의 아들인 칼티케야(Karttikeya: 전쟁의 신)를 낳았다. 강가는 또한 아그니(Agni: 불의 신)와의 사이에 아들 하나를 두었고, 신이 아닌 인간으로 산타누(Santanu) 왕과 혼인을 하기도 하였다.

이 신화에 의해 강가는 모든 더러운 것을 깨끗하게 씻어주고 사가라의 6만 명 아들들이 재로 변하였다가 강가의 물로 적신 다음 회생하여 하늘로 올라간 것과 같이 죽은 사람의 재가 강가의 물에 뿌려지면 하늘나라에 다시 태어난다고 믿고 있는 것이다. 더욱 강가는 여신으로써 강가의 물에 몸을 담그고 목욕하는 것은 자애로운 여신의 품에 안기어 그 신이 자신의 죄를 사해주고 소원을 들어주도록 기원하는 것이다.

수미산과 카일라스산

수미산(須彌山)은 불교의 경전에도 많이 나오고 힌두교의 경전이나 인도의 신화 속에 존재하는 상상의 산이다. 수미산은 범어로 수메루(Sumeru) 또는

카일라스 산(Mt. Kailas)

메루(Meru)라고 부르며 〈한적경전(漢籍經典)〉에서도 수미산으로 또는 수메루와 메루의 음사인 소미려(蘇迷廬) 또는 미려(迷廬)로 부른다.

　불교에서 수미산은 한 세계를 구성하는 4주(洲)의 중앙인 금륜(金輪)위에 우뚝 솟아있는 높은 산이다. 이 산의 주위에 칠산팔해(七山八海)가 있고 또한 철위산(鐵圍山)이 둘러 있으며 물 위에 솟은 것이 8만 유순이고, 물속에 잠긴 것이 8만 유순이라고 한다. 수미산의 정상은 제석천(帝釋天)의 주처(住處)이고 중턱은 사왕천(四王天)의 주처이다.

　힌두교에서 수미산(Mt. Meru)은 높이 8만 4천 리그인 정상이 스와르가에 닿아 있는 상상의 산이다. 수천 년 전부터 인도에는 히말라야의 뒤쪽에 신들의 영토가 그려져 있는 성역 지도가 상상으로 만들어져 있었고 그것이 오늘에 이르도록 인도인들의 마음속에 깊이 뿌리박힌 생활문화의 일부가 되어 있다. 수미산은 신들이 거처하는 상상의 산이지만 인도인들은 히말라야의 뒤쪽 티베트 땅에 있는 카일라스산(Mt. Kailas)을 우주적 산 즉 이 세계의 중심축을 이루고 있어 천상계와 연결해 주는 수미산으로 생각하고 있다. 인도의 유명한 종교사학자인 엘리아데(Mircea Eliade)는 "카일라스산은 지상과 천상을 연결하는 중심축이므로 지상에서 가장 높으며 그 주위를 감싸고 있는 영토 또한 지상에서 가장 높은 위치에 있다"고 하였다. 이 산이 인간계의 생명을 주는 물의 근원이라고 생각하고 있다. 그들은 지상의 모든 물은 수미산에서 흘러 나왔다고 생각하는데 실제로 인도의 사대강(四大江) 즉 인더스(Indus), 브라흐마푸트라(Brahmaputra), 수틀레즈(Sutlej) 그리고 카르날리(Karnali)강이 카일라스산에서 연원한다. 이것이 카일라스산이 수미산으로 불리게 된 실마리라고 볼 수 있다. 카일라스산은 만년설에 덮인 채 신비로운 모습을 하고 있는 높이 6,714m의 봉우리로 아래쪽에서는 폭포 같은 물이 사철 흘러내려 그 아래 해발 4,550m 영역에 있는 마나살로와르(Manasarowar) 호수와 락사스탈(Raksas Tal) 호수가 형성되어 있다. 이 두 호수의 물이 흘러서 인도의 4대강을 이루기 때문이다.

갠지스 강은 실제로 카일라스산에서 연원하지 않는다. 그러나 힌두의 신화에서 기인한 성역의 지도와 인도인들의 마음속에 강가는 하늘나라의 강으로서 지상까지 이어졌다는 믿음이 매우 깊이 뿌리박혀 있어서 카일라스산을 갠지스강의 시원으로 보는 것이다. 벵골의 탐험대장 제임스 레넬(James Rennel) 소령이 1782년에 작성한 인도의 지도에도 강가의 근원을 마나살로와르 호수로 나타내었다. 1800년도 초반까지는 지리학자들도 힌두의 전설에 의해 갠지스강의 근원을 카일라스산에 두고 교과서에도 그와 같이 서술하였고 학생들에게 가르쳤다고 한다.

수미산은 불교에서나 힌두교에서나 성스러운 산이다. 그런 만큼 인도인들은 카일라스산을 하늘세계로 오를 수 있는 산으로 생각하고 하늘과 땅의 경계를 녹여 주며 윤회의 사슬로부터 벗어나게 하는 산이라고 믿고 있다. 그들은 힌두교의 사원들을 카일라스산의 모습을 유추하여 짓고 장엄(莊嚴)한다.

한편 티베트에서도 카일라스산을 수미산이라 부르고 티베트의 불교 수행자들도 카일라스산을 순례한다. 카일라스산은 티베트 불교의 수행자라면 일생에 한 번은 꼭 다녀와야 하는 곳으로 여긴다. 인도인들의 주장으로는 불교의 탑(Stupa)이나 자이나교(Jains)의 사원들도 카일라스산에서 수학적으로 유추하여 조성된 만다라라고 주장한다. 우리나라의 사원에도 본존불 정면에 안치하는 수미단이 있는데 그 모습도 카일라스산을 우리나라의 건축양식으로 변형하여 조성한 만다라인지 모른다.

카일라스산의 순례는 외순환로와 내순환로가 있는데 외순환로를 따라 17바퀴를 돈 뒤에야 내순환로에 진입할 수 있고, 내순환로를 따라 사람이 오를 수 있는 최고의 중턱까지 올라간다고 한다. 그 규율을 지키지 않으면 벌을 받아 제대로 순례를 완수할 수 없다고 믿는다. 이와 같이 하여 정상적인 장년의 남자가 걸어서 순례를 마치는데 50일 정도가 걸린다. 티베트의 불교 수행자들은

몸을 완전히 던지는 전신투지로 한 걸음씩 앞으로 나가기 때문에 6 km인 외
순환로를 한 바퀴 도는데 10일이 걸리고 내순환로는 도봉산 높이의 반 정도이
지만 걸어서는 10시간, 전신투지로는 수일이 걸린다. 일반 신도들은 마나살로
와르 호수만 한 바퀴 돌아도 현세의 모든 죄가 사해진다고 믿는다. 티베트에
서는 수미산 즉 카일라스산 정상에 뎀초크(Demchok)라는 화신불(化身佛)이
살고 계신다고 믿는데 티베트의 불교사원에서는 뎀초크를 모시기도 한다.

갠지스강의 행로

갠지스강은 인도의 어머니의 강으로 불리고 힌두교인들의 영혼을 구제해
줄 성스러운 강으로 신성시하고 있다. 범세계적으로 살펴보면 러시아의 볼가
(Volga)강을 위시하여 많은 크고 작은 강들이 그 나라에서 어머니의 강으로 불
린다. 그것은 그 나라의 대지와 주민들의 생명의 젖줄이 되기 때문에 자연적
으로 붙여진 이름이다. 그러나 갠지스강은 조금 다르다. 물론 갠지스강도 인
도 대륙의 대평원을 지나며 관개용수로 사용되고 음용수로 주민들에게 공급
하기 때문에 생명의 젖줄이기도 하지만 그것 이상으로 강물 자체가 자애로운
여신 강가이기 때문에 종교적 의미가 더 크다. 그래서 갠지스와 그 지류의 물
가에 연한 도시들 또는 마을에서는 많은 종교적 행사가 열린다.

갠지스강은 카일라스산에서 기원한다는 신화를 통한 인도인들의 믿음과는
달리 실제로는 우타르 프라데쉬(Uttar Pradesh)주 북쪽의 가우무크
(Gaumukh)의 빙하와 절벽에 드리운 고드름이 녹아 조금 아래에 있는 강고트
리(Gangotri)의 빙하와 합해 지면서 강을 이루어 흐르기 시작한다. 그렇게 하
여 갠지스는 히말라야의 자락인 브하기라티(Bhagirati)봉과 쉬블링(Shivling)
봉 사이의 눈 덮인 보료 위를 수정처럼 맑게 그리고 경쾌하게 흘러내린다. 강
은 하류로 오면서 작은 지류와 합쳐지고 점점 강의 형태를 이루어 데바프라야

그(Devaprayag)와 리쉬케시(Rishikeshi)를 거쳐 하르드와르(Hardwar)에서 상부 갠지스 운하(Upper Ganges Canal)와 나누어졌다가 운하는 중도에 야무나(Yamuna)강과 합해지고 야무나는 알라하바드(Allahabad)에서 다시 갠지스강에 흡수된다. 이어 갠지스는 힌두의 성도 바라나시, 비하르(Bihar)주의 손푸르(Sonpur)와 파트나(Patna)를 거쳐 서 벵골(West Bengal)주의 칼카타(Calcutta)를 가로질러 벵골만의 사가르섬인 이른바 강가 사가르(Ganga Sagar)에서 갠지스강 즉 여신 강가는 자취를 감춘다. 신화적으로 강가는 여기서 파탈라 즉 명부(冥府)까지 흘러들어가 지옥 중생을 구원한다는 것이다.

갠지스강은 불교의 경전에도 많이 등장한다. 《능엄경》 권2에 부처님께서 바사익 왕에게 멸하는 것 속에 영원히 멸하지 않는 것을 일깨워 주시며 강가 즉 항하(恒河)를 쳐다보는 견성(見性)의 불멸(不滅)을 들어 설하신 대목이 있다. 또한 불교 경전의 곳곳에 항하사(恒河沙), 항사국토(恒沙國土), 항사보살(恒沙菩薩) 등과 같이 항사(恒沙)가 많이 나오는데 그것은 갠지스 강변의 모래처럼 많은 수를 비유적으로 말씀하신 것이다. 그러나 불교의 경전에서 강가의 신성(神性)이나 여신의 구원(救援)에 대한 내용은 아직 보지 못했다.

힌두교의 물 수행

힌두교의 물 수행은 자애로운 여신 강가의 구원으로 현세의 고통과 죄업을 씻고 내생에는 좀 더 좋은 카스트에서 태어나기를 원하거나, 천상에서 태어나기를 원하는 데서 비롯된다. 사두(Sadhu: 힌두교의 출가 수행자) 또는 구루(Guru: 힌두교의 큰 스승)와 같은 도가 높은 수행자들은 이생에서 해탈을 얻기 위한 수행을 두 가지로 나누어 생각한다. 그 첫째는 생활 속의 수행으로 일상의 생활 속에서 갠지스 강물에 몸을 담그고 그 물을 떠다가 사원의 신당에 바치며 그 물을 마시는 것으로 수행하는 것이다. 둘째는 물 수행 축제 즉 목욕축제에 참가하는 것이다. 목욕축제 가운데 가장 큰 것은 쿰브하 멜라(Kumbha mela)로서 12년, 6년을 주기로 열리는 두 종류의 축제가 있다. 또한 그 외에도 갠지스에 연한 어느 도시에서나 매년 열리는 상감 멜라(Sangam mela)도 있다.

인도인들은 갓 태어난 아기의 목을 갠지스의 물로 축여 주고, 병이 들면 갠지스의 물을 먹이며, 늙어서 운명할 때도 갠지스의 물로 목을 축여 준다. 그들에게 갠지스의 물 즉 여신 강가는 모든 생명체의 어머니이고, 양육자이며, 보존자이다. 인도의 2대 고전인 대 서사시 《마하브하라타(Mahabharata)》에는 '강가의 이름만 한 번 불러도 지은 죄를 사하게 되고, 강가를 한 번 보는 것이 신에게 한 발짝 다가가는 것이며, 강가의 물로 목욕을 하거나 강가의 물을 마시면 일곱 생을 구원받게 된다고 하고, 죽은 뒤 영가(靈駕: 시체)의 재가 강가의 물에 닿으면 그 영혼은 천상에 오르게 된다' 고 서술되어 있다.

갠지스강은 말할 것 없고 갠지스와 연결되는 모든 강의 유역에는 수많은 가하트가 형성되어 있어서 매일 많은 사람들이 강물에 몸을 담그며 수행을 하고 영가의 화장(火葬)이 행해진다. 가하트는 계단식 강변으로 열차의 승강장인 플랫폼과 같은 의미를 가진다. 즉 인생의 열차를 바꾸어 타는 곳이란 뜻도 된다. 그래서 그곳에서 화장하여 갠지스 강에 재를 뿌리면 그 영가는 자애로운 여신 강가의 힘으로 재가 되었다가 강가의 씻김으로 하늘나라로 올라간 사가라 왕의 6만 명 왕자들처럼 천상계로 올라갈 수도 있고, 천상계에는 못 올라간다고 해도 내생에 지금의 카스트보다는 좀 더 높은 카스트로 새로운 생을 받을 수 있다고 믿는 것이다. 그래서 힌두교에서 가장 성스럽고 영원한 시바의 주처(住處)이며 그들 말대로 영혼들의 도시인 바라나시에는 20곳 이상의 가하트가 있다. 새벽부터 물속에 세 번씩 머리까지 완전히 담그고 강가를 향하여 기원하는 인파가 하루 종일 북적대는데, 그 옆에는 영가들이 줄 지어 놓여 화장되기를 기다리고 있고 재로 변한 영가는 강물에 계속 뿌려지는데도 그 옆의

강변에는 1백만 명 이상의 순례자가 그 물에 목욕을 하기 위하여 몰려든다고
한다.

쿰브하 멜라와 상감 멜라

쿰브하 멜라(Kumbha Mela) 현장사진

쿰브하 멜라는 인도에서 가장 거대한 축제이다. 쿰브하(Kumbha)란 힌두의
신화 속에 나오는 영생의 감로수가 담겨있는 항아리 즉 감로호(甘露壺)이다.
한 때 하늘나라에 있는 감로 항아리를 차지하려고 신들과 악마가 분쟁을 일으
킨 적이 있다. 그 혼란의 틈에 악마들이 그 항아리를 먼저 차지하게 되었다. 그
래서 신들은 악마들이 그것을 옮겨가기 전에 빼앗아 오기 위하여 계략을 쓰게
되었다. 하늘세계의 지배자인 인드라(Indra: 제석천)의 아들 자얀타(Jayanta)

가 야바위꾼으로 변장하고 악마들 틈에 들어가 감로 항아리를 감추어 가지고 나와서 악마들의 추격을 피하여 땅위의 공중을 날아 옮겼다. 그렇게 공중을 날아서 낙원(樂園)에 이르는 도중 네 번을 지상에 감로 항아리를 내려놓고 휴식을 취했는데 그때마다 감로가 넘쳐흘렀다고 한다. 그 네 곳에는 지금도 감로가 넘쳐흐른다고 믿고 있어서 그곳에서 쿰브하 멜라가 열린다. 자얀타가 휴식을 취한 네 곳은 갠지스강에 연한 하르드와르(Hardwar)와 알라하바드(Allahabad: 옛이름 Prayag), 고다바리(Godavari)강 가의 나식(Nasik) 그리고 시프라(Sipra)강 가의 우제인(Ujjain)이다. 자얀타가 감로호를 낙원까지 운반하는데 걸린 시간이 12일 이었다. 그런데 하늘세계의 하루는 지상의 1년에 해당되기 때문에 대축제인 푸르나 쿰브하 멜라(Purna Kumbha mela: 만감로호 축제)는 12년마다 열린다. 감로가 흘렀던 네 도시에서 3년마다 한 곳씩 돌아가기 때문에 인도 전체로 보면 삼년마다 대축제가 열리는 것이다. 한편 조금 작은 규모의 축제인 아르드 쿰브하 멜라(Ardh Kumbha mela: 반감로호 축제)는 6년마다 열린다. 그 보다 작은 목욕축제가 매년 열리고 있다.

하르드와르나 알라하바드의 푸르나 쿰브하 멜라는 한 달씩 걸리는데 연 2천만 명 정도가 참가하고, 가장 중요한 행사를 하는 날에는 하루 4백만 명의 순례자가 몰린다고 한다.

푸르나 쿰브하 멜라는 참으로 대단한 축제행사이다. 그 시기는 인도의 점성가들이 정하는데 목성(木星)이 일정한 별자리에 들어가는 시간과 달의 움직임으로 결정된다고 한다. 1977년에 알라하바드에서 있었던 대축제에 대하여 라구빌 싱(Raghubir Singh)이 적어 놓은 기록은 아래와 같다.

"지금 새벽 2시 48분, 태양은 마갈궁(磨羯宮: 염소자리)에 있고 목성은 백양궁(白羊宮: 양자리)에 있으며 신들은 각기 그들의 하늘에 있고 인도는 모두 안녕하다."

힌두교의 4명의 대 사두 중 한 분인 샹카라챠리아가 그렇게 외쳤다. 성스러운 목욕시간 한 시간 전부터 가랑비가 내리기 시작하더니 동틀 즈음 소나기로 변하였다. 1월의 추운 밤인데도 갠지스와 야무나 그리고 신화적 상상의 강인 사라스와티(Saraswati)가 합류하는 강변에는 헤아릴 수 없이 많은 사람들이 모여 오들오들 떨고 있었다. 시간이 되니 그들은 거침없이 물속으로 들어갔다. 강은 종교적 신심의 열기로 가득 찼다. 그들은 그들의 영혼을 고양하기 위하여 다음과 같이 외쳐댔다.

"어머니 강가 만세!(Ganga Mai ki Jai!)"
그들은 하늘에서 뇌성이 울리고 번개가 번쩍여도 아랑곳하지 않고 그 차가운 물속에 머리까지 담그고 참을 만큼 참았다가 머리를 내밀고 합장한다.

목욕 수행은 나체 수행자인 나가 사두(Naga sadhu)들이 맨 먼저 집단적으로 물에 들어가고 그 다음에 일반 출가 수행자들 그리고 일반 신자들의 순으로 진행된다. 너무 많은 사람들이 몰리기 때문에 집행부에서 날짜와 시간을 정해 주어 그 순서에 따라 축제기간동안 목욕이 계속된다. 이 목욕축제 기간 동안에 여러 가지 종교적 행사가 열리는데 그들 중 가장 특기할 만한 것은 나체 수행자가 되는 입문의식이다. 나체 사두가 된다는 것은 지상의 즐거움(earthly pleasure)을 영원히 포기하고 천상의 즐거움(heavenly pleasure)을 얻기 위하여 금욕과 고행과 명상의 수행만을 하겠다는 계를 받는 것이다. 그들은 24시간 동안 금식을 하고 갠지스의 물에 목욕을 한 다음 천막 안에서 의식을 갖는다. 그 의식은 집전 하는 대사두가 입문자의 남근을 잡고 단단한 막대기로 있는 힘을 다하여 세 번을 내리 쳐서 남근의 신경을 완전히 파괴하여 성기로서의 기능을 할 수 없도록 하는 대목에서 절정을 이룬다. 1966년에 2,000명이 그리고 1989년에는 300명이 이런 의식을 거쳐 나체 사두가 되었다는 기록이 있다.

알라하바드에서의 목욕축제는 아리안족이 인도에 도착한 기원전 1200년경부터라고 전한다. 그러나 정확한 기록은 7세기에 인도에 유학을 하고 순례한 당나라 현장 스님의 《대당서역기(大唐西域記)》에 남아 있다. 현장 스님은 푸라야그(Prayag: 현재의 알라하바드)에서 75일간 50만 명의 사람이 모여 목욕을 하였다고 전한다. 그들 중에는 할쉬바르단(Harshvardhan) 황제도 참가하여 의식을 집전하고 많은 보물을 나누어 주었으며, 그 외에도 장관, 지방 왕, 추장, 학자, 수행자, 걸인 등이 포함되었다고 하였다.

상감 멜라(Sangam mela)는 갠지스강에 연한 많은 도시나 가하트에서 열리는 목욕축제를 뜻한다. 상감(sangam)의 본뜻은 강들이 합류하는 지점을 말한다. 인도에서 강들이 합류하는 곳은 여신들이 만나는 곳이며 그만큼 영험하다고 생각하여 강의 합류점에서 큰 목욕축제가 열린다. 이 목욕축제에서 비롯하여 오늘날은 상감이 목욕의 뜻으로 쓰인다. 그래서 갠지스강이나 그와 연결되는 모든 강의 연안에서 열리는 많은 목욕축제들을 일반적으로 상감 멜라로 부른다. 인도 사람들은 이들 강물에 목욕을 하면 모든 업장이 소멸되어 내생에 좋은 카스트에서 태어날 수 있다고 믿기 때문에 어지간한 일은 다 제쳐놓고 목욕축제에 참가한다.

결언

지금까지 인도인의 물 수행에 대하여 살펴보았다. 인도는 신비한 나라이다. 현대적 대도시에서도 큰길에 풀어놓은 소나 돼지와 같이 생활을 한다. 길가의 소들 보다 못사는 불가촉천민들도 얼굴에 웃음을 잃지 않는다. 그와 같이 웃음을 잃지 않는 것 역시 여신 강가의 덕택인지도 모른다. 그들은 계급에 관계없이 갠지스강에서 물 수행을 하기 때문에 그만큼 자애로운 강가에 대한 믿음이 있고 인생에 달관하고 있는지도 모른다. 여신 강가는 모든 더러운 것을 다 씻어 주기 때문에 갠지스의 물은 더러워지지 않고 항상 깨끗하다고 믿는다. 그래서 그들은 그 물에 목욕을 하고, 화장한 재를 흘려보내고, 덜 탄 시신을 그냥 떠내려 보내고, 빨래를 하고, 심지어 오물을 버리면서도 그 물을 마시고 산다. 그러나 내가 보기에는 갠지스강도 산업화를 추진하는 저개발 국가들의 강들처럼 상당히 오염되어 있었다. 필자는 인도인들도 신화에서 깨어나야 하리라고 믿는다. 그렇다고 해도 인도는 매력이 있는 나라다. 발에 밟히는 것이 문화재이고, 히말라야로부터 그 넓은 평원에 밀려오는 신령스러운 기운이 우리의 정신을 사로잡는다. 아무쪼록 이 글이 인도를 이해하는 데 조금이나마 도움이 되었으면 한다.

격월간 〈佛敎春秋〉 통권 18호(2000. 8.)

전륜성왕 아쇼카 대왕

영국의 사학자이고 과학 소설가인 웰스(H. G. Wells)는 인도의 아쇼카 대왕에 대하여 다음과 같이 말한 바 있다.

"인류 역사상 수천의 왕과 황제가 있어서 각각 그들의 위대함과 업적을 내세웠지만 그들의 영광은 잠시였고 곧 희미하게 사라져 버렸다. 오직 아쇼카 대왕의 업적만이 반짝이는 하늘의 샛별처럼 오늘에 이르도록 찬란하게 빛나고 있다."

아쇼카 대왕

아쇼카(Maurya Ashoka) 대왕은 BC 304년에 인도의 마우리야(Maurya) 왕조 제2대 빈두사라(Bindusara)왕의 아들로 태어나 BC 232년까지 살았다.

그는 BC 273년에 왕위에 올라서 처음 8년간은 그의 조부 찬드라굽타 (Chandragupta)왕의 개국 정신과 아버지 빈두사라왕의 정책을 받들어 영토 확장과 강력한 왕권 확립을 위하여 진력하였다. 그런 과정에서 많은 사람을 살육하는 포악한 정치를 하였다. 그러나 8년째 되던 해인 남부 인도의 칼링가 (Kalinga)국을 정복하는 치열한 전투가 끝났을 때, 전쟁으로 비롯된 참상을 목격하고 많은 슬픔을 느껴 그때부터 전쟁과 폭력을 거부하고 모든 포로를 방면하였으며 그들에게 농토를 돌려주었다. 그때를 계기로 아쇼카 대왕은 불법 (佛法)에 귀의하여 그가 재위한 BC 232년 까지 불법을 보호하고 선양하는 데 혁혁한 업적을 내었다.

불교가 인도에서 튼튼하게 뿌리를 내리고 오늘날 세계 각국에 불교사원이 있을 만큼 세계적 종교로 발전한 데는 아쇼카 대왕이 그 초석을 놓았다고 생각한다. 따라서 인도의 불교를 논의하는 데에는 아쇼카 대왕의 업적이 첫째라고 할 수 있다.

이 글에서는 먼저 스트롱(John S. Strong)이 지은 《아쇼카 대왕의 전설 (The Legend of King Ashoka, Princeton Univ. Press, 1983)》 속에 나타난 1절 아쇼카 대왕의 전생 이야기와 탄생에서부터 5절 법의 아쇼카 (Dharmashoka) 대왕이 되기까지의 생애를 살펴보고 이어 마우리야 왕조의 성립, 아쇼카 대왕과 불교, 아쇼카 대왕과 다르마, 전법사의 파견 등 호법왕으로서의 활동을 순차적으로 고찰하고자 한다.

아쇼카 대왕의 전설

1. 아쇼카 대왕의 전생 이야기

한때 부처님께서 왕사성 가까이 카란다카니와파(Kalandakanivaapa)에 계실 때의 일이다. 어느 날 아침 부처님이 가사를 수하고 발우를 들고 비구들과 함께 탁발하려고 왕사성으로 향하였다. 그런데 성 문의 문턱을 막 넘었을 때 놀라운 일이 벌어졌다. 부처님이 마음속에 어떤 확실한 목적을 가지고 왕사성 시내로 들어설 때면 늘 기이한 일이 일어나곤 하였다.

부처님이 문 안에 들어서 큰길 쪽을 바라보니 두 소년이 진흙으로 장난감 집을 짓고 있었다. 그들 중의 한 소년은 유복한 가정의 아들인 자야(Jaya)였고 다른 한 소년은 그 이름이 비자야(Vijaya)였다. 자야와 비자야는 부처님을 뵙자마자 삼십이상(三十二相)의 거룩한 모습에 매우 깊은 인상을 받았다. 그때 자야는 마음속으로 저분에게 가루음식을 공양해야겠다고 생각하였다. 그래서 자야는 곧 흙 한 줌을 집어 부처님의 발우에 넣었다. 그의 친구 비자야는 다만 합장하고 반배를 하였다. 그때 자야는 더없이 자비로운 부처님의 몸에서 그분의 키만큼 넓은 빛이 발하는 것을 보았다. 바로 한 줌의 흙을 부처님께 드리는 순간이었다. 그때 자야는 이렇게 경이로운 현상이 나타나는 것을 보니 이 공양으로 자신이 뒷날 전륜성왕이 되어 이 지상을 통치하고 더욱 부처님을 공경할 수 있기를 열망하는 마음이 자기도 모르게 일어나는 것을 느꼈다.

그때 부처님은 신통력으로 자야의 성품과 의지를 아시고 그의 진실한 열망을 받아들이는 듯 그가 공양한 한 줌의 흙을 만지며 자비로운 미소를 그에게 보내셨다. 부처님이 미소를 지으실 때면 항상 그랬듯이 이번에도 오색의 광명이 허공에 나타나 부처님 주위를 세 번 돌고 부처님의 왼 손바닥에 모여 사라졌다. 부처님은 동반한 비구들에게 다음과 같이 말씀하셨다.

"내가 입멸하고 백 년쯤 뒤에 파탈리푸트라(Pataliputra: 현재 인도의 비하르주 파트나)에 아쇼카란 제왕이 나타날 것이다. 그는 남섬부주의 네 대륙 중 하나를 다스릴 것이고, 중생의 평안을 위하여 나의 사리로 8만 4천 기의 탑을 조성할 것이다. 그는 인간과 천신들의 존경을 받을 것이며 그의 명성은 세상에 널리 퍼질 것이다. 그가 바로 여기 있는 자야이니 여래의 발우에 한 줌의 흙을 공양한 과보이니라."

이것이 아쇼카 대왕의 전생 이야기로 부처님께 한 줌의 흙을 공양하고 부처님에게서 수기(授記)를 받은 내용이다. 이 글의 뒤편에서 언급하겠지만 아쇼카 대왕이 왕위에 올라 초년에는 포악한 군주였으나 뒤에 불교에 입문함으로써 착한 호법왕이 되었다. 아쇼카 대왕이 불교에 입문하는 데에는 이 이야기와 관련된 인연설화가 있다.

2. 아쇼카 대왕의 탄생

부처님 재세 시 인도는 수많은 부족국가가 난립해 있었다. 그중에서 경전에 많이 등장하는 왕사성의 빔비사라(Bimbisara: BC 544~491)왕이 다스렸던 마가다(Magadha)국의 하리얀카(Haryanka) 왕조가 가장 거대하고 강성하였다. 하리얀카 왕조 이후에 사이슈나가(Saisunaga), 난다(Nanda) 그리고 마우리야(Maurya) 왕조의 2대왕 빈두사라(Bindusara)왕까지 아홉 왕이 이 지역을 다스렸다.

빈두사라왕 치세에 참파(Champa) 지방의 한 바라문(Brahmin: 힌두교의 성직자)이 매우 아름다운 딸을 두었는데 그 소녀를 한번 본 점성가들은 그가 왕비가 될 것이며, 두 명의 훌륭한 아들을 낳아 아들 중 하나는 뒷날 왕위를 이어받고 전 대륙을 다스릴 것이며, 다른 아들은 종교에 귀의하여 해탈을 얻을 것이라고 예언하였다.

그 딸의 나이가 찼을 때 그 바라문은 딸을 빈두사라왕과 혼인을 시키고자 온갖 보석으로 몸을 치장하게 한 다음 왕의 허락을 받아 궁중으로 들여보냈다. 그러나 그 여인의 빼어난 미모에 질투심을 느낀 왕비들은 왕이 그 여인에게만 빠질까 두려워 그를 왕의 눈에 띄지 않게 하고 이발 기술을 가르쳐서 왕의 머리와 수염을 다듬는 일을 하도록 하였다. 그 시대는 물론 지금도 인도의 사회에서는 사성계급(四姓階級)의 차별 제도가 남아 있는데 노예 계급인 이발사로서는 도저히 왕과 결혼할 수 없으므로 그렇게 하면 왕비들이 안심할 수 있으리라고 생각했던 것이다.

왕은 그 여인이 머리와 수염을 다듬을 때는 아주 편안함을 느끼고 늘 잠에 떨어지곤 하였다. 그 여인에게 감사함을 느낀 왕이 하루는 그 여인에게 가장 소원하는 것이 무엇인가 하고 물었다. 그 여인은 주저하지 않고 대왕의 아들을 하나 낳고 싶다고 대답하였다. 왕은 깜짝 놀라며 "크샤트리야(Kshatriya: 귀족의 무사계급) 출신 제왕으로서 어떻게 수드라(Sudra: 노예계급) 출신의 천한 이발사 여인과 혼인할 수 있단 말이냐?" 하고 자기도 모르게 소리를 질렀다. 그 여인은 대답하였다.

"대왕이시여, 저는 이발사가 아니고 바라문의 딸입니다. 저의 부친이 전하의 배필이 되도록 이 궁중에 들여보낸 것입니다."

이 말을 들은 왕은 그가 이발사가 된 자초지종을 확인하고 그로 하여금 이발사 일을 그만 하도록 명령하였다. 그리고는 그의 왕비들이 딴 일을 꾸밀 수 없도록 그를 가장 높은 위치의 왕비로 삼았다. 전설 속 그 왕비의 이름은 전하지 않는다. 그는 첫아들의 이름을 아쇼카(Ashoka: 無憂)라고 불렀다. 그 아들이 태어남으로 해서 근심이 없어졌기 때문이라고 하였다. 뒤에 둘째 아들을 낳아서는 비트아쇼카(Veetashoka: 斷憂)라고 불렀다. 근심이 영영 끊어졌기 때문이라고 하였다.

3. 아쇼카 대왕의 즉위

빈두사라왕은 어느 날 만행 중에 있는 고행승 핑갈라밧사지바(Pingalavats

ajiva)의 설법을 듣고 그에게 왕자들을 한번 시험하여 평가해 달라고 요청하였다. 핑갈라밧사지바 스님은 그리 하기로 하고 왕자들을 황금 별궁 앞의 정원에 모이도록 왕에게 부탁하였다. 빈두사라왕이 그렇게 명령을 하였다.

빈두사라왕은 핑갈라밧사지바 스님에게 왕자들을 시험하여 자기의 사후에 뒤를 이을 왕자를 선택하여 발표해 달라고 부탁하였다. 그 고행승은 한눈에 아쇼카가 왕위를 계승할 것이란 것을 알았으나 그는 바보가 아니었다. 그는 빈두사라왕이 아쇼카의 특이한 피부 때문에 그를 싫어하는 것을 잘 알고 있었다. 그래서 그는 이렇게 말하였다.

"대왕이시어, 저는 이름은 거론하지 않고 저의 예언을 말하겠습니다. 대왕의 후계자가 될 왕자는 가장 좋은 탈것을 타고 온 왕자입니다."

그때 각 왕자들은 한결같이 자기가 가장 좋은 탈것을 타고 왔다고 생각하였다. 아쇼카도 속으로 자기가 타고 온 오래된 궁중의 코끼리가 실제로 가장 훌륭한 탈것이니 자기가 왕이 될 것이라고 생각하였다. 빈두사라왕은 스님에게 좀 더 구체적인 증표를 제시해 주기를 부탁하였다. 그러자 핑갈라밧사지바 스님은 여기 모인 왕자들 중에서 가장 좋은 자리, 가장 좋은 그릇, 가장 좋은 음식 그리고 가장 좋은 음료수를 차지하고 있는 분이 다음 왕이 될 것이라는 원론적인 선언을 하고는 종적을 감추었다.

그 얼마 뒤에 탁샤쉴라(Takshashila: 오늘의 파키스탄 탁쉴라) 지방에서 빈두사라왕의 통치에 반기를 든 내란이 일어났다. 왕은 아쇼카에게 기병대, 코끼리, 마차, 그리고 보병을 끌고 가서 그 반란을 진압하라고 명령하였다. 그러나 출정하려는 시점에 왕은 무기를 하나도 주지 말라는 명령을 내렸다. 그 명령을 받은 부하가 달려와 말하였다.

"아쇼카왕자님, 우리는 무기가 하나도 없습니다. 어떻게 전쟁을 합니까?"

그러나 아쇼카는 담담하게 외쳤다.

"만일 내가 왕이 될 공덕을 지니고 태어났다면, 모든 일은 잘 될 것이다."

신기하게도 탁샤쉴라의 주민들은 아쇼카왕자가 군대를 몰고 온다는 전갈을 듣고 모두 나와서 수 마일에 걸쳐 도로를 정비하고 항아리에 공양물을 가득 채우고 환영하였다. 그리고 아쇼카왕자의 부대가 가까이 이르렀을 때 그들은 말하였다.

"왕자님, 우리는 당신이나 대왕에게 반기를 들고 봉기한 것이 아닙니다. 다만 악독한 높은 관리들이 우리를 억압하고 우리의 비참한 현실이 파탈리푸트라에 전해지는 것을 차단하고 있기 때문에 일어난 것입니다. 우리는 악독한 관리들을 응징하고자 할 따름입니다."

아쇼카가 그들의 말을 경청하고 잘 해결해 주기로 약속하니 주민들은 고개를 숙였다. 또한 그는 탁샤쉴라와 유사한 문제를 일으켰던 카샤스(Kashas) 왕국에 가서도 대대적인 환영을 받았고 그곳의 대표 격인 두 용사는 아쇼카 부대 행군 대열의 맨 앞에 서서 산과 들의 길을 열며 "아쇼카는 뒤에 네 대륙의 하나를 다스릴 전륜성왕이 될 것이니 어느 누구도 그 앞을 막을 수 없다"고 외쳤다. 그렇게 하여 아쇼카왕자는 아라비아해에 이르는 서북부의 모든 영토를 평정하고 회군하였다.

어느 날 아쇼카의 이복형으로 빈두사라왕의 장자인 수시마(Suseema)왕자가 승마를 하고 돌아와 궁 안에서 총리대신을 만났다. 그는 장난삼아 총리대신의 이마를 손바닥으로 탁 치고 지나갔다. 현명한 총리대신은 그때 저 왕자가 지금은 손바닥으로 나를 치지만 뒷날 그가 왕위에 오르면 필시 칼로 나를 내리칠 수도 있으리라 생각하였다. 그리고 그는 수시마왕자가 왕위를 물려받도록 해서는 안 되겠다는 확신을 갖게 되었다. 그래서 그는 500명에 달하는 궁중의 고위 관리들을 모이게 한 다음 말하였다.

"전에 한 성스러운 고행승이 예언하기를 아쇼카왕자가 전륜성왕이 되어 지상의 네 대륙 중 하나를 다스릴 것이라고 한 바 있습니다. 그러니 때가 오면 우리는 모두 아쇼카왕자를 왕 위에 오르도록 합시다."

그 제안에 거기 모인 모든 관리들이 동의하였다.

얼마 뒤에 탁샤쉴라의 주민들이 다시 반란을 일으켰다. 이번에는 빈두사라왕이 수시마왕자에게 명령을 내려 평정하도록 보냈다. 그러나 수시마왕자는 그 반란을 진압하지 못하였다. 그러는 사이에 빈두사라왕이 깊은 병으로 눕게 되었다. 왕은 수시마왕자를 권좌에 오르게 할 생각으로 탁샤쉴라에서 불러들이고 그 대신 아쇼카를 보내라고 명하였다. 그러나 총리대신을 위시한 대신들은 그래서는 안 되겠다고 생각하여 아쇼카의 몸에 강황(薑黃: 카레의 원료인 울금)을 바르고 구리 용기에 붉은색 안료를 끓여 몸에 칠한 다음 아쇼카왕자는 병이 심하여 자리에서 일어날 수 없다고 보고하였다. 왕의 병이 매우 위중해지자 장관들은 아쇼카왕자를 불러 왕의 예복을 갖추게 하고 함께 왕 앞에 나가 지금 아쇼카왕자에게 양위한다면 뒤에 수시마왕자를 왕으로 모시겠다고 재촉하였다. 왕은 아쇼카왕자가 건강한 것을 보자 그만 수척한 몸을 부들부들 떨며 안 된다고 오열하였다. 그러나 아쇼카는 선언하였다.

"왕위가 나에게 주어지는 것은 천명이다. 신이 나의 머리에 왕관을 씌워 주는 것이다."

전에 하늘 사람들이 증명했듯이 아쇼카의 머리에 왕관이 씌워졌다. 그것을 보는 순간 빈두사라왕은 피를 토하고 운명하였다. 왕으로써 아쇼카의 처음 명령은 라다굽타를 총리대신으로 임명하는 것이었다.

이 소식은 탁샤쉴라에 있는 수시마왕자에게도 전해졌다. 그는 왕위 찬탈에 대하여 분노하면서 긴급히 파탈리푸트라로 향하였다. 아쇼카는 그의 가장 용감한 두 명의 무사를 그 도시의 두 문에 배치하였다. 총리대신 라다굽타는 보는 사람들이 구분할 수 없을 정도로 절묘한 모형 코끼리를 만들어 동문 앞에 세워 놓고 그 위에 아쇼카의 모형을 앉혀 놓았다. 그리고 주위에 해자를 파고 생 숯을 넣은 다음 갈대로 덮어 놓았다.

라다굽타 총리대신은 동문 위에 올라가 있다가 수시마왕자가 나타났을 때

조롱하는 목소리로 크게 말하였다.

"만일 그대가 저 아쇼카를 죽인다면 왕좌는 너의 것이다."

그 소리에 화가 난 수시마는 그의 배다른 동생을 죽이려고 동문을 향하여 돌진하다가 해자에 빠져 죽었다.

4. 포악한 아쇼카(Chandashoka)

아쇼카왕이 즉위하자 대신들은 그를 인정하면서도 왕의 뒤에서는 실권이 자기들에게 있다고 생각하고 은근히 새 왕을 얕보는 태도를 보였다. 그런 태도는 그의 거친 피부를 싫어한 빈두사라왕으로부터 물려받은 것이기도 하다. 아쇼카왕은 바보가 아니었다. 그는 대신들의 충성심을 시험하고 그들을 길들일 목적으로 궁 안에 있는 모든 꽃이나 과일나무 중 가시가 있는 것을 빼고 모두 베어 내도록 명령하였다. 그것은 가시 돋친 듯한 피부를 지닌 그가 지나치게 오만한 대신들의 술수에서 벗어나겠다는 은유이기도 하였다. 대신들은 오히려 가시 돋친 꽃이나 나무를 베어내고 아름다운 것들은 보존해야 된다고 주장하며 듣지 않았다. 그는 세 번까지 왕명이 묵살되자 그의 권위가 그처럼 격하된 사실에 격노하여 칼을 빼들었다. 그는 5백 명의 고급 관료들의 목을 직접 베었다.

어느 봄날 아쇼카왕은 궁녀들과 함께 꽃들이 만발하고 과일이 주렁주렁 열려 있는 정원을 함께 거닐고 있었다. 꽃이 만발한 아쇼카나무 가까이에 왔을 때 왕은 말했다.

"모두 보아라, 내 이름을 딴 이 나무를! 얼마나 아름다우냐?"

그는 궁녀들로부터 사랑을 받고 싶었던 것이다. 그러나 궁녀들은 왕의 거친 피부를 싫어하여 아름다운 나무를 자기 자신과 비유하는 그를 비아냥거렸다. 그래서 왕이 잠들었을 때 궁녀들은 작당하여 아쇼카나무의 꽃과 잎을 모두 제거함으로써 아주 흉측하게 만들었다. 왕이 잠을 깨어서 어느 때처럼 문 밖의 아쇼카나무에 눈을 주었다. 그런데 이게 어찌된 일인가, 황홀할 정도로 아름다운 나무가 마치 겨울날처럼 뼈대만 앙상하게 남아 있는 것이 아니겠는가. 비서로부터 궁녀들이 그렇게 하였다는 말을 듣고, 아쇼카왕은 화가 머리끝까지 치밀어 5백 명의 궁녀들을 산 채로 불태워 죽였다.

아쇼카왕의 이런 행동을 본 국민들은 그를 '포악한 아쇼카(Chandashoka)'라고 불렀다. 국민들은 왕의 그런 성격이 변하기는 어려울 것이라고 생각하고 몹시 두려워하고 있었다. 총리대신 라다굽타가 진언하였다.

"대왕이시어, 전하께서 직접 망나니(사형 칼잡이)처럼 형을 집행하시니 매우 보기 좋지 않습니다. 어찌 전하의 명령을 수행할 궁중 망나니를 임명하지 않으십니까?"

왕은 지혜로운 생각이라고 동의하고 적합한 사람을 천거해 달라고 부탁하였다. 그래서 그곳에서 멀지 않은 작은 마을에 살며 자기 부모를 학대하고 이웃 사람들을 이유 없이 때리며 곤충이나 짐승들도 무자비하게 잡아 죽이는 젊은이를 들이게 되었다. 그는 마을 사람들이 '포악한 기리카(Chandagirikaa)'라고 부르는 자로 그가 궁중에 들어와 아쇼카왕에게 처음 요청한 것은 사형을 집행할 건물을 하나 지어달라고 하는 것이었다. 왕은 큰 건물을 지어주었다. 그 집은 겉은 아름다우나 안에는 무시무시한 각종 고문 도구와 사형 도구를 갖추고 있어서 사람들은 그곳을 '천국 같은 지옥'이라고 불렀다. 포악한 기리카는 포악한 아쇼카에게 어느 누구든 이 건물 안에 들어오는 사람은 살아서 밖으로 나갈 수 없도록 왕명으로 정해 달라고 요청하였고 왕은 윤허하였다.

5. 아쇼카의 개과천선

그렇게 포악하고 잔인한 아쇼카 대왕이 개과천선하여 불교에 귀의하게 되는 계기를 전하는 이야기가 있다. 이는 앞에서 이야기한 전생설화와 관계가 있다.

어느 날 한 스님이 그 '천국 같은 지옥' 이 여느 부잣집인 줄 알고 탁발하러 들어갔다가 잡히게 되었다. 기리카가 그 스님을 물이 끓는 가마솥에 넣어 죽이려고 하자, 스님은 한 달만 여유를 달라고 간청하였다. 이유는 한 달 후에는 그가 아라한과(arhat: 불교에서 최고의 깨달음)를 얻게 되니 그때는 기꺼이 죽겠다는 것이었다. 이에 기리카는 한 달은 안 되고 일주일간의 말미를 주겠다고 하였다. 스님은 일주일에 아라한과를 증득할 자신이 없었지만 열심히 정진하기로 마음먹었다. 정진의 마지막이 되는 날 젊은 남녀가 잡혀왔는데, 불륜에 빠진 아쇼카왕의 궁녀와 왕자였다. 기리카가 그들을 절구통에 넣고 찧어 죽이는 그 광경을 보다가 스님은 홀연히 아라한과를 증득하였다.

다음날 기리카는 드디어 스님을 죽이려고 가마솥에 넣은 다음 뚜껑을 덮고 불을 지폈다. 그런데 아무리 불을 때어도 물이 끓질 않는 것이다. 그래서 뚜껑을 열어 보니 그 스님이 연꽃위에 가부좌를 틀고 앉아서 명상에 들어 있는 것이 아닌가. 놀란 기리카는 놀라서 즉시 아쇼카왕에게 달려가 이 사실을 보고하였고, 아쇼카왕은 친히 와서 살펴보게 되었다.

가마솥 뚜껑을 여니 스님이 미소를 띠고 아쇼카왕에게 말했다.

"대왕이시여, 당신은 전생에 부처님에게서 그분의 유골을 나누어 8만 4천탑을 세울 분으로 수기를 받은 분입니다. 그런데 어찌 이런 지옥을 만들어 사람을 괴롭히고 또 그걸 즐기고 있습니까? 일체중생의 공포를 없애 주셔야 합니다."

이 말에 아쇼카왕은 정신이 번쩍 들어 불법에 귀의했다고 한다.

물론 이것은 전설 중 하나일 뿐이다. 아쇼카 대왕은 재위기간 동안 불교 발전에 공헌한 바가 매우 큰 만큼 불교로 전향한 데 대하여 이 외에도 다른 이야기들 또한 전해지고 있으나 그것은 어디까지나 전설일 따름으로 생각된다.

아쇼카 대왕의 불교 귀의

대부분의 역사책에는 아쇼카 대왕이 카링가국(Kalinga)을 정복하는 전투에서 15만 명을 포로로 잡았고, 10만 명을 죽였을 때 전쟁터에 널브러진 시체를 보면서 힘의 정치에 회의를 느끼게 된 것이 개과천선의 계기가 되었다고 적고 있다. 전쟁이 끝난 다음 동쪽의 도시를 돌아보는데 보이는 것은 불타 버린 건물과 널려있는 시체들뿐이므로 그는 자신도 모르게 다음과 같은 그의 유명한 한마디를 외치며 오열하였다고 한다.

"내가 도대체 무슨 짓을 했는가?"

그는 궁성이 있는 파탈리푸트라로 돌아와서도 잠을 이룰 수 없었고 카링가의 전쟁터에서 본 장면들이 되살아나 끊임없이 악몽에 시달렸다. 이렇게 고통의 나날을 보내다가 불교의 성자인 라다스와미(Radhaswami)와 만주슈리(Manjushri)를 찾아가 두 스님의 인도로 불교에 귀의하였다. 아쇼카 석주의 소마애법칙(小磨崖法敕) 제1장에 '나는 처음 우바새(Upasaka)가 된 1년 반 동안은 열심히 수행하지 않았다. 그러나 그 후 1년 반 동안은 상가(Sangha)에 가서 열심히 수행하였다'고 씌어 있다. 그렇다고 하여 아쇼카 대왕이 다른 종교를 무시하거나 억압하지는 않았다. 인도의 여러 왕들은 전통적으로 스스로는 특정 종교를 믿더라도, 다른 종교나 종파를 보호하고 후원하는 것이 통례였다. 아쇼카 대왕도 이러한 전통에 따라 본인은 불자이면서도 각 종교를 평등하게 대하고, 모든 종파가 건전하게 육성되도록 후원하였다. 그래야만 다르마 정치를 더욱 완전하게 수행할 수 있다는 사실을 잘 알고 있었기 때문이다. 그리하여 각 종파마다 수행자, 노인, 빈곤자 및 포로를 보살필 법대관(dharmamahamatra)을 임명하여 종교가 사회에 공헌하고 종교 간의 화합을 도모하도록 하였다. 그렇게 하여 진리와 정법에 의해 나라를 다스리는 성왕이 되었다고 한다. 불교에 귀의하여 호법과 자비의 정치를 하면서부터 국민들도 그의 별명이었던 '포악한 아쇼카'를 버리고 '법의 아쇼카(Dharmashoka)'라고 불렀다. 법의 아쇼카로서 그리고 전륜성왕으로서 재위 41년 중 남은 33년 동안 훌륭한 업적을 남겼다.

아쇼카 대왕과 다르마

아쇼카 대왕이 불교에 귀의할 즈음 마우리야 왕조는 전성기였다. 영토는 동쪽으로 벵갈에서 오릿사까지, 남쪽으로는 마이소르의 북쪽까지 그리고 서쪽으로는 아라비아 해안에 접한 소팔라와 카티아와르 반도, 북쪽으로는 파키스탄의 페샤와르에 이르는 광대한 대국이었다.

마우리야 왕조의 동전

사회적으로는 대제국으로 통일된 결과 교통망이 정비되고 기술의 진보와 함께 각종 산업이 발달하였다. 도시를 중심으로 상업이 번성하였으며, 상공업자들의 연합체들도 활발하여 각자 독립적인 체제를 지키게 되었고 화폐경제도 크게 발달하였다. 이미 부족사회는 해체되었으며 가정 단위가 확고하게 뿌리 내리기 시작하였고 카스트적(四姓制的) 계층 질서가 정비되어 가고 있었다. 한편 다양한 인종과 사회적 계층을 통일제국 안에 포함하고 있어서 사회적 질서를 유지하기 위해서는 중앙집권적 행정 조직을 취하고 각 지방에 주를 두어 정치, 산업, 군사적 거점 중심 체제를 형성하였다.

그러나 중앙집권적 행정 조직의 개선과 강력한 군대만으로는 광대한 제국의 완전한 통일을 이룰 수 없었다. 인종 간 또는 언어 간 그리고 생활습관 간의 차이를 극복할 폭넓은 정치 이념이 필요하였다. 그것은 지방과 파당과 계층을

아쇼카 포고문이 있는 석벽

초월한 이념이어야 했다. 여기에 적중한 것이 아쇼카 대왕의 다르마였다.

다르마(dharma)는 범어로 자연계의 법칙 또는 인간계의 질서와 같은 '진리'를 뜻하며 불교에서는 '부처님의 가르침' '법(法)', '불법(佛法)' 또는 '제법(諸法)'의 의미로 쓰인다. 아쇼카 대왕의 다르마는 불법에 바탕을 두면서도 현실적으로 국민 총화를 이루기 위해 악(惡)을 막기, 덕(德)을 닦기, 그리고 인간적인 결속을 위해 의무를 다하기를 핵심으로 하였다. 아쇼카 석주나 마애법칙에 나타나 있는 아쇼카 다르마의 내용을 들어 보면 다음 세 가지로 정리할 수 있다.

첫째, 인간과 동물에게 상처를 입히지 말아야 한다. 이 사상의 근본정신은 일반 생물에 대한 자비심으로서, 종래 식용으로 무수한 조수(鳥獸)가 살육되었는데 이제부터는 하루에 세 마리로 제한하고 장차는 이것도 죽여서는 안 된다.

둘째, 바람직한 인간관계를 이룬다. 양친, 장로, 스승에게 순종하고 종교인을 존경하고 이들에 대해 보시하며, 친구와 바르게 사귄다. 극빈자와 노예를 바르게 대우한다.

셋째, 국민 개개인이 자기 규제 윤리를 지킨다. 자비(慈悲), 유화(宥和), 자제(自制), 보은(報恩), 분수(分數)에 맞는 생활을 하고, 신앙(信仰)과 다르마를 존중한다.

이와 같은 아쇼카 대왕의 다르마는 대왕 자신의 불교 신앙에 연유한 것이라는 사실은 부정할 수 없다. 그러나 대왕의 다르마 선포는 불교 자체의 선포는 아니었다. 특정 종교나 종파를 초월한 이념이고 모든 백성에게 보편타당한 진리와 인간의 도리가 내포된 다르마였다. 그래서 당시에 불교도뿐만 아니라 힌두교도나 자이나교도 등 다른 종교의 교도들도 쉽게 이 다르마를 따를 수 있었던 것이다.

아쇼카 대왕의 법칙(法勅)

아쇼카 대왕은 위에서 살펴본 그의 다르마를 정치이념으로 하여 평등한 정치를 펴고자 노력하였다. 그러기 위하여 그는 마우리야 제국 영토 내에 중요한 지역의 암벽(磨崖)이나 석주(石柱)에 법칙문(法勅文)을 새기게 했다. '법칙(Dharma Edict)'이란 대왕의 다르마가 담긴 칙령(勅令)을 뜻한다. 아쇼카 대왕의 법칙은 주요 도시에 인접한 교통의 요지나 종교 성지 등에서 볼 수 있는데 시정 방침을 백성들에게 알리고 또 고급 관리나 지도층 사람들에게 다르마를 준수하도록 명하는 것이었다. 따라서 이 법칙문은 백성들이 쉽게 알 수 있도록 그 지방의 문자와 언어 습관에 맞게 기술되어 있다.

암벽이나 표석에 새겨진 14장의 소위 '14장 마애법칙'이 있고, 4장으로 된 '소마애법칙'이 있다. 그리고 아쇼카 석주(Ashoka Pillar)에 새겨진 법칙에는 7장의 이른바 '7장 석주법칙'과 '소석주법칙'이 있다.

인도 성지 순례 길에 많이 볼 수 있어 잘 알려진 아쇼카 석주에는 녹야원의 석주, 부다가야의 석주, 룸비니의 석주, 바이샬리의 석주 등이 있다. 아쇼카 석주는 사암(Sandstone: 砂巖)으로 만들어졌고 그 몸체에 아쇼카 법칙이 새겨져 있다. 녹야원의 석주는 지금은 아래 부분만 그 자리에 남아 있고 네 마리의 사자상이 있는 머리 부위는 녹야원 박물관에 소장되어 있다. 서로 등을 붙이고 있는 네 마리의 사자상은 현재 인도 공화국의 국가문장(National Emblem)이고 사자상 아래 있는 살(spoke)이 스물네 개인 소위 아쇼카 법륜은 현재 인도 공화국 국기의 중앙에 그려져 역시 인도를 상징하는 존재가 되어 있다.

룸비니의 석주는 머리 부분이 떨어져 나가서 현재는 볼 수 없고 석주의 몸체는 그대로 남아 있는데, 그 부라흐미(Brahmi) 문자로 된 명문에 나타난 법칙에는 다음의 칙령이 다섯줄로 음각되어 있다.

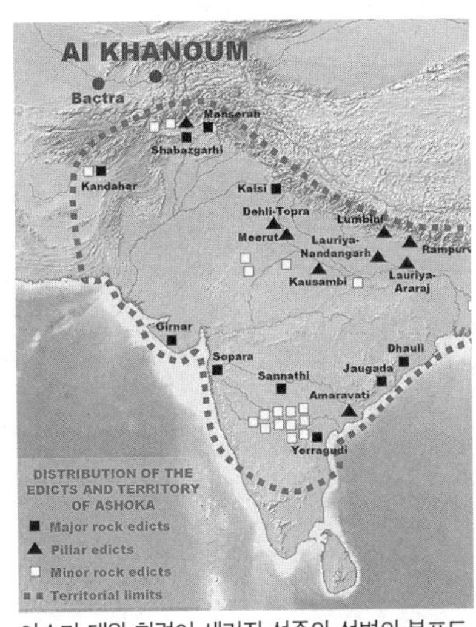

아쇼카 대왕 칙령이 새겨진 석주와 석벽의 분포도

인도의 국장

녹야원 아쇼카 석주의 머리부분,
인도의 국장이 됨

"아쇼카왕은 취임 후 20년이 되는 해에 이곳에 친히 와서 참배하였다. 이곳에서 불타 샤캬무니가 탄생하였기 때문이다. 그래서 돌로 말의 상을 만들고 석주를 건립하도록 했다. 이곳에서 세존이 탄생하신 것을 기념하기 위한 것이다. 룸비니 마을은 조세

룸비니에 있는 아쇼카 석주

바이샬리에 있는 아쇼카 석주

(일반세)를 면제해 주고, 또 생산품세(소득세)를 6분의 1에서 8분의 1로 감면
하여 납부하도록 한다.”

　이 명문에 의해 이곳이 부처님이 탄생하신 곳으로 확인되었다. 이 명문의
내용으로 볼 때 룸비니의 아쇼카 석주는 머리에 말의 상이 있었을 것으로 추
정된다. 부처님의 탄생지이기 때문에 주민들에게 조세 감면의 혜택을 주었음
을 알 수 있다. 부다가야의 석주는 역시 아쇼카 대왕이 처음 건립한 것으로 알
려진 부다가야 마하보디 대탑의 위용에 눌리어 부분적으로 훼손된 채 빛을 보
지 못하고 있다. 바이샬리의 석주는 머리에 한 마리의 사자를 이고 거의 원형
그대로 남아 있다.
　7장의 법칙이 새겨진 석주는 델리 북방의 두 곳 토플라와 미라트에 있는 석

 순례의 여적과 선문화

주, 비하르주 북방의 세 곳 라우랴 아라라지, 라우랴 난단가르 및 람푸르바에 있는 석주, 우탈 푸라데쉬 주의 알라하바드 부근에 위치한 카우삼비 석주 그리고 아프카니스탄의 칸다하르 석주 등에서 볼 수 있다. 녹야원과 산치의 석주에는 상가에 대한 행위를 경고하는 법칙이 있으며, 카우삼비의 석주에서도 같은 내용의 법칙을 볼 수 있다. 소석주 법칙이 새겨진 석주는 룸비니와 그 서북쪽 20km 지점에 있는 나가리 사가르, 탁실라, 람파카, 그리고 남인도의 아마라바티에 있는 석주에서 볼 수 있다.

이렇게 많은 석주와 마애면(磨崖面)에 새겨진 아쇼카 대왕의 법칙은 그 지역 백성들이 읽기 쉬운 문자로 해당 지방의 언어생활에 맞게 기록되어 있다. 북서 인도의 샤바즈가리나 만셀라에 있는 법칙문은 카로슈티 문자로 기술되어 있다. 이 문자는 페르시아의 아케메네스 제국에서 사용되던 아람(Aramaic) 문자 계통에 속하는 것이다. 이 지역에는 아람어나 그리스어를 사용하는 사람이 많이 거주하였다. 아프카니스탄의 칸다하르(Kandahar), 간다라(Gandhara)의 탁사쉴라(Taksasila), 그리고 람파카의 법칙문도 아람어로 쓰여 있는데 특히 칸다하르의 법칙문은 아람어와 그리스어의 문장을 병용하였다.

그 밖에 프라크리트(Prakrit)어를 사용하는 지역은 브라흐미 문자를 사용하였다. 그러나 프라크리트어를 사용하였어도 지역에 따라 음운이나 문법에 상호 간 차이가 있었기 때문에 이 지역의 법칙문은 각 지역의 언어 습관에 따라 다르게 기록되어 있다. 아쇼카 대왕은 룸비니를 방문하였듯이 다르마의 이념에 따라 정책을 수행해 나가는 과정에서 몸소 각 지방을 방문하여 수행자들에게 보시하고 백성들과 직접 만나서 다르마를 설명해 주기도 하였다. 나아가서 종교 간 또는 종파 간 일어나는 갈등을 법대관들로 하여금 깨끗이 처리하도록 한 사실이 법칙에 나타나 있다.

아쇼카 대왕이 세운 산치 대탑

아쇼카 대왕의 불법(佛法) 보호

《아육왕경(阿育王經: Ashokavadana)》에는 야사 존자가 아쇼카 대왕에게 지난날 부처님께서 카슈미르, 간다라, 마투라를 여행하던 중, 불멸 후 1백여 년에 불사를 할 우파굽타(Upagupta)라는 현자가 출생할 것을 예언했다는 것과 현재 그 우파굽타가 1만 8천 명의 아라한들과 함께 마투라(Mathura) 근처 우루문다(Urumunda) 산 위의 나타바티카(Natabhatika) 사원에 주석하고 있다는 것을 알려 주었다. 아쇼카 대왕은 우파굽타 존자를 방문하기로 결심하였다. 그러나 대왕의 뜻을 신통력으로 미리 안 우파굽타 존자는 그의 제자들과 함께 뗏목을 타고 파탈리푸트라로 왔다. 아쇼카 대왕은 존자 앞에 무릎을 꿇었다. 우파굽타 존자는 대왕의 머리를 어루만지며 축복해 주고 자신과 함께 불법(佛法)을 보호하자고 권유하였다.

부처님이 입멸하실 때 여덟 곳으로 나누어 탑에 모신 불사리(佛舍利)를 다시 모아서 8만 4천 기의 사리탑을 건립한 아쇼카 대왕은 지난날 부처님께서 여행하신 지역에 다시 스투파들을 건립하기를 원했다. 우파굽타 존자는 그 모든 장소를 알려주겠다고 했다. 두 사람은 부처님이 탄생하신 룸비니, 출가하신 카필라바스투, 정각을 이루신 보드가야, 처음 법의 바퀴를 굴리신 녹야원, 25우안거(雨安居)를 보내신 슈라바스티, 도리천에 승천하여 마야부인을 제도하고 하강하신 상카시야, 열반에 드신 쿠시나가라를 순차적으로 방문하였다. 그리고 그는 부처님의 큰 제자들의 사리탑, 이른바 목련존자, 대가섭, 박쿨라(Vakkula), 아난다, 그리고 사리불의 사리탑에 예배를 드리러 갔다. 아쇼카 대왕이 조성한 사리탑 가운데 대표적인 것은 산치대탑의 제1탑(Sanchi Stupa I)이다.

아쇼카 대왕은 율(Vinaya)의 상수장로(上首長老)인 못갈리푸타 팃사로부터 8만 4천 법장(法藏)이 있다는 것을 듣고, 같은 수의 불교 시설을 건립하기로 결심하였다. 그래서 96코티(koti)의 황금을 투입하여 인도의 8만 4천 도시에 비하라(Vihara: 精舍)를 건립하였다. 그는 파탈리푸트라의 쿠쿠타라마(Kukutarama: 鷄園寺) 자리에 아쇼카라마(Ashokarama: 阿育園寺)라는 사원을 건립했다. 앞에서 아쇼카 대왕에게 우파굽타 존자에 관하여 알려 준 야사 존자도 바로 이 아쇼카라마의 주지스님이었다. 부다가야의 대각탑(Mahabodhi Temple)도 그때 아쇼카 대왕이 건립하였고 그 뒤 증축되고 개축되어 오늘의 모습을 지니게 되었다고 한다.

아쇼카 대왕은 칼카타 소재 파이라트 법칙(소마애법칙)의 제3장에 '불, 법, 승에 대한 존경과 신앙이 중요하다' 고 기술하고 있고 '정법이 오래 지속되기 위해서는 일곱 가지의 법문을 듣고 염불해야 한다' 고 기술하였다. 그 일곱 가지 법문의 내용은 주로 비구와 비구니의 바람직한 자세, 실천, 수행, 그리고 재가신자의 윤리적 생활 방식이 중심이 된 가르침이었다.

녹야원, 카우삼비, 산치 등의 석주에는 상가(Samgha) 파괴에 대한 아쇼카 대왕의 다음과 같은 경고가 새겨져 있다.

"누구를 막론하고 상가를 파괴해서는 안 된다. 만일 상가를 파괴하면 승복을 벗기고 속인의 옷을 입혀 정사에서 내쫓을 것이다. 화합상가가 오랫동안 지속되기를 바란다."

여기서 상가란 승가(僧團) 또는 화합승가(和合僧伽)의 뜻으로 출가스님들이 한 정사에서 함께 거주하고, 함께 포살에 참석하며, 전원의 의결로써 제반 사항을 결정하는 것을 말한다. 이 규칙을 문란하게 하는 것이 곧 상가를 파괴하는 것이다. 한편 이와 같은 내용이 아쇼카 대왕의 법칙에 포함되었다는 것은 당시 그와 같은 파괴가 일어나고 있었음을 말해 주는 것이라고 볼 수도 있다.

아쇼카 대왕에 관한 모든 자료는 한결같이 그가 매우 관대한 통치자였고 독실한 불교 왕이었다고 소개하고 있다. 과거 7불의 한 분인 구나함무니불(拘那含牟尼佛: Kaunakamuni)의 스투파를 순례함으로써 그의 신앙심을 나타내었다.

아쇼카 대왕은 이후 통치하는 동안 불교적 자비심을 기반으로 하는 정책을 추구하였다. 즉 비폭력과 불살생을 공식적인 통치 강령으로 채택하였다. 짐승을 함부로 죽이거나 학대하는 것을 즉시 중지토록 하였다. 야생동물도 왕명으로 보호하였고 놀이를 위한 수렵은 물론 가축에게 불도장[烙印]을 찍는 것도 금지하였다. 민생을 위한 제한적인 수렵은 허용하였지만 잡는 수를 줄여 가도록 하였고 채식주의를 권장하였다. 사람은 물론 동물들에게도 동등하게 필요한 병원을 지었고 인도 전국을 통하여 중요한 도로를 건설하였다. 국내에 많은 휴게소를 지어 여행자나 순례자들이 무료로 이용하도록 하였다. 감옥의 죄수들에게도 자비를 베풀어 1년 중 하루는 집에 다녀오거나 외출하는 것을 허락하였다.

또한 학문 진작을 위하여 대학을 설립하고, 상업과 농업을 위하여 수도 및 관개체계를 확립함으로써 일반 국민들이 전문성에 대한 자부심을 키우도록 하였다. 신하들을 건사하는 데 그들의 종교, 정치 성향 및 출신 계급에 관계없이 평등하게 대우하였다. 그 나라 주변의 작은 왕국들을 쉽게 정복할 수 있었지만 서로 존중하는 동맹관계를 유지하였다. 이런 모든 것을 살펴보건대 아쇼카 대왕은 현대의 세계적 지도자를 훨씬 능가하는 훌륭한 통치자였다.

아쇼카 대왕은 불경(佛經)의 제3결집의 후원자였다. 《디파밤사(Dipavamsa: Sri Lanka 역사)》에 따르면 아쇼카 대왕이 파탈리푸트라의 아쇼카라마에서 제3결집을 소집한 것은 불멸 후 236년이고 대왕 즉위 후 17년의 일이다. 결집은 9개월 동안 계속되었다. 그 결집에서는 아쇼카 대왕의 왕사가 된 목갈리푸타 팃사 장로의 주재로 1천 명의 비구들이 참석하여 이설(異說)을 배척하고 정법(Vibhajjavada: 分別部의 說)을 바로 세움으로써 삼장(三藏)을 확립하였다. 이때 저술된 것이 논사(論事: Kathavatthu)라고 한다. 이와 같이 제3결집을 주도함으로써 아쇼카 대왕은 불법을 보존하는 데에 지대한 공헌을 하였다.

아쇼카 대왕의 전법사 파견

제3결집을 주도함으로써 정법을 회복시킨 목갈리푸타 팃사는 아쇼카 대왕에게 건의하여 9개 지방에 불교 전법사(傳法師)를 파견하였다. 다음 표는 마하밤사(Mahavamsa: 서사시로 엮은 스리랑카 왕조사)에 기록된 것으로 불교전법사들이 파견된 국가와 전법사의 목록이다.

파견 국가명(Country name): 전법사명(Name of leader of mission)

(1) 카쉬미르-간다라(Kashmir-Gandhara): 마쟌티카(Majjhantika)

(2) 마히사만다라(Mahisamandala (Mysore)): 마하데바(Mahadeva)

(3) 바나바시(Banavasi (Karnataka)): 라키타(Rakkhita)

(4) 아파란타카(Aparantaka (Konkan)) the Yona: 담마락키타 (Dhammarakkhita)

(5) 마하라타(Maharattha (Maharashtra)): 마하담마락키타 (Mahadhammarakkhita)

(6) 요나국(Country of the Yona (Bactria)): 마하락키타(Maharakkhita)

(7) 히마반타(Himavanta (Nepal)): 마지마(Majjhima) 등 5인

(8) 수반나부미(Suvannabhumi (Thailand/ Myanmar): 소나와 우타라 (Sona and Uttara)

(9) 랑카디파(Lankadipa (Sri Lanka)): 마힌다(Mahinda(아쇼카의 아들) 등 4인

위 (6)의 요나국(Country of Yona)에 대하여 아쇼카 대왕은 법칙 13에 당시 불법의 가르침을 받은 그리스 지역의 통치자라고 더욱 자세히 명시하였다. 그래서 아쇼카 대왕은 고대 그리스와 이집트에 불교를 전했다고 주장하였다. 같은 법칙에 촐라스(Cholas)와 판디야스(Pandyas)도 불법을 받은 나라들이라고 추가하였다. 오늘 날의 스리랑카인 랑가디파에는 아쇼카 대왕의 불자 왕비인 데비(Devi)의 아들 마힌다(Mahinda)와 딸 상가미트라(Sanghamitra)가 대왕의 허락을 받아서 어려서 출가하여 불법을 닦고 그 곳에 파견되어 그 나라의 왕과 왕비 그리고 전 국민을 불교로 전향하게 하는 데 큰 공헌을 하였다.

법칙 13에 나와 있는 다음 목록은 불법으로 정복한 국가들의 통치자와 나라

이름이다.

통치자명(Ruler of Country): 왕조의 이름(Name of Empire)

안티오추스 2세(Antiochus II Theos): 셀루시드(Seleucid Empire(오늘의 중동))

톨래미 2세(Ptolemy II Philadelphus): 이집트(Ptolemaic Egypt)

안티고너스 곤타스(Antigonus Gonatas): 마케도니아(Macedon)

마가스(Magas of Cyrene): 시렌(Cyrene (오늘의 리비아))

알렉산더 2세(Alexander II of Epirus): 에피러스(Epirus: 그리스와 알바니아)

한편 몰디브(Maldives)와 같은 다른 나라들은 많은 불교 유적이 남아 있는 나라지만 법칙에는 언급되어 있지 않다. 법칙에 언급되지 않은 나라들 중의 일부 즉 미얀마나 태국 등에는 아쇼카 대왕의 사절을 받아들인 명확한 증거가 있고 그 사절이 성공을 거둔 역사적 사실에 신빙성이 있다. 이와 같은 전법사의 파견은 아쇼카 대왕이 불교의 발전에 이바지한 지대한 공적이라고 생각한다.

월간 〈법화세계〉 통권 12~15호(2007. 12.~2008. 3.)

제 3 장

선문화를 빛낸 잊을 수 없는 인물

세계적인 과학자 일행 스님

프랑스 파리의 상트 쥬느비에브 도서관 옆면 벽 위에 역사상 큰 업적을 남긴 과학자로서 아이작 뉴턴과 중국 스님인 일행(一行)이란 이름의 초상화가 나란히 붙어 있다. 또한 중국에서는 과학자로서의 일행 선사의 위대한 업적을 기리기 위하여 1955년 인민우정청(人民郵政廳)에서 일행 선사의 초상이 담긴 기념우표를 발행하기도 하였고, 역사박물관 한쪽에 일행의 업적을 전시하는 코너를 설치해 놓고 있다. 이와 같이 일행 선사는 승려로서 불교사에 남긴 업적도 크지만, 그에 못지않게 일반에게는 천문학자로서 매우 높이 평가되고 있다.

일행 선사에 대하여는 《송고승전(宋高僧傳)》, 《석문정통(釋門正統)》, 《신승
전(神僧傳)》, 등에 〈일행전〉이 있으나 그들은 승려로서의 사적과 일화가 담겨
있을 뿐 자연과학자로서의 업적은 거의 나타나지 않는다. 13세기 중엽 천태
(天台)의 지반(志磐)이 저술한 《불조통기(佛祖統紀)》에 〈일행법사전〉이 들어있
으나 그 내용인즉 밀교의 아사리(阿闍梨)로서 일행 스님에 대한 이야기가 주
이다. 한편 《구당서(舊唐書)》의 〈방기전(方伎傳)〉, 〈약부법전(略付法傳)〉, 현종
황제가 지은 일행 선사의 《비명(碑銘)》 그리고 《내증불법상승혈맥보(內證不法
相承血脈譜)》 등에 천문역수(天文曆數)에 정통한 과학자의 면모가 나타나 있
다.

이와 같이 불교 안팎에 알려진 일행 선사는 서로 짝할 수 없을 정도로 다른
면모를 지닌 스님이었다. 이 글에서는 선사로서, 도교의 학자로서, 율사(律師)
로서, 천태교학(天台敎學)의 고승으로서, 밀교의 전문가로서 그리고 자연과학
자로서 일행 스님의 생애와 업적을 살펴보고자 한다.

출생과 유년시절

일행 선사는 구당서에 의하면 서기 683년에 위주(魏州)의 창락(昌樂: 現 河
南省 南樂縣)에서 태어났다고 되어 있고, 《송고승전》에는 거록(鉅鹿: 現 河北
省 鉅鹿縣)에서 태어났다고 되어 있어서 탄생지가 분명치 않다. 속성은 장(張)
씨이고 이름은 수(遂)라고 하였다. 담국(郯國)의 귀족이었던 공근(公謹)의 자손
으로 목축을 관장하는 관리였던 름(懍)의 아들이었다. 선조 대대로 충성심이
높고 효심이 두터우며 근면한 가문의 자손으로 설명되어 있다. 그 모친인 이
(李)씨가 일행을 잉태했을 때 그의 이마 위에 두세 치 정도의 밝은 빛이 나타나
사라지지 않고 있었는데, 일행을 낳자 그 빛이 아들의 이마로 옮겨갔다는 일
화가 전하고 있다.

어린 시절부터 매우 총명하였을 뿐만 아니라 촌음을 아껴 공부하였고 일반의 모든 분야에 뛰어 났다고 한다. 매일 많은 글을 읽었고, 책을 한번 읽으면 다시 보지 않아도 빠짐없이 암송할 수 있었다고 한다. 이와 같은 재능을 지니고 있어서 어려서부터 중국의 전통적 학문인 경사(經史)를 널리 열람하고, 지학(志學: 15세)에 중국 고래의 아홉 가지 학문인 구류(九流)를 배워 마쳤다고 기록되어 있다. 이로 미루어 볼 때 어린 시절 일행 선사의 학문의 깊이가 어느 정도였는가를 짐작할 수 있다.

일행 선사는 중국의 전통적 학문 중에도 특히 도교에 능통하였다. 당시 유명한 도사였던 윤숭(尹崇)으로부터 양운(楊雄)의 《태현경(太玄經)》을 빌려다 공부하고 그 내용을 분석하여 《대연현도(大衍玄圖)》와 《의결(義決)》을 저술함에 윤숭을 무척 놀라게 하였다고 한다. 그 당시는 도교의 세력이 궁중에서도 매우 강했던 시절이었는데, 뒷날 일행 선사가 궁중에서 도사(道師)들의 방해도 없이 활동할 수 있었든 것은 자신이 도교에 달통하여 유명한 도사들과 친분이 두터웠기 때문이라는 점이 지적되고 있다.

출가하여 선(禪)과 율(律)을 공부하다

이와 같이 어려서부터 중국의 전통 학문에 심취하고 타고난 재능을 발휘하던 일행은 21세 때 돌연 부모를 여의게 되었다. 이때부터 일행의 마음은 만사가 다 괴로운 것뿐이었다. 그래서 홀연히 속세를 등지고 불문에 의탁하기로 마음을 정하였다. 그는 형주(荊州)의 경(景) 선사에 의해 출가하게 되었고 뒤에 숭산(嵩山)의 보적(普寂) 선사를 찾아가 선을 수행하고 결국 그의 오의(奧義)를 통달하기에 이르렀다. 보적 선사는 형주 옥천사(玉泉寺) 신수(神秀) 선사의 머리 제자로 북종선 제7조이다. 《경덕전등록》에 의하면 숭산 보적 선사에게는 46명의 법제자가 있었는데 일행 선사는 그들 중 22번째 제자로 되어 있다. 한

편 출가 과정에 대하여 몇 가지 이설
이 있는데 그것들 간에는 서로 같은
점도 있고 다른 점도 있다. 《혈맥보》
에는 경 선사에게 출가하였고 이어
대조(大照) 선사를 모셨다고 되어 있
는데, 여기 대조 선사는 보적 선사의
다른 이름이나 같은 내용이다. 《송고
승전》에는 보적 선사에게 출가 삭발
한 것으로 기록되어 있고 《비명》에는
출가한 스승에 대하여는 언급하고 있
지 않지만 숭악(嵩嶽)의 승 적심(寂
深)에 의해 선문에 이른 것으로 되어
있다. 어떻든 이렇게 하여 일행은 선
문의 깊은 도를 요달하였기 때문에
뒤에 천태학이나 밀교에서도 높은 경

국청사 경내에 세워진 〈일행 선사기념비〉 이 비에
는 일행 선사가 이곳에 도착하니 개울물이 역으로
서쪽으로 흐른 고사가 담겨져 있다.

지를 얻었지만 오늘까지 스님을 주로 일행 선사라고 부르는 것이다.

　일행은 당양(當陽)의 혜진(惠眞) 스님에게서 계율을 배웠다. 혜진 스님은 오
진(悟眞)이라고도 불렸으며 율승(律僧) 홍경(弘景)의 제자이었다. 일행은 율부
(律部)와 여러 경론(經論)을 깊이 섭렵하고 《조복장(調伏藏)》 10권을 저술하였
는데 스스로 거기에 주석까지 달았다고 한다. 그러나 《조복장》이란 책은 문헌
속에 이름만 남아 있을 뿐 그 내용은 알 수 없다. 일행은 이와 같이 율사로서도
높은 경지에 이르렀다.

천태교학과 밀교의 만남

일행이 누구에게서 천태교학(天台敎學)을 배웠는가에 대해서는 어떤 전기에도 명확히 기록되어 있지 않다. 혜진에 의해서 율과 더불어 옥천계의 천태교학을 공부한 것으로 추정하고 있다. 한편 혜진의 스승 홍경이 출가한 일행에게 천태교학을 가르쳤다는 설도 있다. 또한 홍경의 동문인 도일(道一)이 일행에게 천태교학을 가르친 스승의 하나라는 주장도 있다.

현종(玄宗)이 장안(長安)으로 초대하기까지 일행은 형주의 옥천사에 있었으므로 이 기간 동안 옥천계의 천태교학을 공부했으리라는 것은 당연히 예상할 수 있는 일이다. 일행이 뒤에 선무외(善無畏) 삼장과 더불어 《대일경(大日經)》을 번역할 때 의미가 통하지 않는 부분은 혜진에게 문의하여 즉시 답을 얻었다고 전해지고 있는 점으로 미루어 볼 때 일행에게 천태교학을 가르친 스승이 여러 명이라고 하여도, 혜진이 가장 가까운 스승이었다는 것이 맞는 듯하다.

일행은 그 후 선무외 삼장의 설을 종합하여 《대일경소(大日經疏)》를 저술하였다. 이것을 교정한 것이 《대일경의석(大日經義釋)》인 바 그 중에는 《대일경》에 대하여 《법화경》의 내용을 들어 해석한 부분이 여러 곳 있다. 그것은 일행의 천태학에 대한 깊은 조예를 엿볼 수 있는 부분이다. 일행이 《대일경》을 주석할 때 의도적으로 천태학과 일치시키려고 한 것은 아닌 듯 하고 《대일경》의 해석 중에 자연히 천태수학(天台數學)의 소양이 우러나오게 된 것이라 보인다.

일행은 선사로서 그의 명성이 널리 퍼지자 717년 현종황제의 칙명을 받고 장안에 들어와 태광전(太光殿)에 머물렀다. 황제의 청으로 경서를 편찬하거나, 일실(逸失)된 전적(典籍)을 탐구하면서 집현원(集賢院)에 들어가 일을 하였고 뒤에 흥당사(興唐寺)로 옮겨 지냈다. 일행과 현종이 처음 대면하였을 때 선사의 뛰어난 기억력에 경탄하여 엉겁결에 고개를 숙이고 "사(師)는 실로 성인과 같도다" 하고 말했다고 한다. 황제는 일행의 점치는 능력에 존경심이 깊었다고 한다.

일행이 밀교와 만나게 된 것은 장안에 들어와서부터 시작된 것으로 여겨진다. 현종황제가 지은 '비명(碑銘)'에 '금강지(金剛智) 삼장에 의해 다라니와 비인(秘印)을 배웠고, 선무외 삼장에 의해 《노사나불경(대일경)》을 번역하여 후에 부처의 나라를 세웠다'고 되어 있는 점으로 미루어 짐작할 수 있다. 이와 같은 순서에 의하면 금강지 삼장에 의하여 《금강정경(金剛頂經)》계의 밀교를 공부하고 뒤에 선무외 삼장과 함께 《대일경》을 번역하게 된 듯 하다.

선무외 삼장은 금강지 삼장보다 3년 먼저 장안에 들어와 밀교 포교를 시작하였다. 일행이 바로 선무외 삼장을 사사하였다는 기록은 없고 719년 금강지 삼장이 장안에 들어왔을 때 곧 그의 허락을 받아 관정의 예를 수하고 그의 제자가 된 것을 매우 기뻐하며 여러 가지 질문을 하고 정중한 교시를 받았다고 한다. 지적 호기심이 왕성한 일행은 곧 밀교에 매료되었고 그의 관심이 《대일경》에 쏠리게 되어 조정 내 귀족들 간에 평판이 높은 선무외 삼장을 가까이 하게 되었다. 일행은 선무외 삼장과 더불어 화엄사에서 범어 원전을 탐구하고, 삼장이 《대일경》을 번역할 때 필기를 담당하는 등 여러 가지 도움을 주었다고 한다.

일행은 더욱이 선무외 삼장으로부터 《대일경》 강의를 듣고, 앞서 언급한 바와 같이 그 내용을 기본으로 하여 《대일경소》를 저술하였다. 그래서 《대일경》의 번역과 《대일경소》의 저작에 의해 일행은 《대일경》계 밀교의 전문가로 일반에게 알려지게 되었다. 그러나 일행과 밀교와의 만남은 먼저 금강지 삼장을 통하여 《금강정경》계의 밀교부터라고 생각된다. 그래서 《대일경소》 중에는 《금강정경》의 내용을 참조한 해석이 적지 않게 들어 있다. 이 점이 일행의 두 경전에 대한 깊은 조예를 보여주는 것이다. 중국의 밀교는 금강지와 선무외 두 삼장에 의해 기초가 닦아졌고 일행과 불공(不空) 삼장에 의해 정착되었다.

이들 중 일행만이 중국인이고 다른 세 사람은 모두 인도 출신이었다. 일행이 단명하여 스승들의 뜻을 계승 발전시킬 수는 없었지만 그가 현종황제의 두터운 신임을 받고 궁정 안에 세력을 포진하고 있는 도교의 도사들로부터도 신뢰와 존경을 받고 있었던 것이 밀교를 중국에 정착시키는 데 크게 기여할 수 있었던 것이다. 일행은 선사이면서 밀교의 아사리(Acarya: 敎授)로 여러 문헌에 나타나 있다. 그러나 다른 밀교 아사리들에 비하여 기적담(奇蹟談)이 없다. 그것은 일행의 밀교는 그의 종교면 보다도 수학(數學)에 관심이 더 컸던 것으로 생각된다. 그것이 과학자로서 일행의 위대한 업적을 낳게 한 뒷받침이 되었으리라 여겨진다. 그는 719년 밀교에 입문하여 727년에 생애를 마감하였으니 밀교를 공부한 것이 불과 8년에 지나지 않고 그나마 그 기간에 과학자로서 천문역학 분야의 혁혁한 업적인 새로운 '대연역(大衍曆)'을 제작하였으니 전적으로 밀교를 연구한 기간이라고만 할 수도 없다.

우리나라에는 일행 선사에 대해 거의 알려져 있지 않다. 다만 도선과 관련하여 《조선사찰사료선》 하권에 들어있는 굉연(宏演)이 지은 《고려국사 도선전(高麗國師 道詵傳)》에 도선이 당나라에 건너가 일행에게 배웠다고 되어 있다. 더욱 일행이 그곳에서 삼한(三韓)의 지도상의 3,800여 곳에 절을 세우거나, 불상을 세우거나, 탑을 세우거나 아니면 부도라도 모셔서 이른바 비보(裨補)함으로써 고려 땅의 지리상 병을 치료하라고 지시를 하였다고 되어 있다. 더욱 도선이 환국할 즈음 일행은 고려국 청목(靑木) 아래 사는 왕융(王融)에게 서찰을 전하고 곧 그의 아들이 태어나면 삼한을 통일하고 삼한의 백성들을 건질 것이니 그 때까지 조심하고 조심하라는 당부를 하여 왕건(王建)의 탄생 및 고려국 건립에 대한 예언을 전하였다는 내용이 들어 있다. 그러나 이 굉연의 《도선전》은 허황한 설화인 듯하다. 그것은 일행 스님은 683년에 태어나 727년에 입적했고, 그 후 정확히 100년 뒤인 827년에 도선 국사가 태어나 898년에 입적하였기 때문에 도선과 일행의 만남은 있을 수 없는 일이다. 그 외 도선과 관련한 민간 전설 중에도 도선이 중국에서 일행을 모신 이야기들이 있는데, 모두 중국에서 천문역학 분야의 최고 권위인 일행의 이름을 빌려 도선의 권위를 높이기 위한 설화에 지나지 않는 것으로 보인다.

일본에서는 우리나라와는 다르게 대연역이 근 100년 가까이 관역으로 사용되었고 천태종과 진언종의 조사 계보에 모두 일행의 이름이 들어가 있다. 더욱 일행과 관련된 자료로서 《약부법전》과 《내증불법상승혈맥보》는 일본에 남아있는 자료로서 일본에는 그만큼 일행이 잘 알려져 있고 관심도 많았다고 생각된다.

과학자로서 일행 선사

《구당서(舊唐書)》에는 〈방기전(方伎傳)〉이 들어있는데 그 속에 이른바 선사인 일행의 이름이 들어가 있다. 방기(方伎)란 방기(方技) 또는 방술(方術)과 유사한 표현으로 중국 한(漢)나라 때 성행했으며 오늘날로 말하면 의학, 약학 내지 생활과 관계되는 과학 일반의 분야뿐만 아니라 도술, 요술, 주술, 환술 및 마법 등을 포함한다. 현대과학적인 입장에서 보면 과학과 비과학적 잡술(雜術)이 분별없이 포함된 옥석혼효(玉石混淆)의 분야이다. 중국의 이와 같은 방기로부터 과학이 완전히 독립한 것은 극히 근세에 이르러 서양의 문화가 들어온 뒤의 일이다. 그러나 당대(唐代)에 있어서도 학문승(學問僧) 일행에 의하여 과학적 위업이 달성된 사실이 있다. 다만 이런 과학적 성과도 당시에는 사람들의 눈에 마법사의 행위로 비쳐 일행 선사의 이름이 〈방기전〉에 들어가 있는 것이다.

일행은 앞에서도 논의한 바와 같이 선, 천태, 계율, 밀교 등에 통달한 선사이자 불교학자일 뿐만 아니라 불교 밖의 도교, 역학, 수학 등에도 뛰어나 황제의 명에 의하여 이른바 '개원대연역(開元大衍曆)'을 작성하여 오늘에 이르도록 불후의 명성을 남기고 있다.

개원 9년(721) 그때까지 사용해 오던 인덕역(麟德曆)으로는 일식(日蝕)이 자주 틀리기 때문에 현종황제는 구역을 개정하여 새롭고 정확한 역을 작성하라고 일행에게 명하였다. 당시는 일식이나 월식 등의 천체 운행을 백성들에게 정확히 알리고 그것을 대처하는 것은 정치에 불가결한 사항에 속했고 또한 황제의 권위에 미치는 영향이 컸기 때문에 정확도가 높은 역이 요구되었던 것이다. 이 일을 일행에게 맡긴 것은 현종 자신이 일행을 승려로서 보다는 천문역학에 정통한 학자로서 높이 평가하고 있었기 때문이라고 알려져 있다.

다양한 학문에 대한 왕성한 연구 의욕을 가지고 있던 일행은 젊은 시절부터 음양학(陰陽學)이라던가 참위학(讖緯學)을 공부하였다. 특히 역상음양오행(曆象陰陽五行)에 정통하여 음양과 참위의 어느 하나도 소홀히 하지 않고 모두 상세하게 연구하였다. 더욱 국청사(國淸寺)에서 수학을 연찬한 바 있다. 그의 타고난 총민함과 해박한 지식 그리고 넘치는 의욕으로 주역의 대연수(大衍數)를 새 역의 기본수로 삼아 그것을 조합하였다.

더욱이 일행은 고금의 역법을 깊이 연구하고, 실지로 조사하는 기술까지 습득하였다. 새 역의 작성에 있어서 몸소 황도유의(黃道游儀: 今日의 天球儀)와 혼천동의(渾天動儀: 今日의 地球儀)를 만들었다. 전자는 적도(赤道), 황도(黃道), 성수(星宿) 등의 위치가 표시되어 있어서 명성진(明星辰)의 운행을 한눈에 알 수 있도록 되어 있다. 그것은 실지 측정의 기술이 있어야 제작할 수 있는 것이다. 새로운 역을 작성하라는 명을 받은 일행은 이 같은 각고의 노력 끝에 727년에 '대연역(大衍曆)' 작성의 대 위업을 완성하였다. 그러나 만년의 여섯 해를 바쳐 이룩한 대 사업의 성과가 공표되기도 전에 일행은 생애를 마감하게 되었으니 떠나가는 그 마음이 어찌했을지 참으로 안타까운 일이라고 생각된다. 다음해 장설(張說)이 그것을 '개원대연역(開元大衍曆)' 이라 명명하고 황제에게 헌상하게 되었다.

'개원대연역' 이 주역의 대연지책(大衍之策)의 응용이라는 것은 일반적으로 인정되는 사실이지만, 한편으로 알려진 인도의 역인 구집역(九執曆)의 개작이라는 설은 관계가 없는 것 같다는 쪽이 유력한 듯하다. 이 역에는 당시 주로 사용되던 민간역에서 볼 수 있는 속신(俗信)이 들어 있지 않았다. 이 대연역은 깊이 천지자연의 이치를 밟아 자연의 법칙에 기초를 두고 세운쇠성(世運衰盛)의 왕래를 밝힌 제1급의 관역이다. 중국의 역법 중 매우 우수한 역의 하나로 당나라 이후의 거의 모든 역학자들은 대연역에 의지했다. 일본에서는 일찍 나라조(奈良朝) 시대에 이 역법이 전해져 실제로 763년부터 858년까지 근 1백 년에 거쳐 이 역을 사용한 역사를 갖고 있다. 그 당시 중국 문물의 이동 경로를 상고해 볼 때 대연역이 일본에서 이와 같이 사용되었고, 《국조역상고(國朝曆象考)》 서문에 신라에서 사용되었다고 한 점으로 미루어 신라에서도 오랫동안 사용되었을 가능성이 있다.

'대연역'은 오늘날의 천문역학자들이 보아도 매우 과학적인 역법으로 당시에 일행이 그와 같은 역을 작성할 수 있었다는 것은 그가 매우 깊은 자연과학적 원리와 응용에 대하여 전문적인 지식을 가지고 있었으리라 짐작되기 때문이다. 서구의 현대과학자들이 뉴턴과 어깨를 나란히 하는 과학자로 일행을 높이 평가하는 데는 그만한 이유가 있다고 생각된다.

일행의 입적

개원 15년인 727년 9월 대연역을 완성한 일행 선사는 장안의 화엄사에서 중병을 앓고 있었다. 그는 남은 명이 길지 않다는 것을 깨닫고 그동안 많은 은총을 베풀어 준 현종황제에게 작별 인사를 하고자 하였다. 병이 깊었으므로 수레를 타고 궁중으로 들어가려고 하였지만 그것도 무리여서 뜻을 이루지 못하고 상심하고 있었다. 그런데 그날 밤에 현종 황제가 꿈속에서 일행의 선거

(禪居)를 찾아가 보니 어찌된 일인지 문이 열려 있었고 그 안을 들여다보니 일행 선사가 새끼줄에 칭칭 얽어 매여 있는 것이었다. 황제가 그 다음날 아침 그곳에 이르러 보니 어제 밤 꿈에서와 꼭 같이 문이 열려 있고 그 안에 일행 선사가 신음하며 침상에 엎드려 있었다. 황제는 이 일을 황제와 일행 선사가 마음이 통하였다고 '비명(碑銘)'에 썼다. 황제는 바로 안팎에서 명덕(明德)을 모아 선사를 위하여 큰 법회를 열고 기원하니 그 병이 일시 소강상태에 들기도 하였다. 그 해 10월 8일 선사는 병이 다 나은 듯 말없이 일어나서 향수를 뿌려 목욕을 하고 깨끗한 법의로 갈아입은 다음 가부좌를 틀고 앉아서 선정에 든 가운데 태연자약하게 45세의 짧은 생애를 마쳤다. 임종한 후 장례까지 3주 동안 손톱도 변하지 않고 머리도 자랐으며 마치 산 사람과 꼭 같았으므로 많은 사람들이 슬퍼하면서도 부사의(不思議)한 일이라고 놀라워하였다.

현종황제는 칙명을 내려 영가를 망극사(罔極寺)에 모시게 하고 대혜(大慧) 선사라는 이름을 내렸으며 스스로 '비명(碑銘)'의 글을 짓고 동인(銅人)의 언덕에 탑을 건립하였다. 황제가 몸소 비명의 글을 짓고 그와 같이 지극한 애도의 염을 표한 예는 일찍이 없었다고 전한다.

격월간 〈佛敎春秋〉 통권 17호(2000. 4.)

운거산 도응 선사의
법등을 전한 해동 사무외 대사

2000년 8월 18일 중국 장시성 난창 우민사(佑民寺)에서 '장시선종(江西禪宗)과 신라선문(新羅禪門)에 관한 국제학술회의'를 마치고 장시선종의 중심도량이라고 할 수 있는 영수현(永修縣) 운거산(雲居山) 진여사(眞如寺)를 찾았다.

차에서 내리자 조주관(趙州關)이 눈 앞에 있는 것을 보고 전부터 한번 와 보고 싶던 진여사에 가까이 온 것을 알 수 있었다. 조주관은 일찍이 조주종심(趙州從

운거산 진여사의 관문인 조주관

諗) 선사가 도응(道膺) 선사를 찾아서 진여사에 왔다가 떠날 때 도응 선사가 여기까지 배웅해 드린 것을 기념하여 세워진 관문이라고 한다. 소동파의 《내한(內翰)》에 있는 "우리 일행이 조주관에 이르러 보니 괴이하도다. 산머리에 또 산이 있구나[一行行至趙州關怪底山頭更有山]"라는 구절이 생각났다. 산머리에 다시 산모양의 구름을 이고 있다는 말일 것이다.

관문을 통하여 들어가니 명월호(明月湖)가 앞에 있고 그 너머로 멀리 산문이 보이는데 사원 뒤편의 용주봉(龍珠峰)과 오노봉(五老峰)은 구름 속에 박혀 있었다. 또한 절의 왼쪽으로 텃밭을 지나 파란 숲이 안개를 머리에 이고 있어서 운거산이란 이름을 실감할 수 있었다. 《운거산지》에도 "구부산에는 항상 구름이 나타나기 때문에 운거라 이름하였다[歐阜山常出雲遂名雲居]"고 되어 있다. 멀리서 바라본 진여사는 큰 가람이었고 그 위로 상서로운 기운이 봄날의 아지랑이처럼 솟고 있는 듯하였다.

운거산 진여사

진여사는 '진여선사(眞如禪寺)'라고도 하고 또 운거산을 대표하는 큰 가람이어서 흔히 '운거사'로도 통한다. 진여사는 당(唐) 헌종(憲宗) 원화(元和) 8년(813)에 도용(道容) 선사가 창건하였다. 중화(中和) 3년(883) 제4대 주지로 운거도응 선사가 부임하면서부터 선종의 중심도량으로 이름을 드날리게 되었다. 그 후로 불인요원(佛印了元) 선사, 원오극근(圓悟克勤) 선사, 대혜종고(大慧宗杲) 선사 등 헤아릴 수 없이 많은 대선사들이 주지를 보임하며 오늘에 이르고 있다. 그러한

운거사를 중흥시킨
운거도응의 부도

대선사들이 계셨던 만큼 수백 명 내지 때로는 1천 수백 명의 대중이 깊은 산속에서 수행을 하기 위해서는 인도의 수행자들처럼 탁발로 공양 거리를 해결할 수 없기 때문에 도응 선사 시절부터 철저한 농선병행(農禪並行)을 근본 수행방법으로 하여 사원이 운영되어 왔다.

진여사는 오늘날도 10정보가 넘는 논밭을 소유하고 있어서 "하루 일하지 않으면 하루 먹지 않는다"는 백장청규 정신으로 하루에 네댓 시간씩 일하는 것을 소위 동선(動禪)으로 삼아 선당에서 좌선하는 것과 동등하게 수행하는 모범적인 농선 병행 사찰이다. 진여사에서는 젊은 스님은 물론 방장스님도 차밭에서 또는 채전에서 몸소 일을 한다. 지금은 상주하는 스님들이 십여 명 정도로 일손이 부족하여 다원을 포함한 밭일은 스님들이 하고 논일은 일꾼을 사서 한다고 한다.

사원은 나한장(羅漢牆)이라는 담으로 둘러 있었다. 산문을 들어서니 천왕전(天王殿), 대웅보전, 장경전, 법당 등 아주 높은 2층 전각이 연이어 있고, 그 양편에 종루, 고루, 방장, 조사당, 응공당, 선당 등 수십 동의 전각이 이어져 있다. 오른쪽 북문 밖에는 채원(菜園)이 있고 왼쪽 안락문(安樂門) 가까이에 도응 선사가 직접 심었다는 1천백여 년 된 고목이 있었으며 그 뒤로 근세 중국 선종의 중흥조인 허운(虛雲) 대사 기념관이 있다. 안락문 밖에는 넓은 다원이 있고 다원 앞에 채원이 있는데 그곳에서 스님 한 분이 일을 하고 있었다. 채원 건너에는 산 밑까지 논이었다. 논 건너에 있는 푸른 숲은 여전히 머리에 운무를 이고 있었다.

운거도응 선사와 해동 유학승

도응(道膺, 835~902) 선사의 호는 운거(雲居), 시호는 홍각(弘覺), 탑호는 원적(圓寂)이며 본시 유주(幽州: 지금의 河北) 옥전(玉田) 출신으로 속성이 왕

조동종의 개조 동산양개선사의 법을 이은 운거도응. 운거선원에 30여 년을 머무르며 해동 사무외 대사에게 법을 전수했다.

(王)씨이며 범양(范陽: 지금의 北京)의 연수사(延壽寺)에 동진 출가하였다. 그곳에서 그의 나이 25세에 구족계를 받았는데 그의 은사가 성문의 편취(篇聚: 소승의 계율)를 공부하라 하니 그는 대장부가 어찌 계율에 얽매일 수만 있느냐고 한탄하며 그곳을 떠나 취미산에 이르러 취미 무학 선사에게 도를 물었다. 그곳에서 3년이 지났을 때 예장(豫章)이란 곳에서 온 한 객승이 동산양개(洞山良价) 선사의 법석을 크게 칭찬하는 것을 듣고 도응은 동산을 찾는다. 그는 신풍(新豊: 지금의 江西 宜豊)에서 동산양개 대사를 처음 친견하는데 그때 동산이 물었다.

"그대의 이름이 무엇인가?"

"도응입니다."

"위로 향한 법을 다시 말하라."

"위로 향하는 길이라면 도응이라 하지 않습니다."

"내가 운암에게 했던 대답과 같구나."

동산 스님은 도응의 법기가 자신의 법기에 못하지 않음을 인정하였다. 동산 스님이 어느 날 또 물었다.

"어디를 갔다 왔느냐?"

"산을 돌고 옵니다."

"어느 산이 살 만 하던가?"

"어느 산이 살 수 없습니까?"

"그렇다면 온 나라 안이 다 네 차지가 되겠구나."

"그렇지 않습니다."

"그러면 너는 들어갈 길을 얻었구나."

"길이 없습니다."

"길이 없다면 어떻게 나를 보러 왔는가?"

"길이 있다면 화상과는 멀어질 것입니다."

동산 스님이 다시 말했다.

"이 사람은 뒤에 천만 사람이 붙들어도 잡지 못하리라[此子以後 千人萬人把不住去在]."

도응은 이렇게 하여 동산의 문하에 있으며 입실 제자들의 우두머리가 되었다. 도응은 동산 선사의 비밀한 계인(契印)을 받고 물러 나와 삼봉(三峰: 현재의 江西 宜豊縣 城北)에서 선법을 펴다가 당 희종(僖宗) 중화 3년(883)에 운거선원(雲居禪院: 현재의 진여사)의 대중들과 남평(南平)의 왕 종전(鍾傳)의 간절한 요청에 의해 운거선원 주지로 추대되어 그곳에서 스승 동산 선사의 뜻을 받들어 조동종풍(曹洞宗風)을 편다. 도응 선사는 이렇게 조동의 가풍을 세밀하게 드러내며 말과 행동이 항상 서로 같았고, 근기에 따라 사물을 처리하였으며, 말을 골라서 사람을 접하였다. 선사는 운거선원에서 30여 년을 머물렀는데 1,500여 명의 학인들이 늘 그를 따랐다.

당시는 신라에서 많은 불교의 승려들이 당이나 인도로 유학을 가던 시절이었으므로 그 학인들 중에는 해동의 유학승도 적지 않게 있었으리라 생각된다. 그러나 그들 중 중국과 한국에 기록으로 남아 있는 것은 운주(雲住), 혜(慧), 형미(逈微), 이엄(利嚴), 여엄(麗嚴), 경유(慶猷)로 모두 여섯 스님에 지나지 않는다. 이들 가운데 형미, 이엄, 여엄, 경유 스님은 거의 같은 시절에 운거선원에서 수학했으며 도응 선사가 때때로 '해동 사무외(海東 四無畏) 대사'라고 자랑하곤 했던 네 분 스님들이다. 그러나 사무외 대사에 대한 기록은 거의 그 스님들의 비명에서만 볼 수 있고 중국의 전적에 남아 있는 것은 《경덕전등록》에 운거도응 선사의 문인으로 신라인 경유, 혜 그리고 운주가 들어 있다. 혜 스님과 경유 스님은 기연이 없어 도응 선사의 문도 속에 이름만 남아 있고 운주 스님의 경우 스승 도응 선사와 사이에 다음과 같은 선문답이 나타나 있다.

운주 스님이 도응 선사에게 물었다.

"여러 부처님들이 말씀하시지 못한 것을 누가 말할 수 있습니까?"

"내가 말할 수 있다."

"부처님들이 말씀하시지 못한 것을 화상께선 어떻게 말씀하실 수 있습니까?"

"부처님들이 나의 제자이니라."

"그 뜻을 말씀해 주십시오."

"군왕을 상대하지 않았더라면 벌써 스무 방망이는 맞았을 것이다."

우리의 근기로는 그 깊은 뜻을 알 수 없으나 운주 스님은 아직 스승의 기대에 미치지 못하는 듯하다.

해동 사무외 대사에 대하여는 위에서 언급한 경유 스님만이 《경덕전등록》에 도응 선사의 문도로 이름이 들어 있고 다른 세 스님은 중국의 기록에서 찾을 수 없다. 이들 네 스님의 운거선원 유학과 도응 선사와의 인연은 그 스님들 각자의 비명(碑銘)에 들어 있는데 이 비명들은 후에 중국에 전해져 모두 《전당서(全唐書)》에 들어가 있어서 중국에서도 모두 인정하고 있다. 한편 운주 스님과 혜 스님에 대한 자료는 우리나라에서 찾아 볼 수 없다.

해동 사무외 대사

삼국통일 이후에 신라에서는 많은 불교의 승려들이 당이나 인도로 유학을 갔었고 특히 당으로부터는 달마의 선법을 받아와 각각 종풍을 드날린 소위 9

개 산문이 열리기도 하였다. 유학승들 가운데 당나라에 가서 장시의 운거도응 문하에서 수학하고 조동종(曹洞宗)의 정통선법을 받아 후삼국 시절 혼란의 와중에 귀국한 이른바 운거도응 문하의 해동 사무외 대사가 이 나라에 조동선(曹洞禪)을 전하는 데 주 역할을 하였다.

이와 같이 4명의 선사들이 해동에 조동선을 전하는 데 주 역할을 할 수 있었던 것은 고려 태조 왕건의 불교 선사들에 대한 특별한 배려가 있었기 때문이다. 왕건은 불교를 숭앙하면서 선사들을 우대했는데, 당시 해동에까지 그 명성을 높이 드날렸던 장시의 운거산 도응 선사의 문하에서 해동 사무외 대사로 불린 형미, 이엄, 여엄, 경유 선사들에게 태조 왕건은 정책적으로 배려하여 지원하였으므로 조동선의 큰 뿌리가 이 땅에 내리게 되었다. 여기서 해동 사무외 대사들의 전법 행적을 간략하게 살펴본다.

1) 형미(864~918) 선사

형미 선사의 행적은 전라남도 강진 무위갑사(無爲岬寺) 〈선각대사편광영탑비(先覺大師遍光靈塔碑)〉의 비명에 나타나 있다. 선사는 속성이 최씨이고 어려서 진전(陳田) 도의(道義) 스님의 법손인 체징(體澄)의 문하에 입실하여 화엄사에서 수계하였다. 891년 2월에 입당하여 운거도응의 법사가 되어 조동종의 선지를 전수받고 905년에 광주 회진(會津)으로 돌아왔다. 운거도응 선사를 처음 친견하였을 때 선사가 이르기를 "우리 아들이 돌아왔구나. 내 일찍이 네가 올 줄 알고 있었지. 네가

형미 선사의 행적이 기록된 무위갑사(無爲岬寺) 선각대사편광영탑비(先覺大師遍光靈塔碑)

제자가 되고 싶어 하니 그 보배가 감추어진 곳을 가르쳐 주겠다"라고 하였다. 형미는 이와 같이 도응 선사가 부촉한 마음을 따라서 꾸준히 수행하여 깊고 깊은 이치를 터득하였다. 형미가 귀국한 때는 후삼국의 태봉국과 후백제 사이의 각축이 심한 때였으며 왕건과는 소통(疏通)이 있었던 것으로 보인다. 618년에 원효 대사가 창건한 무위갑사에 주석하며 사찰을 중수하고 10여 년간 법을 펴다가 나주 지역에 주둔하다 돌아가는 왕건을 따라 철원으로 와서 궁예(弓裔) 앞까지 나아가게 되지만 궁예의 종교정책을 비판하여 궁예에게 살해되었다고 전한다.

한편 궁예가 스님을 궁중으로 초대하여 공의 이치를 듣고자 하였으나 업보인지, 최호(崔皓)란 자가 불교를 사태(沙汰)시킬 간계를 꾸미는 것을 보고 열반의 시기가 왔다고 생각하여 스스로 열반에 들었다고도 한다. 어쨌든 스님이 열반에 들자 '개울과 못의 물이 홀연히 마르고 해와 달이 빛을 잃었다'라고 전한다. 이것으로 보아 형미 선사의 도력이 얼마나 깊었는가를 짐작할 수 있다.

형미가 시적(示寂)한 다음 해(918) 궁예가 살해되고 왕건이 추대되어 고려가 개국되었다. 태조 왕건은 형미 선사의 제자인 한준(閑俊)과 화백(化白) 등을 불러 사원을 짓고 탑을 수축하도록 하였다. 그리고 시호를 선각(先覺) 대사, 탑명을 편광영탑(遍光靈塔)이라 추증하고 사액을 태안(太安)이라 하였다.

2) 이엄(869~936) 선사

이엄 선사의 행적과 사상은 황해도 해주 수미산 광조사(廣照寺)에 있는 〈진철대사보월승공탑비(眞澈大師寶月乘空塔碑)〉의 비명에 잘 나타나 있다.

이엄의 속성은 김씨이고 12세에 가야갑사(迦耶岬寺)에서 덕양(德良) 법사를 만나 출가하였고 반 년 뒤 법사가 이엄에게 이르기를 "너는 마치 유가(儒家)의 안회(顏回)와 같고 불가의 아난다와 같으니 숙세의 인연이 아니면 어찌 이런 일이 있으랴" 하고 찬탄하였다.

이엄은 886년 도견율사(道堅律師)에게 구
족계를 받고 더욱 엄격히 수행하였다. 896년
입절사(入浙使)를 따라 당나라의 근강(勤江)
에 이르러 바로 운거도응 선사를 찾아 갔다.
도응 선사는 불원천리하고 찾아온 이엄을 반
기며 입방을 허락하였다. 이후 이엄은 6년간
혹한의 고통을 이기고 수행하며 신심이 더욱
견고해졌다.

운거도응 선사에게 신임을 얻어 수미산
문을 연 이엄 선사

어느 날 도응이 이엄에게 이르기를 "도는
본래 사람을 멀리하지 않으나 사람이 도를
넓히는 것이므로, 동산의 종지가 다른 사람
의 손에 있지 아니하며 불법의 중흥이 그대와 나에게 달려 있으니, 나의 도가
이제 동국(東國)으로 흘러가리니 이것을 생각하며 또한 이 뜻을 놓치지 말라"
고 하였다.

이엄은 도응 선사에게서 심인을 얻고 영남, 허베이, 후난, 장시를 두루 순례
하며 선지식을 참방하고 오나라와 한나라까지 유력(遊歷)한 다음 911년 광주
회진으로 귀국하였다. 이엄은 김해의 승광산(勝光山)에 절을 짓고 4년 동안 주
석하였다. 당시는 궁예의 태봉국과 견훤의 후백제가 도처에서 각축을 벌이던
시절이었으므로 전란을 피하여 12년간이나 불안하게 지내다가 영동군 남영각
산으로 옮기니 귀의하는 사람이 헤아릴 수 없이 많았다.

이엄 선사의 도성(道聲)을 익히 들은 왕건은 918년 즉위한 다음 선사를 태
흥사(泰興寺)에 주석하게 하고 선사에게 국왕의 도(道)에 대한 법문을 청하였
다. 이때 이엄은 국가가 요란하고 백성이 불안함은 불공정한 국왕의 정사에
기인하므로 국난의 원인을 외부에서 구할 것이 아니라 자신에서부터 구해야

한다고 강조하였다.

이 내용으로 보아 문제의 해법을 심중에서 찾아야 하고 현실 속에서 정도를 실천하게 하는 '정변회호(正偏回互)' 사상이 들어 있음을 볼 수 있다.

선사는 태조 왕건의 도움으로 해주의 남쪽 수미산에 광조사(廣照寺)를 신축하고 주석하니 그곳이 해동 구산선문의 제9 수미산문(須彌山門)이다. 이엄은 이 광조사에서 936년 입적하였다. 이에 태조는 선사의 시호를 진철(眞澈) 대사로, 탑명을 〈보월승공지탑(寶月乘空之塔)〉이라 추증하고 최언위(崔彦撝)에게 "선사의 고상하고 위대한 행적을 영원히 선양하도록 하라"고 명하며 비문을 짓게 하였다.

3) 여엄(862~930) 선사

선사의 행적은 경기도 지평(砥平: 지금의 陽平)에 있는 보리사(菩提寺) 〈대경대사현기탑비(大鏡大師玄機塔碑)〉의 탑명에 비교적 상세히 나타나 있다.

여엄의 속성은 김씨이고 남포인(藍浦人)이다. 9세(870)에 무량수사(無量壽寺)에 출가하여 주종(住宗) 법사에게서 화엄을 공부하고 880년에 구족계를 받았다. 성주산(聖住山)에 선지식이 있다는 소문을 듣고 찾아가 무염(無染) 선사 문하에 입실하였다. 무염이 입적한 뒤 충북 영동 영각산의 심광(深光) 화상에게서 다시 수년간을 정진한 뒤에 입당하였다.

당에 도착한 여엄은 강표(江表)를 거쳐 홍부(洪府)를 지나 계속 서쪽으로 상행하여 운거산에서 도응을 친견하였다. 여엄을 처음 본 도응 선사는 "그대와 이별한 지가 오래지 아니한데 여기에서 서로 만나게 되었구나. 내가 도를 행하려 할 즈음에 그대가 오니 기쁘다" 하고 말했다.

그로부터 수년간 고난을 겪으면서 어려운 도를 닦아 진보를 캐내게 되었다. 즉 운거의 문하에서 조동선을 전수받고 심인을 얻었다. 여엄은 909년 7월에 귀국하여 광주 순천에 도착하였다. 그때 백성들은 도탄에 허덕이고 슬픔에 젖어 있어 소백산에 들어가 한동안 지냈다. 태조 왕건이 여엄 선사의 도가 중국에서도 명성이 높고 대중을 잘 교화한다는 소식을 듣고 선사를 궁중으로 청하여 법문을 들었다.

그 후 조정의 일을 돕다가 산으로 돌아가려 하므로 태조는 개경과 너무 멀다고 지평에 보리사를 수리하고 그곳에 주석하도록 하였다. 930년 2월 17일 법당에 앉아 입적하니 태조는 국사의 예로 조의하고 탑을 건립하면서 시호를 대경(大鏡) 대사로, 탑명을 현기지탑(玄機之塔)으로 추증하였다.

4) 경유(871~921) 선사

선사의 행적은 개성 용암산(踊巖山) 오룡사(五龍寺)의 〈법경대사보조혜광지탑(法鏡大師普照慧光之塔)〉의 비명에서 고찰할 수 있다. 경유는 속성이 장씨이고 신라 경문왕 11년(871) 4월 11일에 출생하였다.

15세에 훈종장로(訓宗長老)의 문하에서 중생 제도의 서원을 세우고 18세 되는 888년에 통도사에서 영종(靈宗) 율사에게서 구족계를 받았다.

그 후 입당하여 동림을 지나 북방의 물가를 지나며 운거도응 화상의 도가 선종에서 제일이요 공덕은 불타에 못지않다는 소문을 듣고 운거산에 찾아가 도응의 문하에서 수행하여 심인을 얻었다. 이때 도응의 선문에는 경유와

경유 선사의 행적이 기록된 오룡사(五龍寺)의 〈법경대사보조혜광지탑(法鏡大師普照慧光之塔)〉

더불어 신라에서 온 형미, 이엄, 여엄이 함께 수행정진하고 있었는데 운거 대사는 이들을 가리켜 "해동위지사무외대사야(海東謂之四無畏大士也)"라고 칭찬하곤 하였다. 하루는 도응 선사가 경유에게 자등(慈燈)을 부촉하고 비밀리에 법요를 전하여 "드디어 나의 도가 동쪽으로 흘러갔으니 경유 한 사람만이 나의 마음을 발명하였다"고 하였다. 경유는 이에 만족하지 않고 운거의 법인을 전수하고자 진력하였고 그 법을 우리나라에 와서 중흥하기로 다짐하였다.

경유는 908년 7월 광주의 회진으로 돌아왔다. 이때 나주에 주둔하고 있던 왕건은 경유의 높은 덕을 듣고 진중으로 선사를 맞이하여 귀의했으며 즉위한 다음 바로 왕사로 모셨다. 그 후 선사는 태조에게 선정을 당부하고 오룡사(五龍寺)에서 921년에 입적하였다. 시호는 법경(法鏡)이고 탑명은 보조혜광(普照慧光)이다.

맺는 말

운거산 진여사에서 꽃피운 도응 대사의 조동선법은 해동에 전해졌다. 다시 말하여 해동의 조동선은 큰 줄기로서 장시의 청원산(靑原山)에서 발원하여 동산(洞山)을 거쳐 운거산에 이른 도응 화상의 선문에서 전이되어 이 땅에 뿌리내린 것이다. 이에는 혜 선사나 운주 선사의 보이지 않는 공로도 있었겠으나 주로 해동 사무외 대사의 덕화(德化)의 결실이라고 할 수 있다. 이는 운거도응 선사의 자등이 해동에 옮겨진 것이며 그 뒤에도 고려조에는 일연(一然), 조선조 초기에는 설잠(雪岑) 김시습, 중기에는 서산(西山) 휴정(休靜), 환성(喚惺) 지안(志安), 그리고 최근세에는 만해(卍海) 한용운(韓龍雲)에 의해 조동선의 선지가 논의되고 주창되었으니 그 법등의 힘이 얼마나 큰 것인가를 마음 깊이 느끼게 한다.

격월간 〈佛敎春秋〉 19호(2001. 4.)

의천 대각국사와 불인요원 선사

의천의 구법입송

의천(義天) 대각(大覺)국사는 고려 제11대 문종(文宗)의 넷째 왕자로 1055년에 태어났다. 속명은 후(煦)이다. 11세에 문종의 외숙(外叔)이요 화엄종의 고승인 경덕국사(景德國師) 난원(蘭圓)을 은사로 하여 출가하였다. 1067년 부왕에게서 우세(祐世)라는 호와 함께 승통(僧統)의 직책을 받았다. 그는 송나라의 화엄학승(華嚴學僧)인 정원(淨源) 법사와 편지로 법거래를 해 오면서 간곡한 권유를 받기도 하여 송나라에 유학하기를 오랫동안 원했지만 부왕인 문종도 형님인 선종(宣宗)도 허락하지

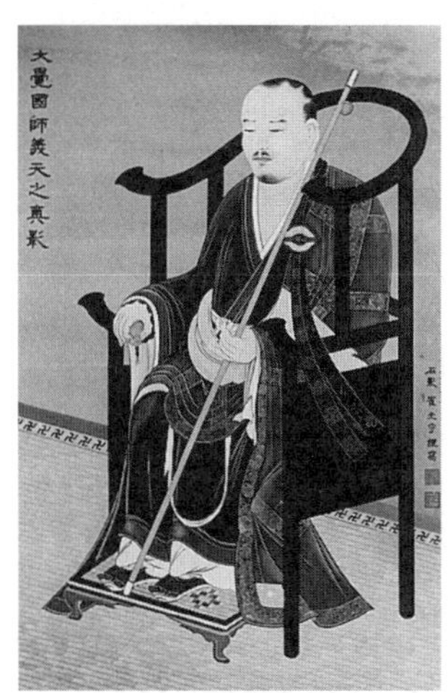

의천 대각국사 진영

화엄학승 정원(淨源) 법사가 주석한 항저우 혜인원

않았다. 그것은 물론 국제적으로 강국인 거란의 눈치를 봐야 했고, 또한 사랑스러운 아들을 거친 중원(中原)으로 보내고 싶지 않은 모친 인예(仁睿)태후의 마음이 크게 작용했기 때문이다. 1084년 정월에 새로 왕위에 오른 형님인 선종에게 올린 청입송구법표(請入宋求法表)도 허락되지 않자 의천은 말없이 혼자라도 송나라로 갈 마음을 굳히고 때를 기다렸다. 이듬해인 1085년 부처님 오신날 밤 상좌인 수개(壽介) 한 사람만을 데리고 초라한 탁발승의 모습으로 정주(貞州: 지금의 豊德)에서 송나라의 상선을 타고 고려를 떠났다.

약 한 달 뒤에 의천은 송나라의 판교진(板橋鎭)에 도착하였다. 송에 도착한 의천은 철종(哲宗) 황제에게 구법 입송의 뜻을 올리고 하회를 기다렸다. 두 달 뒤 찾아온 인반사(引伴使) 주객원외랑(主客員外郎) 소주정(蘇州廷)을 따라 당시의 수도 변경(汴京: 현재의 開封)으로 들어가 황제를 알현하고 환대를 받았다. 인반사에 대하여 《사차인반표(謝差引伴表)》에는 소주(蘇注)로 되어 있으며 영통사(靈通寺) '대각국사비명(大覺國師碑銘)'에는 소주정(蘇州廷)으로 되어 있고 《불조역대통재(佛祖歷代通載)》에는 접반사(接伴使) 소식(蘇軾)으로 되어 있으나 여러 가지 정황으로 보아 소주정(蘇州廷)으로 보고 있다. 이때가 송으로는 철종(哲宗) 원우(元祐) 원년(1085) 7월이었다. 의천의 입경이 이처럼 두 달이나 늦어진 것은 당시 어수선한 국정에도 원인이 있겠으나 크게는 동파(東波) 소식(蘇軾)이 주도하던 구법당(舊法黨)이 고려와 거란이 가깝다는 것을 빌미로 고려와의 교류를 반대하였기 때문이라는 주장이 있다. 소동파는 의천이 환국한 뒤에도 황제에게 일곱 차례나 의천의 일을 방해하는 상소를 올리기도 하였다.

반 년 가까이 변경에서 근방의 사찰을 돌아보고 제방의 선사들을 만나며 지낸 의천은 송에 온 가장 큰 목적을 이루고자 정원 법사가 주석하고 있는 항저우(杭州)의 혜인원(慧因院)을 향하여 길을 떠난다. 의천은 도중에 양쯔강 기슭을 지나며 금산사(金山寺)에 들르게 되는데 거기서 당시 주지였던 불인요원(佛印了元) 선사를 만난다. 불인과 의천의 만남이 진강 금산사에서는 오늘날까지 잊을 수 없는 이야기로 남아 있다.

이 글에서는 필자가 중국을 순례하며 진강의 금산사와 항저우에서 의천의 발자취를 찾아보고 그 과정에서 얻은 의천과 불인의 만남 그리고 그 두 사람의 품격 및 풍도에 대하여 살펴본다.

불인요원 선사상

의천과 요인의 만남

의천은 고려를 떠날 때 동반한 상좌 수개 그리고 뒤에 성종이 보낸 요진(樂眞), 혜선(慧宣), 도린(道隣) 스님, 철종 황제가 정중히 모시도록 보낸 주객원외랑(主客員外郎) 양걸(楊傑)의 안내를 받으며 정원 법사가 있는 항저우를 향하여 가게 되었다. 의천은 남으로 내려가는 도중에 가까이 있는 사찰들을 예방하였으며 그렇게 하여 양쯔강 남안(南岸)의 금산사에도 들르게 되었다. 당시 이 절의 주지였던 불인은 다른 절의 스님들과는 달리 높은 선상(禪床)에 앉아 고려국 승통인 의천의 예를 받는 것이었다. 그에 대해 의천은 시종 공경하는 자세로 따르고 추호도 머뭇거림이나 불쾌한 빛을 드러내지 않았다. 선사는 인사가 끝난 뒤에야 의천을 귀빈의 예우로서 대하는 것이었다. 그 두 스님의 만남을 보고 거기 참석한 다른 스님들도 놀랐지만 가장 놀란 것은 황제의 명을 받고 안내를 맡은 양걸이었다. 그래서 양걸은 불인에게 다음과 같이 물었다.

"선사께서는 어째서 높은 선상에 앉아 미동도 않고 의천 화상의 참배를 받으십니까? 이러한 것은 다른 절에서 본 것과는 크게 다릅니다. 너무 예의에 어긋나는 것이 아닙니까?"

거기에 이르기까지 북방의 모든 절에서는 의천을 영접하고 환송하는데 마치 속인이 왕공(王公) 대신(大臣)들을 맞이하고 환송하듯 하는 것을 양걸이 보아 왔기 때문에 그런 질문을 하게 된 것이다. 불인은 다음과 같이 답하였다.

"아닙니다. 그렇지 않습니다. 당신은 의천 화상에게서 불쾌해 하는 안색을 보았습니까?"

불인이 양걸에게 대답하면서 물었다.

"보지 못했습니다. 그 점도 제가 이해할 수 없습니다."

"그렇습니다. 이것은 당신이 이해할 수 없을 것입니다. 아니 당신뿐만 아니라 많은 사람들도 이해하지 못할 것입니다."

이와 같은 불인의 말을 듣고 양걸은 조금 더 자세히 일깨워 주기를 간청하니 불인은 다음과 같이 설명해 주었다.

"의천 화상이 비록 고려국의 승통이지만, 어떻든 한 명의 승려이니 절에서는 마땅히 승려들이 지키는 법도를 따라야지 어길 수는 없는 것입니다. 부처님이 일찍이 '사하(四河)가 바다에 들어가면 더 이상 강의 이름이 없어지고, 사성(四姓)이 사문(沙門)에 들어오면 사문의 종자[釋種]일 따름이다' 라고 가르치셨으니 절대로 속세의 귀천(貴賤)을 가지고 부처의 법도를 깨트릴 수는 없습니다."

"아, 본래 그런 것이었군요."

양걸은 마치 큰 깨달음을 얻은 듯 감탄을 하면서도 다시 다음과 같이 말하는 것이었다.

"그러나 몸을 좀 낮추어 시의에 따르는 것이 더욱 좋지 않겠습니까? 제방의 법도가 다 다른데 선사께서는 저의 이와 같은 이야기에 동의하실 수는 없습니까?"

선사는 양걸의 말을 듣고 다시 말하였다.

"감히 분별없이 맞장구를 칠 수는 없습니다. 다른 총림들에서 '도를 굽히고 세속을 따르다가 한쪽 눈을 잃은 셈인데 어찌 그와 같은 중국 중(僧)의 본보기를 보이겠습니까? 나 불인은 그렇게 하길 원치 않습니다."

양걸도 그 이상은 이의를 제기하지 않고 오히려 존경의 빛을 보였다. 이 일이 조정에까지 알려져 황제도 참으로 사원의 법도를 아는 선사라고 칭찬을 하였다고 한다.

이와 같은 만남의 예가 있은 다음 의천은 요원에게 향로, 가사 그리고 경질(經帙)을 선물로 드리니 요원은 여섯 수의 게송을 지어 의천에게 감사의 뜻으로 전하였다. 그 게송 중의 하나를 들어보면 다음과 같다.

高麗祐世獻焚爐　　　고려국 우세 스님이 향로를 주시니
凡聖龍天共一模　　　범인, 성인, 용과 하늘이 모두
　　　　　　　　　　하나의 모범으로 삼네

| 萬國昇平歸至化 | 온 세계 태평하고 지극한 교화로 돌아가는데 |
| 更於何處用工夫 | 불법 공부는 더 하여 어디에 쓰시려는지. |

의천을 지극히 흠모하는 게송이다. 이 만남을 흔히 '세상에 보기 드문 만남 [稀世之遇]'으로 부르고 있다. 선봉사(仙鳳寺) 대각국사비문에 의천이 불인요원 선사를 만났을 때 세상에서 아주 드문 만남이어서 '마치 공자(孔子)가 온백설자(溫伯雪子)를 보고 한눈에 도가 있음을 안 것과 같았다[如夫子見溫伯雪子目擊而道存]'는 대목이 있는데 이 역시 불인의 다음 게송에서 비롯된 것이다.

伯雪當年遇仲尼	백설(伯雪)이 그 때 공자를 만나니
不勞言語只楊眉	말없이 눈썹만 움직일 뿐이었지
這廻隔海如相見	바다로 둘러 막혔어도 서로 본 듯하니
一炷名香宴坐時	좋은 향하나 사르고 편안히 앉아 쉬네.

불인이 의천을 만난 것을 마치 공자가 온백설자를 만난 것과 비유한 게송인데 어떤 의미에서는 본인을 공자와 비유한 것이 어색해 보이기는 하나 의천의 도가 익었음을 나타낼 뿐만 아니라 향로를 보시한 데 대한 감사의 마음과 존경심이 배어 있다.

의천의 품격과 도량

의천에 대해서는 김부식(金富軾)의 《영통사비(靈通寺碑)》 제1장에 '나면서부터 아는 이[可謂性得而生知者也]'로 추앙할 정도여서 10세 이내에 사서삼경과 불전 일반을 통달했을 것으로 보고 있다. 11세에 자청하여 출가하였고 화엄교학을 공부한 지 2년 남짓한 13세에 승통의 법계를 받을 수 있었다는 것은 왕

불인요원 선사가 주석한 금산사 전경

자이기 때문에 받은 특전이라고 보는 견해도 있다. 그러나 고려조에는 어린 나이에 출가한 왕자 출신의 고승들이 많았지만 그렇게 어린 나이에 승통을 지 낸 것은 의천의 전에도 그리고 뒤에도 없었다. 어린 나이에도 아라한인 경우 에는 대덕(大德) 장로(長老)와 동렬로 대우하는 옛 법에 따른 것이라고 보는 견 해도 있다. 의천은 11세에 화엄종의 고승 난원(爛圓) 왕사에게 출가하여 이듬 해인 12세에 스승이 입적하자 스승을 대신하여 화엄의 장소(章疎)를 강설했으 며 제자백가와 자사집록(子史集錄)에 이르기까지 어느 노숙(老宿)이나 대덕도 그를 따를 수 없었다고 한다. 이러한 점으로 봐서 의천의 학문이 13세에 승통 이 되기에 충분하였고 나이는 어렸지만 당시 의천의 품격과 도량이 승통에 이 를 수 있을 만큼 원만했으리라 생각한다. 그 한 예가 의천이 불인과 처음 인사 를 나눌 때 높은 선상(禪床) 위의 요원에게 밑에서 시종 존경하는 태도로 추호의 불쾌한 빛 없이 예를 드릴 수 있었던 것은 참으로 고매한 품격과 넓은 도량을 지니고 있었음을 단적으로 나타내 주는 것으로 보인다. 이 만남에 대하여 앞에서 언급한 바와 같이 불가의 법도에 의한 보기 드문 만남이라고 보지만 한편으로는 불인이 소동파와 절친한 사이였기 때문에 소동파의 영향을 받아서 불인도 고려와 의천에 대한 못마땅한 마음을 가지고 있었기 때문이라고 보는 견해도 있고 또는 불인의 그와 같은 모습은 중국 스님들이 갖고 있는 일종의 '중화주의(中華主義)' 경향의 발로라고 보는 견해도 있다. 만일 그와 같이 소동파의 영향을 받은 편견이거나 중화주의 경향에 의해 그렇게 하였다면 불인은 선사라기보다는 범속한 스님이고 그럴수록 의천은 훨씬 도가 높은 스님이 될 것이다. 물론 의천은 고려의 왕자이고 고려 불교를 대표하는 승통이니 불인이 대우를 하여 같이 바닥에서 맞절을 나눌 수도 있었을 것이다. 그러나 불인이 양걸에게 말한 바와 같이 다른 총림에서 '도를 굽히고 세속을 따르다가 한쪽 눈을 잃고 있는 중국 승의 본보기를 보이지 않기 위하여 불가의 법도를 엄격히 내세웠고 그 뜻을 미리 안 의천이 그에 맞게 아름다운 만남을 이룬 것이라고 생각한다.

의천이 변경을 떠나 항저우를 위시하여 송나라의 유수한 사찰을 순례할 때 시종일관 안내한 주객원외랑 양걸이 두 수의 선송(禪誦)으로 의천의 덕을 찬양한 구절 중에 '동방에 고승이 계시니 도와 덕이 오래도록 순수함을 갖추었네[東方有高僧 道德久純被]' 라고 하였고, 또 '누가 능히 우세 스님 같이 오종(五宗)의 묘리를 궁구했을까[孰若祐世師 五宗窮妙理]' 라고 하였다. 대각국사 문집 중에는 이 부분에 대하여 '국사는 1년 사이에 현수(賢首)의 성종(性宗), 자은(慈恩)의 상종(相宗), 달마(達摩)의 선종(禪宗), 남산(南山)의 율종(律宗), 천태(天台)의 관종(觀宗)을 모두 통달하여 그 묘한 진리를 얻지 않은 것이 없었다' 고 주를 달고 있다. 그것을 옆에서 오랫동안 지켜본 대국의 자만심 높은 관리인 양걸이 그의 시에 쓴 것이니 의천의 원만한 덕과 높은 도를 알고도 남음이 있다.

불인요원 선사의 풍도(風度)

불인은 북송(北宋) 인종(仁宗) 천성(天聖) 9년(1031)에 요주(饒州) 부량현(浮梁縣) 출신으로 속명은 임각로(林覺老)이다. 아주 어린 시절부터 지혜가 매우 뛰어나 신동으로 불렸다. 그는 3세에 이미 당시(唐詩) 1,000수 정도를 막힘없이 암송하고, 불전 2,000구절 정도를 암송하여 잘 설명할 수 있었기 때문에 필시 전생에 닦은 지혜의 나타남일 것이라고 하여 '숙혜(夙慧)'라고 부르기도 하였다.

불인은 16세에 일용(日用) 선사의 눈에 띄어 출가함으로써 '요원(了元)'이란 법명과 '불인(佛印)'이란 별호를 받았다. 3년 뒤 19세에 원통거눌(圓通居訥) 선사에게 구족대계를 받고 정식으로 비구가 되었다. 그 때가 인종 황우(皇祐) 원년(1049)이다. 28세에 강주(江州: 현재의 九江)의 승천사 주지가 되었는데 너무 젊었기 때문에 그 절의 스님들이나 신도들이 다 같이 쳐다보지도 않았다. 그러나 곧 그의 학문의 넓고 깊음, 즉 불교의 교의는 말할 것도 없이 유가의 학문에도 매우 해박하고 수행에도 철저함이 밝혀져 스님들은 물론 강주 지방의 선남선녀들이 그의 가르침을 받고자 몰려들게 되었다. 그렇게 되어 승천사의 불인 스님이 지극히 어질고 유능하다는 소문이 사방에 퍼지며 어려움에 처해 있던 큰 절들에서도 주지로 모시기를 권하여 불인은 회남(淮南)의 두방사(斗方寺), 여산(廬山)의 개선사(開先寺), 귀종사(歸宗寺), 운거사(雲居寺) 등의 주지를 차례로 지냈다. 일단 새 절에 오면 불인은 잠시의 쉴 틈도 없이 바쁘게 일하고 그 절의 질서가 잡히고 모든 어려운 문제들이 사라지면 그를 기다리는 다른 절로 떠나곤 하였다. 난징(南京) 부근의 금산사(金山寺)와 초산사(焦山寺)의 주지도 지냈고 뒤에는 서원산(西袁山)의 큰 가람인 앙산사(仰山寺)의 주지도 지냈다. 이와 같이 여러 곳의 주지를 지냈지만 올 때나 갈 때나 삿갓 하나, 발우 하나 그리고 가사 한 벌로 홀연히 왔다가 홀연히 떠나갔던 것이다. 그 당시 유명한 사찰에서 주지를 지낸 스님들이 그 절을 떠날 때는 큰 수레 3대를 이용하여 행장을 옮기던 것이 흔한 예이었는데 그와는 매우 대조적이었다.

당시 불인은 전국적으로 이름을 들날리던 선사였다. 불인요원을 이야기할 때면 빼놓을 수 없는 이름이 있으니 그가 바로 당송팔대가(唐宋八大家)의 하나인 동파(東坡) 소식(蘇軾)이다. 불인은 소동파와 그만큼 깊은 인연을 맺었던 것이다. 소동파는 대문장가이면서도 정치에 투신하여 신종 황제 때 여러 번 남쪽으로 폄적(貶謫)되었다. 이 과정에서 불인과 동파가 가까워졌으므로 동파와 불인은 신종 황제가 인연을 맺어준 것이라는 우회적 표현을 하는 사람도 있다. 어떻든 불인의 전기 속에도 동파와의 이야기가 반을 넘는다.

금산사에는 두 가지 자랑스러운 이야기가 있다. 그 하나는 불인이 동파와 내기를 하여 동파가 성장(盛裝)한 옷에 두르고 있던 눈이 부시도록 광채가 나는 옥대(玉帶)를 차지함으로써 동파의 아만(我慢)을 꺾은 일이다. 금산사의 사보실(四寶室)에는 주정(周鼎), 동고(銅鼓), 금산도(金山圖)와 함께 그 옥대가 보관되어 있고, 금산의 백룡동(白龍洞) 앞에는 그 옥대와 같은 모양의 다리가 세워져 오늘까지도 '옥대교(玉帶橋)'란 이름으로 남아 있다. 그래서 찾아오는 사람들이 다리 밑을 지나는 거울같이 맑은 물을 쳐다보며 불인이 동파의 옥대를 차지하던 이야기를 되새길 수 있도록 하고 있다.

다른 하나는 불인이 황제로부터 고려의 비단가사[磨衲]를 받은 일이다. 소동파는 철종 원우 원년(1085)에 황제의 부름을 받아 한림학사(翰林學士) 승지(承旨)가 되어 변경(汴京)에 올라오게 되었다. 그 해 불인도 경화(京華: 수도)를 관광할 수 있는 기회가 있었다. 불인이 경사(京師: 수도)에 들어오자, 철종은 불인을 불러 고려에서 조공한 비단가사 한 벌을 하사하였다. 소동파는 그것을 찬양하여 사(詞) 한 수를 지었다.

장로 불인 대사, 요원이 경사를 유람하니 천자가 그 명성을 듣고 고려에서 조공한 비단 가사를 하사하셨네. 나그네가 보고 감탄하기를 "오호라, 멋지도다! 일찍이 본 적이 없네! 들어서 한 번 흔드니 곧 동서남북 교지(交趾의 지명)와 유도(北邊의 지명)까지 내 바늘구멍의 실 꿰는 길 가운데 섞여 있누나[長老佛印大師, 了元遊京師, 天子聞其名, 以高麗所貢磨衲賜之, 有客見而嘆曰.. '嗚呼盛哉! 未嘗有也! 擧而振之, 則東西南北, 交趾幽都, 紛在吾針孔線蹊之中矣].

그러나 불인은 소동파의 찬사를 듣고 오히려 한 번 크게 웃더니,
"소학사(蘇學士)의 말이 어찌 그리 범속하십니까?"
하고 말했다.
"그러면 당신이라면 어떻게 찬사하시겠습니까?"
하고 동파가 묻자, 불인은 "그것을 법안으로 보니 바늘구멍 하나하나에 무량한 세계가 들어 있는데 어찌 교지와 유도로 족하다고 하겠습니까" 하는 말로 시작하여 일련의 법문을 하였다. 이에 동파는 숙연해지며 공손하게 불인에게 감탄하는 말을 하였다. 그러나 불인은 그 감탄의 말도 소학사의 집착이라고 일깨워 주곤 하였다. 이 두 사람은 매우 절친하여 세인에게 우정의 표본이 되기도 하였지만 불인은 끊임없이 소동파가 도량이 좁고 겸손이 부족하기 때문에 조정으로부터 수없이 폄적되어 강호를 떠돌고 추위와 배고픔에 시달린 것을 안타까워하였으며 또한 소동파의 앞날에 대해서도 걱정한 적이 많다.

이와 같이 불인은 도량이 넓어서 소동파와 절친한 사이였지만 사사로운 정에 끌리지 않고 마음을 비운 활달한 선사이었다. 그런 점으로 미루어 볼 때 불인이 동파의 영향을 받아 의천에 대하여 선상(禪床) 위에서 예를 받은 것은 아니라고 생각된다.

마치는 글

　고려의 의천 대각국사와 송의 불인 요원 선사의 아름다운 만남과 이들 두 스님의 풍도에 대하여 살펴보았다.

　여기서 한 가지 덧붙이고자 하는 것은 금산사를 소개하는 작은 책자들 중에는 불인이 의천을 선상 위에서 앉아 예를 받은 것이 사원의 법도에 맞는 잘 한 일이라고 하여 신종 황제가 고려의 비단 가사를 불인에게 하사하였다거나 또는 고려의 비단 가사와 금 발우를 하사하였다는 설명이 들어 있는데, 그것은 잘못된 것인 듯하다. 앞에서 설명한 바와 같이 의천이 송의 수도에 들어간 것은 철종 원우 원년(1085) 7월이고 더욱 금산사를 방문한 것은 그 이듬해인 원우 2년(1086)이었다. 불인의 전기에 의하면 철종 원우 원년에 불인 요원이 경사(京師)에 들어가 황제로부터 고려의 비단 가사를 받은 것이니 그 해는 의천이 금산사를 방문하기 한 해 전인 것이다. 더욱 소동파가 철종이 즉위한 뒤 원우 원년에 한림학사 승지가 되어 경사로 올라오게 되었고 그 해에 불인도 경사에 오게 되었으니 금산사를 소개하는 작은 책자들에 전 황제인 신종이 하사하였다는 것도 잘못된 것으로 생각한다. 결과적으로 불인이 하사 받은 고려의 비단 가사는 의천과의 만남과 하등의 관계가 없고 불인의 높은 덕망 때문으로 보인다. 더욱 금 발우의 하사는 분명하지 않다. 다만 고려에서 만들어진 비단 가사와 금 발우가 중국인들에게는 그렇게 귀중한 물건이었던 것만은 분명한 듯하다.

참고문헌

1) 趙明基, 《義天》, 人物韓國史 권3.

2) 趙明基, 《義天/藏經板에 새긴 國師의 얼》, 韓國의 人間像 III 신구문화사.

3) 《謝差引伴表》, 大覺國師文集 卷第三, 건국대학교 출판부.

4)《大宋沙門了元詩六首》, 大覺國師外集 卷第十一, 건국대학교 출판부.

5)《大宋主客員外郎楊傑詩二首》, 大覺國師外集 卷第十一, 건국대학교 출판부.

6)《領統寺碑銘》, 大覺國師外集 卷第十二, 건국대학교 출판부.

7)《仙鳳寺碑文》, 大覺國師外集 卷第十三, 건국대학교 출판부.

8)《大覺國師文集 外》, 한글대장경, 동국역경원.

9) 彭楚珩,《佛印了元》, 歷代高僧故事 第四輯 十册之三, 불학어체문화사.

10) 鮑志成,《高麗寺與高麗王子》, 항저우대학출판사.

11) 黃有福, 陳景富,《韓-中 佛敎文化交流史》, 도서출판 까치.

12) 黃時鑒,《相遠以迹 相契以心》, 綠園스님 古稀記念學術論叢.

13) 陳飛龍,《蘇軾高麗觀之探討》, 國立政治大學學報第十六期(中國).

14)《金山之光》, 상해사회과학원출판사.

15) 劉雨男,《綺麗的金山》, 남경대학출판사.

16)《中國鎭江風景名勝》, 남경대학출판사.

격월간〈佛敎春秋〉통권 14호(1999. 4.)

운제당 이영무 스님의 생애와 업적

해방되기 2년 전인 1943년 당시 이 나라에서 가장 존경 받는 선사(禪師) 중 한 분이셨던 방한암(方漢巖) 큰스님께서 주석하고 계시던 상원사(上院寺)에서 있었던 일이다. 하안거 해제일 아침에 수좌들의 울력을 둘러보시던 한암 스님께서 열심히 비질을 하고 있는 한 작은 체구의 수좌를 물끄러미 바라보시다가 그를 불러 세웠다.

"야, 향림(香林)아."

그제야 큰 스님이 옆에 계신 것을 안 향림 수좌는 허리를 펴고 예를 드린 다음 대답하였다.

"예, 큰 스님. 무슨 분부 말씀이 있으십니까?"

"그래, 너 자자(自恣) 후에 내게 꼭 한번 들러라."

큰 스님께서 향림 수좌를 바라보시던 모습이나 불러서 분부하시는 어조로 보아 그 수좌를 무척 아끼는 듯한 마음이 담겨 있었다.

그 날 저녁 향림 수좌는 조실에 들러 예를 드리고 조용히 앉았다. 그러자 한암 스님께서 먼저 말을 시작하였다.

"향림이, 너는 한학(漢學) 공부를 어디서 했느냐?"

"속가의 선친이 한학자이셨기 때문에 아주 어려서부터 선친에게서 한문 공부를 하였습니다."

"그러면 그때 글은 어디까지 읽었더냐?"

"여덟 살 때는 한문으로 일기를 썼고, 저의 이야기라 죄송스럽습니다만 열 살 때는 사서삼경 무불통지라고 선친께서 인정해 주셨으며 중요한 중국의 고전은 대략 다 읽었습니다."

"필시 숙혜(夙慧)로다. 네가 석왕사(釋王寺) 강원(講院)에 있을 때 글공부가 너무 뛰어나 강사 스님이 너를 월반시켰다는 이야기를 들었다."

"과분한 말씀이십니다."

"아니다. 그런데 너는 앞으로 어떻게 할 생각이냐?"

"계속 참선 공부를 열심히 하여 스님 문하에서 확철대오(廓徹大悟)하고 싶습니다."

이때 한암 스님은 한참을 묵묵히 있다가 다음과 같이 말을 이었다.

"내가 너와 함께 두 철을 지내면서 살펴본 바로 네가 가진 재주와 한학의 깊이로 보아 너는 산문 안에서만 살기엔 아까운 사람이다. 향림아, 참선을 하여 견성하기도 어려운 일이다만 세속에서 공부 잘하기도 어려운 일이다. 한학 공부가 그만큼 익었으니 너는 세속에 나가 더 공부해서 불법을 펴도록 해라. 내가 이 말을 해 주고 싶어서 너를 보고자 하였느니라."

"당치 않으십니다. 저같이 부족한 사람이 어떻게 그렇게 할 수 있겠습니까? 허락해 주신다면 스님 밑에서 참선 공부를 계속하고 싶습니다."

"향림아, 부디 내 말을 명심하여라. 흐르고 스며서 약수가 될 물이 한곳에 머물러 있으면 탁해지고 끝내는 썩고 마는 법이다."

그때 한암 스님에게서 이와 같은 충고를 들었던 향림 수좌가 바로 지난 4월 16일에 원적한 한국 불교 태고종 전 총무원장 운제당(雲霽堂) 이영무(李英茂) 스님이다.

운제 스님은 우리나라가 해방되자 이제는 한암 스님의 뜻을 받들 때가 되었다고 생각하고 환속하여 대학에 들어가 공부를 시작하였다. 스님은 동국대학교 사학과를 졸업하였다. 잠시 중등학교의 강단에도 섰었으나 1987년까지 근 30년을 대학 교수로서 봉직하였기 때문에 불교계에도 운제 스님으로보다는 이영무 교수로서 더 잘 알려져 있다. 대학에서 정년퇴임한 뒤에는 다시 태고종 종립 동방불교대학장, 태고종 총무원장, 선암사 승가대학장 등을 역임하였고 원효연구원을 설립하여 원효 사상의 연구와 선양에 동분서주하다가 입적하였다.

필자는 1982년부터 같은 대학의 교수로서 그리고 불자로서 운제 스님과 인연을 맺게 되었고 스님의 주선으로 건국대학교 불교학생회 지도교수를 맡아 오늘에 이르고 있다. 또한 스님이 정년퇴임한 후에도 오늘에 이르도록 불교교수협회 및 부설 원효 사상반(元曉思想班), 한국교수불자연합회, 원효연구원 등을 통해 매우 가깝게 인연을 맺어 왔다. 그간 스님에게서 들은 이야기와 남긴 저술들 그리고 스님과 관계되는 잡지나 신문 기사 등을 참고하여 일생 동안 높은 학덕으로 불교 사상 연구와 후배 양성 및 대중 교화에 몸 바쳐 온 운제 스님의 생애와 업적을 간략하게 살펴보고자 한다.

유년기와 출가

운제 스님은 1921년 음력 3월 5일 충청북도 괴산군(槐山郡) 장연면(長延面) 조곡리(鳥谷里)에서 한학자인 부친 이기종(李基鍾) 씨와 모친 이진구(李鎭九) 여사의 사남(四男)으로 태어났다. 스님의 본관은 전주이씨이고 속명은 영무(英茂)이다. 아주 어려서부터 총기가 뛰어나 하나를 가르치면 열을 알며 한번 보거나 들은 것은 절대 잊지 않아서 신동이라는 소문이 자자하였다고 한다. 부친이 그의 재주를 인정하고 서너 살 때부터 한문을 가르쳤는데 어지간히 재주 있다는 사람이 보름씩 걸려 겨우 강독하는 책을 영무는 한나절이면 거뜬히 외워 내고 그 뜻을 마치 미리 알고 있는 듯 훤히 아는 것이었다. 그렇게 하여 일고여덟 살 때는 한문으로 일기를 쓰기에 이르렀으며, 열 살 때는 사서삼경뿐만 아니라 제자백가(諸子百家)에도 막히는 곳이 없을 정도였다고 한다.

소년 이영무는 그 뒤 집안 사정에 따라 일본으로 건너가 중학교에 다니게 되었다. 그때는 삶에 대한 많은 갈등을 느꼈다고 한다. 스님은 그 시절에 대하여 이렇게 피력한 바 있다.

"중학교를 일본에서 다녔는데 그때 갈등이 많았지. 속으로 여기서 살아나 가려면 일본 사람들에게 불평하지 말자는 다짐을 하면서 그런 대로 참고 지냈지만 항상 가슴속 깊은 곳에는 울분이 가득했지. 그래서 이 세상은 내가 살 만한 곳이 아니라는 생각을 자주 했으니까……."

그런 갈등 속에서 스님은 세상을 피하는 방법을 찾아 나서게 되었는데 크게 숨을 곳[大隱]은 바다이고, 중간으로 숨을 곳[中隱]은 도시이며, 가장 작게 숨을 곳[小隱]이 산이라는 것을 알게 되었다. 당시로서 바다에 숨는 것은 생각도 할 수 없었고 도시에 숨기 위해 경성으로 왔으나 경성은 폭격으로 전쟁터를 방불하게 되어 숨을 곳이 못 된다고 생각하였다. 그래서 결국 산으로 들어가 게 되었는데 그것이 결국은 출가하게 된 실마리가 되었다. 산 생활과 출가에 대하여 스님은 다음과 같이 말한 적이 있다.

"지금도 산중 생활은 단조롭지만 그때는 더 심했었지. 심심하면 절에 가서 밥도 얻어먹고 경 읽는 소리도 들으면서 자연스럽게 경전도 얻어 보게 되었 지. 그런데 경전을 보니 그 뜻이 환하게 들어오고 그동안의 답답했던 마음이 확 풀리며, 그 상쾌함이 뭐라고 표현할 수 없는 법열로 다가왔으니까⋯. 이 우주에서 자유롭게 살아갈 수 있는 해탈 법문이 거기에 있어서 출가를 결심 하게 되었다네."

스님은 그렇게 하여 마음을 굳히고 안변(安邊)의 석왕사(釋王寺)로 출가하 게 되었다. 그때가 1937년이니 스님의 나이 만 16세이었다. 스님은 뛰어난 한 문 실력 덕택에 행자 생활도 뛰어넘어 바로 한재순(韓在淳) 스님을 은사로 득 도하고 정찬종(鄭贊鍾) 스님을 계사로 비구계(比丘戒)를 수지하고 향림(香林) 이란 법명을 받았다. 강원에서도 사집(四集)을 건너뛰고 바로 사교(四敎)를 배 우게 되었다. 워낙 다른 수좌들과 실력 차이가 나기 때문에 강사 스님이 두 번 이나 월반을 시켜준 셈이다. 스님은 그때의 일을 아래와 같이 말한 적이 있다.

"옛날 공부라는 것은 글을 외워야 하는데 한 번만 봐도 자연적으로 외워지 고 그 의미가 환하게 들어오니 그것을 가지고 몇 날 며칠씩 끙끙대는 다른 수 좌들과 짝할 수가 없었기 때문에 강사 스님이 월반 아닌 월반을 시키게 되었 던 것이지. 그렇게 건너뛰다 보니 습관적으로 남이 하는 짓은 영 어설퍼 보이 고 남의 말은 도대체 귀에 들어오지 않았지. 지금 와서 생각해 보면 그렇게 하여 생긴 자만심이 나의 성장에 보탬이 되지 않았던 것 같아."

스님이 한번은 석왕사 강원 시절을 회상하며 다음과 같은 말을 덧붙이기도 하였다.

"내가 이렇게 키가 작은 것은 전생에도 남들보다 재주가 있었던지 그로 인한 아만심(我慢心)이 컸기 때문에 그 과보가 아닌가 하는 생각이 드는 때가 있지."

스님은 석왕사에서 사교와 대교를 마치고 참선 공부를 하기 위하여 여러 선방을 찾게 되었다. 그 중 스님이 가장 크게 영향을 받은 것은 금강산 마하연(摩訶衍)에서 설석우 스님을 모시고 한 철을 지낸 때와 오대산 상원사에서 방한암 스님을 모시고 두 철을 보낼 때였다. 오대산에서 한암 스님의 간곡한 충고를 받은 이야기는 서두에서 언급한 바와 같으며, 이 선방의 생활이 강원에서 경전 공부를 하며 느낀 부처님의 말씀에 대한 확신을 굳힌 기간이라고 하였다. 그때의 생각으로는 참선 공부를 계속하여 대각을 이루고 싶었지만 대선사이신 한암 스님의 충고도 저버릴 수 없었던 만큼 늘 마음에 담아 하산할 때를 노리기도 하였다고 한다. 어떻든 그 두 선방의 수행이 산문 안에서는 물론 세속에 나와서까지 일생을 부처님 그늘에서 수행자의 자세로 살 수 있게 한 힘을 주었다고 하였다.

스님은 만 22세에 봉은사 강원의 강사로 추대되어 해방을 맞을 때까지 그 일을 하였다.

해방과 환속

조국이 해방되었다. 스님은 원래 일제 치하의 암울한 시절 어지러운 세상을 피하여 산속에 숨어들어 간 것이 출가로 이어져 사문(沙門)이 되었다. 그러나

이제는 해방이 되었으니 숨을 필요가 없어졌으며 한암 선사의 간곡한 충고도
있었고 하여 여러 가지로 앞날을 생각하게 되었던 것이다. 결국 한암 선사의
말씀을 받들어 대학에 진학하기로 결심하고 산을 내려오게 되었다.

　스님은 1946년 9월 동국대학교 사학과에 입학하였다. 불교학과를 지원하지
않고 사학과를 지원한 데 대하여 스님은 다음과 같이 이야기한 적이 있다.

　　"출가 전부터 사학에 관심이 많았었고, 우리나라의 역사에 미친 불교의 영
　　향이 지대하기 때문에 사학 연구도 불교학 연구와 별로 다르지 않다는 생각
　　으로 사학과를 택한 것이지 별 다른 뜻은 없었어."

　스님은 동국대학교에 다니면서 서울성동중학교(구제) 사생과(社生科) 교사
생활도 병행하였다. 1950년 5월에 대학을 졸업하였다. 1953년부터는 대구 능
인고등학교 사생과 교사로 부임하게 되는데 이때부터 역사학과 한국 불교 사
상에 대한 연구 논문을 발표하기 시작하였으며 유능한 불교의 법사로서도 이
름이 나게 되었다. 이와 같은 경력이 작용하여 1960년에는 광주 조선대학교
역사학과 교수로 부임하게 되었다. 조선대학교에서 7년간 재직하며 대학 부설
국사연구원장을 지냈고 동국역경원 역경 위원으로 활동하기 시작하였다. 무
엇보다도 그 시절 광주의 불교계와 맺은 인연은 스님이 광주를 떠난 뒤에도
계속되어 입적하는 그 날까지 매월 불교 강의를 위해 광주에 내려갔었고, 때
때로 불교 단체의 초청을 받아 법문하러 내려가는 것을 옆에서 볼 수 있었다.
　스님은 1968년 건국대학교 사학과 교수로 부임하여 1987년 정년퇴임할 때
까지 사학과 학과장, 박물관 연구위원, 인문과학연구소장 등의 직책을 맡았으
며 사학 교육과 연구에 전념하였다. 스님이 건국대학교에 재직하는 동안 40여
편의 학술논문을 발표하였는데, 그 모두가 불교와 관련된 것으로 주로 신라
불교의 문화사상적 고찰, 원효·태고보우·보조지눌·연담 스님 등의 불교

사상이 주축을 이룬다. 스님은 학교 교육과 연구 외에도 제방(諸方)에 강의와 법문을 하는 한편, 불교 관련 잡지에 많은 글을 집필하였다. 그래서 스님은 사학과 동시에 불교학에 학덕을 겸비한 학자로서 존경을 받았으며, 대학의 불교학과나 불교대학은 물론 불교 신행단체에서 설득력 있는 강의와 법문을 하였기 때문에 명강사와 명법사로 이름을 날렸다. 건국대학교에 재직할 때 문과대학장을 지낸 바 있는 동료 교수였던 김승곤(金昇坤) 박사는 어느 글에서 스님의 강연에 대하여 다음과 같이 회고한 적이 있다.

"이영무 교수님의 불교 강연이나 동양사 강연을 들어 보면, 그 깊고 어려운 경(經)과 사학(史學)을 현대 철학적 방법과 이론으로 쉽게 풀어 누구나 재미있고 이해하기 쉽게 설명함으로써 듣는 이가 감복하지 않을 수 없게끔 하는데, 이는 필자만 경험한 일이 아니다."

운제 스님과 원효 사상

원효 스님은 우리나라뿐 아니라 세계적인 불교 사상가이었기 때문에 원효 스님의 불교 사상에 대하여 연구한 분들이 많다. 스님도 건국대학교 교수로 재직하는 동안 원효 사상의 연구와 선양에 많은 노력을 하여 여러 편의 논문을 발표하였다. 짧지 않은 기간 심혈을 기울여 원효 스님의 《열반경종요(涅槃經宗要)》를 교정하고 번역하여 출판하였고, 원효와 관련된 학술회의에는 빠짐없이 참가하였기 때문에 '이영무 교수' 하면 원효

생전의 이영무 스님

사상이 떠오르리만큼 원효 학자로 잘 알려져 있다. 스님이 원효 대사에 대하여 연구할 마음을 낸 데 대하여 〈원효의 인물과 사상〉이란 논문 속에서 다음과 같이 피력한 바 있다.

"본인이 비박(菲薄)한 식견으로 감히 위인 원효를 연구하려는 것은 마치 모기 한 마리가 대허공(大虛空)에 소리쳐 보는 어리석음임을 자인하면서도 용심(勇心)을 내는 것은, 첫째는 여러 선지(先知)들의 학설을 종합 정리하여 더 깊은 연구의 체계를 세워 보려는 뜻이요, 둘째는 우리 민족과 함께 원효에 대한 관심을 높여 보자는 의도인 것이다."

스님은 원효 대사에 대하여 〈원효 대사의 정토사상〉, 〈원효 사상에 나타난 인권론〉 등 다수의 학술 논문을 발표하였고 많은 잡지와 신문 등에 원효의 사상과 관련된 글을 썼으며 법문이나 강연에서도 원효 대사의 가르침을 헤아릴 수 없을 만큼 인용하거나 그의 사상을 논의하였다. 스님이 무엇보다 심혈을 기울인 것은 원효 대사의 저술 중 하나인 《열반경종요》를 교정하고 번역한 것이다. 《대정신수대장경(大正新修大藏經)》에 실려 있는 〈열반경종요〉에서 오자, 탈자, 연자(衍字)를 300여 곳이나 찾아내었다. 이것을 원효 대사가 인용한 《열반경》 본문이나 기타 경론을 대조하기도 하고 혹은 종요(宗要) 내의 상하 문장에서 찾아내는 등 4년 여 동안 각고의 노력으로 빈틈없이 모두 수정하였으며 문맥상 이상하다고 생각되는 부분에 대해서도 다각적인 연구와 검토로 번역을 완성한 것이다.

스님은 1990년부터 불교교수협회 내에 원효 사상반을 만들어 매주 토요일에 두세 시간씩 원효 사상에 대한 강의를 시작하여 입적하기 얼마 전까지도 계속하였다. 원효 사상반에는 주로 대학교수들과 불교를 전공하는 학자 그리고 스님들도 수강하였는데, 강의 내용은 《열반경종요》, 《법화경종요(法華經宗

要)》,《양권무량수경종요(兩卷無量壽經宗要)》,《대승기신론소병별기(大乘起信論疏并別記)》,《유심안락도(遊心安樂道)》,《십문화쟁론(十門和諍論)》,《원효저술 해제(解題)》 등 다수이다. 스님이 강의 중에 원효 사상에 대하여 가장 강조한 것은 원효의 평등사상이었다.

"세상에서 벌어지고 있는 모든 문제의 원인을 자세히 살펴보면 대립과 불평등에서 온다는 것입니다. 국가, 계층, 빈부, 심지어 부부, 부모자식 간에도 대립과 불평등에서 심각한 문제가 발생합니다. 그런데 원효 스님은 1,400여 년 전에 다른 사람들이 생각할 수 없는 평등사상을 주창하였습니다. 너와 내가 둘이 아니고, 남자와 여자가 다 같은 사람으로 평등하고, 중생과 부처가 평등하며, 인간과 축생이 평등하다고 했습니다."

이와 같이 스님은 강의 곳곳에서 원효 대사의 평등사상을 강조하였다. 신라가 삼국을 통일할 수 있었던 것도, 또한 삼국 통일 후에 평화로울 수 있었던 것도 원효 대사의 사상이 뒷받침되었기 때문이라고 여러 번 강조하였다. 또한 스님은 강의 도중 오늘날 세상이 서구문화에 너무 휩쓸려 너는 너고, 나는 나라는 개인주의와 물질만능주의 사상이 팽배해 있어서 인류의 미래에 희망이 없다고 늘 안타까움을 토로하였다. 분명히 오늘날의 병든 사회를 치유할 수 있는 길은 불교 사상, 특히 원효 사상을 선양하는 일이라고 늘 강조하였다.

스님은 또한 1997년부터 개인 사찰인 왕산사(王山寺)를 처분하고 거기에 사재(私財)를 합하여 기금으로 원효연구원을 설립하였다. 이 연구원을 통하여 원효 사상을 더욱 선양하고자 동분서주하였다. 스님은 원효연구원 개원식에서 다음과 같이 술회하였다.

"한평생 불교학과 사학에 파묻혀 살면서 원효 성사(聖師)야말로 한국 불교

사상에 있어서나 우리 역사상에 있어서나 가장 위대한 인물이라는 결론을 얻었습니다. 화쟁회통사상(和諍會通思想)과 일심사상(一心思想)으로 축약하여 표현할 수 있는 원효 성사의 사상은 시대와 민족 그리고 종교의 벽을 뛰어넘는 보편성을 지닌 것으로 민족의 소원인 남북통일뿐만 아니라 세계를 한마음으로 만들 수 있습니다. 원효 성사의 사상으로 오늘날 갈팡질팡하는 정신세계에 새로운 지평을 열 수 있다는 믿음으로 원효연구원을 개설했습니다.”

1998년에는 원효연구원의 논문집 제1집을 발간하였으며 스님은 이 연구원을 사단법인으로 문화관광부에 등록하기 위하여 마지막 가시는 날까지 무척 고심하였다.

운제 스님과 한국 불교 태고종

앞서 짧게 언급한 바와 같이 스님은 처음 조계종의 전신인 선종 사찰이었던 석왕사에 동진 출가하여 향림(香林)이란 법명을 받고 8년간 승려 생활을 하였다. 또한 1987년 건국대학교에서 정년 퇴임하고 다시 입산할 때는 태고종에 출가하여 그곳에서 중요한 직책을 맡았다. 태고종단과의 인연은 이것이 처음은 아니다. 평소에 스님은 스스로 박대륜(朴大輪) 대종사(大宗師)의 문인이라고 말하곤 하였는데, 대륜 스님과 처음 맺어진 인연에 대해서 자세히 알 수는 없으나, 1971년 5월 불이성(不二城) 법륜사(法輪寺)에서 대륜 스님을 법사로 건당(建幢)하여 운제(雲霽)라는 법호를 받았다. 대륜 대종사는 조계종에서 두루 중요 직책을 맡고 총무부장을 3회나 연임하였고 총무원장을 지냈으나 종지에 승복할 수 없는 부분이 있어서 1965년 조계종을 탈퇴하고 1969년 한국 불교 태고종을 창종하여 초대 종정에 취임하였다고 한다. 운제 스님도 대륜 스님의 뜻을 따라 1970년 태고종 중앙종회 의원이 되였고, 1973년에 태고종단의 위촉으로 《태고보우 국사 법어집》을 번역 출간하였다. 그 외에도 몸은 속세에 있었지만 출가자와 같이 태고종단의 중요한 업무에 참여하였다.

스님이 대학에서 정년 퇴임하자 대한불교조계종에서 스님을 상임법사로 추대하겠다는 제안을 하였고 매스컴을 통해 그런 내용을 발표했다. 그러나 스님은 이를 거절하고 바로 삭발하고 납의(衲衣)로 갈아입은 다음 태고종에 입산하여 종립 동방불교대학장에 취임하였다. 그 뒤 태고종 총무원장, 한·일불교교류협회 이사, 한국불교 태고종 유지재단 이사장, 불교방송 이사 등을 지냈다. 태고종 총무원장의 자리를 물러나고는 멀리 전남 승주의 선암사에서 승가대학장을 지냈다. 그 이후는 태고종 승정으로서, 대륜화상문도회 부총재로서 그리고 대륜불교문화연구원 이사로서 활동하였다. 스님은 속세에서 이영무 교수로 활동한 기간이 길고 그 업적이 크기 때문에 다시 입산한 후에도 운제 스님보다는 이영무 스님이란 호칭이 더 일반적으로 사용되었다. 또한 건국대학교 재임 당시 동료 교수였던 한학자 이훈종 교수가 스님에게 인생을 사는

원효연구원 개원식에서 오른쪽 두 번째가 필자

자세에 비추어 '옛길을 밝히는 학자'라는 뜻의 '고경(古逕)'이라는 아호를 지어 주어 휘호나 글을 발표할 때는 그 아호를 많이 사용하였기 때문에 당시 가까이 지냈던 분들은 다시 입산한 후에도 '고경 선생'이라고 흔히 부르곤 하였다.

스님은 건국대학교에 재직하면서도 강원도 원주시 지정면 간현리에 자원사(慈元寺)를 설립하여 수행처로 삼았으며, 1992년에는 자원사를 정리하고 충청북도 영동군 황간면에 한국 불교 태고종 왕산사(王山寺)를 설립하여 주지로 있었다. 1997년에는 왕산사를 정리하여 그 돈을 원효연구원의 기금으로 내놓고 그 이후엔 원효연구원의 발전을 위하여 힘썼다.

운제 스님의 저술 활동

스님은 방한암 큰 스님께서 숙혜라고 칭찬하였을 만큼 어려서부터 한문과 한학에 깊은 조예가 있었기 때문에 경전을 의해(義解)하는 데에 남다른 면을 보였다. 스님이 대학에 재직하는 동안 주로 원효 그리고 보조 지눌, 태고 보우, 매월당 김시습, 만해 한용운 등에 대한 연구로 40여 편의 학술 논문을 발표하고 많은 단행본도 저술하였는데, 그런 업적으로 제1회 뇌허학술상(雷虛學術賞)을 받았다. 스님의 주요한 저술을 저서와 역서로 나누어 보면 아래와 같다.

저서
《한국의 불교사상》, 민족문화사, 1987.
《유마강경설(維摩經講說)》, 월인출판사, 1989.
《기원의 꽃》, 불교영상회보사, 1991.
《이영무불교선집》(I, II, III 3권), 불교영상회보사, 1996.

역서

《대지도론(大智度論)》, 동국역경원, 1970.

《동문선(東文選)》 권30, 민족문화추진회, 1971.

사마천(司馬遷), 《사기(史記)》, 신태양사, 1973.

《태고보우 국사 법어집》, 태고종총무원, 1973.

《동국여지승람(東國輿地勝覽)》, 민족문화추진회, 1974.

《원효전집(元曉全集)》, 한국정신문화연구원, 1979.

《매월당 별집》, 세종대왕기념사업회, 1980.

《열반경종요(涅槃經宗要)》, 대성문화사, 1984.

《선시 100수》, 불교영상, 1994.

위에 열거한 서책들 외에도 1974년부터 1979년까지 민족문화추진회의 위촉으로 《심헌서(諶軒書)》 두 권, 《동문선》 권70, 《동사강목(東史綱目)》 세 권 그리고 1980년에 《동국문헌비고(東國文獻備考)》 권74 등 모두 일곱 권을 번역 간행하였다.

맺는 말

1988년 운제 스님이 다시 출가하였다는 소식을 듣고, 태안사 선방에서 정진 중이던 이화대학교 이남덕 교수가 급거 상경하여 스님을 찾아왔다. 이유인즉 왜 다시 입산하게 되었는지 묻기 위해서였다. 그때 스님은 다음과 같이 대답하였다.

"내생에 소원이 동진 출가하는 것인데 이생부터 내생의 출가를 준비하는 것입니다."

이와 같이 스님은 먼 뒷날의 일, 나아가 내생의 일까지 준비하고 살아갔다고 생각된다. 입적하기 얼마 전 불교방송국을 통한 대담에서 죽음에 대하여 질문을 받았을 때 스님은 죽음에 대하여 마음 쓰지 않고 살아간다고 하고 주로 염불선을 하고 지내는데 말년에 염불선을 통하여 많은 것을 깨닫고 있다고 하였다. 끝으로 일반 불자들을 위하여 한 말씀 해 주시기를 부탁드리니 다음과 같이 말하였다.

"사람은 언제인가 갈 것이니 갈 때 후회하지 않는 사람이 되도록 합시다. 삼세인과(三世因果)를 잘 알아, 좋아도 자기가 책임지고 나빠도 자기가 책임지면서 진실하게 삽시다. 중생과 부처가 둘이 아니라고 했는데 중생이 주인이 되는 삶이 아니라 부처가 되어가는 삶을 삽시다. 중생의 몸으로 부처가 될 수 있다는 믿음으로 부처님의 가르침을 깊이 배우고 염불이든 참선이든 부지런히 정진하여 부처가 되도록 합시다."

어쩌면 이 말이 우리에게 보낸 마지막 메시지인 듯하다. 스님은 1999년 3월 하순 서울에서 강의를 마치고 주석하고 있던 가평의 대성사(大聖寺)로 가는 도중 발병하여 20여 일 병원에 있다가 4월 16일 끝내 원적에 들었다. 스님이 떠난 다음 평소에 스님을 흠모하던 많은 사람들이 스님은 학덕과 수행력을 겸비한 보살승으로 살다 갔다고 칭송하고 애도하였다.

스님의 사대(四大)는 이승에서 여의었지만 스님이 이룩한 업적과 남겨 놓은 학문은 뒷날 두고두고 후학들에게 빛이 될 것으로 믿는다. 부디 스님이 원하던 바와 같이 다음 생에는 이생에서보다 훨씬 좋은 인연으로 다시 인도환생(人道還生)하여 스님이 원하였던 바와 같이 동진출가하고 일찍 부처를 이룰 수 있기를 두 손 모아 기원하며 이 글을 맺는다. 나무아미타불.

격월간 〈佛敎春秋〉 통권 15호(1999. 8.)

아름다운 나들이를 마친 법정 스님

법정 스님의 글 '그 산중에 무엇이 있는가' 속에 스님이 인용한 옛 은자의 시이다. 스님은 78년간 소요(逍遙)한 사바세계에서 마치 그 은자처럼 아름다운 나들이를 마치고 2010년 3월 11일 오후 1시 51분 원적에 들었다. 스님은 1971년 3월호

<현대문학>에 실린 '무소유'란 수필이 담긴 수필집 《무소유(無所有)》가 1976년에 발간되면서 많은 독자들의 사랑을 받아 왔다. 지금까지 300여 만 부가 팔렸다고 하니 스님의 필력이 얼마나 설득력이 있는지 알 수 있다. 그것은 그동안 스님의 글 빛이 독자들의 마음속에 얼마나 감동을 주어 왔는가를 말해 주는 것이라고 생각한다. 그런데 법정 스님이 입적하면서 매스컴에서는 너나 할 것 없이 무소유의 바람만 불었으니 무소유가 마치 법정 스님의 대명사가 된 것 같은 감이 있어서 필자는 아쉬움을 느낀다. 스님의 글에는 이 거칠고 삭막한 세상을 맑고 향기롭게 만들고자 하는 훨씬 고아하고 값진 명제와 욕망과 제안이 많이 녹아 있는데 언론에서는 무소유만을 부각시킨 느낌이 든다. 물론 오늘날 세상은 소유의 전쟁터가 되어 있으므로 무소유를 내세울 때 신선한 감이 있을지는 모르나 깊이 생각해 보면 무소유라는 언어적 향연 속에서 무소유의 사실세계가 얼마쯤 가려진 것 같은 느낌이 드는 것이다.

무소유는 불교 수행자의 본분사이다. 불가의 가르침이 출가사문에게는 삼의일발(三衣一鉢)을 계율로 정하고 있으니 그것이 곧 필요한 정도 이상은 가지지 않는 무소유인 것이다. 시대가 발전하면서 부유한 생활 속에 여러 가지 편의시설과 문명의 이기가 필요하고 사원들에도 그에 상당한 문화시설과 풍족한 물자가 순환되고 있음을 볼 수 있다. 그럼에도 불구하고 필자가 알기로는 말없이 무소유를 실천하며 수행하는 스님이 많다. 예를 들면 2005년 초에 입적하였지만 법정 스님보다 연상이면서도 동문 사제인 초삼 스님 같은 분은 도인 스님으로 한 때 큰 총림의 높은 소임을 제안 받았으나 거절하고 일생 동안 드러나지 않게 진실로 무소유의 삶과 수행을 하신 분이다. 그런 스님들은 그분이 이룬 도력이 이 사회를 맑히는 데 보이지 않게 작용하고 있으리라 믿는다. 그러나 거기에 비하면 법정 스님은 욕심의 전쟁터라 할 수 있는 물질만능주의의 세상에 글로 메가폰을 삼아 무소유를 외쳤으니 세상을 맑고 향기롭게 하는데 실질적으로 큰 역할을 하였다고 생각한다.

정해진 인연인 듯 사문의 길에 들다

법정 스님은 1932년 2월 15일 전라남도 해남군 문내면 선두리에서 박근배(朴根培) 씨의 아들로 태어났다. 속명은 박재철(朴在喆)이다. 네 살 때 부친이 폐 질환으로 사망하였다. 그 집안에는 폐 질환의 가족력이 있었다고 한다. 그래서 이번에 스님이 폐암으로 생을 마감한 것도 가족력과 무관하지 않다고 생각하는 분들이 있다. 다만 산중에서 청정하게 수행한 덕택으로 79세까지 비교적 짧지 않은 수를 누렸다는 것이다.

어린 시절은 홀로된 모친과 조모님의 보호 아래서 자랐다. 우수영초등학교와 목포상업학교를 졸업하였으며 전남대학교에 들어가 상과대학 3학년 때 출가하였으니 대학은 중퇴이다.

1954년 오대산 순례길에 나섰는데 영동지방의 폭설로 길이 막혀 서울의 선학원(禪學院)에서 묵게 되었다. 거기서 당대 고승인 효봉(曉峰) 스님을 만나게 된다. 박재철은 효봉 스님의 법담을 듣고 감화되어 그 자리에서 출가를 결심하고 삭발하였다. 다음날 효봉 스님의 명을 따라 통영 미래사에서 행자생활을 시작하였다. 어떤 불자는 오대산을 가려고 나선 것, 영동지방에 폭설이 내린 것, 선학원에 묵게 된 것, 공교롭게 거기서 효봉 스님을 만나게 된 것, 거기서 효봉 스님의 법담을 듣고 바로 출가를 결심하였고 삭발한 것 등이 전생부터 정해진 인연의 길을 따라 간 것이지 절대 우연이 아닐 것이라고 주장한다. 가장 중요한 것은 한 번의 법담을 듣고 선뜻 출가를 결심했다는 것은 필시 전생 수행의 잔원(殘願)이 마음속에 남아 있었기 때문이라는 것이다. 어떻든 그렇게 정해진 인연인 듯 스님은 출가하게 되었다.

스님은 1956년 7월 15일 송광사에서 효봉 선사를 은사로 사미계를 받았고, 1959년 3월 15일 통도사 금강계단에서 자운율사를 계사로 비구계를 받았으며, 그해 4월 15일 해인사 전문강원에서 명봉 화상을 강주로 대교과를 수료하였다. 해인사 선원에서 수행하고 있을 때 어느 날 장경각을 관람하고 나오는 한 보살이 "대장경판이 마치 빨래판 같다"고 하는 소리에 큰 충격을 받고 자신이 해야 할 일이 무엇인가를 확신하는 계기가 되었다.

1960년 초 운허 스님의 부름을 받고 통도사로 가서 《불교사전》 편찬 작업에 동참하였다. 그 때 타고난 글 쓰는 재주를 발휘하여 그 후로 글을 쓰기 시작하였다. 한편 지리산 쌍계사 탑전에서 효봉 스님을 모시고 1년간 수행을 하였고, 그 외에도 해인사, 송광사 등의 선원에서 수선 안거하였다. 1967년 동국역경원이 개설되면서 역경위원으로 활동하게 되자 수년 전 해인사에서 세운 뜻인 경판이 빨래판이 아니라는 것을 실현하고자 노력하기 시작했다.

1973년부터 대한불교 조계종 기관지인 〈불교신문〉의 논설위원으로 그리고 주필로서 활동하였다. 그때 함석헌, 장준하 등과 함께 민주수호국민협의회를 결성하고 유신철폐민주화운동에 동참하였으며, 함석헌이 주관하는 〈씨알의 소리〉의 편집위원으로도 참여하였다. 〈씨알의 소리〉 편집위원으로 있을 때 쓴 '악에 관한 것' 이란 미발표 원고가 최근에 발굴되기도 하였다. 당시 스님은 봉은사 다례헌에 유하고 있었는데 순수한 민주화운동을 하던 인사들이 중앙정보부에 의해 인민혁명당으로 조작되어 1975년 4월 8일 대법원에서 사형이 선고되고, 바로 그 다음날 사형이 집행되는 것을 보고 독재정권의 참을 수 없는 인권탄압에 회의를 느껴 송광사로 내려가기로 결심하였다. 인민혁명당원으로 연루된 사람들 중에는 스님이 참가하고 있는 민주수호국민협의회의 일부 회원도 참여하고 있었다. 이 인민혁명당 사건은 2005년 12월 27일 재판부가 재심사를 받아들여 2007년 1월 23일 모두 무죄 판결을 하였고 유족들은 637억여 원의 배상도 받았으니 법정 스님이 바르게 본 것을 증명해 준다고 생각한다.

불일암을 짓고 청정한 수행을 하다

1975년 2월 25일 성곡(省谷) 김성곤 거사님이 입적하시고 몇 개월이 지난 어느 날 송광사의 현호 스님이 법정 스님과 또 다른 한분의 스님과 같이 성곡 선생의 마님이시며 궁중다례 연구가인 명원 김미희 선생을 찾아왔다.

성곡 선생의 장녀인 국민대학 김인숙 교수의 회고담에 의하면 법정 스님은 고개를 숙인 채 시종일관 말없이 앉아 있는데 현호 스님이 입을 열었다.

"여기 법정 스님이 송광사로 내려와 토굴을 하나 짓고 수행하고자 하는데 보살님께서 좀 도와주시지요."

"얼마가 필요 합니까?"

"5백만 원이 필요합니다."

역시 현호 스님이 대답하였다. 명원 선생이 두말없이 다음날 오라고 하였고 다음날 법정 스님은 현호 스님과 함께 와서 그 돈을 받아갔다. 그렇게 하여 불일암이 지어지게 되었고 그해 10월에 준공하였다.

그때부터 법정 스님은 불일암에서 청정한 수행을 하며 1976년에는 그 유명한 수필집 《무소유》를 출간하였다. 법정 스님이 명원 선생을 한번 불일암에 초청하였는데 명원 선생이 불일암을 다녀와서 두 딸을 불러 앉혀놓고 법정

집필하는 법정 스님 모습

스님은 남자이지만 혼자서 손수 부엌일을 다 하면서도 행주가 하얗고 모든 것이 정갈하더라고 말했다고 한다. 여기서 우리는 법정 스님의 빈틈없고 고아한 성품을 볼 수 있다. 그런 성품이 글에도 나타나 있어서 아마 독자들의 사랑을 그렇게 많이 받아 왔지 않나 생각한다.

법정 스님은 1984년부터 송광사 수련원장의 소임을 맡았는데 송광사에서 선수련을 하기위해 4박 5일 단기출가로 입소할 때는 간단한 내의 외에는 시계를 포함하여 속가에서 사용하던 모든 것을 다 절에 맡기고, 수련원에서 주는 스님들의 먹물 옷과 비슷한 수련복을 입고 하루에 7시간 이상의 좌선으로 밀도 있게 진행된다. 필자도 바로 이 송광사 수련과 관련하여 법정 스님과 인연이 맺어졌다. 한국교수불자연합회가 1988년에 창립되어 첫 해에 110명의 교수들이 해인사에서 하계 수련회를 가졌는데 1989년에는 송광사에서 수련회를 갖기로 하였다. 당시 교화부장의 소임을 맡고 있던 필자가 그해 6월 중순에 불일암으로 수련원장인 법정 스님을 찾아가서 상의하였다. 본인의 생각으로는 그 전 해의 수련회에 비추어 볼 때 참가자가 100명은 넘으리라고 생각하여 100명을 기준으로 시행하는 패키지로 교수불자연합회가 받기로 허락을 받았다. 그 때 법정 스님과 여러 가지 대화를 나누었으며 스님이 우려 주는 차도 마셨고 스님이 직접 서명까지 한 수필집 《무소유》도 한 권 받았다. 그런데 아쉽게도 수련회에 참가를 원한 교수들이 70명밖에 되지 않아 결과적으로 수련원 측에 매우 죄송스러웠던 기억이 있다. 그래도 수련회가 시작하는 날 다시 불일암에 올라가 스님을 모시고 와서 입제식을 가졌다. 세속의 안이한 생활과 나태함에 찌들어 좌선의 고통을 참지 못하고 돌아가겠다는 교수들이 몇몇 나타났지만 하루만 더 해보자고 설득하여 한 사람의 낙오자도 없이 수련회를 마칠 수 있었다. 한편 4일째 되는 날 절 수행도 있었는데 그때 법정 스님은 절을 통하여 세속에서 싸인 업장을 녹일 수 있다고 강조하였다. 그런데 이에 대하여 일부 나이가 많은 교수들은 스님이 1968년에 발표한 '3,000배는 굴신운동' 이란 글을 언급하며 우리가 지금 굴신운동을 하고 있다고 웃기도 하였다. 참가 교수들은 밀도 있게 진행된 4박 5일 단기 출가수련 과정을 힘겹게 받았지만 탈락하는 이 없이 마칠 수 있었다. 회향식이 끝나고 법정 스님은 교수들과 격의 없는 담론의 자리도 가졌다.

법정 스님이 뒷날 주창한 '맑고 향기롭게 운동' 의 근본도량이 된 길상사를 세우게 되는 실마리도 이 불일암에 주석하던 때 나타났다. 1987년 스님이 설법 차 미국 로스앤젤레스에 들렀는데 그곳에서 법문이 끝나고 뜻하지 않게 김영한 보살의 제안을 받게 된다. 김영한 보살은 법정 스님의 책 《무소유》를 읽고 감명을 받았다며 그가 소유한 서울시 성북동 소재 대형 요정 '대원각' 이 있는 7천여 평(당시 시가 1천억 원 정도) 땅을 스님에게 시주하겠으니 그 자리에 절을 지어 달라고 요청하였다. 그 말을 듣고 법정 스님은 "저는 평생 주지 노릇을 해 본 일도 없고 앞으로도 주지가 될 생각은 없습니다"라며 사양하였다. 그러나 7년 후인 1995년, 법정 스님은 김영한 보살의 계속된 간청을 저버릴 수 없어 주지가 아닌 관리자 회주(會主)란 명의로 기증 받겠다는 의지를 천명하였다.

법정 스님은 불일암에 유하는 17년간 《무소유》 외에도 《산방한담》, 《달이 천강에 비치리》, 《밖에서 찾지 말라》 등 많은 저술을 하였고 1987년부터 1990년까지는 보조사상연구원 원장의 소임도 맡았다. 저작 활동으로 명성이 높아지자 불일암을 찾아오는 사람이 많아지니 스님은 불일암을 떠나기로 결심한다. 그래서 찾은 것이 강원도 깊은 산골에 화전민이 버리고 떠난 전깃불도 들어오지 않는 오두막이다.

조용한 수행을 위하여 강원도 산골 오두막으로

법정 스님은 직간접적으로 지어진 인연의 물결을 벗어나 좀 더 조용히 수행

강원도 산골 오두막에서의 생활

하기 위하여 1992년 간단히 짐을 챙겨 불일암을 떠났다. 강원도 오대산 자락 깊은 골짜기에 화전민이 버리고 떠난 빈 집으로 거처를 정하였다. 비라도 오고 나면 무릎까지 빠지는 개울을 건너야 갈 수 있는 외진 곳이었다. 스님이 그 곳에 당도했을 때는 허름한 양철지붕에 금방 쓰러질듯 한 오두막이었다. 그곳엔 전깃불도, 전화도 그리고 TV도 없었다. 그러나 물이 좋고 숲이 있어서 숲과 대화하고 개울물 소리, 바람 소리 그리고 산새 소리와 벗하며 지내고 맑은 날 파란 하늘을 바라보며 사색할 수 있는 곳이었다. 스님이 직접 나오기 전에는 세상과 연락이 두절된 곳이다.

그냥 들어보면 낭만적인 생활 같기도 하지만 누구 하나 도와주는 사람 없이 그 먼 외지에서 혼자 생활을 영위하는 것은 무척 고통스러운 것이기도 하다. 여기서 일일이 다 들 수는 없으나 먼저 살던 주인도 더 이상 살기가 힘들어 비워 놓고 떠난 집이니 사람이 살 수 있도록 여러 가지를 닥치는 대로 손수 고쳐 가며 살아야 하였다. 봄에는 씨 뿌리고 모종하여 채소를 가꾸고 화초도 심어야 하며 뜻하지 않은 일이 생기면 혼자서 해결해야 하였다. 취사용 가스통을 도둑맞기도 하고, 100그루의 작약 묘목을 사다 심었는데 하루 밤에 모조리 도둑맞기도 하였다. 그런 저런 사단은 이루 말로 다 할 수 없다.

그런 어려움 속에서도 법정 스님은 강원도 오두막 생활이 매우 좋다고 하였고 절이 아니어서 더 좋다고 하였다. 절은 대부분 오염되어 있고 절이기 때문에 신도를 맞아야 하고 번잡하다는 것이다. 그러면서도 새벽 3시에 기상하고 밤 9시 반에 잠자리에 들며 스님으로서의 본분 수행은 조금도 어기지 않았다. 다만 종교적 수행 시간 외에는 혼자 있으므로 시간을 자유롭게 배분하여 독서와 집필을 하였다. 필자의 생각으로는 스님이 핸리 데이비드 소로가 살았던 월든 호숫가의 통나무집 같은 것을 그리워했는지도 모른다. 스님은 《월든》 등 소로우의 책을 좋아했으며 소로우가 살았던 월든 호숫가의 통나무집을 세 번이나 방문하여 그 마음을 느껴보았다. 처음 강원도 오두막에 들어갈 때 두 해쯤 살고 나오려니 했는데 처음 찾아간 집에서 7년을 살았으며 1999년에 새 오두막으로 옮겨서 2010년까지 11년을 살았다. 스님은 '새 오두막으로 거처를 옮기다' 란 글에서 옮기는 뜻을 '7년 남짓 기대고 살던 오두막이지만 겨울철 지내기가 너무 힘들기 때문이다' 라고 술회하였다. 새로 옮긴 곳은 뒤쪽에 소나무가 무성하고 바다가 내려다보이는 언덕 위에 있는 한 채의 오두막이었다. 스님의 표현에 의하면 "그야말로 넓고 넓은 바닷가에 오막살이집 한 채다"라고 하였다.

1999년에 옮겨간 새 오두막

ⓒ길상사

법정 스님은 처음 강원도로 옮겨서 불교계의 환경보호운동을 지원하고 그런 글들을 썼다. 1993년 7월에는 '연못에 연꽃이 없더라'는 글을 써서 정부의 종교편향 정책을 비판하였다. 개신교 신자인 김영삼 대통령 정부가 들어서면서 연꽃은 불교의 상징이라고 하여 독립기념관, 경복궁, 창덕궁 등의 연못에 있는 연을 모두 제거해 버렸다는 이야기를 듣고 각 현장을 직접 방문하여 확인한 다음 그 글을 쓴 것이다. 이 글이 발표되자 김영삼 대통령이 직접 실태를 확인하고 시정하겠다는 뜻을 전하기도 하였다. 1996년에는 환경 보호를 주제로 한 글이 많이 포함된 《새들이 떠나간 숲은 적막하다》는 책을 내기도 하였다.

맑고 향기롭게 운동의 전개

법정 스님은 1998년 8월 많은 지인의 권유로 종교와 사회단체와 계층을 초월한 시민운동으로서 '맑고 향기롭게 운동'을 발기하고 활동을 시작하였다. '맑고 향기롭게'라는 연꽃 로고를 앞세워 1994년에는 각 지방에서 맑고 향기롭게 살아가기 운동 대중법회를 개최하면서 전국의 1만여 회원이 참여하였고 후원금도 많이 모아졌다. 1996년 부처님 오신 날 봉축 특집으로 BTN에서 법정 스님과 이계진 씨의 대담을 주선했는데 그 자리에서 스님은 '맑고 향기롭게 운동'에 대하여 "마음의 연못에 연꽃이 사라져 가기 때문에 마음의 연꽃을 다시 피울 수 없을까 하여 본래 심성을 되찾고자 하는 조용한 운동을 전개하는 것"이라고 하였다. 이 운동이 순수한 시민운동으로 조용하면서도 꾸준히 지속되어야 한다며 설사 우리시대에 이루어지지 못한다고 해도 후대에 전해져야 한다고 하였다. 그러기 위해서는 도량이 필요한데 앞으로 인연 따라 도량도 나올 것이라고 하였다.

한편 법정 스님이 기증을 받겠다고 허락한 대원각 터와 건물 일체를 1995년

6월 13일 스님의 출가본사인 송광사 말사로 조계종에 '대법사'란 이름으로 등록하였다. 맑고 향기롭게 운동이 전개되면서 '대법사'를 1997년 12월 14일 '맑고 향기롭게 근본도량 길상사(吉祥寺)'로 창건법회를 가졌다. 그날 스님은 김영한 보살에게 염주 하나와 '길상화(吉祥華)'라는 법명을 주었다. 길상화 보살은 거기 모인 수천 명의 대중 앞에서 "저는 죄 많은 여자입니다. 저는 불교를 잘 모릅니다. 저기 보이는 저 팔각정은 여인들이 옷을 갈아입는 곳이었습니다. 저의 소원은 저곳에서 맑고 장엄한 법종소리가 울려 퍼지는 것입니다"라고 말했다. 법정 스님은 "길상사가 가난하면서도 맑고 향기로운 도량이 되기를 바랍니다. 선택된 맑은 가난, 즉 청빈은 삶의 미덕이며 마음의 평화를 이루게 하고 올바른 정신을 지니게 합니다"라는 법문을 하였다.

맑고 향기롭게 운동은 격월간으로 길상사에서 맑고 향기롭게 대중 법문을 열고, 1998년부터 '맑고 향기롭게 길상화 장학금'으로 해마다 전국의 중고생 30명을 선정하여 장학금을 지급하고 있다, 1998년부터는 명예퇴직자를 위한 '내일을 준비하는 사람들'이란 수행과 휴식 공간을 운영하고 있고, 1999년부터는 서울 제기동 보문선원과 연대하여 노숙자 무료급식소를 개설하고 매일 300명 이상의 노숙자들에게 점심을 제공하는 등 다양한 사업을 전개하고 있다.

문필가로서 법정 스님

앞에서도 언급한 바와 같이 법정 스님은 1960년 운허 스님의 부름을 받고 《불교사전》 편찬의 일을 보면서 타고난 글 쓰는 재주를 발휘하여 인정받았고, 글쓰기를 즐겼기 때문에 일생동안 아름다운 글을 많이 썼다. 스님이 집필하거나 번역하여 출간한 책 중 필자가 아는 것만 해도 거의 30여 권에 이른다.

법정 스님이 1971년 〈여성동아〉에 투고한 '미리 쓰는 유서'의 말미에 '내생에도 다시 한반도에 태어나고 싶다. 누가 뭐라 한대도 모국어에 대한 애착 때문에 나는 이 나라를 버릴 수 없다'고 하였다. 이와 같은 모국어에 대한 애착은 다른 글에도 여러 번 나타난다. 그것은 스님이 모국어를 아름답게 쓰고자 얼마나 노력했는가를 말해주는 것이라고 생각한다.

1996년 부처님 오신 날 봉축특집 대담에서 스님은 이계진 씨에게 《새들이 떠나간 숲은 적막하다》는 수필집이 곧 출간되는데 수필은 그것으로 그만 쓰고 싶다고 하였다. 그런 글은 좀 뻔뻔스러운 것 같기도 하여 앞으로는 명상 계통의 글을 썼으면 한다고 하였다. 법정 스님의 책은 번역서와 두 권의 법문집인 《일기일회》 그리고 《한 사람은 모두를 모두는 한 사람을》 외에는 대부분 수필집이다.

법정 스님의 은사는 효봉 스님이고 효봉 스님의 은사는 석두(石頭) 스님이며 석두 스님의 은사는 용학(龍鶴) 스님인데 이 스님은 생전에 칠지보살(七地菩薩)로 불릴 만큼 덕 높은 스님이었다. 문중에서 용학 스님의 비문을 일타(一陀) 스님에게 써달라고 요청했다고 한다. 일타 스님이 용학 스님 문중에 법정 스님 같은 문장가가 있으니 법정 스님이 쓰는 것이 좋지 않겠느냐고 하였다고 한다. 법정 스님에게 그 말을 전하니 법정 스님은 수필이나 잡문은 잘 쓰지만 비문 같은 글은 잘 못쓴다고 하였다고 한다. 그래서 결국 일타 스님이 써 주었다고 하는 이야기를 필자가 들은 바 있다. 그것으로 보아 법정 스님은 글을 잘 쓰고 특히 수필과 같은 글에 능한 듯하다.

법정 스님은 그림도 잘 그렸다. 불일암이 준공 되고 얼마 뒤 많은 시주를 해주신 명원 선생에게 감사의 뜻으로 그림 두 점을 보냈다고 한다. 명원 선생이 궁중 다례 연구가이기 때문에 그림의 소재는 둘 다 쟁반 위에 다관과 찻잔이 놓인 그림이었다. 각 그림에 횡서로 한 줄의 글이 있는데 하나에는 '홀로 마신 즉 신기롭더라'라고 썼고, 다른 하나에는 '차나 한 잔 마시고 가세'라고 썼다. 국민대 김인숙 교수의 회고담에 의하면 1981년 모친이 입적 하시고 형제들이 그 그림을 서로 가지고 싶어 하였는데 김인숙 교수에게는 차지가 오지 않았다고 한다. 그는 법정 스님의 그림을 매우 좋아하는데 그림을 갖지 못한 슬픈 마음을 법정 스님에게 편지로 전했더니 스님이 그림을 한 점 그려 보내 주었다. 그 그림도 다관과 찻잔이 쟁반 위에 놓여 있는 같은 종류의 그림인데 전에 주신 것 보다 더 좋았다고 한다. 너무 기뻐서 감사의 말과 더불어 그림이 너무 좋으니 그림전시회를 한번 여시라고 권하였단다. 그런데 그 편지에 대한 스님의 답장이 재미있다. 스님의 답변은 '전시회를 여는 그런 일은 절대, 절대, 절대 없을 것입니다' 라는 것이다. 법정 스님의 괴팍스러울 만큼 한결 같은 곧은 성격을 잘 나타내 주고 있다고 생각한다. 수필에서도 본인의 뜻을 확고히 할 때 '절대' 를 두 번씩 반복하여 쓴 경우가 여러 곳에서 볼 수 있다.

아름다운 회향

법정 스님은 2007년 10월 폐암 진단을 받았다. 스님은 그 병도 당신을 찾아온 친구의 하나이니 잘 달래며 지내겠다고 하였다. 그러나 주위에서 강권하여 치료차 미국으로 건너갔다. 처음에는 세계적 권위의 암 전문 의료진도 성공률이 거의 없다고 치료를 주저하였으나 친지들의 강력한 요청으로 치료를 시작하니 현대의학으로 설명할 수 없을 만큼 빨리 회복되어 담당 의사들도 놀랐다. 그래서 치료를 마치고 귀국하여 길상사 대중법회도 다시 열고 글도 다시 쓰기 시작하였다.

그러면서도 그 때 이미 각오를 하였는지 2008년 11월에 《아름다운 마무리》란 수필집을 내었다. 그 책의 '아름다운 마무리' 라는 글 속에서 아름다운 마무리를 열여덟 가지로 설명하였는데, 그 안에 '아름다운 마무리는 내려놓음이다' 와 '아름다운 마무리는 언제든 떠날 채비를 갖춘다' 가 들어 있다. 그때 이미 마음의 준비를 하고 있었던 듯 생각되기도 한다.

2009년 4월에 다시 병이 깊어지기 시작하여 요양에 들어갔다. 그로부터 거의 1년 만인 지난 3월 11일 원적에 들었다. 법정 스님은 운명의 순간까지 의식이 분명하였고 친필 서명이 있는 유언장인 '상좌들 보아라'와 '남기는 말'이라는 두 장의 유서를 남겼다. 모두 이승의 나들이를 아름답게 마무리하는 내용이다. '상좌들 보아라'에서 스님은 다섯 항목 중 맨 끝 항목에 스님의 뒷일을 부탁하는 내용이 들어있다. 들어보면 '내가 떠나는 경우 내 이름으로 번거롭고 부질없는 검은 의식을 행하지 말고, 사리를 찾으려고 하지도 말며, 관과 수의를 마련하지 말고, 편리하고 이웃에 방해되지 않는 곳에서 지체 없이 평소의 승복을 입은 상태로 다비하여 주기 바란다'이다. 또한 '남기는 말'에서 스님은 '1. 모든 분들에게 깊이 감사드립니다. 어리석은 탓으로 제가 저지른 허물은 앞으로도 계속 참회하겠습니다. 2. (생략). 3. 감사합니다. 모두 성불하십시오'라고 마치 다시 만날 것을 예견하는 듯 말을 맺었다. 참으로 아름다운 회향이다.

법정 스님이 이 나라에 머문 78년간의 나들이는 아름다운 행적이었다고 생각한다. 그간 지어진 좋은 인연을 이어서 스님이 모국어를 그렇게 사랑한 만큼 다시 사바세계 남선부주 동양 대한민국에 원력 환생하여 더 좋은 인연으로 더 아름다운 글을 많이 써 주기 바란다. 스님의 명복을 빌면서 나무아미타불, 나무아미타불, 나무아미타불. (합장)

월간 〈禪文化〉 통권 117호(2010. 4.)

영혼의 소리를 연주하는 음악가 나왕 케촉

1992년 이른바 리우 지구 환경보존대회를 위한 국제연합(UN)의 준비회의(Earth Summit Precom)가 2주간의 회기로 개막되던 날 총회장 무대에 체구가 크지 않은 동양인 하나가 나타났다. 개

막연주를 위하여 등단한 그는 티베트 출신의 젊은 피리 연주자로 노란 비단위에 고운 수를 놓은 아름다운 민속의상을 입고 나타나 정중하게 합장 하고는 대나무 피리를 꺼내어 불기 시작하는 것이었다. 처음에는 단순한 호기심으로 들었으나 각국 대표들은 그 피리의 미묘한 가락이 허공을 맴돌아 회의장을 가득 채우고 그들의 가슴속에 스며올 때 묘한 진동을 느끼고 신령스러운 소리에 점점 끌리어 자기도 모르는 사이 황홀경에 빠졌다고 한다. 연주가 진행되는

지리산 산사음악회에서 연주하는 나왕 케촉

동안 회의장 안은 너무도 숙연해졌고 연주가 끝나고도 잠시 고요했다고 한다. 연주자가 인사를 하고 들어가려 할 때 그제야 자기를 다시 찾은 청중들은 우레와 같은 박수를 쏟아 내었다는 이야기가 전한다. 그 주인공이 바로 필자가 인터뷰한 티베트의 음악가 나왕 케촉(Nawang Khechog)이다.

나왕은 동부 티베트 유목민의 아들로 태어나 아주 어린 시절부터 야크의 뒤를 쫓아다니며 땔감으로 야크가 떨어트리는 변을 모아 말리고 따가운 햇볕 아래서 땀에 전 까만 얼굴로 척박한 산과 들을 뛰어다녔다. 세 살 때 부모를 따라 망명길에 오르고 3년 동안 히말라야를 넘어 인도에 도착하는 고통의 세월을 보냈다. 그런 그가 오늘날 국제연합회의의 영광스러운 개막식 특별연주에 초대 되었고 더욱 2001년에는 그의 음반이 음악가로서는 최고의 영광인 그래미상의 후보에까지 올랐으니 인생사의 뒤쪽에 감추어진 인연의 법은 나의 알음알이로는 짐작할 수가 없다. 그런 것이 모두 보이지 않는 필연일까 아니면 우연일까 하고 자문해 본다.

그는 그로부터 두해 전인 2000년에 우리나라를 방문하여 티베트 전통 대나무 피리를 연주함으로써 많은 사람의 가슴을 울린 바가 있고, 2002 월드컵 조직위원회의 정식 초청을 받아 공식문화행사인 '전통과 현대 예술제'의 일부로

2002년 4월 30일 문예회관 대극장에서 공연을 가졌고, MBC 수요예술무대, 지리산 산사음악회 그리고 전남 보성의 대원사에서 열리는 '세계평화 기원 종교음악 축제' 등에 참가했다. 필자는 월간 〈선문화〉의 편집위원으로서 선문화사 회의실에서 나왕을 만나 면담하고, 그가 살아온 삶의 자취와 그의 종교, 음악, 그리고 활동에 대하여 이야기를 나누었다.

나왕 케촉의 인생역정

나왕은 1954년 티베트 동부 캄(Kham) 지방의 유목민 가정에서 부친 양룩과 모친 삼텐왕모의 아들로 태어났다. 그 곳은 고원지대로 나무 하나 자라지 않고 잡풀만 바닥에 겨우 붙어 자라서 야크의 먹이가 되는데, 그 초원 위로 바람만 세차게 불기 때문에 때때로 몸을 가눌 수 없을 때도 있단다. 위로 누님 셋이 있었는데 그는 누님들과 함께 아주 어려서부터 그런 환경 속에서 살아남는 방법을 배우고 익히며 지냈다. 그의 나이 세살 때 부친과 가까이 지낸 한 요가 수행자가 3년 뒤에는 큰 재난이 닥쳐 여기에 계속 있다가는 집안이 풍비박산이 될 것이니 티베트를 떠나라는 권유를 했다고 한다. 그래서 나왕의 가족은 야크의 등에 실려 또는 때때로 걸으며 인도를 향하여 수천 마일에 달하는 길을 떠났다고 한다. 그들은 위험한 산세와 혹독한 기후를 견디며 힘겨운 3년간의 여행 끝에 인도에 도착하였다. 그러나 그 여행 동안 세 누이 중 둘은 병들어 죽고 말았다고 한다. 참으로 놀라운 것은 그 요가 수행자의 예언대로 그들이 인도에 도착한 1959년에 중국은 티베트를 완전히 점령함으로써 티베트 국민을 음으로 양으로 핍박하고 달라이라마 성하까지 시해하려 함으로 성하께서도 그해 히말라야를 넘어 인도로 망명할 수밖에 없었다.

처음 인도에 도착한 곳은 아쌈(Assam)지방의 히말라야 산록이었다. 그곳에서 삶이란 사람의 생활이 아니었다. 그래서 그들은 티베트인들이 많은 북인도의 히마찰 프라데쉬(Himachal Pradesh)주로 이주하였다. 그곳에서도 난민의 생활은 비참하기 이를 데 없었다. 그들은 다시 중인도의 메디아 프라데쉬(Madhya Pradesh)주로 옮기었다. 그러는 동안 유목민으로써 야크를 기르는 것 외에는 백지인 나왕의 부친은 주로 도로공사에 나가 임금이랄 것도 없는 적은 돈을 받으며 돌을 옮기고, 바위를 깨고, 원목을 끌어 운반하는 등, 힘든 일을 하는 것이 고작이었다. 그 공사장에서는 사고로 여러 사람이 죽어 나가기 일쑤였다고 한다. 그러던 중 달라이라마 성하가 인도 정부에 요청하여 인도 정부에서는 티베트 난민들에게 한 가족 당 농토 1에이커(약 1250평)와 집을 주고, 티베트 난민을 위한 학교도 세워주며, 불교사원도 건립해 준다는 조건으로 오리싸(Orissa)주로 이주를 권유하여 나왕의 가족도 오리싸주로 이주하게 되었다. 그때가 나왕의 나이 열세 살이었다.

그러나 인도 정부가 제공한 1에이커의 농토는 당장 농사를 지울 수 있는 땅이 아니고 밀림의 일부로써 우거진 밀림을 개간하여 밭을 이루는 것이니 신대륙의 개척과 다를 바가 없었다. 그 밀림에는 맹수와 뱀 그리고 해충이 난무하기 때문에 땅 개간에는 말할 수 없이 어려움이 따랐다. 더욱이 밭을 이룬 다음에도 유목민 출신으로 농사에 경험이 없기 때문에 옥수수를 심어 농사를 짓는데 실패함에 따라 좌절도 많았고 참으로 눈물겨운 사연이 많았다. 뒷날 나왕의 부친이 회고하며 10년쯤 지나서야 겨우 농사가 무엇인지 알 것 같다고 했다고 한다.

나왕은 오리싸주로 이사한 그 해 출가를 하게 된다. 그는 지난날 달라이라마 성하로부터 재가오계(在家五戒)를 받은 바 있다. 그러나 이제는 열세 살의 나이로 큰 뜻을 품고 혼자서 히마찰 프라데쉬주로 와서 라퇴(Ratoe) 림포체에 의해 삭발하고 사미계를 받았다. 그 뒤 그는 달라이라마 성하로부터 구족계를 받았고, 성하를 영원한 스승으로 모시고 자신의 삶을 성하에게 바치는 생활을 계속하여 해오고 있다. 출가한지 11년이 되는 1977년에 그는 달라이라마 성하와 조국 티베트를 위하여 그가 가진 타고난 재능인 음악을 통하여 더 큰 일을 하고자 환속한다. 그가 사문으로서 수행하던 기간 중 4년간은 밀라레파 성자가 그랬듯이 히말라야의 토굴에서 완전한 은둔자의 생활을 하였다. 환속한 후에는 티베트 전통 대나무피리를 불며 음악을 통해 고통 받고 있는 조국 티베트를 알리고 불교의 포교를 하는 생활을 시작하였다. 그는 타고난 남다른 음악적 재능이 있는 젓대잡이로 그리고 은둔자로서 깊은 명상을 하며 수행한 데서 더욱 탁월한 음악성이 길러졌을 것이라고 생각하는 사람이 많다고 한다.

조국 티베트를 위하여 피리 부는 사나이로서 연주활동을 하고 다니던 중 1981년 티베트를 사랑하고 티베트를 돕기 위하여 헌신하고 다니는 오스트레일리아 출신 레스리 크리스챤슨(Leslie Christianson) 양을 남인도 고아(Goa)에서 만나게 된다. 쉽게 그와 의기상통하게 되었고 레스리와 나왕은 바로 결혼하였다. 그들은 오스트레일리아로 가서 정주하고 그곳에서 오스트레일리아 티베트 위원회(Australia Tibet Council: ATC)를 창립하여 레스리가 초대 위원장의 임무를 맡아 티베트 망명정부를 후원하는 일을 적극적으로 폈다. 나왕은 오스트레일리아 각지를 돌며 음악을 연주할 뿐만 아니라 고통 받는 티베트의 현실을 홍보하고 후원을 호소하는데 주력하였다. 그러나 알 수 없는 것이 인생의 인연이라고 그들은 1989년 이혼을 했다. 공교롭게 그들은 각각 1997년에 재혼을 했는데 나왕은 그가 은둔자로서 수행할 때 스승의 속가 조카이고 그와는 정신적 우정을 지녀온 쩨링 유돈(Tsering Youdon)을 다시 반려자로 맞았다. 그들은 3년 뒤 미국으로 이민하여 현재 콜로라도주의 록키산맥 자락의 작은 마을 근처에 살면서 그의 예술적 영감을 키우며 평화로운 가정을 꾸미고 전 세계를 돌아다니며 음악과 예술 활동을 왕성하게 하고 있다.

나왕 케촉의 음악과 예술 활동

　나왕은 독학으로 이룬 음악가로 알려져
있다. 그에게 스승이 누구인가 물었더니
스승은 없다고 한다. 그러면 작곡법은 어
떻게 공부 했는가 다시 물었더니 작곡법을
공부한 일이 없다고 한다. 그는 앉거나 서
서 피리만 잡으면 입이 바람을 알맞게 불
어넣도록 자발적으로 숨이 골라지고, 손가
락이 스스로 움직여 음악이 이루어지고,
그 소리가 허공을 맴돌아 흘러간다고 한
다. 그래서 자신이 연주한 녹음을 듣거나 녹화된 화면을 보면 스스로도 매우
놀랍다는 것이다. 어디서 저런 아름다운 음악이 나올 수 있었는지 자신도 알
수 없다고 한다. 그는 밀라레파 성자가 1십만 개의 게송과 노래를 동시에 짓고
부른 것이나, 1820년대에 있은 링 케살이라는 이야기꾼이 글자 한 자 쓸 줄 모
르고 공부를 해본 적이 없으면서도 문학적인 이야기와 고매한 시를 술술 구술
한 것과 같은 것이라는 것이다. 티베트에는 그런 문화가 있다고도 말한다. 언
제 처음 피리를 불게 되었느냐고 물으니 열 살을 갓 넘었을 때 우연히 피리를
손에 쥐게 되었는데 그때부터 자기도 모르게 피리에 빠져들었다고 한다.

　나왕의 음악에 대하여 미국 부르클린대학 석좌교수였고 선수행을 한 시인
알랜 긴스버그(Allen Ginsberg)는 "나왕의 재능은 참으로 희귀한 것이다. 그
의 창의성은 옛날부터 티베트에만 유일하게 전해지는 전통으로 명상과 마음
수련의 결과 시, 노래 그리고 음악에서 자기도 모르게 나타나는 자연적 표현
에 의한 것이다"라고 하였다. 나왕은 지금까지 오선지 위에 작곡하거나 악보
를 보면서 연주한 일이 없다고 한다. 그렇다면 이미 연주한 곡을 다시 연주할

때는 어떻게 하느냐는 나의 질문에 마음만 정하면 자연적으로 재현이 된다고
한다. 또한 그의 ‘Winds of Devotion’이란 치유음악을 연주할 때 협연한 미
국의 토착 인디안 피리주자인 나카이(R. Carlos Nakai)와는 어떻게 협주를 했
느냐는 질문에 나카이도 나왕만큼 깊은 영감을 지닌 음악가여서 그냥 물 흐르
듯이 협주를 했다고 하는 것이다. 이는 재능의 발로라기보다는 영혼의 교감이
라고 생각된다. 그들은 영혼의 소리를 내는 음악가들이다.

나왕의 음악은 어떤 계보에 속하는 것도 아니고 한 가지 경향의 음악을 고
집하는 것도 아니다. 알랜 긴스버그 시인이 이야기 한 것과 같이 그의 음악은
선적(禪的)이어서 부처님의 대기설법처럼 청중의 근기에 알맞게 자발적으로
연주되기 때문에 청중들이 그 음악에 자연스럽게 몰입하게 되어 어디서나 최
고의 찬사를 받는지도 모른다. 그러나 그의 음악은 어디까지나 티베트의 종교
와 민속을 기반으로 하고 있어서 듣는 이로 하여금 이국적인 풍미를 느끼게도
한다. 당신의 음악은 누구의 영향을 가장 많이 받았느냐는 나의 질문에 그는
어느 누구의 영향을 받은 것은 없고, 자기가 자기의 음악을 들어볼 때 어린 시
절의 유목생활과 티베트인의 믿음과 삶, 그리고 히말라야의 산세와 바람, 그
리고 그 산간을 휘감는 소리, 그리고 티베트의 고유한 영적인 가락이 어우러
져 있음을 느낀다고 하였다.

그는 지금까지 7개의 CD앨범을 출반하였다. 그 중에는 1988년에 ‘Sounds
of Peace’, 1989년에 노벨 평화상을 수상한 달라이라마 14세에게 헌정한
‘Rhythms of Peace’, 1991년에 ‘Quiet Mind’를 독집으로 출반하였고, 1995
년에 일본의 뉴에이지 음악가 기타로(Kitaro)와 협연한 ‘Karuna’, 1998년에
나카이(R. Carlos Nakai)와 협연한 치유음악 ‘Winds of Devotion’과 피아니
스트 케이터(Peter Kater)와 협연한 ‘The Dance of Innocents’ 그리고 2000
년에 나카이, 이튼(Eaton) 그리고 클리프만(Clipman)과 협연한 ‘In A
Distant Place’를 출반하였다. 이들 중 ‘In A Distant Place’는 2001년 뉴에

이지 앨범(New Age Album)분야의 43차 그래미상 후보에 올랐으나 5개의 후보 앨범 중 나왕과 함께 'Karuna'를 협연한 바 있는 기타로의 'Thinking of You'가 상을 받았다. 비록 나왕이 그래미상을 받지는 못했지만 그의 살아온 인생 역정과 음악에 대한 교육의 배경으로 볼 때 후보에 오른 것만도 놀라운 일이다. 나왕은 그 외에도 많은 세계적인 유수한 연주가나 그룹들과 협연하였고 달라이라마 성하의 행사에는 거의 어김없이 찬조 연주를 해왔다. 또한 데스몬드 투투 주교의 종교행사에서도 연주를 하였다. 뉴욕에서 열리는 티베트 하우스 연례연주회에도 빠짐없이 참석하며 12명의 노벨평화상 수상자들이 구성한 청소년 교육 지원운동인 'Peace Jam Program'도 적극적으로 후원하는 등 많은 사회활동을 하고 있다. 연주가로서 나왕은 Carnegie Hall, Universal Amphitheater, Radio City Music Hall, Boston Symphony Hall 등 세계적으로 유수한 음악당에서 연주하였다. 그는 세계 곳곳의 민속행사에도 참석하여 그의 대나무 피리 외에도 티베트의 긴 나팔(Dungchen)을 불고 그 나팔 소리와 같은 저음의 노래도 부르며 오스트레일리아 원주민의 피리인 디제리두(Didgeridoo), 아메리카 인디언의 피리, 아프리카의 북과 심벌 그리고 남미의 오카리나 등을 자유자재로 연주할 뿐만 아니라 이런 악기들의 장점을 살려 만능 혼(Universal Horn)이라는 새로운 악기를 창안하기도 하였다.

나왕은 연극이나 영화 음악에도 관심이 많아서 연극상 수상자인 사차로우(Lawrence Sacharow)가 연출한 'Road Home'이란 연극의 음악을 작곡하고 연주하였다. 또한 할리우드 영화로 '티베트에서 7년'의 일부 음악을 담당하였고 티베트 측 조감독으로 활동하며 부분적으로 직접 출연도 하였다. 그는 현재 티베트 불교의 은둔수행자를 주제로 한 다큐멘터리 영화를 제작하고 있는데 내년쯤 완성될 것이라고 한다. 그는 그 다음으로 다시 티베트인의 망명생활을 주제로 한 다큐멘터리 영화를 하나 더 제작할 것이라는 포부를 말하기도 하였다.

인터뷰 중인 나왕 케촉과 필자

맺는 말

나왕 케촉은 윤회와 환생을 눈으로 볼 수 있는 불교 국가인 티베트인으로서 11년 동안 깊은 수행을 하였기 때문에 당신은 전생에 어떤 분의 환생이라는 생각이 들지 않느냐고 질문을 해 보았다. 그 소리를 들은 나왕은 한참을 크게 웃고는 그런 것은 모르겠다고 하면서도 언제인가 은둔수행자로 토굴에 있을 때 자기의 뒷모습을 보고 있던 스승이 "너는 전생에 닝마파(티베트 불교의 한 종파)의 라마(큰 스님)인 듯하다"고 한 일이 있는데 아마 농담이었을 것이라고 하는 것이었다. 아마도 그의 음악적 재능은 후천적으로 공부하여 얻어진 것은 아닌 듯싶다. 그가 쓴 〈음악〉이란 시를 소개하는 것으로 이 글을 맺는다.

음악

음악은 고요

음악은 산

음악은 자유

음악은 우주

음악은 가슴

음악은 다리[橋]

음악은 절[寺院]

음악은 선생님

음악은 길

자비, 사랑, 용서, 지혜로 가는 길

영혼과 자유로 가는 길

기쁨과 행복과 신성(神性)으로 가는 길

그리고 내적인 평화로 가는 길이다.

- 나왕 케촉

월간 〈禪文化〉 통권 22호(2002. 5.)

제 4 장

선문화 속의 과학

연기법과 자연과학

　불교의 근본법이 무엇이냐고 묻는다면 불교를 조금이라도 아는 사람이면 어느 누구나 '연기법(緣起法)'이라고 대답할 것이다. 무릇 연기법 이란 존재하는 모든 것은 그 존재가 있기까지 주어진 조건들 즉 인연에 의하여 잠정적으로 그와 같은 모습으로 나타났을 따름이라는 것이다. 따라서 인연 여하에 따라 여러 가지 모습으로 변하므로 제행무상(諸行無常)이고 또한 독립적인 존재성을 가질 수 없으므로 제법무아(諸法無我)이며 공(空)이라는 것이다. 다시 말하면 연기법이란 일체 현상의 생기소멸의 법칙이다.

　석가여래는 연기법의 원리를 여실하게 체득하고 불타를 이루어 일생동안 이 법을 설하였다. 《연기법경(緣起法經)》에서 불타는 "연기법은 내가 만든 것도 아니요 또한 어느 다른 사람이 만든 것도 아니다. 그러므로 여래가 세상에 나오거나 나오지 않거나 법계에 항상 머물러 있다. 저 여래는 이 법을 스스로 깨닫고 다 완전하게 깨달음을 이룬 뒤에, 모든 중생을 위하여 분별하여 가르치고 열어 보이는 것이다"라고 어느 비구의 질문에 답하여 말하였다. 연기법은 불교의 근본법이며 또한 이 우주에 본래부터 존재하는 자연의 근본법이다.

한편 자연과학이란 인간이 살고 있는 우주 속에서 끊임없이 변화하는 모든 자연현상을 관찰하고 분석하여 법칙성을 연역함으로써 얻어지는 원리를 연구하고, 그것을 인간의 생활 속에 이용하는 분야이다. 그래서 자연과학에는 그 궁구하는 방향이 자연적인 변화현상의 바탕이 되는 기본원리를 연구하는 기초과학 분야가 있고 또한 밝혀진 원리를 이용하여 인간생활에 유용한 물질이나 기술을 개발하는 응용과학 분야가 있다. 기초과학분야로는 물리학, 화학, 천문학, 지질학, 생물학 등을 대표적으로 들 수 있으며 응용과학분야는 기계공학, 전기공학, 화학공학, 건축공학 토목공학 등 매우 다양한 분야로 나누어져 있다.

연기법도 앞에서 언급한 바와 같이 자연의 근본법이고 자연과학 역시 자연현상의 원리이므로 자연의 기본원리를 바탕으로 하고 있는 법이다. 그렇다면 연기법과 자연과학은 어떤 관계가 있으며 어떻게 다른 것일까? 전자는 특정 종교의 근본교의이고 후자는 21세기를 눈앞에 둔 현대 문명의 주체인 현대과학의 모체이다. 오늘날 우리는 고도의 과학시대에 살고 있으며 종교와 과학은 밖에서 볼 때 전연 무관한 것이다. 그러나 불타의 가르침은 법계에 상존하는 근본법에 기반하고 있으므로 불교의 경전 속에는 도처에 자연과학의 원리와 계합하는 내용이 담겨 있음을 확인할 수 있다. 이 글에서는 근본연기법(根本緣起法)에 대하여 고찰하고자 한다.

연기법의 과학적 고찰

연기법이라고 하면 누구나 십이연기(十二緣起)를 떠올리는 것이 일반적이다. 이 십이연기법은 연기의 근본 교의를 불안한 인간존재에 적용함으로써 삼세양중인과(三世兩重因果)의 일어남과 사라짐의 과정을 설한 내용으로 불타의 초기 교설인 아함경의 많은 부분을 차지한다. 연기법은 불교 전반에 걸친 일관된 사상이지만 원시불교에 있어서 현실에 적용하여 가장 조직적으로 설명한 것이 바로 이 십이연기설이다.

불타가 입멸한 뒤로 그의 가르침의 깊은 뜻을 밝히고자 논설이 넓고 깊어지면서 연기론도 시대를 따라 새로운 연기론 즉 업감연기론(業感緣起論), 아뢰야연기론(阿賴耶緣起論), 진여연기론(眞如緣起論), 법계연기론(法界緣起論) 등으로 발전하게 되었다. 이런 연기론들 중 앞의 세 종류의 논설은 인간의 심식(心識)을 위주로 한 연기법으로 깨달음에 이르는 깊은 불교학의 분야이고, 끝의 법계연기는 화엄경의 중심 사상으로 우주만유(宇宙萬有)의 본체와 현상이 둘이 아니고 각기 본성을 지키면서도 각각 서로 인(因)이 되고 연(緣)이 되어 끝이 없고 다함이 없는 중중무진연기(重重無盡緣起)로 현대의 최첨단 과학까지도 다 포용할 수 있는 연기의 극치가 되는 논설이라고 할 수 있다. 그러나 고도의 현대과학 원리를 일반 사람들이 쉽게 이해할 수 없듯이 법계연기를 현대과학과 관련시켜 바로 논의하는 것은 어려운 일이다. 이들 모든 연기론들은 다 부처님의 근본 교설인 연기의 기본 법칙에서 비롯된 것이므로 여기서는 그 기본 연기법에 대하여 논의하고자 한다.

불타의 근본 교설인 아함경에는 곳곳에 연기의 원리가 나타나 있다. 《잡아함경(雜阿含經)》 권12의 〈인연경〉에는 인연법으로, 〈대공법경〉에는 대공법(大空法)으로, 〈법설의설경(法說義說經)〉과 〈연기법경〉에는 연기법으로 같은 내용이면서도 듣는 이의 근기와 설명의 대상에 따라 다른 이름으로 나타나 있다. 《잡아함경》에 나타난 연기법의 표현은 모두 아래와 같다.

此有故彼有　　　이것이 있기 때문에 저것이 있고
此起故彼起　　　이것이 일어나기 때문에 저것이 일어난다.

한편 《중아함경(中阿含經)》의 〈다계경(多界經)〉에는 연기법이 아래와 같이 표현되어 있다.

因此有彼	이것으로 인하여 저것이 있고
無此無彼	이것이 없으면 저것도 없으며
此生彼生	이것이 나면 저것이 나고
此滅彼滅	이것이 멸하면 저것도 멸한다.

이 원리를 가볍게 이야기한다면 누구나 다 아는 내용이라고 넘겨 버릴 수도 있다. 또한 이 법은 인간 세사(細事)나 인간의 마음작용과 비유하여 정성적(定性的)으로나마 쉽게 이해될 수 있기 때문에 그런 면에서 주로 논의되어 온 것이 사실이다. 그러나 깊이 관찰해 보면 현대의 모든 학문들이 추구하는 기본 법칙들을 모두 다 담고 있는 원리로 볼 수 있다. 모든 물리학의 원리, 화학반응 그리고 공업 공정들을 생각해 볼 때 그들도 역시 이 법칙의 범위 안에 모두 들어온다고 생각할 수 있는 것이다. 자연과학은 어떤 원리에 대하여 그 의미는 정성적으로 간단히 표현할 수 있지만, 실제로 적용하기 위해서는 정량적(定量的)으로 표현되는 관계방정식이 필요하다.

《잡아함경》의 여러 경들과 《중아함경》의 〈다계경〉에서 처음 두 구절의 표현인 '있고 일어남'을 나타낸 표현은 연기의 공간적 개념이라고 볼 수 있으며, 〈다계경〉에서 뒤의 두 구절인 '나고 멸함'을 나타낸 이 표현은 인연의 시간적 개념이라고 볼 수 있다.

현대과학적으로 고려할 때 일어나는 현상이나 변화가 2개의 공간적 변수로 나타난다면 $y=f(x)$의 함수 관계로 나타낼 수 있다. 여기서 x는 독립변수이고 y는 종속변수로서 말하자면 '이것'인 x가 인(因)이 되는 것이며 x가 있음으로써 $f(x)$라는 함수관계가 연(緣)이 되어 이 연을 따라 과(果)인 '저것' y가 있게 된다. 또한 y=f(x)가 x에 의해 증가하는 변화를 하는 연을 타고났다면 f(x)=a + bx + cx^2 + --- 와 같은 형태로 변화하며, 만일 감소의 변화를 하는 연을 타고났다면 f(x)=a − b/x − c/x^2 --- 와 같은 형태로 변화하여 x항의 수에 따라 y와 간단한 함수관계로부터 매우 복잡한 여러 가지 관계식까지 다양한 함수관계로 나타날 수 있는 법칙이 된다고 생각된다. 더욱이 x가 시간(t)의 함수라면 x=f(t)로 나타내게 되므로 훨씬 더 복잡한 인연관계가 나타나게 된다.

만일 y가 다수 요인 즉 여러 개의 x에 의하여 결정될 때는 다변수함수가 되어 y=f(x$_1$,x$_2$,x$_3$,----ꞏꞏ,x$_n$)로 표현되고 각각의 x들이 또한 시간 등 다른 독립변수들의 종속변수가 될 수 있기 때문에 참으로 중중무진한 연기를 나타내게 된다고 생각한다.

현대과학에서 우주의 모든 물질은 궁극적으로 소립자로 구성되어 있다고 본다. 그런데 그와 같은 입자는 입자이면서 파동이기도 하다. 즉 물질이면서 에너지의 한 형태인 것이다. 《능엄경(楞嚴經)》에는 "공(空)이란 법계에 널리 가득하여 움직이지 않고 지수화풍(地水火風)과 같은 모든 물질의 근본 원소를 낳는 근원이며, 그 자체는 생기지도 않고 없어지지도 않는다"고 되어 있다. 또한 "큰 것은 대지(大地)이고 작은 것은 미진(微塵)이며, 인허진(鄰虛塵)은 저 극미(極微)인 변색제상(變色際相)을 일곱 등분하여 쪼갠 것이니, 인허진을 다시 쪼개면 허공(虛空)이 된다"고 하였다. 이 말은 입자의 이중성 즉 물질과 에너지를 시사하는 것으로 생각된다. 그래서 이 공과 허공이 물질세계의 연기의 시작이라고 생각할 수 있다.

우리가 오관으로 감지할 수 있는 모든 현상계는 공으로부터 연기하여 비롯된 것이고 본래 실체는 없는 것이다. 또한 자연계의 현실적인 변화도 '인' 이 '연' 에 의해 '과' 가 주어지는 것은 '연기' 의 작용이다. 우리가 하나의 돌을 공중에 던지면 그 돌은 포물선을 그리며 허공을 돌아 멀리 땅에 떨어진다. 잔잔한 호수에 돌을 던지면 둥근 파문이 연이여 멀리까지 퍼지다가 결국은 사라지

고 만다. 인구가 증가해 가면 다양한 물자가 필요하게 되고 각종 물자의 수요
와 공급은 자연히 늘어나게 되며 사회는 더욱 복잡해지면서 그에 따른 혼란도
가중되어 갈 것이다. 모든 이러한 현상들도 다 연기하기 때문에 $y=f(x)$와 같은
정량적인 함수로 분석할 수 있다.

아궁이에 불을 때면 방바닥이 따뜻하다. 그것은 열이 전달되기 때문이다.
열이 전해지는 것을 마치 물이 높은 곳에서 낮은 곳으로 흐르듯 온도가 높은
곳에서 낮은 곳으로 이동하는 것으로 생각하기 쉬우나 사실은 방바닥을 구성
하고 있는 원자나 분자들의 진동 즉 과학적 용어로 격자의 진동 속도가 빨라
질 따름이고 열이란 실제로 존재하는 것이 아니다. 그 방바닥이 우리 몸에 닿
을 때 그 진동이 전달되어 우리 몸을 구성하고 있는 분자의 격자진동을 빠르
게 하기 때문에 우리는 따뜻함을 느끼게 된다. 물리학에서는 이와 같이 z방향
으로 전달되는 열량을 $qz=-k(dT/dz)$로 나타내는데 이는 열량이 온도와 거리
의 함수임을 보이는 것이며 한 가지 연(緣)으로 작용하는 열전도도(熱傳導度)
k는 또한 더욱 분자의 질량, 분자의 지름 그리고 열용량 등과 훨씬 복잡한 함
수 관계를 갖는다. 온풍기에서 따뜻한 바람이 불어와 우리를 따뜻하게 해 주
는 것도 사실은 공기분자들이 병진운동속도(竝進運動速度)가 빨라져서 우리
몸에 충돌하는 빈도가 커지기 때문에 그에 따라 우리 몸을 구성하고 있는 분
자들의 격자진동을 빠르게 해 주어서 따뜻함을 느낄 따름인 것이다. 이와 같
이 앞의 열전도와 뒤의 열대류에 있어 모두 열이란 본시 실체가 없는 공인데
인과 연을 따라 나타나는 연기일 따름인 것이다.

결언

지금까지 연기법과 자연과학에 대하여 나의 미천한 소견을 담론하였다. 어
떻든 불타가 열어 보인 연기법은 여래가 얻은 법계체성지(法界體性智)로 밝게

본 본체의 진리이고, 우리가 연구하는 자연과학의 원리란 자연현상을 분석하여 실험적으로 얻은 원리이다. 하나의 수박으로 비유하건데 불타의 법은 수박을 중심으로부터 맛보고 그 수박을 대표하는 맛을 말한 것이지만, 자연과학의 원리란 표피에서부터 조금씩 파고 들어가면서 얻은 맛을 말한 것이기 때문에 수박의 맛이란 점에서는 둘이 아니지만 근간(根幹)과 지말(枝末)의 차이가 있지 않을까 싶다. 불타가 오늘날 계신다면 현대의 과학자들에게 그 근기에 맞게 현대 과학적 표현과 정량적 관계식을 들어 설명할 수 있었지 않을까 생각된다. 앞에서 논의한 부처의 근본 교설은 2천 6백 년 전 그 당시 대중이 알아들을 수 있도록 그들의 근기에 맞게 설명하려니 그렇게 표현할 수밖에 없었을 것이라고 생각된다. 이런 점에서 많은 과학자들이 불타의 가르침을 좀 더 연구하고 나아가 깊이 수행하여 지혜를 얻음으로써 불교의 과학성을 더욱 명확히 밝혀 주기를 바라면서 이 글을 맺는다.

격월간 〈佛敎春秋〉 통권 17호(2000. 4.)

자비에 대한 동서 문화 간 인식의 차이

불교는 자비의 종교라고 해도 과언이 아니다. 사람들은 흔히 불교와 자비를 등식의 관계로 받아들인다. 자비의 자(慈)는 남의 기쁨을 자기의 기쁨으로 체감하는 마음이고[慈能與樂], 비(悲)는 남의 고통을 자기의 고통으로 체감하여 그것을 뽑아 주고자 하는 마음[悲能拔苦]이다. 그래서 고익진 교수[1]는 세계의 큰 종교들을 간단히 비교할 때 기독교는 인간의 죄에 대한 의식이 강한 종교이고, 유교는 도덕에 대한 의식이 강한 종교이며, 불교는 인간의 괴로움에 대한 의식이 강한 종교라고 하였다. 불교는 그 괴로움을 멸한 경지, 즉 열반을 얻기 위하여 수행하는 종교이다. 그래서 불교는 우리에게 그 괴로움을 극복할 수 있는 밝은 희망의 길을 열어 줄 수 있다.

부처가 가진 네 가지 한량없는 마음[四無量心]에는 자무량심(慈無量心)과 비무량심(悲無量心)이 있으니 이 두 마음이 부처 마음의 큰 부분이기 때문에 부처는 중생들의 괴로움을 한없이 괴로워하고 그 근본적 해결을 위하여 전 생애를 바친 분이라고 하여도 지나친 말이 아닐 것이다.

지난 1995년 인도 다람살라에서 진행된 서구의 석학 과학자들과 달라이라마 성하와의 대담 모습

한편 《대반열반경》에는 '일체중생이 다 불성을 가지고 있다'고 하였고, 아함부의 여러 경전에도 중생들은 마음속에 성불할 종자를 가지고 있음이 나타나 있다. 그에 비추어 볼 때 인간의 마음 바닥에는 부처 마음의 큰 부분인 자비심이 들어 있으리라고 생각한다.

1987년부터 티베트 불교 제14대 달라이라마 성하는 구미의 석학 과학자들과 1999년까지는 대체로 2년마다, 그 이후로는 매년 일주일 정도씩 대화를 나누고 있다. 동일한 용어나 현상에 대하여 서구의 과학문화와 동양의 불교문화 간에 의미와 인식의 차이가 여러모로 드러나고 있어서 상호 간에 보완하는 점이 많고 특히 서구의 과학자들이 그 대화에 경도하고 있다. 그 대화 과정에서 달라이라마는 "인간의 본성은 기본적으로 자비롭고, 협동적이며, 분쟁을 싫어한다"고 여러 번 강조하였다. 반면에 서양 심리학의 주축을 이루는 생물행동과학에서는 자비심이 무시되어 왔다.

본고에서는 달라이라마와 구미 과학자들의 대화의 장인 이른바 '마음과 삶

인터뷰에 답변하고 있는 14대 달라이라마

연구소(The Mind and Life Institute)' 에 대하여 간단히 설명하고, 인간의 본
성을 자비심과 함께 아울러 서구의 심리학에서는 왜 자비심을 소홀히 해왔는
가에 대하여 고찰해 보고자 한다.

마음과 삶 연구소

달라이라마는 유럽을 방문할 때마다 찾아와 대화를 요청하고 질문하곤 하
는 칠레 출신 바레라(Francisco Varela, 1946~2001) 교수의 열의에 무척 감
동받았다. 그는 하버드 대학에서 공부한 생물학자이며 철학자로서 파리 공과
대학(Parisian Ecole Polytechnique)에서 인지과학을 담당하고 있었다. 그래
서 1986년 달라이라마가 바레라 교수에게 제안하여 1987년 10월에 MIT의 물
리학 교수 헤이워드(Jeremy W. Hayward)를 위시한 사계의 석학 6명이 인도
의 다람살라에 모여 달라이라마와 일주일 동안 대화를 하였다. 그들은 하루에

8시간씩 '마음의 과학(Science of Mind)'이란 주제로 대화를 하였는데 그것이 '마음과 삶 대화(Mind and Life Dialogue)'의 시초였다. 그 후 이 대화는 1999년까지 대체로 2년마다 1주일간씩 계속되다가 2000년 이후에는 매년 열리게 되었다.

주제에 따라 매년 해당 학계의 세계적 석학들이 돌아가며 참가했는데 1998년에는 오스트리아 인스부르크 대학의 양자역학 실험실에서 실험을 병행하며 회의를 진행하였다. 이 회의에서는 달라이라마 성하의 조언으로 획기적인 실험 결과를 얻었기 때문에 독일의 〈GEO〉 잡지 1999년 1월호 표지에 크게 소개되었다. 또한 2003년에는 미국 MIT 공과대학에서 '마음의 탐구(Investigating Mind)'란 주제로, 2005년에는 조지타운 대학 의료원과 존스 홉킨스 대학 의과대학의 공동 후원으로 '명상의 과학과 임상응용(Science and Clinical Applications of Meditation)'이란 주제로 공개 학술회의 형식의 대담이 진행되기도 하였다.

이 대화의 장이 '마음과 삶 연구소'로 정착하여, 달라이라마 성하와 과학자들 간의 대화 외에도 현재는 하계 수련회 등 여러 가지 공개 행사도 열고 있다. 지금까지 심리학, 인지과학, 신경과학, 뇌과학, 물리과학, 우주과학, 인공지능 등 다양한 분야의 매우 세부적인 주제까지 대화를 나누고 있다. 2009년에도 제18회 마음과 삶 대화가 '기억과 마음(Memory and the Mind)'이란 주제에 '심리학적, 신경과학적 및 명상적 시각의 상승작용(A Synergy of Psychological, Neuroscientific, and Contemplative Perspectives)'이란 부제를 달아 4월 6일부터 10일까지 역시 인도의 다람살라에서 열렸다. 거기에서는 심리학자인 미국 미시간대학 메이어(David E. Meyer) 교수 등 9명의 석학이 참여하여 대화를 나누었다.

일각에서는 '마음과 삶 대화'에 대하여 건전한 지적 기반을 가지고 있는 서구 과학자들이 동양의 종교 지도자와 대화를 하여 무엇을 얻을 것인가 하고

의문을 제기하는 사람도 있다. 그러나 그 대화에 동참하는 과학자들은 "우리
가 이 대화에 경도하는 것은 현대과학이 직면하고 있는 어려운 문제들에 광명
을 불어넣고자 하는 것"이라고 강조한다. 그들은 "최종적 해결을 기대하기보
다는 오히려 지금까지 풀지 못한 오래된 문제들에 신선한 바람을 불어넣고자
한다"고 말하고 있다.[2]

자비에 대한 서구의 인식

스탠포드 대학 종교학과 리 이얼리(Lee Yearley) 교수[3]는 1990년에 '정념,
감정 그리고 건강(Mindfulness, Emotions, and Health)' 이란 주제로 열린
제3차 '마음과 삶 대화' 에서 서구에 세 가지 서로 다른 철학적 전통인 개인주
의(Individualism), 완벽주의(Perfectionism) 그리고 합리주의(Rationalism)
를 개관하고 윤리적 기반으로서 자비에 대한 4가지 논쟁에 관하여 논의하였
다. 그에 의하면 서구의 많은 종교가 자비에 대하여 그 중요성을 강조해 왔고,
현대의 많은 서구인들은 자비가 중요한 개인적 특징이라는 데는 동의하면서
도 윤리 체계의 충분한 기반을 제공해 주지 못한다고 믿고 있다는 것이다. 자
비에 대하여 비판하는 사람들은 자비가 이상적이기는 하지만 기독교는 물론
그 외의 여러 전통 속에서 다양한 불의를 용인해 왔다고 지적한다. 가장 중요
한 것은 그들은 그런 사실이 우연히 일어나는 것이 아니고, 자비에 기반을 둔
윤리성의 관념에 내재되어 있는 문제들을 보여 주는 것이라고 믿고 있다는 것
이다. 그들은 자비와 더불어 권리에 대한 관념이 필요하다고 주장한다. 그런
관념은 모든 국민이 동등하게 대접받는 사회제도를 형성할 수 있는 합리주의
에서만 가능하다고 생각한다.

많은 사람들은 일반적으로 자비는 일정한 경우에 일정한 사람들에게만 느
낀다고 생각한다. 그러므로 오직 이성만이 판단할 수 있는 보편적 지침이 필

요하다는 것이다. 더욱이 그들은 자비는 개인 대 개인 단위에서만 제대로 구실하므로 우리가 사회의 불의를 바로잡기 위하여 마련해야만 하는 일반화된 가이드라인을 제정할 수 없다는 것이다. 자비는 고통 받고 있는 사람을 거리에서 만났을 때 내가 어떻게 해야 할지를 나에게 말해 줄 수는 있어도, 자비 하나만으로는 그 사람과 그와 같은 고통을 받고 있는 다른 사람들 모두에게 더 이상 고통을 받지 않도록 내가 무엇을 해야 하는가에 대해서는 알려 줄 수 없다는 것이다.

이와 관련하여 다른 비판도 있다. 자비는 거의 항상 온정주의 또는 한 무리가 그와 다른 한 무리를 보살피는 상황과 같이 표현하기 어려운 차별성을 일으키기도 한다는 것이다. 이런 상황은 보살핌을 받는 무리의 자유가 서서히 손상되는데, 다시 말하면 그것은 보살피는 자들이 상대를 어린아이로 취급하고 완전히 자유로울 수 있는 그들의 능력을 약화시킨다는 것이다. 이와 같은 비판자들은 설사 그들의 선택이 좋은 것이 아니라고 하여도 그들이 예속되어 있는 존재가 아니기 때문에 스스로 자유롭게 선택할 수 있어야 한다고 주장한다.

또한 자비는 문제성이 있다고 주장하는 사람들이 있다. 왜냐하면 그것은 일반적으로 지상에서의 현생은 그들이 앞으로 살아갈 먼 생애에 비하면 단지 작은 부분이라는 특정 종교적 관점과 연관되어 있다는 것이다. 그러나 그런 주장에 대하여 많은 비판자들은 이생을 넘어서 삶이 있다는 특정 종교의 사상은 사실이 아니거나 최소한 과학적으로 유효하게 증명된 바가 없다고 믿는다고 한다. 더욱이 인간이 실제로 알고 있는 것은 매우 적은 것이란 것을 인식하는 것이 중요하다고 주장한다. 비판자들은 대체로 이런 종교적 견해가 사실상 모든 사람들로 하여금 그들이 직면하는 실제의 고통에 덜 관심을 갖게 만든다고 하여 긍정적이기보다는 부정적으로 받아들이는 경향이 있음을 알 수 있다.

이러한 서구인들의 자비에 대한 인식은 근년에 와서는 종교적 영향이 많이 줄어들었다고는 하지만 2천여 년간 서구를 지배해 온 기독교의 영향이 클 것으로 생각한다. 리 이얼리 교수[4]는 그 대화의 후반부에 '기독교 전통에서의 미덕(virtues)'에 대하여 13세기 이탈리아의 스콜라철학자이고 신학자인 토마스 아퀴나스(Thomas Aquinas)가 주장한 악덕 혹은 죄악(vices or sins)과 미덕(virtues)에 대하여 소개하고 논의하였다.

토마스 아퀴나스는 인간의 악덕으로 ①욕정(lust) ②식탐(gluttony) ③허영심(vanity) ④분노(anger) ⑤시기(envy) ⑥영적 냉담(spiritual apathy) ⑦탐욕(avarice) ⑧교만(pride) 이렇게 8가지와, 미덕으로 ①실용적 지혜(practical wisdom) ②정의(justice) ③용기(courage) ④중용(moderation) 이렇게 네 가지의 '중심적 미덕(cardinal virtues)'과, ⑤신앙심(faith) ⑥소망(hope) ⑦박애(charity) 이렇게 3가지의 '불어넣어진 미덕(infused virtues)'을 들었다.

이들 중 '불어넣어진 미덕'이 가장 중요한데 신의 직접적 작용에 의해서 인간에게 불어넣어졌다고 하여 '불어넣어진 미덕'이라고 하며 일명 '신학적 미덕(theological virtues)'이라고도 한다. 신앙심은 종교적 믿음에서 드러나지만, 믿음을 낳는 지적 작업과는 달리 신에 대한 사랑과 신과의 만남을 통하여 발현된다. 과학적으로 증명할 수는 없지만, 신과의 성실한 관계에서 비롯한 확신을 바탕으로 일어난다. 소망의 표식은 믿음과 사랑으로 신과 교감하는 데서 솟아나는 자신감이다. 소망은 사람으로 하여금 절망을 견뎌내게 하면서도 현실적 감각을 잃지 않도록 해 준다. 소망을 품는 사람은 그들이 처한 상황이 자신의 능력이 아니라 신의 힘에 의한 것임을 깨닫는다고 한다. 아퀴나스는 신앙심과 소망을 논하면서, 기독교적 맥락에서 '박애는 숭고한 신학적 미덕으로 믿음과 소망의 토대가 된다'고 했다.

아퀴나스에 의하면 박애는 한 사람으로 하여금 실제로 신의 삶에 참여할 수 있게 하여 기쁨과 평정과 같은 신의 속성을 함께 누릴 수 있게 해 준다는 것이다. 또한 박애는 기독교 정신의 핵심인 다른 사람들에게 봉사하고 그들을 위하여 희생하는 능력을 뒷받침해 준다고 하였다. 리 이얼리 교수는 박애가 불교에서 말하는 자비와 가깝다고 하였다. 물론 박애의 현실적 효과는 불교의 자비의 효과와 매우 가까울 수 있다고 생각되나 박애는 자기의 능력이 아니라 신의 속성에 의해 신의 삶에 참여하는 것이라는 점이 자비를 인간의 본성 속에 잠재해 있는 성품의 하나로 보는 불교의 견해와는 다르다고 생각한다.

악덕과 미덕에 대한 불교적 견해

리 이얼리 교수는 달라이라마 성하에게 불교 전통에서 가장 중요한 악덕과 미덕에 대하여 설명해 주기를 요청하였다.

달라이라마는 개인적인 견해라고 전제하며 본인은 행복을 원하고 고통을 벗어나기를 바란다고 말하였다. 본인이 얻으려고 노력하는 행복이나 벗어나고자 애쓰는 고통은 모두 결과라고 했다. 사람은 행복으로 인도하는 원인을 추구하고 또한 고통과 번뇌로 인도하는 원인을 피하고자 하는데 앞의 것을 미덕의 범주에 넣는다면 뒤의 경우는 악덕의 범주에 든다고 할 수 있을 것이라고 하였다. 더욱 주된 악덕을 좀 더 정확하게 말하면 그것은 번뇌로서 집착과 증오라고 하였다. 이들 속에는 많은 미묘하고 다양한 다른 형태의 집착과 증오들이 있으나 그들은 모두 이 두 종류의 기본적 번뇌로부터 일어난다는 것이다. 그리고 달라이라마는 이 두 가지 번뇌보다 더 일차적인 번뇌도 있는데 그것은 중관 귀류논증학파(Madhyamika Prasangika)의 관점으로 볼 때 현상의 내재적 존재를 포괄하는 '무명(ignorance)' 이라고 하였다.

더욱이 달라이라마는 번뇌를 마음의 평정이나 평화를 방해하는 정신적 사건으로 정의했는데 샨티데바(Shanti Deva) 선사의 '입보리행론' 을 인용하며 자비도 하나의 번뇌가 될 수도 있다고 하였다. 그러나 자비는 일시적인 혼란을 가져올 수 있지만 장기적인 이로움이 있다는 것이다. 그러므로 정신적인 사건이 불행을 짓는지 여부는 그것이 꼭 번뇌이기 때문이라고만 할 수는 없다는 것이다. 즉 자비는 일시적 번뇌일 수 있지만 동시에 미덕임을 시사하였다.[5]

7세기에 인도의 철학자인 다르마키르티(Dharmakirti) 선사는 그의 '심리학 법칙'이라 불릴 수 있는 서술에서 인간의 심리적 상태는 서로 상반되는 정신적 상태들이 쉼 없이 역동적으로 상호작용하는 힘의 장으로 보았다. 한편에는 증오, 분노, 적대감 등으로 이루어진 부정적 감정의 영역이 있으며, 그 반대편에는 사랑, 자비, 동정심 등의 긍정적인 감정의 영역이 있다고 하였다. 그는 어느 때고 한 개인에게서 한쪽 부분이 강해지면 그 반대쪽은 약해진다고 하였다. 따라서 우리가 긍정적 부분을 강하게 하고 증가시키려고 노력하면, 그만큼 부정적 감정을 약화시킬 수 있으므로, 우리의 생각과 감정들을 효과적으로 조절할 수 있다고 하였다.[6] 다르마키르티 선사의 설명은 아퀴나스의 주장과 비교할 때 불교와 기독교의 문화 간 인식의 차이를 보여 준다고 생각한다.

서구의 생물행동과학은 왜 자비를 경시했는가

'마음과 삶 대화'의 초기부터 달라이라마 성하는 서구의 관점과 차이가 있는 불교적 관점인 자비심에 대하여 강조해 왔는데, '이타주의, 윤리 그리고 자비(Altruism, Ethics and Compassion)'라는 주제로 1995년 10월 2일부터 5일간 인도의 다람살라에서 열린 대화에서 자비심에 대한 논의가 특히 많았다. 그 안에는 여러 흥미로운 대화가 많은데 그 가운데 서구 심리학의 주류인 '생물행동과학(Biobehavioral Sciences)에서는 왜 자비를 경시했는가' 하는 소주제와 불교적 관점과 관련된 '인간의 본성은 근본적으로 자비로운가' 하는 주제에 대하여 살펴보고자 한다.

생물행동과학과 자비에 대한 대화는 공동 좌장의 한 사람인 하버드 대학 과학사 교수인 앤 해링턴(Anne Harrington)이 말문을 열었다.[7] 그는 지금까지 양편이 다 같이 객관적 실상을 탐구하는 불교계와 과학자들 간의 유사성에 대하여 고찰했다고 강조하고, 역사적으로 서구의 과학이 실상에 대한 탐구를 훨씬 깊게 해왔음에도 '자비심'과 같은 개념에는 관심이 없었다는 사실에 대해 충격을 받았다고 하였다. 비유하면 불교적 방법으로 실상을 탐구할 때, 분명히 과학적 방법과는 전연 다른 실상에 도달한다고 하고 그는 어떻게 이런 차이를 이해해야 되느냐고 질문하였다. 거기에는 두 가지 접근 방법이 있을 것이라고 말하고 그들은 모두 객관적 실상을 얻고자 모색하겠지만, 그들의 연구 방법으로는 양편이 동일한 보편적 실상을 발견할 수는 없다고 하였다.

이에 대하여 달라이라마 성하는 인간 본성 이해의 주류로서 과학적 탐구방법에 의하여 얻어진 인간의 본성이 공격적, 이기적, 그리고 잔혹함이라는 것에 대하여 놀랐다고 하였다. 더 논의해 봐야 하겠지만 혹시 과학은 발전을 멈춘 것이 아닌가 싶다고 하였다. 과학자들의 관점은 역사와 인간 지식의 진화에 있어 하나의 일정한 단계에 기반을 둔 특수한 관점일 것이라고 하였다. 더욱이 과학은 외부 세계와 비교하여 의식의 내부 세계에 대해서는 아직 충분한 관심을 기울이지 않은 듯하다고 하였다. 그래서 아직도 연구해야 할 터전이 크다는 것이다. 이제 대화 내용을 요약하거나 종합하여 표현하는 것보다 참가자들의 목소리를 직접 생생하게 접할 수 있도록 하는 것이 좋을 듯하여 아래에 인용하기로 한다.

엘리엇 소버(Elliott Sober, 위스콘신 대학 철학 교수): 앞으로 과학이 어떻게 될 것인가에 대한 질문과 관련하여 서구 심리학이 과학의 한 과목으로 인정된 것이 100년 정도밖에 되지 않습니다. 100년 전에는 철학과 심리학은 다른 학문 영역이 아니었습니다. 심리학이 실험적 및 경험적 학제가 된 것은 극히 근년의 일입니다. 그 백 년 중 근래 30여 년간 심리학의 지배적 사상은 행동주의였으며 인간의 마음을 고려하는 것은 기피하였습니다. 심리학자는 환경과 행동은 중요시하면서도 정신적 활동에 대하여는 전연 고려하지 않았습니다. 그래서 이제 우리는 바로 마음의 특성을 심각하게 고려하는 과학적 탐구가 탄생하는 최초의 자리에 서 있는 것입니다. 그것은 시작된 것이 아니고 이제 겨우 시작하는 것입니다.

어빈 스타우브(Ervin Staub, 매사추세츠 대학 심리학 교수): 비록 그런 맥락이지만, 이타심을 연구하는 우리는 소버 교수가 방금 우리에게 설명한 바와 꼭 같지는 않습니다. 1960년대까지는 이타심, 감정이입, 자비 그리고 그것들과 관련된 분야에 대하여는 연구가 이루어지지 않았던 것이 사실입니다. 그러나 1960년대 이후에는 미국, 유럽, 일본 그리고 다른 나라들에서 앞서 논의한 분야에 대하여도 연구가 상당히 이루어졌습니다. '자비'란 용어는 감정이입과 동정심과 관련하여서는 사용되지 않았습니다. 그러나 이타행, 협력적 행동, 보살핌 등 이런 모든 일들은 최근 30여 년간 상당히 주목받는 과제였습니다. 그리고 그것이 우리로 하여금 연구를 확장하고 더 멀리 나아갈 수 있는 희망을 주었습니다.

리처드 데이비드슨(Richard J. Davidson, 위스콘신 대학, 심리학 및 정신의학 교수): 어느 정도까지 심리학이 경험과학이 됨에 따라 생물의학의 일반적 분야에 통합되어 질병치료에 주안점을 두게 되었습니다. 부정적 감정을 향한 어떤 경향과 긍정적인 것보다 부정적인 감정에 대한 과도한 연구는 건강한 상태보다는 질환에 대한 의학의 일반적 경향을 반영하였다고 봅니다. 만일 당신이 의사들에게 건강의 정의를 묻는다면 그들은 거의 대부분이 그것은 병이 없는 것이라고 설명할 것입니다. 그와 같이 실제로 건강한 상태에 대한 의학은 없었는데 이제야 겨우 긍정적인 감정 상태의 심리학이 등장하고 있는 것입니다. 앞에서도 이야기한 바와 같이 우리가 이제 이 같은 실험적 노력을 시작하고 있는 것입니다. 우리는 그동안 부정적인 심리 상태에만 치우쳐 있던 것의 균형을 바로잡아야 합니다. 많은 사람이 건강한 상태와 긍정적 감정도 이론적인 관심뿐만 아니라 실제적으로 중요한 의미가 있다는 점을 이해하기 시작하였습니다.

달라이라마: 거기에는 아마 다른 인자도 있지요. 제가 이해하는 서구의 심리학은 자못 행동 중심적인 분야로 보입니다. 심리적 상태가 어떻게 공격, 폭력, 등과 같은 행동으로 나타나느냐 하는 것을 관찰하는 것이지요. 그 사실은 분노나 적개심과 같은 강력한 감정의 행동적 표현을 당신이 관찰할 때, 그들은 그만큼 충격적으로 보일 것입니다. 그 결과의 행동은 그만큼 두드러지게 드러날 것입니다. 반면에 자비심의 행동적 표현은 과격하지 않을 것입니다.

어빈 스타우브: 이 점을 다르게 말하면, 아마도 폭력은 우리에게 충격을 주는 부정적 힘임을 말해 준다는 것입니다. 그에 반하여 어떤 사람이 이타적으로 행동했을 때, 그것은 때때로 얼빠진 행동으로서 무엇인가 모자란 행동이 될 것입니다. 사람들은 완력에는 크게 충격을 받지만 그에 반하여 무엇인가 모자란 듯한 착한 행동에는 별로 반응하지 않습니다.

엘리엇 소버: 그렇습니다. 반면에 긍정적 감정은 우리로 하여금 행동을 부추기는 동기를 부여함을 압니다. 사랑은 우리로 하여금 어린이들을 보살피도록 합니다. 저는 어떤 과학자들이나 또는 일반 사람도 단지 부정적 감정만이 행동을 일으킨다고 생각하지는 않는다고 믿습니다. 우리 모두는 긍정적 감정도 행동의 동기를 부여한다고 알고 있습니다. 그런데 어째서 과학으로서 심리학은 그런 것에 착안하지 않았는지 당혹스럽기도 합니다. 의학적 모형의 탁월성에 대한 리처드의 제안이 극히 최근에야 사실이 되고 있습니다만, 20세기 전반부를 돌이켜 보면 심리학은 실제로 의학의 한 부분이 아니었습니다.

서구인들이 자랑하는 과학으로서의 심리학에 많은 허점이 있음을 그 분야의 석학들이 스스로 인정하고 불교로부터 배우며 그들이 새로운 전기를 마련하고 있는 것을 분명하게 볼 수 있다.

인간의 본성은 근본적으로 자비로운가?

인간의 본성에 대한 대화는 앤 해리슨과 같이 공동 좌장이었던 리처드 데이비드슨이 먼저 달라이라마 성하에게 질문을 하는 것으로 시작되었다.[8]

리처드 데이비드슨: 성하시여, 이성과 열정 또는 감정 간에는 충돌이 생기기 마련이어서 서구 사회에서는 그것들이 우리의 합리적 사고 과정에 부정적 감정을 잡입시키는 원인으로 작용한다는 세계관이 있습니다. 겉보기에는 기본적 인간의 본성은 자비로운 존재라고 추정하는 불교의 관점과는 매우 다르지요. 불교에서는 인간의 자비로운 본성을 발휘하는 데 있어서 무명의 방해를 받기 때문에, 인간의 목표는 그 무명의 껍질을 벗겨내고 근본 자리인 자비에 도달하는 것이라고 저는 알고 있습니다. 인간의 본성에 대한 이 두 관점은 매우 다릅니다. 이와 같은 서로 다른 개념의 차이를 잘 이해할 수 있도록, 성하께서 불교적 관점을 좀 더 자세하게 설명해 주실 수 있겠습니까?

달라이라마: 고전적 불교의 관점에서 인간의 본성을 고려해 볼 때 중생들의 타고난 심성 속에는 긍정 및 부정적 의지력을 둘 다 지니고 있음을 알 수 있습니다. 비록 저의 생각이 대부분 불교적 개념, 특히 모든 중생은 완벽에 도달할 수 있는 잠재력인 성불의 종자를 지니고 있다는 불교의 기초 교의에 의해 형성된 것이긴 합니다. 그러면서도 제가 인간의 본성이 근본적으로 선량하고 자비롭다고 확신하는 것은 저의 경험적 관찰로부터 얻은 신념이 더 크기 때문입니다. 예를 들어 탄생부터 사망에 이르기까지 인간존재의 기본적 양상을 관찰해 볼 때 인간의 감성 속에는 온정과 자비심이 주동적으로 역할을 하고 있음을 저는 봅니다.

인간의 본성이 근본적으로 자비롭다는 이 믿음의 중심적 전제는 우리의 가장 큰 본능이 행복을 구하는 것이란 데서 연유한 것입니다. 그것은 사람들이 타고난 욕구라고 말할 만큼 내적으로 깊이 각인되어 있습니다. 만일 선천적 기질을 고찰하고, 또한 행복감을 증진시켜 주는 일련의 수단이나 일상적 요소들을 고찰해 볼 때 우리는 자비, 온정 그리고 애정이 행복의 문제와 거의 불가분의 관계에 있음을 발견할 수 있습니다. 기쁨과 행복을 가져다주는 것은 애정이고 온정이며 또한 유대감입니다.

분노라는 것은 이와 같은 행복을 희구하는 기본적 욕구가 저지되었을 때 일어나는 하나의 반발심입니다. 이런 기본적 욕구를 충족하는 과정에서 고통이나 적대적 상황이 발생할 때 우리는 더욱 공격적이거나 폭력적인 방법으로 대처하게 됩니다. 비록 분노나 폭력성 그리고 공격성은 우리 마음의 자연적인 일부입니다만 어떤 의미에서 그것들은 다른 수준에 있습니다. 사람들은 그것들이 감정의 제2차적 수준에 있다고 말합니다. 아마 공격성과 폭력성은 반응의 일면인 행동 특성으로 구분하고, 한편 분노와 적의는 동기의 일면인 감정의 상태로 구분하지 않으면 안 될 것입니다.

저 자신은 이런 생각에 확신을 갖습니다. 만일 당신이 당신의 육체적 건강을 살펴본다고 할 때 온정, 애정 그리고 자비와 같은 건전한 감정들은 당신의 마음속에 고요하고 평온한 의식을 만들어 줄 것입니다. 더욱이 이런 의식은 육체적 건강을 위해서도 크게 도움이 됩니다. 한편 분노나 적의와 같은 경직된 감정들은 여러분의 마음속에 일종의 혼란만을 초래하며, 그와 같은 혼란은 여러분의 육체적 건강에도 도움이 되지 않습니다.

그래서 자연적인 상태로서 인간의 육체의 구성은 그 자체가 애정과 온정과 같은 감정들과 밀접한 관계가 있는 듯합니다.

엘리엇 소버: 인간을 설명하는 불편부당한 방법은 인간은 무자비함과 자애로움의 잠재력을 동시에 가지고 있다는 것입니다. 우리가 어느 쪽으로 치우치

느냐 하는 것은 단순한 경험의 결과이지 인간의 본성에는 어느 쪽도 근원적으로 편중되어 있지 않습니다. 그들은 동시에 같이 거기에 있는 것입니다.

성하시여, 제가 당신의 말씀을 제대로 이해했는지 모르겠습니다. 불교의 관점은 양쪽을 동시에 가지고 있으나, 한쪽이 더욱 근본적이어서 보다 많이 차지하고 있다면 다른 쪽은 인간 본성의 일부분이 아닌 것입니까?

달라이라마: 아닙니다. 그쪽도 인간 본성의 일부분입니다. 그 관점은 조금 더 복잡합니다. 불교심리학에 따르면 인간의 의식은 그 자체가 불편부당합니다. 그것은 건전한 것도 불건전한 것도 아니고, 긍정적인 것도 부정적인 것도 아닙니다. 물론 그것은 이쪽과 저쪽 양쪽의 잠재력을 다 지니고 있습니다. 그래서 우리 각자의 내부에는 부정적 행동 가능성과 긍정적 행동 가능성이 동시에 존재합니다. 우리가 정반대인 양쪽의 가능성과 잠재력을 비교해 볼 때, 자비심과 온정 그리고 애정과 같은 긍정적 기질 쪽이 더 큰 것이 사실입니다. 그래서 이와 같은 긍정적 특성들이 분노, 적의, 공격성과 같은 부정적 특성들보다 훨씬 주도적으로 인간 심성의 자연적 상태에 영향을 미치고 있습니다. 일반적으로 자애로운 쪽이 훨씬 지배적이어서 인간은 평소에 화내지 않고 늘 적의를 갖지도 않습니다.

엘리엇 소버: 다른 쪽보다 자주 일어나는 쪽이 지배적입니까?

달라이라마: 그것뿐만 아니라 불교에는 긍정적이고 건전한 감정 쪽이 훨씬 단단하게 토대를 이루고 있다는 믿음이 있습니다.

엘리엇 소버: 그러나 그것은 사람들 간에 개체 차이가 있어서 어떤 사람에게는 한쪽이 훨씬 자주 일어나지만 다른 사람에게는 반대일 수도 있을 것입니다. 어떤 사람은 행복보다는 불행을 많이 느끼고, 만족하는 것보다는 화를 더 자주 내기도 합니다.

달라이라마: 물론입니다. 그것은 각 개인 간에 서로 다를 것입니다. 그러나 어떤 사람이 악하다거나 부정적인 면이 많은 사람이라 할지라도 만일 그 사람

의 일생, 특히 어린 시절을 관찰해 보면 그 사람도 그의 모친이나, 모친과 같은 위치에 있는 사람으로부터 정성과 사랑을 받고 자랐을 것입니다. 사람의 일생에서 처음 시작하는 어린 시절은 이와 같이 사랑과 정성으로 돌보아졌으므로 그것이 그 사람의 본성에 더욱 크고 강력하게 영향을 미쳤을 것입니다. 이것이 모든 인간이 성장해 온 과정입니다.

저는 지금 자비와 온정이 기본적인 기질인 인간 본성의 특정 모형에 대하여 논의하고자 합니다. 그렇다면 문제는 세상에서 우리가 흔히 볼 수 있는 모든 공격적 성향, 경쟁성 그리고 폭력성은 어떻게 생각해야 하는가 입니다. 이와 같은 모든 행동적 특성들은 주로 특정 시기의 환경의 영향에 의하여 작용합니다. 예를 들어 동물의 생애를 생각해 봅시다. 그들의 욕구는 매우 간단할 뿐만 아니라 생활도 매우 단조롭습니다. 그들은 동굴에서 기거하고 그들의 생존을 위하여 다른 동물을 잡아먹습니다. 그들의 단순한 욕구를 충족시키기 위하여 그들은 간단한 행동 특성을 갖습니다.

인간을 위의 경우와 비유한다면 인간은 지성과 상상력이라는 재능을 선천적으로 부여받았습니다. 사회가 점점 발전하고 인구가 증가하면서 이 희귀한 재능에 대해 매우 높은 경쟁력이 요구되고 있습니다. 사회가 발전해 감에 따라 우리의 요구도 더욱 복잡해 가고 그 범위 또한 넓어져 가고 있음을 느낍니다. 먼 옛날에는 인간의 일상생활과 생활공동체의 운영도 훨씬 단조로웠을 것입니다. 그리고 경쟁할 필요도 별로 없었을 것입니다. 그래서 사람들도 거의 공격적이지 않았을 것으로 생각됩니다. 비록 오늘날이라 해도 전연 산업화되지 않은 먼 오지의 사회나 문화 속에서는 삶이 훨씬 덜 긴장되고 덜 조급하며, 한가롭게 살아감을 볼 수 있습니다.

인간의 정서만을 고려한다면 오늘날의 인간이나 옛날의 인간이나 기본적으로는 동일합니다. 그러나 현재는 모든 외부적인 조건들이 우리가 공격적인 노력을 하지 않으면 우리의 터전을 빼앗길 위험이 있는 것처럼 되었습니다. 그러나 우리의 현실 속에 나타나는 많은 공격적이고 경쟁적인 본능들은 사실상 불가피한 것도 아니고, 또한 타고난 것도 아닙니다. 그것들은 다분히 특정한 생활양식, 특정한 환경과 물질적 조건의 압력으로 비롯된 것입니다.

사실인즉 저는 온정과 같은 건전한 상태와 분노와 같은 불건전한 상태들 간에 감각적이거나 경험적인 차이가 있는지 의심스럽습니다. 분노 즉 화는 거의 하나의 반응입니다. 여러분은 그것을 격발시키는 조건이 꼭 필요합니다. 그것을 격발시킬 때 외부적 조건으로서 온정이 반드시 필요한 것은 아닙니다. 그리고 여러분이 분노를 경험할 때 여러분의 의도와는 반대로 일어나게 된 경우도 있었을 것입니다. 즉 여러분은 화를 내고 싶지 않지만 어쩔 수 없이 화를 내게 된 경우도 있었을 것입니다. 그러나 사람이 사랑하고 싶은 마음이 전연 없는데도 사랑을 느낄 수 있다고 말할 수는 없을 것입니다.

엘리엇 소버: 아니, 저는 그렇게 생각하지 않습니다. 하나의 예를 들어 보겠습니다. 가령 어떤 사람이 다른 사람에게 일을 시켰는데, 그는 그 일을 한 사람이 잘못했다고 생각했습니다. 그러면서도 그는 조금은 긍정적으로 생각할 점도 있다는 것을 발견합니다. 그래서 마음 저변으로부터 '그 일은 잘못됐다'는 이성의 소리에도 불구하고 일한 사람에 대하여 긍정적인 감정이 생길 수 있다고 봅니다.

웃음의 예를 들어 보겠습니다. 우리는 때때로 웃어 주기에는 적합하지 않거나 조금은 매스꺼운 일임에도 불구하고 웃게 될 때가 있습니다. 제가 생각하기에 웃음이란 긍정적 감정의 표현입니다. 우리는 항상 우리 자신을 검증하며 행동합니다. 그렇지 않습니까?

앤 해링턴: 우리는 우리의 느낌에 대해 늘 평가합니다.

엘리엇 소버: 우리는 인간 본성에 대하여 서로 다른 견해들을 논의했으며 경험적 접근이 필요하다는 성하의 관점을 이해했습니다. 그러면 이제 어떻게 인간들이 다른 환경 속에서 행동하고, 그 위에 인간 본성의 본질을 정립하느

냐 하는 문제를 살펴봅시다. 우리는 실제로 인간 본성이 무엇인가 하는 점에
대하여 관찰을 통하여 어느 정도 이해할 수 있었다고 생각합니다. 서구 생물
학계는 연구자가 일련의 사실을 관찰하고 그것들에 대하여 진화론적 설명을
찾아내는 일을 주로 합니다. 인간이 어떻게 행동하느냐에 대한 설명을 위해서
는 앞으로도 끝없는 의문이 있을 것입니다. 또한 인간은 어째서 자신에게 익
숙한 방법에만 경도되어 행동하려 하는가 하는 의문도 제기될 것입니다. 불교
철학에도 이와 유사한 과정, 즉 인간의 행동양식에 대하여 먼저 관찰하고 그
에 따르는 설명을 구하는 방법이 있습니까? 인간 본성이 선하다는 불교의 관
점이 정확하다면, 왜 우리 인간 종자들이 이와 같이 되었는지에 대하여 설명
해 주실 수 있겠습니까?

달라이라마: 여기서 인간 본성에 대한 불교적 관점과 저의 개인적 관점을
구분할 필요가 있습니다. 저의 주장은 인간 실존 양식의 경험적 관찰에 기반
한 인간 본성의 한 개념입니다. 왜냐하면 저는 저의 이 생각을 불교 신앙과는
전연 관계가 없는 사람들에게 전파하고자 하기 때문입니다. 이것이 여기서 중
요한 요점입니다. 저의 신앙적 기반 위에 형이상학적 전제가 있다면 아마 그
것은 인간의 기본적인 본능은 행복을 추구한다는 것입니다. 그것은 하나의 경
험적 서술이요, 형이상학적 서술로 택할 만합니다. 이 외에 이 이상의 형이상
학적 토대는 없습니다. 저의 개인적 주장은 사람의 일생이 어떻게 시작되었
고, 일생을 통하여 얼마나 많이 다른 사람들의 온정에 의지해 왔으며, 또한 그
온정에 대하여 우리가 얼마나 가슴으로 느껴왔는가 하는 경험적 관찰에 기반
하고 있습니다. 이 모든 것이 기본적으로 인간 본성은 선하다는 주장에 확신
을 갖게 한 것입니다. 이것은 불교만의 독특한 접근 방법은 아닙니다.

맺는 글

좌장의 한 사람인 리처드 데이비드슨(Richard J. Davidson) 교수는 이 대화의 전체 내용을 단행본으로 출판한 《자비의 시각(Visions of Compassion)》이란 저서의 서문[9]에서 다음과 같이 술회하였다.

"이타주의, 친사회적 행동, 동정심 등과 관련된 서구의 행동과학에 대해서는 말하기 조심스러운 연구 전통이 있습니다. 서구에서 행동과학의 주된 특징은 비극적 남성우월주의(tragic-machismo)였습니다. 우리는 우리 조상의 근본을 '살인자 원숭이(killing apes)'라고 부르고, 우리의 잠재력을 폭력에 기울여 왔으며, 우리 능력의 유전적 및 생화학적 기반을 이기심, 우울, 불안 등과 관련하여 개발해 왔음을 발견합니다. 그와는 반대로 티베트 불교는 오랫동안 인간의 잠재력을 자비라고 찬양해 왔고, 자비로운 감정과 행동의 범위, 표현 그리고 그것을 증장하기 위한 훈련에 대하여 연구해 왔으며, 자비는 행복을 지속하고 더욱 근본적으로 정신적 전환에 대한 열쇠라고 보고 있습니다."

이 글 속에 자비에 대한 동서 문화 간 인식의 차이가 극명하게 내포되어 있다고 생각한다. 그러나 '마음과 삶 대화'를 통하여 자비에 대한 동서 간 및 종교 간 문화적 인식 차이가 좁혀지고 이해의 폭을 넓힐 수 있었음을 대화 속에서 확인할 수 있었다. 이 대화가 계속됨에 따라 앞으로 동서 간, 또는 여러 문화 간에 존재하는 많은 문제들이 해소되고 이해의 폭을 넓힐 수 있으리라 기대한다.

인용문헌

1) 대한불교천태종, 《대자대비 관세음보살》, 1986, p.16.

2) Arthur Jajonc, 《The New Physics and Cosmology》, Oxford, 2004, pp.7.

3) Daniel Goleman, 《Healing Emotions》, Shambhala, 2003, pp.11~17.

4) Daniel Goleman, 《Healing Emotions》, Shambhala, 2003, pp.165~170.

5) Daniel Goleman, 《Healing Emotions》, Shambhala, 2003, pp.170~172.

6) Dalai Lama, 《Universe in a Single Atom》, Broadway, 2006, pp.163~164

7) Richard J. Davidson et al., 《Visions of Compassion》, Oxford, 2002, pp.82~84.

8) Richard J. Davidson et al., 《Visions of Compassion》, Oxford, 2002, pp.85~89.

9) Richard J. Davidson et al., 《Visions of Compassion》, Oxford, 2002, p.V.

〈불교평론〉 40(2009. 가을. 제 11권. 제 3호)

중생의 범위와 한계

2010년 11월 말경 안동지방에서 나타난 구제역이 거의 전국적으로 퍼지더니 300만 마리 이상의 소와 돼지가 살처분 되었고, 아직 끝나지 않고 있어서 석 달이 지나 울산에서 다시 구제역이 발생 했다고 한다. 2011년 초에 한 농부가 30년 전 소 한 마리로 시작하여 그때까지 30마리를 키우고 있는데, 그 소를 모두 살처분하고 나니 살고 싶은 생각이 없다며 눈물 흘리는 것을 보았다. 그 중 열일곱 마리는 새끼를 배고 있었고 구제역에 걸린 소는 한 마리도 없는데, 그곳으로부터 5km 이내에 있는 종축장에서 구제역이 발생했다고 하여 그렇게 다 죽여서 땅 속에 묻게 되었다고 한다. 그 이야기를 듣는데 필자도 가슴이 아파 견디기 어려웠다. 중생에 대한 인간의 마음속에 잠재해 있는 근본적 자비심의 발로일 것이다. 구제역이 창궐하고 또한 전라도에서는 철새들로부터 감염된 병원성 조류독감(AI)으로 인해 많은 가금류가 죽었고 또한 살처분 되었다. 이런 것을 보면서 나는 중생이란 무엇이며, 그 범위는 어디까지 이고, 그 한계를 어떻게 정해야 하는가 혼란스럽다.

중생(衆生)이란 무었인가?

심식(心識)을 가지고 있는 살아있는 존재 또는 정식(情識)을 가지고 있는 살아 있는 존재를 의미하는 범어인 삿뜨바(sattva)를 구마라지바는 중생이라고 번역하였고, 현장은 유정(有情)이라고 번역하였다. 그래서 경전에는 주로 그 두 용어가 나타나지만 그 외에도 함식(含識), 함생(含生), 함정(含情), 함령(含靈), 군생(群生), 군류(群類) 등이 중생과 동의어로 나타나 있기도 하다. 영어권에서는 중생을 '지각(知覺)이 있는 생물'이란 의미의 'sentient beings' 또는 'living beings'로 표현한다.

중생은 욕계, 색계, 무색계를 두루 통하여 육도윤회(六道輪廻)를 함으로써 천도(天道), 인간도(人間道), 아수라도(阿修羅道)의 삼선도와 지옥도(地獄道), 아귀도(餓鬼道), 축생도(畜生道)의 삼악도를 전생한다고 한다. 또한 《대반열반경(大般涅槃經)》 권7과 세친(世親)의 《불성론(佛性論)》 권1에 '일체 중생이 다 부처가 될 씨앗을 가지고 있다[一切衆生悉有佛性]'고 하여 중생은 다 부처를 이룰 수 있다고 하였다. 불법을 수호하는 팔부중(八部衆)은 우리가 이 사바세계에서 볼 수 없는 존재이면서도 불경에는 중생류로 나타나 있다. 그렇다면 우리가 이 세상에서 만날 수 있는 중생의 범위는 어디까지이고 그 한계는 무엇인가?

아메바나 박테리아도 고양이와 다름없는 중생입니다

하버드 대학에서 생물학을 전공하여 박사 학위를 받았고 파리대학교에서 신경과학과 인지과학 그리고 인식론을 강의하고 있던 바레라(Francisco J. Varela) 교수는 티베트 불교 대표인 달라이라마 성하가 유럽에 올 때마다 장소를 가리지 않고 찾아가 법회에 참석하고 직접 알현하여 자신의 전공 분야에 대하여 질문하고 대화를 나누었다. 1986년 달라이라마 성하가 파리를 방문하였을 때 1시간을 할애하여 바레라 교수와 만났는데, 시간이 제한되어 있고 다음 일정이 기다리고 있기 때문에 아쉽게 헤어지며 "우리는 더 많은 것을 논의해야 하는데 이렇게 여행 중에는 아니 되겠습니다. 내가 내년에 1주일의 시간을 낼 테니 선생과 관심이 있는 다른 과학자들을 데리고 다람살라로 오십시오. 모든 일을 제쳐놓고 허심탄회하게 논의해 봅시다" 하고 제안하였다. 이렇게 하여 달라이라마 성하와 서구의 석학 과학자들 간의 대화가 시작되어 지난 해까지 22회의 회의가 이루어진 것이 소위 '마음과 삶의 회의(Mind and Life Conference)' 이다.

제1회 '마음과 삶의 회의'는 1987년 10월에 인도 다람살라의 달라이라마 궁에서 구미의 석학과학자 6인과 달라이라마 성하 그리고 티베트 학자 2인이 참석한 가운데 5일간 하루에 8시간씩 집중적인 진지한 대화가 이루어졌다. 그 둘째 날 오후에 성하는 아메바의 생리에 대한 질문을 하고 과학자들과 대화를 했는데, 그 내용이 이글의 주제인 중생의 범위와 관계가 있어서 아래에 인용한다.

Dalai Lama: 아메바와 같은 단세포 피조물도 욕망, 성적 욕구, 감정 등의 전면적 인지행위를 하고 있습니까?

Varela: 이것은 전에 우리가 논의해 봤던 사항입니다. 어떤 아메바는 수컷과 암컷이 따로 있고, 어떤 아메바는 자웅동체로 되어 있어 유전물질을 교환하는 등 성적 상대로 역할을 합니다. 아메바와 그보다 더욱 단순한 세포들인 박테리아를 비교해 보지요. 박테리아도 성을 가지고 있습니다. 그리고 좋아하는 음식을 찾는 능력을 가지고 있어서 유해한 물질은 기피합니다. 이것은 크기만 작지 아메바와 매우 흡사합니다.

어떤 이는 아메바도 인지행위를 포함한 우리가 논의하는 보편적 행동을 하느냐고 묻습니다. 그 세포 내부에 있는 지각모터들 간에 상호 관계가 일어납니다. 모두 하나의 세포단위에서 일어납니다. 그러나 물론 박테리아에는 신경단위가 없습니다. 이것에 기반을 두고 보면 신경조직이 인지능력을 갖는다고 말할 수는 없습니다. 신경조직은 단지 지각모터의 용량 범위를 확대해 줄 따름입니다. 이것은 매우 중요한 사항입니다.

Dalai Lama: 그렇다면 선생은 아메바 같은 단세포 피조물도 중생이라고 생각하십니까?

Varela: 예 그렇습니다. 이런 관점에서 볼 때 그것은 의심의 여지가 없습니다. 제가 인지하는 바로 개구리류, 히드라(hydra)류, 아메바들, 박테리아들의 지각작용을 서로 구분하여 설명할 수 없습니다.

Dalai Lama: 선생의 사견으로 본다면 하나의 박테리아도 중생이라는 것이지요? 그것은 불교적 맥락에서 보면 매우 중요한 것입니다. 왜냐하면 하나의 중생의 생명을 죽이는 것은 계율을 범하는 행위이기 때문입니다. 만일 그 중생이 고통을 여의고 행복을 원하는데 그 생명을 죽이는 것은 많은 고통을 주는 것입니다. 그렇다면 하나의 아메바를 죽이는 것은 나쁜 짓일까요 아닐까요? 불교적으로는 만일 아메바가 기쁨과 고통을 알고 이고특락(離苦得樂)을 원한다면 그 아메바를 죽이는 것은 잘못된 것이지만 그렇지 않다면 잘못된 것이 아니라고 말할 수 있습니다.

Varela: 하나의 박테리아나 아메바의 행동도 회피하는 것들이 있고 또한 구하는 것들이 있어서 고양이나 사람과 같은 중생의 행동과 분명히 매우 유사합니다. 비록 그들에게 고통과 즐거움의 의식이 있다고 말할 수는 없지만, 그 행동이 같지 않다고도 말할 수 없습니다. 아메바는 근본적으로 좋아하는 것과 좋아하지 않는 것이 있습니다. 그런 의미에서 감정이 있습니다. 왜 제가 고양이가 즐거워하고, 괴로움을 느끼고, 만족을 원하며, 고양이를 중생이라고 말하겠습니까? 제가 고양이의 경험을 해볼 수 있는 길은 없습니다.

Dalai Lama: 예, 그것은 맞는 말입니다.

Varela: 그와 꼭 같은 주장이 아메바나 박테리아에도 적용됩니다. 저는 박테리아가 겪는 것을 직접 경험할 수는 없지만 그들의 행동을 관찰함으로써 같은 종류라고 봅니다. 이것이 과학자로서 제가 박테리아의 행동이 인지행동이라고 말하는 것입니다. 왜냐면 제가 앞에서 언급한 이런 모양의 지각모터 상호관계들을 통하여 식별할 수 있기 때문입니다. 말하자면 그 작동 과정이 고양이와 같습니다. 제가 이런 말을 할 때 심리학자들은 전율을 느낄 것이란 것을 저는 압니다. 그러나 저는 신경과학자로서 말씀드립니다. 매우 간단한 형태의 행동부터 이해하는 방법으로 박테리아의 행동을 연구해온 사람들이라면 그것을 행동, 지각, 그리고 행동성향이란 용어로 나타내는데 주저하지 않을 것입니다. 저는 그것이 분명히 인지이고 어떤 형태의 자각이라고 확신합니다.

그 대화 속에서 어떤 과학자는 탄산칼슘이 산과는 반응하고 염기와는 반응하지 않는데, 그것도 한 형태의 행동인가 등 많은 논의가 있었으나 바레라 교수는 불교적 전통에 의하면 중생이란 일반적으로 의지의 발로로 움직이는 생물이라고 정의하였다.

아메바, 박테리아 그리고 바이러스

대화 속에서 달라이라마 성하와 서구의 현대과학자들은 아메바와 박테리아를 분명히 중생이라고 하였다. 그동안 사람들이 그렇게 생각하지 못했던 것은, 첫째 아메바나 박테리아는 인간의 육안으로 관찰할 수 없었고, 광학 현미경이나 전자현미경으로만 볼 수 있었기 때문이고, 둘째는 많은 종류의 아메바나 박테리아가 인간에게 병을 가져다주는 병원체이었기 때문이다. 특히 박테리아는 세균이라는 별명을 가지고 있듯이 약학이나 의학계의 오랜 역사에서 박테리아의 번식을 억제하고 사멸하는 데 전력을 다해왔기 때문이라고 생각한다.

오늘날은 바이러스시대인 듯싶다. 왜냐하면 현재 우리나라뿐 아니라 많은 나라에서 구제역 바이러스가 창궐하고 있고, 에이즈, 신종 플루 등 많은 바이러스들에 의해 세계가 시달리고 있기 때문이다. 그렇다면 바이러스란 무엇인가? 바이러스란 용어는 라틴어에서 비롯되었으며 그 의미는 '독물(poison)' 또는 '유해한 물질'이란 의미라고 한다. 1728년에 '감염성 매체'로 기록되었다가 1892년에야 바이러스의 실체가 밝혀지게 되었다. 바이러스는 극히 작은 미생물로 유기체의 세포 속에서만 증식된다. 바이러스는 동물이나 식물 또는 박테리아 등의 모든 유기체를 감염시킨다. 바이러스가 인간 세상에 모습을 드러낸 것이 박테리아에 비해 매우 근대의 일이듯 화석에서는 발견된 일이 없다. 지금까지 연구된 바이러스는 일반적으로 그 크기가 박테리아의 수백분의 일 내지 1천분의 일 정도로 매우 작아서 주사형 전자현미경이나 투과형 전자현미경으로만 관찰할 수 있는 아메바의 10만분의 1 그리고 박테리아의 1천분의 1 정도인 10~300nm이다.

바이러스와 박테리아의 가장 큰 차이는 바이러스는 다른 유기체에 기생하여 살아간다는 것이다. 바이러스는 기생하는 숙주가 없으면 증식할 수 없고, 숙주의 세포막에서 유도된 지질(脂質: lipid)의 외피 안에 있을 때만 기능을 발휘할 수 있으며 증식도 할 수 있기 때문에 바이러스가 하나의 생명체라는 주장과 바이러스는 단순한 유기물 구조라는 두 가지 주장이 있다. 다시 부연하면 바이러스가 하나의 중생이라는 주장과 바이러스는 숙주인 유기체에 붙어 있는 작은 부분구조라는 주장이 있는 것이다. 그러나 바이러스는 그들이 서식하기 좋은 환경을 찾아다닌다. 그래서 구제역 바이러스는 발이 두 갈래로 갈라진 동물만 찾아다니고, AI 바이러스는 조류만 찾아다닌다. 그래서 바이러스도 의지에 의해 이동한다고 생각하여 생명체로 보는 것이 우세한 편이다. 아메바를 코끼리라고 한다면 박테리아는 고양이 정도의 크기이고 바이러스는 고양이 몸 안에서 살아가는 기생충에 비유할 수 있을 것이다. 기생충은 그 숙주를 떠나면 살아갈 수 없다. 그러나 기생충도 중생임에는 틀림없다고 보는 것이다.

중생이라면 인간과 꼭 같이 모두 성불할 수 있는 생명체들을 말하는데, 그렇다면 인간들이 그렇게 혐오하는 병원성 아메바나 박테리아 그리고 바이러스도 언젠가는 그 업장을 소멸하고 성불할 수 있을지 의문스러우면서도 과학적으로는 중생의 범위에 둘 수밖에 없다. 그렇기 때문에 달라이라마 성하가 걱정하였듯이 병원성 아메바나 박테리아 그리고 바이러스에 대하여 불교적으로 어떻게 대처해야 될 것인가 하는 문제가 남아 있다고 생각한다.

월간 〈붓다동산〉 통권 694호(2011. 3.)

뚬-모 명상과 현대 의학의 만남

1979년 10월 18일 티베트 망명정부의 수반이자 티베트 불교의 법왕인 달라이라마 성하가 미국 하버드 대학을 처음 방문하였을 때의 일이다. 하버드 의과대학의 허버트 벤슨(Herbert Benson) 교수가 달라이라마를 만나게 되었다. 벤슨 교수는 그때까지 자신이 환자의 치료를 위해 시행해 온 간단한 명상 기법의 생리학적 효과에 대하여 설명하고, 티베트 불교의 몇 가지 고급 명상 기법을 연구할 수 있도록 허락해 주기를 요청하였다. 나아가 벤슨 교수는 티베트 불교의 명상수행법의 하나인 뚬-모(Tum-mo) 명상의 신비한 마음-몸 효과(mind-body effect)에 대하여 연구하고 싶다는 희망을 밝혔다.

20세기 초에 알렉산드라 데이비드 닐(Alexandra David Neel)이라는 여인이 티베트 승려로 가장하여 티베트를 여행했고, 그가 관찰한 바를 글로 남겼는데 그것이 1971년에 출간된 《티베트의 신비와 미스테리(Magic and Mystery of Tibet)》이다. 그 책 안에 뚬-모 명상이 다음과 같이 소개되어 있다.

　수행승은 알몸으로 맨바닥에 가부좌를 하고 앉은 뒤 얼음물에 담긴 천들 중 하나를 꺼내서 몸을 감싸고 명상에 들어가 자신의 몸에서 발생하는 열로 그것을 말려야 한다. 그 천이 다 마르면 다시 얼음물 속에서 다른 천을 꺼내어 수행승의 몸을 감싼다. 이 과정이 초저녁부터 날이 셀 때까지 반복된다. 그렇게 해서 가장 많은 수의 젖은 천을 말린 사람이 승자로 인정받는다.

　벤슨 교수는 이 책 속에서 알게 된 뚬-모 명상에 대하여 지대한 관심을 가지게 되었다고 한다. 벤슨 교수는 뚬-모 명상 중 수행자의 몸에 일어나는 현상을 그들이 가진 의학 장비를 이용하여 과학적으로 측정할 것이라고 하며 달라이라마에게 강력히 요청하였다. 달라이라마는 과학적으로 이런 현상을 측정할 수 있다는 데 관심을 표하고 그것이 과연 가능할까 반신반의하면서도 티베트의 종교 전통을 서구의 과학자들이 연구한다면 티베트 불교의 우수성을 알릴 수 있는 기회라고 생각하여 도와주겠다고 허락하였다.

　그로부터 몇 달 뒤 티베트 불교공동체와 하버드 의과대학 간에 마음과학(Mind Science)에 대한 상호 교류와 연구가 시작되었으며 그 후 10년 이상 공동 연구가 이루어졌다. 그 연구 결과를 발표하는 '하버드 마음과학 심포지엄'이 1990년 10월 미국 매사추세츠 공과대학(MIT)의 크레스지(Kresge) 강당에서 달라이라마가 참석한 가운데 개최되었다.

　뚬-모 명상이란 위에서 인용한 닐(Neel)의 글에서 언급한 바와 같이 추운 겨울에 얼음물에 적신 천을 몸에 감고 명상함으로 종교적 목적으로 발생하는 몸의 열로 그 천을 말리는 수행법이다. 종교적 목적이란 그 수행자들이 명상을 통해 체열을 발생하여 망상(妄想)을 소각한다는 목적을 말하고 그들로서는 명상 중에 그렇게 관상하는 수행일 따름이라는 것이다.

　벤슨 교수의 실험에 따르면 수행자들이 4℃의 추운 기온에서 길이 180cm, 너비 90cm의 얼음물이 뚝뚝 떨어지는 천을 몸에 두른다. 명상에 들어간 지 3

분 내지 5분이 지나면 천에서 김이 모락모락 나기 시작하고, 45분이 지나면 완전히 말라 버리는 것을 확인하였다. 그들은 날이 셀 때까지 그와 같은 실험을 몇 번 더 하였다. 벤슨 교수 연구팀은 뚬-모 수행자 세 명이 명상을 진행하는 동안 수행자들의 신체적 변화를 현대 의학적 방법으로 측정하였다. 측정 실험은 세 단계로 나누어 실시하였는데, 제1단계는 명상에 들어가기 직전 정상 상태에서 5분간 측정하고 제2단계는 뚬-모 명상이 수행되는 5분간을 측정하며 제3단계는 명상을 마치고 원래 상태로 회복하는 5분간을 측정하였다. 그 결과 체내의 산소 소비량이 증가하였고 직장(直腸)을 통해서 측정한 체내의 온도는 변함이 없으면서도 손가락의 온도는 3.5℃~7.5℃ , 발가락의 온도는 3.9℃~8.3℃ 만큼 현저히 상승하는 놀라운 변화를 발견하였다. 명상을 끝마치자 손가락의 온도는 명상 전의 온도로 곧 돌아왔으나 발가락의 온도는 조금 느리게 원래의 온도로 회복되었다. 이와 같이 명상수행으로 자신의 말단 부위 체온을 임의로 변화시킬 수 있다는 것은 서양의학에서는 생각할 수 없었던 현상으로 마음과 몸의 상호 관계를 이해하는 데 새로운 장을 열게 되었다.

서양의 과학적 관점으로 볼 때 온혈 동물이 추운 환경 속에 놓이면 생명 유지에 필요한 열을 몸 안에 유지하기 위해 비순환적 요소와 순환적 요소에 의한 방법을 자발적으로 강구하게 된다. '열 손실을 줄이는 비순환적 요소' 란 동물이라면 털을 세워 절연 층을 보강하는 것이고 사람이라면 옷을 껴입어 열의 방출을 막는 것이다. 한편 '열 손실을 줄이는 순환적 요소' 는 신체가 자발적으로 피부에 가까운 말단의 혈관을 수축시킴으로써 혈액순환을 저지하여 심장을 포함한 체내 중심 기관의 온도를 유지하는 것이다. 그러나 이때 혈액순환이 중지된 말단 부위는 온도가 내려가기 마련이어서 발가락, 손가락 또는 귀와 같은 부위는 차가워지고 추위에 오래 노출될 때 동상에 걸릴 수 있다. 그런데 뚬-모 명상에서는 그런 서구적 관점의 열 순환과는 정반대의 현상이 일어나고 있는 것이다. 그들은 명상수행이 체내에 놀랄 만한 생리학적 변화를 가져온다는 것을 발견하였다.

　문헌에서 흔히 그림으로 보이는 티베트의 위대한 성자 밀라레파(Milalepa) 존자나 다른 성자들은 눈 덮인 히말라야를 배경으로 앉아 있으면서도 옷은 가볍게 걸치고 몸을 다 드러내고 있는 것을 볼 수 있다. 그들은 생활 속에서도 뚬-모 명상에 들어 있기 때문에 그렇게 지낸다고 한다. 티베트 불교의 전통에서는 뚬-모 명상을 석가모니 부처님께서 처음 설하셨고 그것이 구전되어 12세기에 나로파(Naropa) 존자가 문자로 기술하여 문헌으로 그의 제자 마르파(Marpa) 존자에게 전하고, 마르파 존자가 제자인 밀라레파 존자에게 전하여 밀라레파 존자가 위대한 뚬-모의 수행자가 되었다고 한다. 티베트의 수행자들이 뚬-모 명상을 하는 것은 매우 높은 영적인 성취를 위한 것이지 말단의 체온을 올리기 위한 것은 아니다. 말하자면 체온의 상승은 수행의 부수적 산물일 따름이므로 그들은 서구의 현대 의학자들이 체온의 상승에 크게 경도하고 있는 것에도 별로 관심이 없는 것이다.

　그렇다면 벤슨 교수는 왜 뚬-모 명상에 대하여 그렇게 지대한 관심을 보인 것일까? 서양의학에서는 마음의 작용이 추운 환경 속에서 몸의 말단 부위인 손가락이나 발가락의 온도를 상승시킬 수 있다는 것 즉 자연현상과 생리적 현상을 역으로 변화시킬 수 있다는 것은 여러 종류의 환자 치료에 활용할 수 있는 가능성이 있다는 것이다. 필자는 의학에 문외한이기 때문에 잘 알 수 없으나 벤슨 교수에 의하면 뚬-모 명상에서 얻는 그와 같은 변화는 스트레스로 유발되었거나 더욱 악화된 만성 장애의 치유를 위해 직접 관련시킬 수 있다는 것이다. 티베트 명상에 기반을 둔 심리적 수련으로 여러 종류의 만성병 치료의 가능성을 기대한다고 하였다. 티베트 불교공동체와 하버드 의과대학 간에 마음과학에 대한 상호 교류 및 연구 결과가 이른바 '마음-몸 의학(Mind-Body Medicine)' 이라는 새로운 학문 분야가 탄생하는 계기가 되었다.

월간〈붓다동산〉 통권 679호(2009. 12.)

한국 불교문화 속에 나타난 과학기술

불교는 마음을 다스리는 수행의 종교로 과학을 앞세워 과학이나 기술발전을 위하여 의도적으로 기여한 바는 없다. 우리나라에서 불교문화가 꽃피웠던 삼국시대나 고려시대에는 사실상 과학이란 문자 자체가 존재하지 않았다. 당시로서는 종교적 수행을 철저히 하기 위하여 또는 부처님의 도량을 좀 더 아름답고 품위 있게 장엄하고, 나아가 불법으로 국가를 보위하고 더욱 오래도록 불법을 수호하기 위하여 노력했을 따름이다. 그 같은 수행 결과로 이루어진 불교문화의 유적 중에는 21세기를 목전에 둔 현대과학에 비추어 보더라도 그 경이로움에 찬탄하지 않을 수 없는 고도의 과학과 기술이 담긴 문화재가 많다. 이런 문화재 중 이 논문에서는 한국의 범종과 고려대장경 경판의 제조 및 보존에 대하여 고찰하고자 한다.

불교는 수행하는 종교로서 시간관념이 매우 엄격하다. 그 안에서 주 역할을 한 것이 범종이다. 오랫동안 범종은 시계의 역할을 해왔다. 그런 만큼 범종은 그 소리가 아름다우면서도 될 수 있는 한 멀리 전달되어야 많은 사람들에게 정확한 시간을 알려줄 수 있다. 오늘날 영어에서 시계(clock)란 용어는 그런 의미에서 바로 라틴어의 종(clocca)이란 용어에서 비롯되었다고 한다. 서양 종교에서도 시간을 알리는 데 종을 쓰지만 우리의 범종과는 그 모양과 소리 그리고 소리의 가청거리(可聽距離)가 매우 다르다. 우리나라에는 서기 725년에 제작된 상원사 범종을 위시하여 11점의 신라의 범종, 73점의 고려의 범종 그리고 96점의 조선조의 범종이 남아 있다. 우리나라의 범종은 다른 나라에서는 찾아볼 수 없는 특유한 구조로 되어 있다. 우리나라 범종들 중 극히 초기의 것에 속하고, 그 성능이 으뜸이라고 할 수 있는 서기 771년에 제작된 국보 제29호 성덕대왕신종(神鐘)을 중심으로 우리의 불교 사원에서 발달해 온 범종과 관련하여 1천 2백 년 전의 기술 속에 담겨있는 과학적 요소에 대하여 논의하고자 한다.

또한 불교는 어느 다른 종교와 견줄 수 없는 방대한 경전을 가지고 있다. 그래서 그와 같은 경전을 발간하기 위한 방법으로 초기에는 목판 인쇄기술이 불교문화 속에서 자연히 발달하게 되었다. 우리나라의 목판 인쇄기술의 대표적 예로 유네스코의 세계문화유산으로 지정된 해인사 소장 고려대장경을 들 수 있다. 특히 불교를 국교로 하였던 고려조에는 몽골의 침입에 의해 국가가 위기에 있을 때, 불교의 종교적 위신력(威神力)에 의하여 국가를 위기로부터 구하려는 숭고한 의지로 조성된 고려대장경과 그 보존에 관련된 기술들을 고찰하고 논의하고자 한다.

한국 범종

인간은 고대부터 종을 악기로서, 제기로서 그리고 시간을 알리는 시계로서 사용해 왔고 특히 종교의식과 밀접한 관계를 갖고 있었다. 기독교 교회에서 사용하는 종을 서양종(西洋鐘)이라하고 불교 사원에서 사용하는 종을 동양종

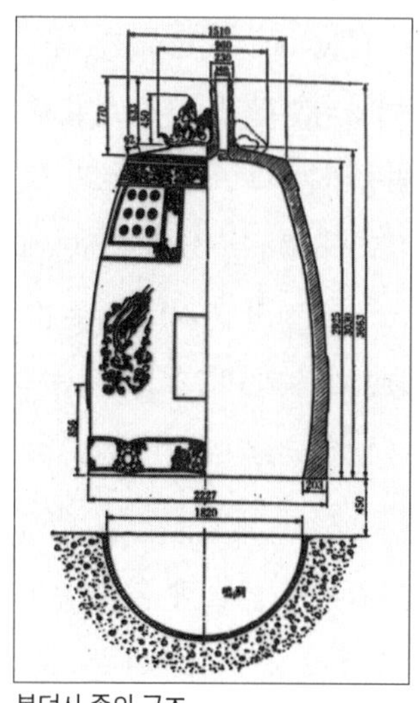

봉덕사 종의 구조

(東洋鐘)이라고 한다. 서양종은 나팔꽃을 거꾸로 매어단 모습을 하고 있고 종 내부에서 타종하며 높은 주파수의 금속성(金屬性) 소리를 낸다. 반면에 동양종은 항아리를 엎어놓은 모습을 하고 있고 외부에서 타종하며 낮은 주파수의 은은하고 부드러운 소리와 더불어 긴 여운이 있어서 매우 멀리까지 잘 들린다.

불교 사원에서 사용하는 종은 일종의 악기이며, 불교를 상징하는 범(梵)자를 붙여 범종이라 한다. 동양종을 대표하는 사찰의 범종에는 한국종, 중국종, 일본종이 있는데, 그 중에서 은은하고 고아한 소리에서나 표면문양의 아름다움에서나 한국종이 가장 우수하다고 평가되고 있다. 한국종은 그 모습과 구조면에서도 다른 두 동양종과는 달리 상부에 음관이 붙어있고 상부가 한 마리 용[單龍]으로 되어 있으며 종 표면에 아름다운 문양의 조각이 새겨져 있다. 한국종은 학술명으로 'Korean Bell'이라고 명명되어 있다.

국보 제29호로 경주박물관에 보존되어 있는 성덕대왕신종은 그 소리에서 비롯된 이름으로 소위 '에밀레종'이라고 부르기도 하고 종이 조성된 사원의 이름으로부터 비롯된 '봉덕사종(奉德寺鐘)'이라고 부르기도 한다. 이 종은 서력기원 771년에 만들어진 무게 20여 톤의 거대한 청동제 범종이다. 크기는 높이 3,663mm, 밑 부분 지름 2,227mm, 밑 부분 두께 203mm, 음관 높이 648mm, 음관의 상부 내경 148mm, 하부 내경 82mm로 세계적으로 큰 종 중 하나에 속한다.

종의 재질은 일반적인 청동으로서 우리나라의 종 제조 기술이 우리나라 청동기 문화의 소산이라고 볼 수 있다. 우리나라의 청동기 문화는 스키타이 청동기 문화와 중국의 철기 문화가 도입되어 발전하여 기원전 10~8세기경부터 시작되었다고 전한다. 우리나라의 청동 주조기술은 불교가 들어온 후 불상, 범종, 운판 및 기타 불구(佛具)의 제조에 크게 기여함과 아울러 불교문화 속에서 크게 발전하였다. 우리나라에서는 특히 주형에 의한 금속 주조기술이 발전하였고 사암제(砂巖製) 주형보다는 고도의 기술을 요하는 밀납주형(密蠟鑄型: wax mould)에 의한 정교한 문양의 주조 기술이 매우 높은 수준에 달하였다고 한다. 우리가 주로 고찰하는 신라 범종이 이 밀납주형에 의해 제조되었다. 물론 성덕대왕신종도 밀납 주형에 의해 주조되었기 때문에 종신(鐘身)에 양각된 비천상(飛天像), 당좌(撞座), 하대(下帶) 및 표면의 질감이 그렇게 섬세하며 전체적인 모습도 신라의 미를 대표할 만큼 아름다움을 지니고 있는 것이다.

이 종의 조성은 종 표면의 명문에 기록되어 있는 바와 같이 동과 주석이 주성분인데 불순물로 납이나 아연이 미량 함유되어 있다. 청동 합금 중의 주석의 함량은 인장강도와 경도 등 합금의 물성에 영향을 미치는데 신라 종의 경우 주석의 함량이 12~14%로서 가장 우수한 물성 범위의 조성에 해당된다.

성덕대왕신종은 한번 치면 특유한 고운 음색과 맥놀이로 그 소리가 다른 종들 보다 훨씬 오래도록 울리며 수십 리를 더 멀리 퍼진다. 이런 특유한 소리는 종의 상부에 존재하는 음관(音管)이 종체(鐘體)의 밑에 있는 명동(鳴洞)과 상호작용에 의해 얻어지는 것으로 생각되는데, 이것이 한국 종의 독특한 구조로

봉덕사종의 음관

봉덕사종의 명동

서 세계 어느 곳에서도 그 유례를 찾아 볼 수 없다. 성덕대왕신종의 경우 타종했을 때 특유의 저주파 맥놀이가 생기는데 그의 기본 고유진동 주파수는 65Hz이고 맥놀이 주파수는 0.35Hz이다. 이와 같이 느린 속도로 소리의 맥동(脈動)이 계속되기 때문에 더욱 은은하고 장중한 음향을 들려준다. 한국 종에 대한 다각적인 실험 결과 음관의 크기와 길이를 조절함으로써 관내의 음파를 공명하여 진폭의 증대와 여운의 맥놀이를 만들 수 있고, 음관은 종 안의 소음과 잡음을 감소시키는 음향 여과기로서 작용하며 음의 확산효과를 높여주는 역할을 하고 있음이 확인되었다.

일반적으로 서양식 종은 높은 곳에 매달고 치는데 우리나라 범종은 종의 하대가 지상으로부터 20~40cm의 높이에 오도록 매다는 것이 신라시대부터 전해 오는 관례로 되어 있다. 이와 더불어 신라종의 종각 하부에는 옛날부터 반드시 명동이란 함몰된 공간이 있어서 공명 진동의 역할을 하도록 되어 있다. 신라의 장인들이 종신의 상부에는 음관을, 종체의 아래에는 명동을 만든 것은 매우 높은 수준의 음향학적 지식을 가지고 있었고, 무엇인가 독특한 시도를 하였던 것으로 추정된다. 다만 구전하는 바로 종 아래의 땅을 파고 그곳에 항아리 또는 독을 두어 종소리의 여운을 길게 하였다는 이야기가 남아 있을 따름이다. 그렇다면 신라시대에는 명동의 정확한 치수에 대한 기준이 있었으리라고 사료되나 그 후 1,200년의 세월이 흐르면서 그 근거가 사라져 신라의 장인이 만들었던 명동의 치수는 찾을 길이 없고, 현재 성덕대왕신종은 지면으로부터 450mm 높이에 종의 밑면이 오도록 하였고, 명동의 지름은 1,850mm이며 공명동의 중심부 깊이는 940mm로 되어 있다.

신라 범종이 갖는 그 구조와 소리의 신비성은 우리나라 청동문화의 정수라고 할 수 있다. 신라 장인들은 범종 설계기술에 있어서나 청동 합금 및 주조기술에 있어서 다른 어느 나라에 비하여 대단히 높은 수준을 보유하고 있었다는 것을 알 수 있다. 그 당시 그만큼 높은 금속학자나 음향학자가 있었을 리 만무하고 또한 현대과학이 추구하는 바와 같은 정밀한 이론과 실험의 결과로 얻어진 것도 아닐 것이다. 아마도 그 종을 만드는 책임 스님이나 장인의 깊은 불교적 신앙심과 수행 및 원력의 결과로 얻어진 지식과 직관적 지혜의 소산이라고밖에 생각할 수 없다. 다만 그와 같은 범종의 기술과 업적들이 오늘에 이어지지 못한 것이 안타까울 따름이다.

고려대장경

1029년에 완성된 초조대장경은 1232년 몽고군의 침공으로 소진되어 버렸다. 몽고군에 밀려 강화도로 천도한 고려 조정은 불교의 법력에 의해 몽고군을 물리쳐 보겠다는 원력으로 1236년부터 1251년까지 16년에 걸쳐 대장경을 조성하였다. 그것이 오늘날 해인사 장경각(藏經閣)에 보존되어 있는 재조대장경으로 소위 고려대장경이다. 이 고려대장경은 그 내용이 불교경전의 가장 완벽한 결집과 가장 오래된 판각으로 그 제조기술이 매우 우수하고 거의 완벽하게 보존되어 있기 때문에 1995년 12월에 유네스코 지정 세계문화유산으로 등제되었다. 고려대장경은 팔만대장경이라고도 하는데 그것은 경판의 수가 81,340개인 것과 불교에서 아주 많은 수를 가리킬 때 8만 4천이란 숫자를 쓰기 때문이다. 이 대장경은 불타의 경장(經藏)과 율장(律藏) 그리고 그 당시까지의 모든 논장(論藏)을 거의 다 포함하고 있다. 이 대장경은 전란 중임에도 매우 과학적인 공정을 거쳐 거의 완벽하게 만들어 졌고 오늘날까지 700년 이상 잘

장경각 내부 사진

보존되어 있다. 그와 같이 완벽하게 보존된 것은 일차적으로는 제조공정이 매우 과학적이었고, 이차적으로는 어느 다른 곳에서 유례를 찾아볼 수 없는 과학적인 원리와 기술에 의해 건립된 장경각의 기능 때문이라고 생각된다.

경판의 판각에 사용된 목재는 주로 산벗나무와 돌배나무로 비교적 단단하고 조직이 균일한 나무류를 사용하였다. 이들 목재는 베어 낸 다음 적당한 크기와 두께로 나무판을 켜서 바다 물속에 일정기간(3년간 정도)을 담가서 판각이 용이하도록 결을 삭혔다. 이어 소금물 속에 담가 삶아서 목재내부의 당류 등 가용성추출물들을 제거함과 아울러 건조특성을 좋게 하고, 더욱 부식의 예방과 방제효과를 주었으며, 아울러 판각 후 옻칠 보호막의 완벽을 기할 수 있는 준비 작업을 하였다. 소금물로 삶은 판재는 음건하여 건조과정에서 왜곡이나 균열을 방지하도록 하였다. 건조된 판재는 규격에 맞게 그 크기를 정확하게 다시 가공하고, 대패로 양쪽 표면을 곱게 다듬어서 판각할 수 있는 평활한 표면을 완성하였다. 이어 판의 양쪽 끝에 목제 마구리를 구리 편으로 연결 하여 뒤틀리지 않게 하고 네 귀에는 구리 장식을 달아서 경판이 판가에 꽂혔을 때 일정 간격을 유지하여 판면에 양각된 글씨를 보호함과 아울러 판고(板庫)내의 통풍을 원활하게 함으로써 습기

각자된 경판

에 의한 경판의 부식을 방지 하도록 하였다. 더욱 이와 같이 완성된 경판들은 동일한 장소에서 조성된 경우 그 외곽치수의 허용공차가 ±5mm 이내에 들 정도로 정밀하게 하였다. 이것으로 미루어 볼 때 당시의 도량형이 매우 정밀하게 표준화 되어 있었던 것으로 추정된다.

판각은 얇은 닥종이에 먹으로 글씨를 쓴 판각용 정서본(精書本: 보통 判書本으로 부름)을 판면 위에 뒤집어 붙이고, 반투명의 닥종이를 통해 드러난 반대 글자체를 각수가 그대로 양각하여 새겨낸다. 본문이 다 새겨지면 일차 시험 인각을 하여 새겨진 내용을 검토한 다음 필요에 따라 판각의 마무리를 하고 이어 옻칠을 함으로써 경판을 완성하였다.

대장경판이 700년 이상 온전하게 보관될 수 있었든 것은 1차적으로 표면에 옻칠을 했기 때문이라고 생각한다. 옻칠은 주성분이 천연 고분자 수지인 우르시올(urshiol)이고 그 외에 단당류, 다당류 화합물들 및 몇 종류의 효소가 함유되어 있어서 내후성이 우수하고 유기용매나 강산에도 매우 안정할 뿐만 아니라 도막(塗膜) 내부의 목재에 함유된 수분을 알맞게 조절해 주는 기능을 가지고 있다. 옻칠 도막이 이런 우수한 특성을 가지는 것은 도막의 형성과정의 화학적 작용과 도막의 물리적 구조에 기인한다. 즉 첫째 우루시올은 옻칠 속에 함유된 효소인 락카제(laccase)의 촉매작용에 의해 고분자화하는데 다른 합성 도료와 같이 단일 화학구조를 갖는 것이 아니고 우루시올 고분자와 다당류 및

함질소물질이 작용하여 복합물질을 형성하며 이 복합물질들의 상호간 화학반응에 의해 매우 강한 결합이 이루어지기 때문이다. 둘째 옻칠 도막은 내부적으로 미세한 입자들이 층층이 쌓여 있는 물리적인 구조를 하고 있다. 옻칠이 건조됨에 따라 이들 입자가 형성되며 개개 입자의 크기는 0.1~10㎛ 정도로 입자의 표면에서는 우루시올 고분자물이 배열되어 있어 수분의 침투를 막아주고 안쪽에 있는 다당류는 산소의 침투를 막아 주어 내부가 산화에 의하여 분해되는 것을 차단해 주는 역할을 하기 때문에 내구성이 높다. 더욱이 입자가 물리적으로 층층이 쌓여 있어서 표피의 입자층이 닳거나 분해하여 파괴된다 하여도 그 다음 입자 층이 노출되므로 원래의 표면 특성을 그대로 유지하게 된다. 그와 같이 하여 마지막 입자 층이 노출될 때까지는 원래의 특성을 그대로 유지하기 때문에 그 내구성이 매우 우수한 것이다.

경판에는 이러한 우수한 특성을 지니는 옻칠을 생칠 상태로 도포하고 알맞은 조건을 통하여 완벽하게 경화하도록 하는 과정을 여러 번 반복하여 일정한 두께의 칠막을 형성시킴으로써 장기 보관과 계속적인 인경작업(印經作業)에도 경판이 안전하게 보존될 수 있도록 하였던 것이다.

옻칠 도막의 단면 미세조직을 관찰해 보면 목재 표면에 얇은 먹으로 보이는 불투명한 검은 층이 있고, 그 위에 불순물이 거의 혼입되지 않은 3개의 검은 칠층(漆層)이 관찰된다. 이 검은 칠층의 전체 두께는 대체로 65㎛ 정도 이고 글자 상부의 칠층 표면은 연마한 흔적이 있다. 이것은 인경시 인자(印字) 특성을 좋게 하기 위한 것으로 사료된다.

장경각

대장경판이 700년 이상 온전하게 보전되어 세계적인 보물이 된 것은 경판 자체가 과학적인 고도의 기술로 조성된 1차적 원인에 이어 2차적으로 신비할 정도로 우수한 보존과학적 기능을 가진 건물인 해인사 장경각에 보관되어 왔기 때문이기도 하다. 현재의 장경각은 1488년에 준공되었는데 모두 네 동으로 되어 있다. 남쪽의 수다라전과 북쪽의 법보전은 길고 큰 건물이고, 동쪽과 서쪽의 작은 건물에는 사간장(寺刊藏) 대장경이 보관되어 있다.

이 건물들은 총 기둥수가 108개인 것과 같이 깊은 불교적 법수(法數)의 의미도 내포하고 있으면서 내부의 판가에 경판의 적재, 통풍, 방습 그리고 인경 작업시 통행의 편의성 등에 이르기까지 용의주도한 배려를 하여 지어진 건물이다. 건물에는 상하 두열의 창문이 있는데 수다라전의 남쪽은 아래창의 크기가 위창의 3.6배이고 북쪽은 위창의 면적이 아래 창의 1.5배가 된다. 한편 법보전의 경우 남쪽은 아래창의 크기가 위창의 4.6배인데 비하여 북쪽은 위창의 크기가 아래창의 1.6배이다. 이런 건물의 구조와 내부판가(內部板架)의 합리적인 배치 그리고 경판의 합리적인 적층(積層)에 의해 건물이 위치한 산 밑에서 불어오는 바람이 수다라전 남쪽 벽의 아래쪽의 넓은 창을 통해 들어와 북쪽 벽 작은 아랫창 쪽으로 움직이며 일부가 판가 밑에서 이중으로 쌓아 놓은 경판 틈의 굴뚝효과에 의해 경판 사이로 상승하여 천정에서 일부 순환되며 남쪽의 작은 윗창을 통하여 들어온 바람은 대류에 의해 판가와 남쪽 벽 사이 그리고 중앙 공간을 통하여 하강한다. 아래에서 북쪽 벽으로 움직이는 바람은 기존의 공기를 일부 아래창을 통하여 배출시키며 벽을 타고 상승하여 내부에서 순환 되면서 북쪽 벽의 넓은 위창을 통하여 나가는 것으로 추정된다. 이것은 실험에 의하여 부분적으로 확인되고 있으나

법보전 남면 사진

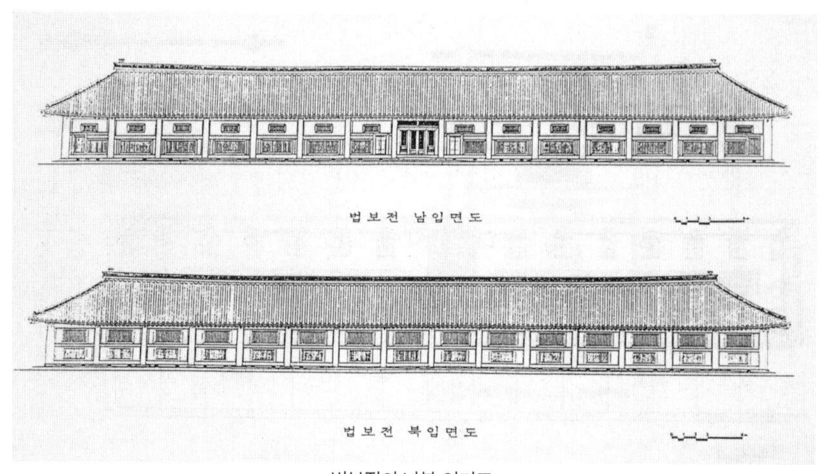

법보전의 남북 입면도

완전한 기류의 순환 체계는 연구의 대상이다. 법보전도 이와 같은 작용을 하나 일차 수다라전을 통과한 바람이 유동속력에 변화가 생겼기 때문에 법보전은 양쪽의 위창과 아래창의 면적비율이 수다라전과는 다르게 설계된 것으로 추정된다. 이와 같이 장경각 내부의 공기 순환이 이상적으로 이루어질 수 있도록 설계되어 있기 때문에 장경각 내부의 연중 온도 분포는 전체면적을 통하여 차이가 2℃ 이내, 외부 온도의 변화가 10℃ 이상 되어도 하루 중 장경각 내부의 온도 변화는 5℃ 이내이다. 또한 연간 장경각 내부의 온도변화는 15℃ 이내이다. 장경각 내부의 습도는 연중 항상 상대습도 80% 정도를 유지하고 있으나 외부 환경의 급작스런 변동에 따라 일시적인 상승 및 하강이 일어나는데 40% 이하로 내려가는 경우는 거의 없다. 장경각이 자리한 가야산 골짜기는 다습한 지역으로 경판의 과도한 건조에 의해 왜곡이나 균열의 발생이 없도록 의도적으로 그곳에 장경각을 건립한 것으로 추정된다.

이와 같은 장경각은 오늘날의 기술에 비추어 보더라도 치밀한 과학적 설계로 건립된 건물로서 이른바 지능건물의 하나라고 생각할 수 있다. 그 건물이

지니는 그와 같은 지능적 기능에 의해 고려대장경이 오늘날까지 700년 이상 온전하게 보존될 수 있었다는데 반대할 사람은 아무도 없을 것이다. 1972년 장경각이 목조 건물이어서 겉보기에 허약해 보이고 화제의 위험성이 크다고 생각하여 당시 우리나라 정부가 특별히 최신의 고도기술을 도입하여 대장경을 더 잘 보존할 목적으로 최신전자기술에 의해 온습도가 자동제어되는 현대식 콘크리트제 장경각 건물을 해인사 경내의 한곳에 건립하였다. 그러나 건물 내의 결로 문제가 해결되지 않아서 경판은 옮겨보지도 못하고 그 건물은 다른 목적으로 사용하게 되었다.

결언

여기서 논의한 신라의 범종과 고려대장경 및 장경각이 과학적인 원리와 매우 정교한 기술에 의하여 설계되고 건립되었다는 것을 재론하지 않겠다. 다만 그러한 현대 과학으로도 이해하기 어려운 과학적 원리와 기술이 어디서 비롯되었겠는가 하는 것이 의문일 따름이다. 물론 그 당시까지 축적된 경험적 기술들이 있었겠지만 많은 부분 종교적 심오한 수행의 결과 얻어진 직관적 지혜에서 비롯되었을 것이라는 주장도 받아들일 만하다고 생각한다. 이런 관점에서 불교적 수행 속에서 1936년 중간자(meson)의 존재를 추정하고 그 12년 뒤에 실험적으로 확인함으로써 원자의 구조를 밝히는데 획기적 기여를 하여 노벨 물리학상을 받은 일본의 물리학자 유가와 히데끼 박사의 말과 그것에 대하여 논평을 한 역시 노벨물리학상을 수상한 베르나 하이젠베르그 박사의 논평을 싣는 것으로서 결언에 가름한다.

물리학이 경험과학이므로 경험에 의해 전진하는 것은 너무도 당연한 일이기는 하나, 실제로 물리학자는 직관적 통찰력과 합리적 사고력에 의해 때때로 사실보다 훨씬 앞서 갈 수 있고 하나의 기지의 사실을 실마리로 하여 수많은 미지의 사실을 예측할 수 있다.

– 유가와 히데끼 –

지난 전쟁 이후 일본이 기여한 이론 물리학에의 공헌은 극동의 전통 속에 담긴 철학적 이념과 양자이론의 철학적 본질사이에 어떤 관계를 시사한 점일 것이다.

– 베르너 하이젠베르그 –

참고문헌

1) 염영하, 《한국의 종》, 서울대학교 출판부, 1997, pp.1~655.
2) 이호관, 손재식, 《범종》, 대원사, 1989, pp.1~129.
3) 이태영, 《고려대장경판 보존을 위한 기초 학술 연구》 권1, 해인사, 1996, pp.1~304.
4) 김한곤, 《한국의 불가사의》, 도서출판 새날, 1994, pp.129~171.
5) 프리초프 카프라, 《현대물리학과 동양사상》, 범양사 출판부, 1994, pp.28~29.

영문제목: ⟨Science and Technology Emerged in Korean Buddhist Culture⟩

이 논문은 독일 함부르크 시에서 개최된 국제주간의 행사로 '21세기 한국에 있어서 불교의 역할' 이란 학술회의(Internationale Tagung – Das 21. Jaharhundert und die Rolle des Buddhismus in Korea – Universitat Hamburg, Oct. 17, 1997)에서 1997년 10월 17일 함부르크 대학에서 발표한 영문 원고를 번역한 것이다.

21세기 과학과 신의 분쟁
(진화론과 지적설계론의 대결)

우리가 잘 아는 바와 같이 현대는 과학시대이다. 인류사회의 문명이 현대과학에 의해 급격히 변화하고 있고 인간의 하루하루 생활은 과학 속에 존재하고 있다고 해도 과언이 아니다. 그러나 절대주의 종교의 신봉자들은 실제로는 과학적인 생활을 하고 있으면서도 그들이 의지하는 전지전능한 신의 가르침에 위배된다고 하여 과학을 부정하고 그들이 신봉하는 신의 가르침을 합리화하기 위하여 끊임없이 분쟁을 일으키고 있다. 그 대표적인 예가 창조론을 합리화하려는 시도이다.

미국은 20세기에도 그랬고 21세기에 들어와서도 세계 최고의 부강한 나라이고 가장 앞서가는 과학기술 국가로서 세계의 과학계를 리드하고 평가하는 위치에 있다고 할 수 있다. 또한 내적으로 150개 종족 이상의 잡다한 인종과 문화와 종교가 뒤섞인 사회를 형성하고 있지만 겉으로 보기에 서로 화합하며 평화로운 사회를 유지한다고 자부하고 있는 나라이다. 그러나 그 속을 깊이 살펴보면 종교적 아집 때문에 종교와 과학 간에 끝없는 갈등이 계속되고 있다. 그것은 그 배후에 전지전능한 신이 있기 때문이다. 그래서 그런 사건이 있을 때면 매스컴 에서도 '신과 과학의 전쟁' 이니 '신과 진화론의 대결' 이니 하는 그런 제목들이 흔히 붙는다. 그와 같은 시민들의 주장을 들어보면 이러하다.

"저는 기독교인이기 때문에 진화론이 싫습니다."

"저는 성경이 신의 말씀이라고 믿고 창세기가 지구의 역사를 그대로 말해 준다고 생각합니다."

"신은 원숭이에서 사람을 만들어 내지 않으셨습니다."

미국에 있어서 생물학 교과서 안의 '진화론' 은 형극의 길을 걸어왔다. 미국에서 진화론과 창조론의 최초 분쟁은 테네시주 과학교사 존 스코프스(John T. Scopes)가 진화론을 설명하며 다음과 같이 언급한 것이 발단이었다.

"다윈은 인간이 하등동물에서 진화했다고 주장하였다."

그 발언으로 스코프스는 진화론의 교육을 금하는 주법(州法)인 버틀러 조례(The Butler Act)을 위반했다고 하여 재판을 받았다. 그 재판이 저 유명한 '스코프스 원숭이 재판(The Scopes Monkey Trial)' 으로 그 이야기는 뒷날 영화로도 만들어졌다. 스코프스는 유죄판결을 받고 벌금 100달러를 부과 받았으며 재판은 기독교인들의 감사기도를 드리는 것으로 끝났다.

그 재판이 그 뒤 40년간 미국의 과학 교육에 끼친 영향은 매우 컸다. 1928년 알칸사스 주는 인간이 하등동물에서 유래하거나 비롯되었다는 주장이나 이론을 공립학교 또는 대학에서 교육할 수 없고 그와 같은 내용을 담은 교재를 출판할 수 없으며 공립학교에서는 진화론을 교육할 수 없다는 법을 재정하였다. 그래서 교과서 발행인들은

스코프스 원숭이 재판 당시 메스컴에 비친 스코프스 교사

진화론이 너무 논쟁적인 주재라고 생각하여 생물 교과서에서 진화론과 관련된 사항들을 아예 제거해 버렸다. 교사들은 교과서에 의해서 교육을 하기 때문에 학생들은 학교에서 진화론을 배울 수 없었다. 스코프스 재판의 타격은 1960년대 말에야 겨우 수습되었다. 1968년에 이르러 미국 연방 대법원이 그 법령을 미 헌법 수정조항 제1조에 위배된다고 판결하였기 때문이다. 그러면서도 창조론은 학교의 재량에 따라 교육할 수 있도록 허용하였다.

1980년 루이지아나주는 소위 창조론과 진화론의 균형교육을 위한 공립학교 교육조례를 제정하였다. 그 조례에 의하면 학교에 따라 창조론만을 가르칠 수 있으나 진화론을 가르칠 때는 필수적으로 창조론을 병행하여 가르쳐야 하도록 되어 있다. 그것은 명목은 균형교육이지만 기독교계의 로비에 의하여 창조론은 필수이고 진화론은 선택으로 규정하였던 것이다.

1987년까지 미국에선 거의 모든 생물학 교과서에 진화론과 창조론이 함께 들어 있고 두 가지를 다 가르쳤다. 1987년 6월 19일 창조론과 진화론의 균형교육을 위한 루이지아나 교육조례(Louisiana Act)를 루이지아나주 지사인 에드와드가 제소한 소위 에드와드-아귈라드(Edwards v. Aguillard) 재판에서 연방대법원이 생물학 수업시간에 특정종교의 교리인 '창조론'을 교육하는 것은 정치와 종교의 분리를 규정한 미 헌법 수정조항에 위배된다고 판결함으로써 생물학 교과서에서 창조론이 완전히 사라지게 되었다. 이에 따라 미국의 과학교사들은 진화론과의 형평성을 위해 창조론을 가르칠 필요가 없어졌다. 지금까지도 미국의 공립학교 과학시간에 창조론을 가르치는 것은 헌법에서 보장한 학생의 권리를 침해하는 행위이다. 그러나 그 후에도 기독교 원리주의자들은 소위 창조론을 합리화시킨 지적설계론(知的設計論)을 들고 나와 지금에 이르기까지 진화론과 지적설계론(The Intelligent Design Theory)을 두고 보이지 않는 분쟁을 계속하고 있는 것이다. 그런 대표적인 예가 2005년 펜실베이니아주의 작은 도시 도버에서 일어난 소위 '도버 재판(The Dover Trial)'

이다. 도버 재판의 전말을 순차적으로 고찰해 본다.

도버 주민들의 종교의식

위) 미국 펜실베니아주 소재 도버고등학교
아래) 도버고등학교 과학실에 걸렸던 영장류의 진화 벽화

도버는 조용하고 아담한 도시이다. 도버의 인구는 2만 명 정도이고 교회는 10여 개가 있으며 고등학교는 하나가 있다. 이렇게 조용하던 지방 소도시에 깊은 상처를 남긴 갈등은 학교에서부터 나타났다. 한 학생이 영장류에서 인간으로 진화한 그림을 과학실의 벽화로 그린 것이 빌미가 되어 학부모들 간에 갈등이 나타나기 시작한 것이다. 일부 학부형들은 그 그림은 멋진 작품으로 예술성도 있고 전혀 불쾌감을 주지 않는 것으로 평가하였다. 그러나 다른 일부의 학부모들은 인간이 원숭이의 후손이라는데 불쾌감을 나타내기도 하였다.

어느 날 벽화는 아무도 모르게 과학실에서 사라졌고 폐기되어 소각되었다. 그 사건의 불길은 그 지역 교육위원회로 번졌다. 몇 명의 교육위원은 진화론만을 교과서에서 가르치는 것은 잘못되었다고 주장하였다. 다른 이론을 배제한 채 진화론만 가르치는 것은 사기라고 주장하였다. 이러는 사이에 도버 시민들마저 거기에 휩쓸려 뜻이 다른 사람끼리 서로 얼굴을 찌푸렸다.

"저는 다윈의 진화론을 믿지 않습니다."

"진화론을 믿지 않는다는 것은 남북전쟁을 믿지 않는 것과 같습니다."

도버는 이렇게 진화론을 믿는 사람과 믿지 않는 사람으로 양분되었다.

40년 가까이 도버고등학교에 재직한 과학교사 버사 스파(Bertha Spahr)는 어느 날 도버지역 교육위원회 부위원장으로부터 도저히 이해할 수 없는 소리를 들었다. 한 교육위원이 진화론과 창조론에 똑같은 시간을 배정해 주길 원한다는 것이다. 그녀는 문제의 심각성

도버고등학교 과학교사 버사 스파

을 감지했다. 문제를 제기한 그 교육위원 앨런 본셀(Alan Bonsell)은 성경을 글자 그대로 믿는 사람이었기 때문이다. 본셀과 같은 창조론자들은 지구의 나이가 1만 년이 되지 않으며 신이 6일 동안에 모든 생명체를 지금과 꼭 같은 상태로 창조했다고 믿고 있고, 아직도 진화론을 기독교의 적으로 보고 있기 때문에 걱정이 되었다.

도버교육위원회의 의도

도버교육위원회 앨런 본셀은 은퇴한 경찰관이자 동료 교육위원인 빌 버킹엄을 교과과정위원회의 위원장으로 임명하였다. 버킹엄은 교과서 선정에 관한 교사들의 요구사항들을 검토하였다. 우리나라의 중학교 3학년에 해당하는 9학년 생물학 교사들은 미국 전역에서 널리 사용하는 생물학 교과서를 원하였지만 버킹엄은 마음에 들지 않았다.

교과과정위원장 빌 버킹엄 교육위원

"교사들이 신청한 교과서를 살펴봤더니 진화론으로 도배되어 있습니다. 다

윈의 진화론을 소개한 지면은 무려 15쪽에 이릅니다. 모든 지면에 그의 이론이 나온 것은 아니지만 적어도 두 장에 한 번은 나오는데 다른 이론은 전혀 나오지 않았습니다."

2004년 여름 교과과정위원회에서 버킹엄은 위와 같이 말하고 그 교과서를 승인하고 싶지 않다고 하였다. 교육위원회는 교과서 주문을 보류했다. 그러는 사이 교육위원 빌 버킹엄이 진화론과 창조론이 다 포함된 교과서를 찾고 있다는 소문이 돌았다.

진화론과 창조론 그리고 지적설계론

진화론이 담겨있는 '종의 기원' 의 저자 찰스 다윈

찰스 다윈(Charles Darwin)은 1859년 출판된 '종의 기원(Origin of Species)'에서 처음으로 자연선택에 의한 진화론을 소개했다. 그는 장기간에 걸친 자연선택이 새로운 종(種)을 낳을 수 있다고 보았다. 다윈은 자연에서 관찰할 수 있는 일반적 원칙을 설명한 것이다. 생물의 종들은 고정된 것이 아니고 오랜 세월동안 자연선택을 통하여 종이 분화될 수 있다는 원칙이다. 다윈은 주변에서 볼 수 있는 모든 동식물은 물론 인간까지도 이렇게 하여 생겼다고 생각하였다. 그래서 인간은 다른 존재가 아니라 생명나무의 한 가지에 불과하다는 것이다. 즉 인간은 원숭이 같은 영장류에서 진화했다는 것이다. 우리 불자(佛子)의 입장에서는 부처님이 가르친 연기법에 비추어 볼 때, 인(因)이 되는 생물의 한 종이 자연의 여러 가지 연(緣) 즉 자연선택에 의해 새로운 종이라는 과(果)로 진화되어 가는 것은 하나도 이상할 것이 없다고 생각한다. 그러나 전능한 신의 가르침인 창조론을 믿는 이들의 눈에는 인간을 포함한 모든 생명체들은 그들이 믿는 신이 일시에 창조한 것이기 때문에, 인간이 자연선택에 의해 진화된 산물이라는 다윈의 주장이 신성모독으로 보이는 것이다. 진화론이 등장하고 150년이 지났지만 미국에는 진화론을 믿지 않는 사람이 많다. 통계에 따르면 미국 인구의 3분의 일에서 거의 반 정도가 진화론을 믿지 않는다고 한다. 앨런 본셀이나 빌 버킹엄도 그런 부류의 사람들이다.

빌 버킹엄은 가까스로 진화론에 의문을 제기하는 두 단체와 접촉할 수 있었다. 하나는 미시간주의 법률회사 토마스 모어 법률센터(Thomas More Law Center)였다. 이 법률회사의 설립자 리차드 톰슨(Richard Thomson)은 죽음의 의사 젝 케보키언(130여명의 안락사를 도와준 안락사 옹호자로 '죽음의 의사'로 알려짐)을 기소하여 유명해졌고, 자기의 법률회사를 신심이 깊은 사람들의 창과 방패라고 자부하는 사람이다. 버킹엄이 찾아와서 생물 교과서가 너무 한쪽으로 치중해 있는데 다른 이론도 들어가야 되지 않겠느냐고 조언을 구하자 톰슨 변호사는 지적설계론에 대하여 알려 주었다. 그는 진화론과 함께 지적설계론을 가르친다면 헌법에 저촉되지 않을 것이라고도 하였다. 버킹엄이 추천할 책이 있느냐고 물어보자 톰슨 변호사는 《판다와 인간(On Pandas and People)》이란 책을 소개하였다.

버킹엄은 또한 워싱턴주 시애틀에 있는 디스커버리 연구소도 찾아냈다. 지적설계론을 선도적으로 지지하는 연구소이다. 디스커버리 연구소는 "지적설계'에 대한 DVD와 책자를 보내주었다. 버킹엄은 자신의 시각과 충돌을 일으키지 않는 이론을 발견한다. 《판다와 인간》에 이런 내용이 나온다. '지적설계론에 의하면 생명체들이 갑자기 지적인 힘에 의해 각각의 특징을 완전히 갖춘 채 존재하기 시작했다. 물고기엔 지느러미와 비늘이, 새엔 깃털과 부리 그리고 날개가 처음부터 있었다." 디스커버리 연구소 DVD에는 지적설계론에 대한 다양한 예가 들어 있었다. 또한 그 안에는 "150년 전 다윈은 자연선택 이론으로 과학계를 바꿔놓았습니다. 그러나 오늘날 그 이론은 큰 도전에 직면해 있죠. 지적설계론은 지구상 생명체의 기원에 대해 새로운 발견과 논쟁을 이끌고 있고 점점 많은 과학자들은 지적설계론을 새로운 이론으로 받아들이고 있습니다. 과학적 사고의 기초를 다시 한 번 뒤흔들 가능성이 있는 이론으로 말입니다"는 내용도 들어있었다.

한편 버킹엄은 그가 믿는 신이란 말이 들어 있지 않고 생명체를 창조한 것은 지적 요인(intelligent cause) 또는 지적 대행자(intelligent agent)로 표현되어 있는 것이 조금 이상하기도 하였다. 지적설계론이란 명확하게 설명할 수 없는 자연현상들, 예를 들면 유기체 내부의 신비로울 정도로 정밀한 구조와 같은 것은 너무 복잡하여 진화론자들이 주장하는 진화만으로는 거기에 도달할 수 없고 분명히 어떤 고도의 지적 능력을 가진 설계자가 설계하여 이루어졌으리라는 이론이다. 1987년 이후 생물학 교과서에서 창조론이 사라지자 진화론을 반박하기 위하여 새로이 등장한 가설이다. 지적설계론 주장자들은 모든 생물들이 처음부터 지금과 꼭 같은 상태로 지적설계자에 의하여 창조되었다고 주장한다. 그들은 지적설계론이 참신하고 대단한 과학적 이론으로 진화론을 도태시킬 가능성을 가지고 있다고 생각한다. 지적설계론은 종교에서 나온 것이 아니고 과학으로서 수업시간에 가르치는데도 지장이 없다고 말한다. 지적설계론은 새로운 사고방식으로 향하는 문을 열어주는 새로운 이론이라고 주장한다.

지적설계론은 1980년대 유씨버클리 대학 법학대학원(UC Berkeley Law School) 명예교수인 필립 존슨(Phillip E. Johnson)의 적극적 옹호 덕분에 본격 등장하였다. 필립 존슨 교수는 1991년에 《심판대 위의 다윈(Darwin on Trial)》이란 책을 썼으며 그는 다윈의 진화론이 지나치게 너무 널리 퍼졌기 때문에 진리처럼 받아들이고 다들 그것을 과학이라고 부르며 의심 없이 증명된 이론인 것처럼 말하지만 사실은 그렇지 않다고 하였다. 진화론이란 빈약한 증거들로 짜 맞춘 가공의 이야기라는 것이다. 그의 주장에 따르면 진화에 의해 사소한 변화를 일으킬 수는 있지만 인간이 존재하기 위해서는 지적인 요인이 개입한 것이 분명하다는 것이다.

도버지구 교육위원회의 요구

원고(학부모) 측 대표 킷즈밀러

이와 같은 여러 가지 자료들에 의해 지적설계론으로 무장한 버킹엄은 도버 교육위원회로 돌아와서 단호한 입장을 표명한다. 2004년 10월 도버고등학교 과학 교사들은 학생들에게 진화론이 유일한 이론이 아니라고 교육하라는 요구를 받는다. 도버지구 교육위원회가 논쟁이 분분한 가설 '지적설계론'을 고등학교 과학 수업시간에 포함하도록 요구한 것이다. 교사들이 원하는 교과서를 채택하려면 《판다와 인간》이란 책을 부교재나 보조교재로 채택해야 한다는 최후통첩을 하였다. 그러나 교육위원회 회의에서 버킹엄의 제안은 기각되었다. 교육위원회는 교사들이 요청한 교과서를 구입하기로 하였다. 일단 《판다와 인간》은 밀려났고 논쟁은 이렇게 끝나는 듯하였다. 하지만 몇 주 후 도버고등학교의 한 과학 교사인 버사 스파 앞으로 《판다와 인간》 60권이 배달되었다. 익명의 기증자가 보낸 선물이었다. 그리고 버킹엄이 이끄는 교과과정위원회는 교사들과 상의도 없이 '새로운 과학 교육 방침 안'을 마련하였다. 교육위원회 회의에서는 격렬한 논쟁이 벌어졌고 그 안은 6대3으로 통과되었다. 확정된 '과학교육 방침'은 교사들이 수업에 앞서 학생들에게 1분짜리 성명서를 읽어주도록 하는 것이었다. 그 내용은 다윈의

진화론은 검증된 이론이
아니며 그 안에는 과학
적 결함이 존재하고 지
적설계론은 진화론에 대
한 과학적 대안이 될 수
있다는 것이다. 그리고
《판다와 인간》이란 책을
참고하라는 내용도 포함
되어 있었다.

피고(교육위원회) 측 위원들

많은 도버 주민들과 미국의 대다수 과학자들은 도버교육위원회의 결정에 경악했다. 그들은 지적설계론은 과학이 아니라 과학의 탈을 쓴 종교라고 주장하였다. 진화론을 죽이려는 음모라고 주장하였다. 지적설계론은 사람을 우롱하는 이야기라는 것이다. 심지어 전미과학교육센터 소장 유지니 스코트는 "지적설계론의 교육은 미국의 기독교 국교화를 위한 것입니다"라고 하였다. 그러나 UC버클리법학대학원 필립 존슨 교수와 같은 창조론자는 자연선택에 의한 진화론이 과학이라면 그것을 비판하는 지적설계론도 과학의 한 영역이 되어야 한다고 주장하였다.

학부모들 교육위원회에 소송제기

빌 버킹엄의 제안에 반대의 뜻을 표했던 교육위원들은 항의의 뜻으로 사임했다. 1분간의 성명서를 듣게 될 고학년의 딸을 둔 학부모인 킷즈밀러(T. Kitzmiller)는 교육위원회가 종교와 과학을 뒤섞는 것이 싫어서 도저히 참을 수가 없었다고 하였다. 학부모들은 물론 교사와 학생들이 '미국 시민 자유 연맹(American Civil Liberties Union)'에 전화를 하여 여기 문제가 생겼는데

도와줄 수 없느냐고 물었다. 연맹측은 물론 돕겠다고 하였다. 그래서 2004년 12월 14일에 킷즈밀러 등 학부모 11명은 의기를 투합하여 도버 교육위원회를 상대로 펜실바니아 연방법원에 소송을 제기하였다. 그 내용은 도버 교육위원회가 헌법을 위반하고 종교를 과학 수업에 끌어들이려고 한다는 것이 그들의 주장이었다.

원고인 학부모 측의 변호는 '미국 시민 자유 연맹', '정교분리(政敎分離)를 지지하는 미국인들의 모임' 그리고 펜실바니아 법률회사 페퍼 해밀턴(Pepper Hamillton)이었다. 피고 측인 도버교육위원회의 변호는 지적설계론을 지지하는 '토마스 모어 법률 센터'가 맡았다. 재판일정이 정해지고 과학 교사들은 지적설계론은 과학이 아니라는 서한을 교육위원회에 보내고 1분짜리 성명서 읽기를 거부했다. 과학교사들이 성명서 읽기를 거부하자 2005년 1월 14일 도버 교육위원회 부교육감이 고학년 생물 시간에 들어와 직접 1분짜리 성명서를 읽었다.

2005년 9월 26일 펜실바니아주의 주도 해리스버그(Harrisburg)에서 6주 예정으로 학부모대 교육위원회간의 재판이 시작되었다. 도버 교육위원회가 지적설계론 교육방침을 제기한지 거의 1년이 되는 시점이었다. 도버 재판이 시작될 무렵 진화론에 대한 지적설계론의 도전은 미국의 수십 개 주에서도 진행되고 있었다.

지적설계론에 대한 관심을 갖는 거물급 정치인들도 많아졌다. 펜실바니아주 출신 상원의원 릭 센드롬이 지역 교육위원회에 지적설계론을 가르칠 것을 추천하였다. 부시(George W. Bush) 대통령 역시 지적설계론을 지지했다. 부시 대통령은 두 이론을 모두 가르쳐서 학생들로 하여금 논쟁의 원인을 알게 해야 한다고 주장하였다.

미국 전역의 눈이 도버에 쏠렸다. 도버는 진화론과 지적설계론의 최전선이 되었다. 공동체가 깨지고 이웃들은 싸웠다. 아무도 원치 않았지만 어쩔 수가

없었다. 이 재판은 도버뿐만이
아니라 미국 전역에 영향을 줄만
한 재판으로 실제로는 종교와 권
력의 싸움이었다.

국내 주요 메스컴들은 '다윈과
신의 대결(Darwin v. God)' 이
라든지 '진화론을 죽이려는 음모
(The Plot to Kill Evolution)' 라
는 등의 제목으로 대서특필하였
다.

도버재판을 보도한 워싱톤 포스트 잡지의 헤드라인

시민들도 이번 재판이 미국 과학 교육의 중요한 전기가 되며 미국 과학 교
육의 미래가 달린 일이다고 우려를 표했고, 일부 시민들은 만약 지적설계론이
과학교육에 포함 된다면 다른 일도 막지 못할 것이라고 하였다. 말하자면 특
정 종교를 옹호하는 사이비 과학, 사이비 수학, 사이비 역사 등이 학교 수업에
등장할 수도 있다고 우려를 표했다.

피고측 법정 대리인 길렌(P. Gillen)은 과학 교육이 새로운 이론을 소개할
수 없을 정도로 협소하지 않다고 주장하였다. 토마스 모어 법률센터의 리차드
톰슨 소장도 우리의 주장은 지적설계론이 더 낫다는 것이 아니고 믿을 만한
이론이라는 것이며 지적설계론을 가르치면 학생들에게도 도움이 될 것이라고
하였다.

재판의 진행

판결을 내릴 사람은 존스(John E. Johns, III) 판사였다. 존스 판사는 공화
당의 릭 센트롬 상원의원의 추천을 받아 부시 대통령이 직접 이 재판의 판사

 순례의 여적과 선문화

펜실베니아주 연방법원 재판장 존 존스 판사

로 임명하였다. 이 재판의 판사가 되기 전 그는 펜실바니아주 주류통제위원을 지냈다.

학부모 측에서는 지적설계론을 옹호하는 부시 대통령이 직접 임명한 공화당원 판사이기 때문에 우려하지 않을 수 없었다. 반면에 피고 측 변호인과 전문가들은 그런 점에서 충분히 승산이 있다고 생각했다.

소송을 제기한 학부모 측에선 고발 내용이 사실임을 증명할 의무가 있었다. 그것은 지적설계론이 과학이 아니라는 것과 피고 측인 교육위원회가 지적설계론이라는 이름으로 실제로 창조론을 가르치려는 종교적 의도가 있었다는 것을 증명해야 하였다. 그래서 원고 측 변호인은 과학자들로 구성된 7명의 전문가 증인단을 구성하였다. 그 중에는 버킹엄이 진화론으로 도배된 책이라고 평한 생물학 교과서의 집필자인 케네스 밀러(Kenneth R. Miller) 박사도 들어 있었다. 한편 피고 측 변호인도 재판을 위해 8명의 증인을 선택했다. 모두가 시애틀에 있는 디커버리 연구소 연구원이었다. 그러나 8명 중 5명은 증언을 포기하였다.

재판은 2005년 9월 27일 시작하여 원고 측 증인들의 증언이 10월 14일까지 진행되었고, 피고 측 증인들의 증언이 10월 17일부터 24일까지 진행되었다. 그 후로는 보충 질의와 방어 그리고 증거물 보충 등이 계속 이어졌다. 재판 내용은 깊은 과학적 원리를 과학적으로 설명하는 것과 그것을 어떤 고도의 지적인 설계자만 할 수 있는 것이라고 주장하여 합리화하려는 주장 등 매우 지루하고 전문적인 내용이었다. 부분적으로는 흥미로운 내용도 있으나 여기서 세세하게 이야기 할 대상은 아니라고 생각한다. 문제는 과학자가 아닌 판사가 과학에 대한 판단을 어떻게 올바르게 할 수 있게 하느냐 하는 것이었다. 판결은 판사만 내릴 수 있기 때문에 배심원단은 참석하지 않았다. 배심원석엔 세계 각국에서 모여든 기자들로 매워졌다. 그 자리에는 진화론과 인연이 특별한 다윈의 고손자 메슈 채프맨(Methew Chapman)도 있었다.

법정이 매우 뜨겁게 달아오를 때 법정 밖의 양분된 도버의 주민들도 훨씬 험악한 분위기가 되어 갔다. 원고측 대표인 킷즈밀러에게는 협박 편지들이 날라들었다. 그중에는 '매드린 멀레이는 학교에서 예배와 성경 수업을 금지해서 살해당했다. 너도 조심해!' 와 같은 매우 위협적인 내용도 있어서 그는 변호인 측과 FBI에게 그 협박편지의 사본을 보내기도 하였다.

도버고등학교 과학교사 로버트 에슈바흐는 그때의 일을 이렇게 회상한다.

"그들은 어디를 가든지 우리를 욕했어요. 동내 사람, 신문, 일부 동료교사들도 우리를 비난했지요."

"너희가 무슨 짓을 하고 있는지 아느냐?"

과학교사들에게는 다른 과목의 동료교사들도 막말을 하였고, 과학교사 중에는 목사의 아들도 둘이나 있었는데 빌 버킹엄은 "그러고도 기독교인이라고 할 수 있는지 모르겠군요. 일주일에 5일은 학교에 나가 진화론을 가르치면서 어떻게 한 입으로 두 말을 할 수 있는지 말입니다" 하고 비난하였다.

지적설계론이 과학적 이론이냐 아니냐 하는 공방이 걸려 있지만 존스 판사는 재판이 진행되는 6주 내내 좀처럼 의중을 드러내지 않았다. 판사가 판단할 문제는 그 외에도 있었다. 지적설계론을 소개하라는 지시가 종교적 의도 때문인가 하는 것이었다. 원고 측은 교육위원들의 종교적 의도를 물증으로 보여주어야 했다. 도버 교육위원들이 종교적 의도를 가지고 있었다면 종교와 정치의 분리를 명시한 미국 헌법 수정조항을 분명히 위반한 것이 되기 때문이다. 원고 측은 교육위원회가 기독교를 장려하려는 의도를 가지고 있었다거나 또는 교육위원회의 결정이 기독교를 장려한 결과를 가져왔다는 것을 보여주어야 했다.

재판 개시 몇 달 전 과학교사 버사 스파는 기증된 《판다와 인간》 60권을 정리하라는 지시를 받았다. 포장을 풀고 번호를 매기고 도장을 찍는 것이다. 그때 상자의 바닥에서 그 책의 내용을 요약한 소책자를 발견하였다. 《판다와 인간》을 소개하는 소책자였는데 맨 위에는 '창조과학(Creation Science)'이란 제목이 붙어 있었다. 지적설계론이 창조론과 다를 바 없다는 증거이다. 버사 스파는 그 사실을 즉각 원고 측 변호인을 지원하고 있는 전미과학교육센터(National Center for Science Education)에 알렸다. 홍보팀장인 닉 마츠키는 즉각 《판다와 인간》의 검토에 들어갔다.

닉 마츠키는 《판다와 인간》의 저자이고 디스커버리 연구소의 연구원인 찰스 잭튼(Charles Thexton)이 그 책을 집필할 당시의 자료들을 찾아내어 사우스이스턴루이지아나 대학의 포리스트(Barbara Forrest) 교수에게 검토를 의뢰하였다. 포리스트 교수는 7000매에 이르는 그 자료 중에서 두 종류의 '판다와 인간'이란 원고를 찾아냈다. 1987년 에드워드 재판 이전과 이후에 만들어진 원고였다. 그 원고는 거의 동일하였으나 특정종교의 교리인 '창조론'을 교육하는 것은 정치와 종교의 분리를 규정한 미 헌법 수정조항에 위배된다고 판결한 에드워드 재판이 있은 뒤에 그 내용 중 일부를 수정한 것이었다.

1)Edward 재판 이전에 작성된 원고: 창조론은 다양한 생명체가 창조자에 의해 각각의 특징을 온전히 지닌 채로 갑자기 시작되었음을 의미한다. 물고기에는 지느러미와 비늘이, 새에는 깃털, 부리 그리고 날개가 처음부터 존재했다.

2)Edward 재판 이후에 작성된 원고: 지적설계론은 다양한 생명체가 지적인 힘에 의해 각각의 특징을 온전히 지닌 채로 갑자기 시작되었음을 의미한다. 물고기에는 지느러미와 비늘이, 새에는 깃털, 부리 그리고 날개가 처음부

터 존재했다.

　이 문서는 이번 재판에서 가장 중요한 자료가 되었다. 포리스트 교수는 법정에서 도버 교육위원회가 종교적 의도를 가지고 있었음을 증언하였다. 또한 그녀는 한 기독교 잡지 〈Touchstone〉에 실린 대표적 지적설계론자 폴 넬슨(Paul Nelson)의 인터뷰 내용을 인용하여 그 가설의 취약성도 지적하였다. 그녀는 지적설계 운동이 100% 과학적인 것은 아니라고 주장했다. 지적설계 운동을 선도하고 있는 디스커버리 연구소의 인터넷에 나타난 이른바 '쐐기문서(The Wedge)'를 예로 들었다. 디스커버리 연구소의 전략을 밝힌 1998년의 문서이다. 그들의 목적은 진화론이 사회에 미치는 영향을 제거하는 것으로 그 문서에는 미국사회를 완전히 바꿔서 종교적 토대가 굳건한 사회로 만들어 일상생활의 모든 부분이 기독교적 지배를 받아야 한다는 것이다. 다윈은 인간을 윤리적이고 영적인 존재가 아니고 동물로 보았기 때문에 사람들은 객관적인 윤리적 기준을 버렸다고 하였다. 이 문서는 다윈의 유산을 청산하겠다는 의도를 분명히 밝혔으며 향후 20년의 목표를 지적설계론을 지배적 과학이론으로 만들어 지적설계론이 미국인의 종교, 문화, 윤리, 정치생활의 근본이 되게 한다는 것이다.

　포리스트 교수의 증언 외에도 피고 측의 종교적 의도가 담긴 증거가 주어졌다. 도버 교육위원회에서 빌 버킹엄이 진화론을 가르치는 것도 좋지만 균형을 위해 창조론도 가르쳐야 된다고 발언하는 내용이 담긴 중계방송 비디오 클립이 증거물로 제출되었다. 버킹엄은 지적설계론이란 단어가 떠오르지 않아서 자기도 모르게 창조론이라고 실수를 하게 되었다고 하였다. 이렇게 하여 피고 측의 종교적 의도는 명확히 드러났다. 재판은 6주 후인 2005년 11월 4일 양측 법정 대리인의 최종 변론을 끝으로 막을 내렸다. 존스 판사는 최대한 빠른 시일 내에 판결을 하겠다고 하고 폐정하였다.

존스 판사의 결심

재판이 끝난 지 한 달이 훨씬 지난 2005년 12월 20일 판사는 이메일로 판결문을 보냈다. 139쪽에 이르는 판결문의 핵심은 아래와 같다.

지적설계론은 과학이 아니다. 지적설계론은 종교적 의도로 만들어졌으며 그것을 도버고등학교에서 가르치는 것은 미국 헌법 수정조항에 위배된다. 지적설계론의 수업은 위헌이다. 피고 측과 증인들의 주장은 대부분 근본적으로 잘못된 것이었다. 그들의 주장은 진화론이 신의 뜻에 반하기 때문에 잘못되었다는 것이다. 진화론이 완벽하지 않은 것은 사실이지만 과학적 가설이 모든 것을 완벽하게 설명할 수 없다고 해서 그것을 폐기해야 한다고 주장할 수는 없다. 종교에 바탕을 둔 검증 불가능한 가설을 과학시간에 가르치거나 검증된 가설을 왜곡해서도 안 된다. 도버시민들은 지적설계론을 교과과정에 도입해야 한다는 교육위원회에 의해 피해를 입었다. 본 판사는 교육위원회의 결정이 경악할 정도로 어리석으며 몇몇 교육위원들은 그들의 본래 목적을 숨기기 위해 거짓 증언을 했다. 제시된 증거들은 교육위원회가 창조론을 교육에 끌어들이려고 하였으며 지적설계론은 그것을 위한 도구에 불과했다. 제시된 증거물은 지적설계론이 창조론의 재탕이지 과학적 가설이 아님을 분명히 보여 준다고 판단한다.

존스 판사는 도버 교육위원회에 지적설계론의 교육에 대한 의도를 영구히 중단하라고 명령하고 100만 달러가 넘는 소송비용도 도버 교육위원회에서 부담하게 하였다. 존스 판사는 타임지에 의해 표지인물로 선정되었고 그해 100대 인물에 선정되었다. 그러나 존스 판사는 생명을 위협하는 이메일을 계속 받고 있어서 그와 그의 가족은 아직도 경찰의 보호를 받고 있다고 한다.

한편 TV 전도사 팻 로벗슨(Pat Robertson)은 TV를 통하여 다음과 같이 경고했다.

"도버 시민들께 말하고 싶습니다. 재앙이 닥쳐도 신을 원망하지 마십시오. 도버시민들은 신을 거부했습니다."

이상이 도버 재판의 전말이고 겉으로는 눈에 잘 띄지 않는 미국 내부의 깊은 실상이다.

맺는 말

지금까지 미국에 있어서 진화론과 지적설계론의 갈등에 대하여 21세기에 있은 도버 재판을 중심으로 중점적으로 고찰하였다. 그런 과정에서 미국이 매우 보수주의적 기독교 국가임을 확인할 수 있었다. 그것은 전지전능한 유일신의 가르침이기 때문에 현대 과학적 입장에서 고려해 보면 어불성설인 지구의 나이가 1만 년이 안 되고, 창조주가 단 6일 동안 오늘날과 꼭 같은 상태로 이 세상을 창조했다는 매우 불합리한 내용을 떨쳐버리지 못하는 것이다. 그래서 심지어는 창조주 대신 지적설계자를 내세워 합리화하려고 한다. 도버 재판으로 지적설계론의 정체가 백일하에 드러난 듯 보이지만 현재도 디스커버리 연구소를 중심으로 많은 지역에서 지적설계론의 재기를 위하여 수단과 방법을 가리지 않고 노력하고 있다고 미국 사람들은 말한다.

흔히 천주교는 진화론에 대하여 비교적 온건하다고 말한다. 전 교황 요한 바오로 2세는 1996년 10월 23일 교황청 아카데미에서 "인간이 생명의 초기 형태에서 서서히 발전한 산물이라는 찰스 다윈의 이론이 단순한 가설 이상의 것임을 인정하게 됐다"고 선언한 바 있다. 그러나 추기경 시절부터 강경 보수파로 유명했던 베네딕토 16세 교황이 즉위하면서부터 달라졌다. 교황은 즉위 미사에서 "우리는 의미 없이 진화로 우연히 생겨난 존재가 아니다"라고 밝히며 이 문제를 본격 제기했고 지적설계론에 대해서도 관심을 가지고 있다고 한다.

　우리나라는 인구 면에서 볼 때 불교가 가장 큰 종교이지만 개신교가 물불을 가리지 않는 저돌적인 선교와 만행을 서슴없이 행하기 때문에 안심할 수 없는 상태이다. 현재는 생물학 교과서에 진화론 외에 어느 종교적 가설도 들어와 있지는 않다. 그러나 21세기에 들어와서 미국에서도 저런 혼란이 생기는 것으로 보아 한국 개신교의 성향을 고려할 때 안심할 수만은 없다고 생각한다. 한국에도 천주교계 S대학에 '지적설계연구회'가 2004년 8월에 설립되어 정기적으로 심포지엄을 개최하고 '지적설계 아카데미'를 열어 수강자들에게 체계적인 교육을 시키며 미국의 유명한 지적설계 전문 교수를 초청하여 강연회도 갖고 있다. 인터넷 사이트에 나타난 이 연구회의 목적은 미국의 디스커버리 연구소와 유사한 점이 있다. 지금은 규모가 작기 때문에 그렇게 우려되는 바는 아니지만 개신교계에 퍼져서 우리나라에서도 도버 재판과 같은 사태가 일어난다면 걱정이 아닐 수 없다. 다만 지적설계론이 우리나라에서는 한국인의 슬기에 의해 그 실상이 바르게 평가되기를 바랄 따름이다.

월간 〈법화세계〉 vol.20~22(2008. 8.~10.)

불교적 실상과 현대 과학 간의 문화적 교감

1. 서론

2500년 전 석가모니 부처의 가르침에 따라 인도에서 형성된 동양의 대표적 종교인 불교와 서구에서 발달한 과학은 전연 이질적인 존재들이다. 불교는 완전한 깨달음을 궁극적 목표로 삼고 수행하는 신앙 체계인 종교이다. 한편 과학은 자연현상 속에서 실험으로 얻어진 공통적 현상을 분석하고 체계화하여 수학적 모형을 유추함으로써 하나의 가설이 얻어진다. 그 가설이 일련의 정밀한 실험을 거쳐 정확함이 증명됨에 따라 하나의 최종 방정식을 언어적으로 설명하는 이른바 일련의 과학적 연구 과정에 의해 탄생하는 원리이다.

이와 같이 종교와 과학은 이질적 존재이지만 불교의 교설은 과학자들에게 여러 가지 면에서 종교를 넘어선 합리적인 공감을 불러일으키고 있는 것이 사실이다. 과학을 전공한 사람들이 불경을 읽다 보면 아주 간단한 가르침 속에서도 과학자들이 오랫동안 실험과 검증을 거쳐 얻은 자연과학적 원리들과 비견되는 놀라운 감응을 받을 때가 있다. 특히 반야경의 기본 교설에서 그와 같은 구절이 많이 나타나 있다. 예를 들면 제행무상, 제법무아, 색불이공 등과 같은 표현도 화학이나 물리학 또는 다른 과학 분야에서 매우 깊은 의미를 갖는 원리이다.

19세기 후반의 존경받는 과학자이자 의사인 독일의 Paul Dahlke는 우연히 불교를 소개하는 책에서 '모든 법에는 실체가 없다'는 불교의 교리를 접하고 크게 감명을 받아 불교의 나라 스리랑카를 여러 번 방문하였다. 그곳에서 그는 유명한 불교학자이고 선사인 Pandit Wagiswara의 제자가 되어 불교를 공부하였다. 불교가 우리에게 실상을 실상으로 받아들이게 하는 종교로 보고 불교의 과학성을 담은 《불교와 과학》[1]이라는 책을 저술한 것이 한 예라고 하겠다.

또한 《금강경의 과학》[2]이란 책을 저술한 서울대의 이국주 교수가 그 책의 서문에 '불교를 종교, 또는 철학이라고 하기보다는 깨달음의 내용이 너무나 과학적이다'라고 서술한 것도 그런 예라고 할 수 있다.

더욱 과학자들이 연기법의 기본 교설[3]을 만날 때 그 설명 방법이 2500년 전 당시의 대중이 쉽게 이해할 수 있도록 표현되어 있지만, 그 속에 감추어진 깊은 뜻을 현대 과학적 방법으로 유추해서 풀어 본다면 연기법은 시간, 공간 그리고 그 공간 속의 다양한 변수와 상호 관계를 수학적 함수 체계로도 표현할 수 있을 만큼 과학적임을 알 수 있다. 또한 불교의 교리는 과학자들의 입장에서 볼 때 뉴턴적 기계역학을 기반으로 하는 고전물리학보다는 신물리학이라고 일컬어지는 양자이론이나 상대성이론 등의 현대물리학의 이론에 더 근접해 있어서 더 깊게 교감하고 있는 현상이다.

이와 같이 21세기 이 지구촌 문명의 원동력인 현대과학과 2500년 전에 이루어진 불교의 교설이 쉽게 교감할 수 있는 까닭은 무엇일까? 그것은 불교의 근본 사상인 '연기법'이 자연의 실상에 기반하고 있기 때문이라고 생각된다.

《잡아함》 제12권의 〈연기법경〉[3]의 일부를 들어 본다.

"세존이시여, 이른바 연기법은 세존께서 만든 것이옵니까, 다른 사람이 만든 것이옵니까?"

부처님께서 비구들에게 말씀하시었다.

"연기법은 내가 만든 것도 아니요, 또한 다른 사람이 만든 것도 아니다. 그러므로 그것은 여래가 세상에 나오거나 나오지 않거나 법계(法界)에 항상 머물러 있다. 저 여래는 이 법을 스스로 깨닫고 다 옳게 깨달음을 이룬 뒤에, 모든 중생을 위하여 분별하여 연설하고 드러내어 보이나니 이른바 이것이 있기 때문에 저것이 있고, 이것이 일어나기 때문에 저것이 일어난다."

이 내용을 살펴보면 '연기법' 이란 추상적인 가르침이 아니고 분명히 이 세상에 본래부터 존재하고 있어서 만물의 실상적 조건으로 항상 작용하고 있는 자연법칙임을 알 수 있다. 그리하여 자연현상을 실험적으로 관찰하고 분석적으로 이론화하는 현대과학과 교감할 수 있게 된 것으로 생각한다.

더욱이 부처님은 정각을 이룸으로써 법계체성지(法界體性智)를 체득하여 여섯 가지의 무애자재(无涯自在)한 초인간적 능력을 가지게 되었는데 그 능력 중에 이른바 천안통(天眼通)이 있다. 천안통은 선정(禪定)을 수행함으로써 직관으로 중생의 고락(苦樂), 원근(遠近), 추세(麤細) 등을 완전하게 관찰할 수 있는 능력이다. 이들 중 고락의 관찰력은 현대의 인지과학, 신경과학, 신경정신의학 등 심리학과 유관한 학문 분야와 관련된다. 한편 원근과 추세의 관찰력은 현대의 물리학과 관련된다. 이 두 관찰력으로 깨달은 사람은 이 법계에 존재하는 가장 큰 것 예컨대 온 우주의 운행에서부터 가장 미세한 것 예컨대 아원자 세계의 소립자들의 작용에 이르기까지 세밀하게 다 볼 수 있는 능력이다. 이 천안통에 의해 불타가 본 그대로 경전에 서술한 내용이 현대과학의 주요 원리들과 계합되는 부분이 있기 때문에 과학자들이 관심을 가지게 되는 것이다. 그런 이유로 20세기의 위대한 물리학자인 Julius R. Openheimer나 Niels Bohr 그리고 Werner Heisenberg 등도 현대과학과 불교 간의 상호보완적인 관계가 현대과학의 발전에 기여하리라는 기대 어린 표현을 한 바 있다.[4]

일반적으로 그의 사고방식이 합리적이고 사실적인 과학자들이 불타의 가르침을 접하면 쉽게 공감하게 되고, 그것을 비교 고찰하게 되는 것이다. 물론 불교가 주요 종교인 나라에서 과학을 전공한 불교 신자들이 불교의 과학성을 알리고자 불교 교리를 과학적으로 해석하는 방법으로 접근한 예도 많다. 한편 과학과 불교 간의 좀 더 적극적인 교감은 직접대화이다. 특히 현대물리학의 난제들에 불교의 성숙된 사상과 직관적 통찰력을 도입함으로써 문제 해결에 새로운 광명을 비추기 위해 1987년부터 서구의 과학자들이 티베트 불교계와 정규적으로 대화를 해오고 있는 것이다.[5] 이 글에서는 불교와 과학이 접근하고 교감한 발자취를 중점적으로 살펴보고 이어 동양과 서양의 문화 간 직접대화의 내용에 대하여 순차적으로 고찰하고자 한다.

2. 불교와 과학, 그 교감의 발자취

불타가 45년에 걸쳐 베푼 설법은 인간을 교화하여 고통[苦]을 없애고 해탈(解脫)을 얻도록 하는 것이다. 그런데 그 법문 속에는 인생과 대자연의 실상(實相)도 적나라하게 나타나 있어서 과학자가 불경을 읽다 보면 곳곳에서 불교의 과학성을 느끼지 않을 수 없는 것이다. 그래서 우리나라나 일본에서 그러하듯이 불교가 주요 종교인 나라에서는 불교의 교설과 과학을 비교 고찰한 서적이 적지 않은 것은 자연스러운 일일 것이다. 그러나 이 글에서는 불교와는 전연 다른 신앙 체계를 갖고 있으며 자연과학이 발달하여 현대과학의 산실이 된 서구에서 불교와 과학이 교감한 주요 발자취를 살펴보고자 한다.

2.1. 불교와 세계 원리

　Paul Dahlke(1865~1928)에 의해 처음으로 저술된 《불교와 과학》[1]이 1913년 런던의 McMillan사에서 출판되어 영어권에 퍼지면서 서구 사회에 불교 인식의 새로운 계기를 만들어 주었다. Dahlke는 이 책에서 불교는 실상의 교설(doctrine of actuality)로서 인식론적 관점에서 세계를 관찰한 가치는 실상을 실상으로 받아들이도록 우리를 가르치고 있다고 하였다. 그는 불교는 절대적이고 보편적 가치를 지닌 법칙을 주 내용으로 하는 세계원리(world theory)로서 그 안에는 보편적 개념을 담고 있는데 비하여, 과학은 물질주의적 관점에서 사물의 작용을 기계적 방식으로 표현한 법칙일 따름이라고 하였다. 그와 같은 과학적 법칙들은 예외 없이 경험에 의존하여 얻은 추상적인 법칙으로 그와 다른 새로운 경험이 나타나면 사라질 수밖에 없다고 하였다.

　이 책은 앞부분에서 부처의 세계원리와 그의 교설을 과학자의 입장에서 설명하고, 불교와 물리학의 문제점, 불교와 생리학의 문제점, 불교와 생물학의 문제점, 불교와 우주론의 문제점 등을 고찰하였다. 불교는 보편적 가치를 지닌 진리의 법칙이라는 점에서 불교의 우수성을 주장하고 자연과학의 원리의 문제점을 고찰한 내용으로 보기에 따라 사변적인 면이 있으나 당시 절대주의적 기독교 위주의 서구사회에 신선한 충격이 될 만하였으리라 생각한다. Dahlke는 《불교와 과학》 외에도 《법구경》, 《맛지마니까야(Majjhima Nikaya)》, 《디그하 니까야(Digha Nikaya)》 등의 초기 경전을 독일어로 번역하여 출간하였으며 말년에는 독일에 '불교의 집' 이란 수행처를 설립하고 비승비속으로써 불교의 전법에 전념하였다고 한다.

2.2. 현대물리학과 신비주의의 세계관

유럽에서는 종교와 과학 간에 오랫동안 분쟁의 역사가 있었다. 그런 과정에서 과학적 원리가 신의 계시와 합일되지 않아 무시되기도 하였다. 그러한 까닭에 과학적 원리와 종교적 교시가 배치될 때에는 그것을 노출하지 않고 두 갈래로 나누어 고려하거나 서술하는 것이 일반적이었다고 한다. 20세기 중반에 들어서며 현대과학과 동양의 종교사상을 평행적으로 고려함으로써 종교와 과학의 분리를 초월하려는 시도가 일기 시작하였다. 그의 대표적인 예가 Fritjof Capra의 저서 《현대물리학과 동양사상(The Tao of Physics)》[6]이라고 할 수 있다. 그 책에서 Capra는 불교, 힌두교, 도교 그리고 유교를 합한 동양의 종교 내지 동양의 철학을 통틀어 '신비주의'라는 하나의 범주에 넣어 고려하였다. 이 점은 불자의 입장에서 보면 아쉽고 불합리하게 느껴질 수도 있으나 서양의 합리주의적 물리학자의 눈에는 동양의 종교적 수행의 결과 얻는 직관적 통찰력이 신비주의로 보일수도 있다고 생각한다. 그럼에도 불구하고 이 책은 서양에서는 물론 동양에서도 대단히 인기가 있으며 매우 가치 있는 새로운 사상을 자극하고 있다.

Capra는 고 에너지 이론물리학을 전공하고 미국의 버클리 대학에서 물리학 강사로 재직하였으며 현재는 환경운동가로 미국의 버클리 소재 환경계발센터(Center for Ecoliteracy) 소장으로 활동하고 있는 학자이다. Capra는 젊은 시절 그가 말하는 동양의 신비주의에 대하여 매우 열심히 공부함으로써 동양의 종교사상에 대하여 매우 넓고 깊은 지식을 소유하게 되었음을 이 책을 통하여 확인할 수 있다. 그는 그와 같은 신비주의적 세계관을 현대물리학의 세계관과 광범위하면서도 세밀하게 비교 고찰함으로써 상호 유사성을 발견하고 그런 관점에서 동양 사상과 현대과학을 대비하였으며 신 물리학의 미래를 대비할 새로운 패러다임에 따른 신사고(新思考)의 여섯 가지 기준을 제시하기도 하였다. Capra는 그 책에서 Einstein이나 Niels Bohr 등 20세기 현대물리학계를 이끈 많은 석학들의 주장은 물론 동양 종교의 경전으로부터 설득력 있는 문장을 많이 인용함으로써 자기의 주장을 뒷받침하고 있다. 이 책은 동양의 종교들을 혼합하여 지칭한 이른바 신비주의 사상과 현대과학의 교감을 담고 있으나 그 안에는 상당부분 불교사상과의 교감이 포함되어 있다. 나아가 그는 현대과학이 가야할 두 갈래 길을 극단적으로 표현할 때 한 길은 부처님으로 이어지고, 다른 한 길은 폭탄으로 이어진다고 하고, 선택은 과학자 자신에게 달려있다고 하였다. 그는 더욱 부처님으로 이어지는 길 즉 '진정한 사랑의 길(path with heart)'은 아무리 강조해도 지나치지 않다고 하였다. 이와 같이 불교를 가장 자비롭고 평화지향적인 종교로 인정한 것이 인상적이다.

2.3. 불교와 제 과학의 관점

1984년 유명한 외계생물학자이며 유전과학자인 Buddhadasa Kirthisinghe가 주관하고 스리랑카의 불교서적출판협회가 후원하여 《불교와 과학》[7]이란 제목의 책이 발간되었다. 이 책은 불교에 조예가 깊고 자신의 전문 분야에서 인정받는 학자들의 논설을 모아 구성한 논집이다. 이 책에는 미국, 영국, 스리랑카의 불교학, 생물학, 생화학, 핵물리학, 천문학, 심리학 및 민속학 분야의 중진 학자 9명이 불교의 교리와 관련하여 전문 분야의 특성을 집필한 논설 23편이 실려 있다.

이 책이 담고 있는 내용 중에는 외계생물학(Exobiology), 은하계와 공사상(Sunyata), 불교적 명상과 생물과학, 업(Karma: 業)과 환생과 유전학, 과학과 오온(五蘊), 과학과 12연기(緣起), 과학과 열반(涅槃) 등 흥미로운 내용이 많다. 이 책이 창조론 신봉의 서구사회에 감명을 준 대목으로는 Darwin의 진화론과 더불어 돌연변이, 자연도태 등의 생물학적 문제를 불교적 관점에서 고찰했다

는 점, 초기 불경에 나타난 우주의 개념과 우주에 대한 현대의 천문학적 개념
이 기본적으로 유사하다는 점을 들 수 있다. 더욱이 이 책이 서구 독자들에게
관심을 불러일으킨 것은 캠브리지대학의 천문학자 Fred Hoyle, 하버드대학
의 Carl Sagan, 러시아의 천문학자 Vorontozoff 등 많은 과학자들이 우주가
무시무종(無始無終)으로 성장하고 있고, 이 은하계에는 정상 상태에서 6억 5
천만여 개의 생명체가 존재하는 행성이 있다고 추정하고 있는 것이 불교적 관
점과 일치한다고 확인해 주고 있는 점이다.

2.4. 실상의 선택

현대과학의 물리학적 원리들이 얻어진 배경을 살펴보자. 시간, 공간, 물질
등의 특성과 같이 거시적으로 관찰할 수 있는 것과 중력, 장, 에너지, 에테르
등의 특성과 같이 실제로 보이지 않으면서도 작용하는 존재들이 있어서 그들
을 정의하고 상호간의 작용 원리를 구명하는 데에는 다양한 이론이 요구된다.
물론 물리학자들 간에는 수학적 처리기술의 적용, 실험적 데이터의 유효성 인
정, 물리적 과정의 일정한 모형의 가치 인정에 대해서는 광범위한 동의를 보
이고 있지만 실험방법에 따라 제시되는 물리적 실상과 관련해서는 아직도 이
견이 많다. 이 중 가장 기본적인 문제는 제시된 물리학적 원리와 물리적 실상
의 관계이다.

19세기에 많은 과학자가 과학적 사실주의(Scientific realism)에 경도되었
는데 오늘에도 그에 대한 지지자들이 많다. 그러나 과학적 사실주의는 19세기
후반에 Ernest Mach, J. C. Maxwell 등 많은 과학자에 의해 도전을 받았다.
그들의 사상은 일종의 과학철학으로 오늘날 도구주의(Instrumentalism)로
알려져 있다. 이 양편 간 갈등은 오늘날의 물리학계에도 해결되지 않고 남아
있다. 그러나 이 논쟁에 대해 물리학자들은 아직도 관심을 크게 보이지 않고

있다.

그러나 1994년 Alan Wallace는 그의 저서 《실상의 선택(Choosing Reality)》[8]에서 그 갈등을 해소할 수 있는 획기적 방안을 제시하였다. 그는 양쪽의 관점을 면밀히 분석하고 불교의 중도적(中道的) 관점에 기반 한 적극적인 철학적 대안을 제안하였다. 이 제안은 사실주의와 도구주의는 물론 물질주의와 이상주의에도 숨어 있는 위험 요소들을 피하고 과학적 관찰과 이론화의 참여적 특성(participatory nature)에 초점을 맞추고 있다. '물리학과 마음의 불교적 조망' 이라는 부제가 붙은 이 책은 이런 맥락에서 허공, 에너지, 양자(量子), 우주 등 제반 물리과학과 직관으로 본 몸, 마음 그리고 의식에 대하여도 설명하고 있고 화합된 세계에 대하여도 논하고 있다.

Alan Wallace는 암헤어스트 대학에서 물리학과 과학사를 전공하고 후에 스텐포드 대학에서 종교학 석사와 박사학위를 받은 불교학자이다. 인도의 티베트 사원에 출가하여 10년 이상 승려로 수행하였으며 그는 1976년 이래 유럽과 미국에서 불교학과 불교수행법을 가르치고 있다. 그는 한편 14대 Dalai Lama 성하(이하 'Dalai Lama' 라 칭함)를 비롯하여 티베트 고승들의 중요한 행사에 대 서방 통역으로서 오랫동안 활동해 오고 있다. 그는 '의식의 학제간 연구소(Institute for the Interdisciplinary Study of Consciousness)' 를 설립하여 현재 소장으로 활동하고 있다.

Alan Wallace는 2003년에 새로운 책 《불교와 과학》[9]을 출간하여 인지과학자인 고 Francisco J. Varela의 영전에 바쳤다. 고 Varela는 Dalai Lama와 서방 과학자들 간의 대화를 처음 주선하였고 그 대화의 기구인 '마음과 삶' 회의('Mind and Life' Conference)를 1987년부터 2001년까지 주관해 온 인물로서 2001년 불의에 서거하였다. 그 내용은 그간 '마음과 삶' 대화 과정에서 불교와 인지과학분야 그리고 불교와 물리과학 분야를 중심으로 우수한 논설 14편을 선택하여 서구 과학의 세계와 동양의 정신세계에 대한 대치와 연계성을 검증할 수 있도록 논집의 형태로 엮은 책이다.

3. 직접 대화를 통한 불교사상과 현대과학간의 교감

20세기 중반을 넘어서면서 서구에서 현대과학과 동양의 종교사상을 평행적으로 고찰하려는 경향이 일기 시작했다는 것은 앞에서도 언급한 바 있거니와 서구의 과학자들이 그들의 연구과정에서 봉착하는 어려운 문제점들을 극복하거나 또는 새로운 연구 방향을 모색하기 위하여 동양의 종교사상에 접근하여 직접 대화하려는 욕구가 일어나기 시작했다. 어느 대화에서든 그 주제에 동의하고 실제로 협조할 수 있는 상대자가 있어야 한다. 그와 같은 현대 과학자들의 요구에 동의하고 대화의 상대로 자청한 분이 티베트 불교의 대표인 Dalai Lama이다. Dalai Lama의 위상과 활동에 대하여는 너무 잘 알려져 있으므로 여기서 긴 설명은 생략하기로 한다. 다만 그의 본명은 Tenzin Gyatso 이고 그는 어린시절부터 타고난 기질이 과학과 기술을 좋아하여 그가 불가의 승려가 되지 않았더라면 필시 과학기술자가 되었으리라고 말한 바 있다. 그는 불경에 부처님이 '부처에 대한 단순한 존경과 경의 때문에 부처의 말을 무조건 옳게 받아들여서는 안 되며 금 세공사가 다양한 실험을 통하여 금의 순도와 품질을 평가하듯 부처의 말도 그와 같이 이성과 이해로 평가한 다음에 믿어야 된다'고 가르친 점을 강조하고 그런 의미에서도 이와 같은 불교사상과 과학 간의 대화가 중요하다고 주장하였다.

서구 과학자들과 Dalai Lama와의 직접 대화는 두 가지로 나누어 생각할 수 있다. 그 하나는 티베트 불교공동체와 하버드 의과대학 간에 십 년 이상 협동연구를 진행한 결과를 1991년 3월 24일에 발표한 소위 '하버드 마음과학 심포지움(Harvard Mind Science Symposium)'이고, 다른 하나는 1987년부터 매 2년마다 매회 1주일씩 현대과학의 다양한 학문분야에 대하여 서구의 과학계 석학들과 Dalai Lama 간에 직접 대화가 이루어지고 있는 소위 〈마음과 삶' 회의('Mind and Life' Conference)〉의 활동이다.

Francisco J. Varela 교수(Ecole Polytechnique and Institute of Neuroscience, Paris)는 Dalai Lama가 유럽을 방문할 때 마다 그의 대중법회에 참석하여 만났으나 늘 시간이 부족하여 충분한 대화를 못한 것을 무척 아쉽게 생각하고 있었다. 1986년 Dalai Lama가 파리를 방문했을 때 그는 다시 대화하기 위하여 Varela를 초대하였다. 신경과학에 대한 대화가 무르익어 Varela는 집요하게 질문을 계속하였는데 Dalai Lama의 계획된 다음 일정 때문에 1시간으로 끝낼 수밖에 없었다. 그곳을 떠나며 Dalai Lama는 "우리는 계속 더 대화를 해야 되는데 다른 나라에 나와서는 긴 시간을 낼 수 없습니다. 박사가 다람살라에 올 수 있다면 다음 해에 1주일 정도 내가 시간을 마련할 것입니다. 원한다면 어떤 다른 과학자들과 같이 와도 좋습니다"라는 제안을 하였다. 이렇게 하여 1987년 10월에 제1회 '마음과 삶' 회의가 탄생하였다.

이 '마음과 삶' 회의는 1999년 까지는 격년제로 회의가 열렸고 그 이후에는 매년 1회 개최하고 있다. 2002년 10월에는 인도의 다람살라에서 제10회 '마음과 삶' 회의가 '물질의 본성과 마음의 본성(The Nature of Matter, The Nature of Mind)' 이란 주제로 전과 같이 7명의 서구 석학들과 Dalai Lama 그리고 두 명의 통역이 참석하여 일주일간 열렸다. 한편 2003년 9월에 Boston에서 열린 제11회 '마음과 삶' 회의는 '마음의 작용에 대한 불교와 행동과학간의 의견교환(Exchanges Between Buddhism and the Biobehavioral Sciences on How the Mind Works)' 이라는 주제로 개방형 대중심포지움을 개최하기도 하였다.

3.1. 하버드 마음과학 심포지움(Harvard Mind Science Symposium)

1979년10월 Dalai Lama가 하버드 대학을 처음 방문하였을 때 하버드 의과대학의 Herbert Benson 교수가 그를 만나게 되었다. 그 때 Benson은 그 때까지 그가 해 온 간단한 명상기법의 생리학적 효과에 대한 실험을 설명하고 티베트 불교의 몇 가지 고급 명상기법을 연구할 수 있도록 허락해 주기를 Dalai Lama에게 요청하였다. 더욱 벤슨은 Alexander David Neel이 그의 저서 《Magic and Mistery of Tibet》에 실감나게 설명한 뚬모 요가(gTum-mo yoga)의 신비한 마음/몸 효과에 대하여 연구하고 싶다는 희망을 밝혔다. 그로부터 몇 개월 뒤 Dalai Lama가 그 요청이 받아들여 티베트 불교공동체와 하버드 의과대학 간에 마음과학의 상호교류 및 연구가 시작되었고, 그 10년 이상의 공동연구의 결과를 Dalai Lama의 참석 하에 MIT의 Kresge 강당에서 개최한 학술회의가 '하버드 마음과학 심포지움' 이다.

이 학술회의에서 미국 측 참가자들은 그 때까지 심리학이란 학문이 19세기 중 유럽과 미국에서 형성되었다고 생각했는데 그것은 그들의 근시안적 안목이었다는 것을 인식하게 되었다고 하였다. 그들은 불교에서는 서양의 심리학에 해당하는 마음에 대한 조직적 연구가 서력기원 훨씬 전에 시작되었고 그 연구가 정신적 삶의 중심이었다는 것을 알게 되었다는 것이다. Dalai Lama는 마음에 대한 이해가 불교적 사고에 있어 기본이 되며, 티베트 불교의 가르침 속에는 마음과 몸의 변화가 어떻게 상호간에 영향을 미치는가에 대한 상세한 지도와 자발적 제어로 이들 효과를 얻는 기법이 포함되어 있다고 하였다.

Herbert Benson 교수는 마음과 몸의 관계에 대한 그의 선구자적 연구의 일환으로 고대 명상기법을 현대의학과 결합한 이완 반응에 대한 연구의 성과를 설명하였고, 이어 뚬모 요가(gTum-mo yoga)를 수행하는 명상가들에 대한 연구결과도 발표하였다. 뚬모 요가란 추운 겨울에 얼음물에 적신 천을 몸에 감고 명상에 의해 종교적 목적으로 발생하는 몸의 열로 그 천을 말리는 수행법이다. Benson의 실험에 따르면 4℃의 추은 기온 속에서 수행자들은 얼음물이 줄줄 떨어지는 90cmx180cm 넓이의 천을 몸에 두르고 명상을 시작하자 3내지 5분이 지나면서 천에서 김이 나기 시작하고 45분이 지나자 완전히 말라 버리는 것을 확인하였다. 그들은 날이 셀 때까지 그와 같은 실험을 2번 더 계속하였다. Benson의 연구팀이 뚬모 명상을 진행하는 동안 수행자들의 신체적 변화를 현대 의학적 방법으로 검사하였을 때 체내의 산소 소비량이 증가하였고 손가락과 발가락의 온도가 현저하게 올라가는 놀라운 변화를 발견하였다.

이와 같이 추운 환경 속에서 피부에서 열을 발산하는 것은 인간이나 다른 온혈동물이 체온을 유지하는 현상에 대한 서양의 과학적 관점과는 정 반대 되는 현상이다. 서양의 과학적 관점으로 보면 온혈 동물이 추운 환경 속에 놓일 때 생명 유지에 필요한 열을 몸 안에 유지하기 위해 비순환적 요소와 순환적 요소에 의한 방법을 강구하게 된다. 열 손실을 줄이는 비순환적 요소란 동물이라면 털을 세워 절연 층을 보강하는 것이고 사람이라면 옷을 껴입어서 열의 방출을 막는 것이다. 한편 열 손실을 줄이는 순환적 요소는 신체가 자발적으로 피부에 가까운 말단의 혈관을 수축시킴으로써 혈액순환을 저지하여 체내 중심기관의 온도를 유지하는 것이다. 그러나 이때 혈액 순환이 중단된 말단 부위는 온도가 내려가기 마련이어서 발가락, 손가락 또는 귀와 같은 부위는 차가워지고 추위에 오래 노출될 때 동상에 걸릴 수 있다. 그런데 뚬모 요가에서는 그런 서구적 관점의 열 순환과는 정반대의 현상이 일어나고 있는 것이다. 그들은 명상 수행이 체내에 놀랄 만한 생리학적 변화를 가져온다는 것을 발견하였다. 그래서 그들은 이와 같은 변화는 스트레스로 인해 유발되었거나 더욱 악화된 장애의 치유를 위해 상당히 직접 관련시킬 수 있다고 하였고 간단한 이런 과정들이 스트레스 관련 장애의 치료에 매우 적합한 것이라고 주장하였다. 이 실험을 통해서 그 연구팀은 마음이 몸에 어떻게 영향을 미칠 수 있는가에 대한 새로운 인식을 하게 되었다.

그 밖에 이 심포지움에서는 마음, 두뇌, 심리학, 인지과학 그리고 정신건강에 대하여 Robert A. F. Thurman(Columbia Univ.), Howard E. Gardner(Harvard Univ.) 그리고 Daniel Goleman(The New York Times)의 강의가 있었다. 또한 Dalai Lama와 여섯 명의 하버드 의과대학 및 마사츄세트 대학 교수가 참여한 '불교, 신경과학 그리고 의과학' 이란 제목의 긴 토론회가 있었으며 또한 '불교, 심리학 그리고 인지과학' 이란 제목의 종합토론회도 있었다. 이 심포지움의 전체 내용을 담은 단행본이 1991년에 《Mind Science》[10]란 제목으로 출판되었다.

3.2. 마음의 과학

제1회 '마음과 삶' 회의가 '마음의 과학(Science of Mind)' 이란 주제로 1987년 10월 인도의 다람살라에 있는 Dalai Lama의 공관에서 열렸다. 여섯 명의 미국과 유럽의 저명한 과학자들과 두 명의 티베트 학자, Dalai Lama 그리고 두 명의 통역이 참가하여 6일 동안 오전과 오후 하루에 여덟 시간씩 빈틈없이 회의가 진행되었다.

여기에 참석한 서양의 과학자들은 각자 자기의 전문 분야를 이끄는 석학들로 Francisco J. Varela(Cognitive Science and Epistemology, Ecole Polytechnique in Paris), Newcomb Greenleaf(Computer Science, Columbia Univ.), Jeremy W. Hayward(Physics, MIT), Robert B. Livingston, M.D.(Neuroscience, U. C. San Diego), Luigi Luisi(Chemistry, Federal Institute of Zurich), Elinor Rosch(Cognitive Science, U. C. Berkeley)이었다.

처음 만나는 모임이었으나 방 안의 분위기는 항상 온화하고 호의적이었으며 격의 없는 대화가 이어졌다고 한다. 그러면서도 일정한 논점에 대해서는 예리하게 토론함으로써 지적인 탐구와 이해를 높이는 데 이상적인 분위기였다고 한다. 특히 회의를 마칠 때 과학자들은 상상할 수 없을 만큼 바쁜 일정에도 긴 시간을 내주고 끝까지 참석하여 중요한 논점에 대해 집요한 추구와 예리한 질문으로 불교적 관점을 설명하는 Dalai Lama의 자세에 대해 깊은 인상을 받았다고 하였다.

이 '마음의 과학' 대화에서는 과학적 방법과 유효성, 지각과 두뇌, 인지심리학, 인공지능, 지각과 의식, 그리고 진화, 업 및 자비심 등의 주제에 대하여 폭 넓게 대화와 토론을 하였다. 그 안에는 우리들에게 불교와 과학 간의 새롭고 흥미로운 교감을 많이 느낄 수 있는 것이있었다. 그것을 여기서 다 논의할 수는 없으나 Dalai Lama가 아메바와 같은 단세포 피조물도 욕망, 성적 욕구, 감정 등의 전면적 인지행위를 가지고 있느냐는 질문 등 '중생(衆生)'이란 존재에 대한 논의가 매우 흥미로운 것이었다. Varela를 위시한 과학자들은 박테리아나 아메바의 행동도 회피하는 것들이 있고 또한 구하고자 찾는 것들이 있어서 고양이나 사람과 같은 인지능력을 가지는 중생의 행동을 함으로 분명히 중생의 범위에 든다고 하였다.

이 대화에서 Dalai Lama는 더 나아가 식물에도 박테리아와 같은 정도의 감정 기능이 있는지 또는 원자들이나 아원자 입자들 수준의 소립자들에게 완전한 불활성 또는 암석과 같이 기능적 성분이 될 수 없는 무생물의 기본적인 특성이 있는지 등의 기발한 부분까지 질문을 하며 대화를 끌어갔다.

제1회 '마음과 삶' 대화의 전체 내용은 1992년에 《Gentle Bridges》[11]란 제목의 단행본으로 출판되었다.

3.3. 뇌 과학과 불교

제2회 '마음과 삶' 회의는 1989년 10월 5일부터 미국 캘리포니아 주의 뉴포트 비치에서 뇌 과학자들과 정신의학자들이 Dalai Lama를 모시고 이틀간만 예외적으로 열리었다. 그러나 첫날 새벽 역사가 그 회의를 한동안 혼란스럽게 하였다. 노르웨이의 오슬로로부터 Dalai Lama가 노벨평화상 수상자로 결정되었다는 전화가 온 것이다. 바로 뒤이어 여러 매스컴에서 쉴 새 없이 전화가 밀려들었다. 그러나 Dalai Lama는 예정대로 9시부터 회의를 시작하는 것으로 결정하였다. Dalai Lama와 모든 참가자들이 원형으로 좌정하였을 때 과학자 측 진행자인 Robert Livingston 교수가 성하의 노벨평화상 수상을 축하한다는 말을 했고, 그에 대해 Dalai Lama는 본인의 개인적인 자질보다는 비폭력 노선을 따른 것이 인정된 듯싶다고 답하였다. 참가자들은 Dalai Lama의 겸손한 성격에 대하여 들은 바가 있었지만 그렇게 영광스러운 상을 받게 되었는데도 그날 그렇게 태연자약하였고, 시종일관 평정한 마음으로 당일의 대화에 전과 다름없이 임하는 모습을 보고 매우 놀랐다고 하였다.

그 모임에 참석한 과학자들은 각자 자기의 전문분야를 이끄는 저명한 학자들로 Robert Livingston(Neurosciences, U. C. San Diego), Patricia Smith Churchland(Philosophy, U. C, San Diego), Antonio R. Damacio, M.D.(Neurology, Univ. of Iowa), Larry R. Squire(Psychiatry, U. C. San Diego), J. Allan Hopson, M.D.(Psychiatry, Harvard Medical School), Lewis L. Judd, M.D.(Director, National Institute of Mental Health)의 여섯 명이었다. 그리고 Dalai Lama와 두 명의 통역으로 Alan Wallace와 Thupten Jinpa가 참가하였다.

이 모임에서는 마음의 자연과학, 다원주의와 물질주의간의 중도, 의식의 조명, 뇌의 기능, 잠재의식과 전생의 기억, 기억의 해부, 잠과 꿈 상태의 제어, 미세의식, 정신질환과 정신약리학의 최신의 관점 등에 대하여 폭 넓은 대화가 이루어졌다.

제2회 '마음과 삶' 대화의 전체 내용은 1999년에 《Consciousness at the Crossroads》[12]란 제목의 단행본으로 출판되었다.

3.4. 선정(禪定), 감정 그리고 건강

제3회 '마음과 삶' 회의는 '선정, 감정 그리고 건강' 이란 주제로 인도의 다람살라에 있는 Dalai Lama 공관에서 1991년 3월에 열렸다. 유럽과 미국의 저명한 과학자들 일곱 명과 Dalai Lama 그리고 두 명의 통역이 참가하여 5일 동안 하루에 8시간씩 빈틈없이 진행되었다. 참석한 과학자는 각자 전문 분야의 권위자들로 Francisco J. Varela, Daniel Goleman(Contributing Writer, The New York Times), Cliford Saron(Psychology, Albert Einstein Medical School in New York), Richard Davidson(Neuroscience, Univ. of Wisconsin), Daniel Brown(Psychology, Harvard Medical School), Sharon Salzberg(Principal Teacher, Insight Meditation Society), Jon Kabat-Zinn(Stress Reduction and Relaxation Program, Univ. of Massachusetts Medical Center)이었다.

이 회의의 목적은 인간의 건강과 정서적 경험 간의 관계에 대한 새로운 시각을 얻고 동서 문화 간 상호 이해를 증진하고자 하는 것이었다. 서구에서는 의사, 생물학자 그리고 심리학자들이 인간의 감정 및 정신적 상태와 육체적 행복간의 상호관계에 대하여 관심을 갖게 된 것이 불과 20여 년밖에 되지 않는다고 한다. 그에 비하여 불교의 수행자들은 2,000여 년 전부터 마음 치유 능력에 대하여 잘 알고 있었다. 이 대화에서는 마음이 육체의 병을 치료할 수 있는가? 두뇌, 면역체계 그리고 감정이 어떻게 상호 연결되어 있는가? 어떤 감정들이 인간의 행복감을 고양하는 데에 관계되는가? 의학적 맥락에서 선정은 어떻게 작용하는가? 윤리학은 생물학적 기본요소를 내포하고 있는가? 마음의 특성을 이해하는 데에 죽음이 어떤 도움을 줄 수 있는가? 이와 같은 문제들의 해답을 얻고자 광범위한 대화와 토론이 진행되었다. 참가자들은 서양 과학자들이 거둔 최근의 성과에 대해 논의할 때 항상 시금석이 되어준 Dalai Lama에게 특별히 감사하였다,

제3회 '마음과 삶' 대화의 전체 내용은 1997년에 《Healing Emotions》[13]란 제목의 단행본으로 출판되었다.

3.5. 수면, 꿈 그리고 죽음

제4회 '마음과 삶' 회의는 '수면, 꿈 그리고 죽음' 이란 주제로 인도 다람살라의 Dalai Lama 공관에서 1992년 10월에 열렸다. 유럽과 미국의 저명한 과학자 6명과 Dalai Lama 그리고 두 명의 통역이 참가하여 5일 동안 하루에 8시간씩 빈틈없이 진행되었다.

참석한 과학자는 각자 전문 분야의 권위자들로 Francisco J. Varela, Jerome Engel Jr. M.D.(Neurology, UCLA Medical School), Jane Gackenbach (Psychology, Univ. of Nothern Iowa), Joan Halifax(Medical Anthropology/Psychology, Udaya Foundation in New Mexico), Joyce McDougall(Supervising Analyst, Paris Society and the Institute of Psychoanalysis), Charles Taylor(Philosophy, McGill Univ.)이었다.

이 대화의 주제는 기본적으로 인간이 살아가는 데 있어서 삶의 본질을 이루면서도 서구인들이 이해하기 어려웠던 마음의 영역에 속한다. 참가자들은 5일간 자기(self)의 개념과 역할, 뇌의 수면, 꿈과 무의식, 자각몽, 의식의 단계와 꿈의 요가, 기독교 전통으로 본 죽음, 육체적 죽음, 임사체험 등에 대하여

심도 있는 대화와 논쟁을 하였다.

제4회 '마음과 삶' 대화의 전체 내용은 1997년에 《Sleeping, Dreaming, and Dying》[14]이란 제목의 단행본으로 출판되었다.

3.6. 이타주의, 윤리학 및 자비심

제5회 '마음과 삶' 회의는 '이타주의, 윤리학 및 자비심' 이란 주제로 인도 다람살라의 Dalai Lama 공관에서 1995년 10월에 열렸다. 미국의 저명한 과학자 일곱 명과 Dalai Lama 그리고 두 명의 통역이 참가하여 일주일 동안 하루 8시간씩 빈틈없이 진행되었다.

참석한 과학자는 각자 전문 분야의 권위자들로 Richard J. Davidson(Psychology and Psychiatry, Univ. of Wisconsin), Georges Dreyfus(Religion and Philosophy, Williams College), Nancy Eisenberg(Psychology, Arizona State Univ.), Robert Frank(Economics, Ethics and Public Policy, Cornell Univ.), Anne Harrington(History of Science, Harvard Univ.), Elliott Sober(Philosophy, Univ. of Wisconsin), Ervin Staub(Psychology, Univ. of Massachusetts)이었다.

이 대화의 핵심적 주제는 '자비심' 에 관한 것이다. 자비란 무엇이며, 인간의 본성을 이해하는 데 그것이 어떻게 적용되며, 과학적으로 어떤 의미를 지니는가이다. 만일 서구의 생물행동과학(Biobehavioral Science)이 근본적으로 이질적인 문화적 관점, 즉 티베트 불교적 관점의 주장에 도전을 받는다면 어떤 일이 벌어질 것인가? 서양 사람들은 그들의 조상을 '도살자 원숭이들(killer apes)' 이라 부르고, 자신들에게는 폭력적 잠재력과 이기심, 우울증, 불안과 같은 유전적 및 생화학적 성향이 있다고 생각한다. 그에 반하여 티베트 불교에서는 오랫동안 인간에게는 자비심이란 잠재력이 있다고 자부해 왔다.

그래서 자비심의 범위, 표현, 자비로운 감정과 그의 훈련에 대한 연구를 해 왔고, 자비심을 행복의 관건으로, 나아가 근본적으로는 영적 전환(spiritual transformation)으로 보고 있다. 왜 그런 차이가 생겼을까? 그리고 겹치는 부분은 무엇이며 상호간에 배울 수 있는 것은 무엇일까 가 이 대화의 과제이다. 이번 대화에는 마음의 훈련, 자비심의 과학, 자비심은 감정인가? 친절과 잔인성의 진화, 우리 인간의 기본 성품, 이타심과 자비심의 사회적, 행동적 그리고 생물학적 탐구 등 매우 흥미 있는 과제들이 발표되고 대화를 통하여 논의되었다.

제5회 '마음과 삶' 대화의 전체 내용은 2002년 《Visions of Compassion》[15] 이란 제목의 단행본으로 출판되었다.

3.7. 신 물리학과 우주론

제6회 '마음과 삶' 회의는 '신 물리학과 우주론' 이란 주제로 인도 다람살라의 Dalai Lama 공관에서 1997년 10월 27일부터 5일간 열렸다. 미국과 유럽의 저명한 과학자 다섯 명과 Dalai Lama 그리고 두 명의 통역이 참가하여 하루에 8시간씩 빈틈없이 진행되었다.

참석한 과학자는 각자 전문 분야의 권위자들로 David Ritz Funkelstein(Physics, Georgia Institute of Technology), George Greenstein(Astromomy, Amherst College), Piet Hut(Astrophysics, Institute for Advanced Studies in Princeton), Tu Weiming(Director, Harvard-Yenching Institute), Arthur Zajonc(Physics, Amherst College) Anton Zeilinger(Physics, Univ. of Innsbruck in Austria)이었다. 통역 중 한 명은 앞에서 《Choosing Reality》의 저자로 소개된 물리학자이며 불교학자인 Alan Wallace로서 이 대화에서는 때때로 과학자로서 의견을 개진하였다.

대화에 들어가며 Dalai Lama는 인사말에서 다음과 같이 말하였다.

"대승불교에서는 초기부터 회의적(懷疑的) 자세를 취하라는 것이 기본적 태도이었습니다. 부처님의 말씀에도 회의적 자세가 더 좋다고 하셨습니다. 이 회의적 자세는 자동적으로 여러 가지 의문을 제기하게 합니다. 그런 의문들은 명확한 해답을 얻게 되며 그렇지 못할 때는 연구를 하게 합니다. 그러므로 대승불교의 사상은 신앙 보다는 연구에 더욱 의존하게 되는데 이런 자세가 과학자들과 대화하는 데 매우 도움이 됩니다."

한편 과학자 측의 인사말 속에는 다음과 같은 내용으로 대화의 의미를 더해 주었다.

"서구의 과학계에 위대한 성취를 가져오기 위하여 티베트(불교)로부터 매우 정교한 사상과 철학적 통찰력을 도입함으로써 현재까지 회피해온 현대물리학의 난해한 과제들에 광명을 불어넣기를 희망해 왔습니다. 우리는 최종적 해결을 기대하지 않습니다. 다만, 그 문제들에 대한 새롭고 신선한 접근법을 찾고자 합니다."

어떤 이는 어떤 건전한 지적 기반에서 과학자들이 한 종교지도자와 대화를 할 수 있느냐고 의문을 표시한다. 나의 생각으로는 위의 두 인용문이 그들에게 그 의문에 대한 의미 있는 시사가 되리라고 본다. 그 인용문들은 불교신자나 과학자 모두에게 깊은 의미를 갖는다. Dalai Lama는 '마음과 삶' 회의의 초기부터 이번 회의의 주제와 같은 물리과학에 대한 대화를 기다려왔기 때문에 매우 난해한 문제들의 세부적인 부분까지 적극적으로 대화에 참여하였다.

이 모임에서 논의된 주제는 '양자역학의 실험과 역설(逆說)', '양자(量子)

실상의 철학적 조명’, ‘공간, 시간 및 양자’, ‘공간과 시간의 불교적 관점’, ‘양
자 논리와 불교 논리의 만남’, ‘과학적 지식과 인간 경험’, ‘우주의 새 모습’,
‘우주의 기원과 불교 인과론’ 등이다. 이 대화 속에는 우리의 흥미를 자극하는
주제들이 많다. 우주의 모습에 대한 대화의 일부를 인용해 본다.

　　Dalai Lama: 과학자들이 더욱 강력한 망원경을 개발하면 수십억 광년의
먼 거리도 볼 수 있을 것입니다. 만일 150억 광년의 거리에 있는 은하계를 관
찰한다고 합시다. 그러나 경험적으로 그 이상의 거리에 있는 은하계는 볼 수
없을 것입니다. 그러므로 그 거리가 아무리 멀다 하여도 결국 우주가 유한하
다는 의미를 함축하고 있습니다. 그렇다면 불교로서는 문제가 생깁니다. 불
교에서는 문헌적으로 우주는 무한한 것입니다. 과학계의 빅뱅(big bang) 설
과 어느 점에서 견줄만한 불교의 진동우주발생론(oscillating cosmogony)에
따르면 성장(成長)과 대붕괴(大崩壞)에서 허공(虛空)으로 환원하는 순환을 반
복하게 됩니다. 이것은 우주 전체를 뜻하는 것은 아닙니다. 이 과정은 모든
것 보다는 한 세계 체계(world system)에 해당되는 것입니다. 아마 이와 동
류의 개념은 하나의 은하계 또는 하나의 은하계단(galaxy cluster) 아니면 우
주의 어떤 특정 부분에도 해당됩니다. 그래서 우주의 어느 부분에서는 하나
의 세계 체계가 무너져 내릴 때 같은 시간에 어느 다른 부분에서는 다른 세계
체계가 생성되는 것입니다. 이와 같은 변화가 무한히 계속되지만 그들 사이
에 동시성은 없습니다.

　　George Greenstein: 계속된 창조, ‘그것은 별의 생성입니다. 우리는 별들
이 생성되고 어느 순간 폭발하거나 붕괴하는 것을 볼 수 있습니다. 이와 같은
별들의 생성과 폭발은 당신의 설명과 같이 동시성이 없습니다.

　　Dalai Lama: 저의 말은 하나의 별이나 하나의 항성계(태양계)가 아니고
은하계를 뜻합니다. 왜냐면 불교에서는 삼천대천세계 즉 10억 개의 항성계가
하나의 세계 체계이므로 하나의 은하계와 비유됩니다. 그들은 서로 같이 생

성되고 공존하여 머물다가 같이 무너져 흩어지지만 정확한 동시성은 없습니다. 금강승(Vajrayana) 밀교에서는 하나의 삼천대천세계들뿐만 아니라 10억 개의 삼천대천세계 또는 그와 같은 세계의 10억 배의 은하계단이 논의됩니다. 그러므로 불교에서는 은하계들뿐만 아니라 은하계단과 나아가 메가 은하계단(mega galaxy cluster)이 있다고 합니다.

George Greenstein: 그리고 그것들이 끝없는 진화의 과정에 있습니까? 거기에는 전체적인 시작이 없습니까?

Dalai Lama: 정확히 그렇습니다.

Anton Zeilinger: 그들 삼천대천세계는 어디서 출현했습니까?

Dalai Lama: 허공 입자들(space particles)입니다.

George Greenstein: 그와 같이 허공 입자로부터 나왔다면 우주가 아니라 은하계입니다.

Dalai Lama: 허공 입자들은 이전의 은하계의 잔류물로 나타날 수 있습니다. 불교에서 '우주'라는 용어는 어느 특정 은하계를 말하는 것이 아니고 무한한 전체를 의미합니다.

Anton Zeilinger: Dalai Lama 성하시어, 지금까지 우리는 삼천대천세계에 대해서 논의 했습니다. Alan의 말에 따르면 그 수효는 생명이 사는 세계의 수라고 하는데 맞습니까? 불교에서는 거기에 실제로 생물이 산다고 생각하십니까?

Dalai Lama: 물론 그렇습니다.

Anton Zeilinger: 그런 세계가 매우 많겠지요?

Alan Wallace: 삼천대천세계 체계라면 그들에는 중생이 살지 않는 세계는 포함되지 않습니다. 중생이 사는 세계만을 계산한 것입니다.

제6회 '마음과 삶' 대화의 전체 내용은 2004년 《The New Physics and Cosmology》[16]란 제목의 단행본으로 출판되었다.

3.8. 제 7회 '마음과 삶' 대화

제6회 '마음과 삶' 대화가 종료될 즈음 과학자 측 코디네이터였던 Anton Zeilinger가 Dalai Lama에게 감사를 표하는 한편 Innsbruck 대학의 자기 연구실로 Dalai Lama를 초대하였다. 그에 따라 1998년 6월 Dalai Lama가 Institut fur Experimentalphysik in Innsbruck안의 Anton Zeilinger 교수의 연구실을 방문하고 거기에 Arthur Zajonc 그리고 2명의 통역과 함께 실제 실험을 진행하며 3일간 양자역학의 기초에 대한 토론을 하였는데 그것이 제7회 '마음과 삶' 회의이다. Zeilinger는 이 대화 속에서 양자론에 대한 깜짝 놀랄만한 결론을 얻는데 Dalai Lama의 도움을 받았다고 하였다. 이 제7회 '마음과 삶' 대화의 주요 내용은 〈GEO Magazine of Germany〉의 1999년 1월호에 커버스토리로 실렸으며 전체 내용은 조만간 단행본으로 출판될 예정이라고 하였다.

4. 결론

지금까지 불교와 현대과학의 접근과 교감에 대하여 그 발자취를 중점적으로 살펴보고 1987년부터 계속되고 있는 티베트 불교와 서구 과학자들 간의 문화 간 직접 대화에 대하여 고찰하였다. 과학자가 불교의 교설에 대한 과학적인 관점에서 고찰하는 것이나 과학을 불교적 관점에서 고찰하는 것, 그리고 불교 학자와 과학자들의 직접 대화가 모두 동등하게 중요하지만 직접 대화가 서구 사회에 파급되는 효과가 더 클 것으로 생각한다.

Dalai Lama는 제7회 '마음과 삶' 회의에서 '공간과 시간에 대한 명상적 경험'에 대하여 대화하며 다음과 같은 표현을 하였다.

"시간과 공간에 대한 불교적 논의에는 두 가지 관점이 있습니다. 지금까지 제가 이야기 한 것은 불교의 경전에 나타나 있는 순수한 객관적 이론으로 물리적 우주의 특성에 관한 것입니다. 객관적이란 의미는 명상상태에서 경험할 필요 없이 거기(경전)에 나타나 있는 대로 라는 의미입니다. 한편 명상을 통한 강력한 직관에 의해 전환된 마음을 통하여 나타나는 경험이나 현상으로 얻어지는 관점이 있습니다. 만일 명상수행에 의해 여러분들도 마음이 힘을 얻는다면 여러분의 성숙된 직관적 통찰력을 통하여 어떤 실상의 경계에도 들어갈 수 있습니다."

이 표현으로 볼 때 과학자들과의 대화 속에서 Dalai Lama가 주장한 내용 중에는 그의 성숙된 직관과 통찰력을 통하여 얻은 내용이 들어 있음을 시사하고 있는 듯하다. 더욱 그는 거기에 참석한 과학자들도 적합한 명상 수행을 통하여 그와 같은 통찰력을 얻기를 권장하고 있다. 만일 과학자들이 효과적인 명상 수행을 하여 어떤 실상의 경계에 들어갈 수 있다면 그들의 연구에서 최상의 결과를 얻을 수 있으리라고 생각한다.

참고문헌

1) Paul Dahlke, 《Buddhism and Science》, Macmillan and Co. Ltd., London, 1913.

2) 이국주, 《금강경의 과학》, 교림, 1983.

3) 한글대장경 《잡아함경》 권1, 동국격경원, 1985, p.348.

4) Fritjof Capra, 《The Tao of Physics》, Shambhala, 1991, p.18.

5) Arthur Zajonc, 《The New Physics and Cosmology》, Oxford U.P., 2004, p.7.

6) Fritjof Capra, 《The Tao of Physics》, Shambhala, 1991.

7) Buddhadasa Kirthsinghe, 《Buddhism and Science》, Motilal Banarsidass, Delhi, 1984.

8) B. Alan Wallace, 《Choosing Reality》, Snow Lions, 1996.

9) B. Alan Wallace, 《Buddhism and Science》, Columbia U.P., 1996.

10) Dalai Lama, et. al., 《Mind Science》, Wisdom, 1991.

11) Hayward and Varela, 《Gentle Bridges》, Shambhala, 1992.

12) Dalai Lama et. al., 《Consciousness at the Crossroad》, Snow Lions, 1999.

13) Daniel Goleman, 《Healing Emotions》, Shambhala, 1997.

14) Varela, 《Sleeping, Dreaming, and Dying》, Wisdom, 1997.

15) Davidson and Harrington, 《Visions of Compassion》, Oxford U.P., 2002.

16) Arthur Zajonc, 《The New Physics and Cosmology》, Oxford U.P., 2004.

원문 제목: Cross – Cultural Consensus Between Buddhist Reality and Modern Science.

이 논문은 제1회 세계 교수불자 대회 겸 제3회 한국교수불자대회 기조연설문(영문)의 번역문이다.

〈International Journal of Buddhist Thought & Culture〉 Vol. 6(Feb. 2006)

순례의 여적과 선문화

지 은 이 | 이준
펴 낸 이 | 최석환
펴 낸 곳 | 불교춘추사
편　　집 | 김다혜
디 자 인 | 조은숙

2015년 8월 5일 초판 인쇄
2015년 8월 12일 초판 발행

등록 · 1993년 10월 23일 제 01-a1594호
주소 · 서울시 종로구 운니동 14번지 미래빌딩 4층
전화 · 02) 747-8076~7
팩스 · 02) 747-8079
E-mail · suncha@empas.com
http ://www.suncha.co.kr
ISBN 978 - 89 - 88417 - 73 - 7 03220

값 15,000원